本书是国家社科基金项目"农地规模化流转背景下农业生产组织方式演化与创新研究"（项目编号：16CJY053）的阶段性研究成果。

本书的内容研究与出版得到黑龙江省高端培育智库"东北农业大学现代农业发展研究中心"的支持。

国家社科基金丛书

GUOJIA SHEKE JIJIN CONGSHU

土地规模化流转背景下
农业生产组织方式创新研究

Research on the Innovation of Agricultural Production Mode
Under the Background of Large-scale Rural Land Transfer

王颜齐　林宣佐　著

人民出版社

策划编辑：郑海燕
责任编辑：孟　雪
封面设计：石笑梦
版式设计：胡欣欣
责任校对：周晓东

图书在版编目（CIP）数据

土地规模化流转背景下农业生产组织方式创新研究/王颜齐，林宣佐 著. —
　　北京：人民出版社，2022.5
ISBN 978－7－01－024636－9

Ⅰ.①土…　Ⅱ.①王…　②林…　Ⅲ.①农业生产-生产组织-研究-中国
　　Ⅳ.①F325.1

中国版本图书馆 CIP 数据核字（2022）第 064154 号

土地规模化流转背景下农业生产组织方式创新研究
TUDI GUIMOHUA LIUZHUAN BEIJING XIA NONGYE SHENGCHAN
ZUZHI FANGSHI CHUANGXIN YANJIU

王颜齐　林宣佐　著

人 民 出 版 社 出版发行
（100706　北京市东城区隆福寺街 99 号）

中煤（北京）印务有限公司印刷　新华书店经销

2022 年 5 月第 1 版　2022 年 5 月北京第 1 次印刷
开本：710 毫米×1000 毫米 1/16　印张：22.75
字数：303 千字

ISBN 978－7－01－024636－9　定价：115.00 元

邮购地址 100706　北京市东城区隆福寺街 99 号
人民东方图书销售中心　电话（010）65250042　65289539

前　　言

　　当前,中国"三农"问题的核心是把传统农业改造成现代农业,即使用资本、技术、管理、信息等现代要素对传统农业的改造。有效的组织形式是重要的社会资源。农业生产组织方式通常强调在一定的所有制关系下,围绕经营主体而产生的农业生产资料的投入、组建和运行方式,包括生产资料的产权结构、农业生产的基本单元、农业生产方式三要素。农业生产组织方式是各要素的组织和结合方式,主要反映特定时期的农业生产力水平下人们在生产中的相互关系和地位。农业生产组织方式的演化和创新是适应农业现代化发展趋势的一种调整,是对我国农业经营体系的完善和农村基本经营制度的丰富发展。长期以来,农业生产组织方式对我国农业发展起到关键作用。1978年我国农业经营体制逐步由以集体生产为核心的人民公社制度转向以家庭生产为核心的家庭联产承包责任制。相应地,家庭联产承包责任制下的生产资料的产权结构、农业生产的基本单元、农业生产方式和生产经营环境均发生巨大变革,这种变革有效地解决了农业生产中的激励问题:1978—1984年我国农业总产出增长了42.23%,其中农业生产组织方式转型贡献率达46.89%(林毅夫,1999)[①]。2000年以后,中国农业全要素生产率对农业产出的贡献开始超

---

　　① 　林毅夫:《中国经济增长潜力还有多大》,《瞭望新闻周刊》1999年第15期。

过生产要素对农业产出的贡献(赵文、程杰,2011)①。先进生产要素投入和结构的优化组合带来的农业生产方式转变有助于农业增产(赵文、程杰,2014)②。因此,建立一套具有普适性、稳定性和可复制性的农业生产组织方式,对推进国家农业现代化进程、构建农业可持续增长的长效运行机制无疑具有重要的实践参考意义。

农业生产组织方式的创新,从根本上来说就是应用各种先进的现代生产要素和在适应当地环境当中调整使得农业生产的本质发生了根本的变化。当前我国正处于从传统农业向现代农业转型的关键时期,农业发展呈现出多层次性和不平衡性,家庭农场、合作社等新型农业经营主体快速发展,同时工商资本进入农业领域的发展趋势不断加快。近些年,农村土地规模化流转逐步促成新型农业经营主体的壮大,农业经营主体与农村土地产权的结合方式正发生逐步转变。中国农业生产组织方式正由单一分散的农户完全持有土地经营权且以自耕为主要特征的小农经营向大规模家庭农场经营、合作和联合经营、租赁经营和雇佣经营等方向演变。以家庭承包经营为基础、统分结合的双层经营体制,是我国农村改革取得的重大历史性成果,极大地调动了农民的积极性和解放发展了农村生产力,为改革开放以来我国农业农村历史性变化提供了坚实的制度基础。这种基本经营制度是在我国农村改革实践中形成的,也同时需要在农村改革的深化中不断丰富、完善和发展。近年来,随着我国农业现代化水平不断提高和政策扶持力度不断加大,农村土地规模化流转和土地规模经营趋势明显。与此同时,农业兼业化、村庄"空心化"、农民老龄化等问题凸显,资源环境约束趋紧,城乡资源要素流动和配置不均衡,农业的国际竞争力较弱,使得我国农业现代化面临的问题尖锐复杂。新形势下,推进农业

---

① 赵文、程杰:《中国农业全要素生产率的重新考察——对基础数据的修正和两种方法的比较》,《中国农村经济》2011 年第 10 期。

② 赵文、程杰:《农业生产方式转变与农户经济激励效应》,《中国农村经济》2014 年第 2 期。

现代化和乡村振兴发展,需要大力培育新型农业经营主体,创新农业生产组织方式,构建新型农业社会化服务体系,推进新型农业经营体系建设。实践表明,新型农业生产组织方式能有效地促进传统农业组织形式的内部分化,促使资源得到合理分工,促进产品结构优化和产出水平的提高。

本书基于新制度经济学框架下的交易费用理论、制度变迁理论以及马克思关于制度分析的经典理论,借助理论分析、层次分析、比较分析和实证分析等多种研究方法,论证土地规模化流转背景下我国农业生产组织方式演化的历史、现状、规律和特征,实证分析农业生产组织方式演化过程中对农业发展产生的影响效果、农业生产组织方式创新的障碍性因素及创新路径和对策等。主要研究过程和结论如下:

(1)首先,基于农业生产实践和已有理论研究,给出农业生产组织方式的定义,强调农业生产组织方式是在一定的所有制关系下,围绕经营主体而产生的农业生产资料的投入、组建和运行方式,包括生产资料的产权结构、农业生产的基本单元和农业生产方式三要素。与此同时,提出三个观点:第一,农业生产组织方式是不同农业要素的组合方式;第二,农业生产组织方式的演化方向是致力于提高农业生产力;第三,农业生产组织方式创新在本质上是一种制度变迁。其次,论证了土地规模化流转与农业生产组织方式演化的逻辑关系。研究认为,中国农业生产组织方式变迁是沿着土地制度变革的主线运行的,土地规模化流转促成了传统农户和新型农业经营主体混合并存的基本局面,改变了农业生产基本单元的构成和传统农户的生产作业方式。不同历史时期土地政策制度不同,农业生产组织方式差异性明显。最后,分阶段系统梳理了新中国成立后土改时期、农业合作化时期、家庭承包责任制早期和现今土地规模化流转下的中国农业生产组织方式演化的阶段性特征。

(2)基于生产力与生产关系相关关系的客观规律以及制度变迁理论、分工理论等,重点论证了土地规模化流转背景下我国农业生产组织方式演化的规律与趋势。本书认为,农业生产组织方式演化表现为在一定的市场环境中,依托农业生产个体或经济组织的各项生产资源的组建方式从低层次、低水平、小规模向高层次、高水平、规模化方向变迁的过程,是在一定的经济环境、政策环境和人文环境作用下的协调结果,同时也是遵循分工、交易费用和技术约束条件下的择优选择。本书研究发现,农业生产组织方式演化的驱动性来自外在干预和内在驱动两方面:一方面是人口增长和消费方式改变、产品和要素相对价格的长期变动、技术进步和规模化经营;另一方面是农业生产的自然属性和可控属性的交织作用、农产品市场交易属性和环境的改变等。进一步研究发现,当前我国农业生产组织方式演化的突出特征为农业经营集约化、农业生产专业化、农业主体组织化和农业服务社会化;农业生产组织方式演化的基本方向为适度规模化、雇佣生产化、三产融合化和绿色经营化。

(3)不同的农业生产组织方式及其制度安排表达为不同的绩效。研究提出农业生产组织方式演化与"三农"发展两者之间存在如同生产关系与生产力之间辩证关系的互动特性,具体表现为:一方面,农业生产组织演化和创新过程推动农业农村经济发展、农民增收致富;另一方面,农村经济社会发展对农业生产组织方式的演化提出更高的约束和要求。农业生产组织方式演化对农业发展的总体影响具体表现在:延长产业链条提升产业综合盈利能力和竞争力,带动地区就业促进农民增收减少农村贫困,促进农业新技术研发推广优化生产效率提高农业发展水平,注重绿色经营强化农产品品牌塑造提高农产品质量安全,推动农业信息化拓宽农产品营销渠道、优化农产品营销模式等方面。与此同时,实证分析结果显示:1979—2016 年,我国实行了改革开放,确立了家庭联产承包责任制以及其他多种经营模式的发展,另外,由于先进机械技术的发展、资源利用效率的提高,使中国农业的生产经营效率水平得以大幅提升。另外,以农业生产组织方式演化的不同特征为切入点,分别实证分析了规模化经营、雇佣生产、产业融合发展和绿色经营对农业综合效益、农业生产效率和农户增收的影响。

(4)农业生产组织方式创新系统是一个由组织、企业、政府和个人参与构成的网络。对农业生产组织方式创新的系统性原理进行层次分析,包括创新主体、关系网络和创新环境三方面。研究发现,农业生产组织方式创新过程中遇到的宏中观障碍性因素包括要素投入约束(包括新型农业经营主体数量不足质量不高、土地适度规模经营发展缓慢经营风险升高、农业机械化水平程度低结构不平衡、农村基础设施薄弱建设不足等)、科技因素制约(包括相关人才力量和成果供给不足、农业科研基础和推广人员配置薄弱、农业科技成果需求和转化动力不足、农业科技投入和科研基金不足、农业科技成果转化体制不完善等)、市场环境制约(包括土地流转市场不完善、农村雇工市场尚未成形、农村信贷业务市场不融通、农业社会化服务体系不健全等)、政策制度制约(包括农村土地产权制度仍需明晰、农业补贴制度仍需强化落实、农村社会保障制度仍需完善等)。农业生产组织方式创新影响因素的微观实证结果表明,传统农户向新型农业经营主体转化过程中受教育水平、农业经营面积、家庭农业劳动力比重、土地细碎化程度、机械化程度、农产品补贴政策执行情况和农业社会化服务组织对传统农户向新型农业经营主体转化意愿有正向影响;市场信息的获取难度对传统农户向新型农业经营主体转化意愿呈明显的负向效应。新型农业经营主体转型升级发展过程中受教育程度、农业生产经营土地面积、机械化程度、农产品的销售渠道对新型农业经营主体综合效率产生正向影响,农产品价格的稳定程度、市场信息的获取难度、农业补贴政策的执行情况对新型农业经营主体综合效率产生负向影响。

(5)分别对近期国内外农业生产组织方式和经营方式的典型实践、发展趋势和共性特征进行梳理分析。本书研究发现,包括美国、日本和欧盟等国家和地区的农业发展突出表现为农业企业发展壮大、更加注重合作经济组织的培育、关注绿色经营和可持续发展。对国内黑龙江克山仁发现代农机专业合作社、四川崇州"共营制"和黑龙江庆安东禾农业集团等农业经济组织进行研判分析发现,在农业生产组织方式实践过程中,存在核心人物即能人带动效应,不同的组织模式核心人物类型不同且存在交叉现象。这是由于能人的自我认知水平和资源禀赋条件各有不同,因此能人领办经济组织的方式、方向、效果和具备优势也不尽相同。

(6)系统阐述了土地规模化流转背景下农业生产组织方式创新的基础、原则、目标模式、诱导机制和配套措施。本书研究认为,农业生产组织方式创新应坚持家庭承包经营制度和市场导向原则、生产关系随生产力发展变化原则、政策制定和实施充分尊重农民自主权原则、因地制宜创新搞活农业生产实现形式原则、优化资源配置作为创新农业经营体制核心五项原则。同时提出,在农业生产组织的创新实践中,不同地区可能演绎出多元化的不同形态,这事实上是特定自然和社会经济条件以及农业资源禀赋和制度环境共同作用的结果,农户家庭经营模式、合作经济组织模式和农业企业组织模式是现行农业生产组织方式演化创新的基础模式;农业生产组织方式创新应着重围绕产权创新机制、主体培育机制、条件保障机制和产业扶持机制展开,积极做好农民土地财产权益保护、工商资本下乡规范引导、农业组织监督管理等。

本书是国家社科基金项目"农地规模化流转背景下农业生产组织方式演化与创新研究"(项目编号:16CJY053)的阶段性成果,内容研究与出版得到黑龙江省重点培育智库"东北农业大学现代农业发展研究中心"的支持。本书在撰写过程中得到了以下人员在数据采集整理、分析加工和后期文字校对等方面的工作支持,他们是王慧月、班立国、史修艺、孙瑞遥、孙楠、张佳宁、初楚、王圣歌、何洋、王婧熹、李松泽、张湄、李晴、宋钰铭等,在此一并表示感谢。

王颜齐　林宣佐

2021 年 12 月

目　　录

引　言 ……………………………………………………… 001

　　第一节　研究背景 …………………………………… 001

　　第二节　研究目的与意义 …………………………… 003

　　第三节　国内外研究文献综述 ……………………… 004

　　第四节　研究内容与研究重点 ……………………… 017

　　第五节　研究思路与研究方法 ……………………… 020

　　第六节　研究的创新之处 …………………………… 022

第一章　土地规模化流转与农业生产组织方式:逻辑、

　　　　　历史与现状 …………………………………… 023

　　第一节　农业生产组织方式的提法与要素构成 …… 023

　　第二节　土地规模化流转与农业生产组织方式的逻辑关系 ⋯⋯ 034

　　第三节　农业生产组织方式演化的历史阶段与现状 ………… 044

第二章　土地规模化流转背景下农业生产组织方式

　　　　　演化的规律与趋势分析 …………………… 067

　　第一节　农业生产组织方式演化的规律性 ………… 067

第二节　农业生产组织方式演化的驱动性 ………………… 069

第三节　农业生产组织方式演化的特征表现 ………………… 076

第四节　农业生产组织方式演化的总体趋势 ……………………… 093

第三章　土地规模化流转背景下农业生产组织方式演化的影响效应分析 ……………………………………… 136

第一节　农业生产组织方式演化与"三农"发展的互动机理 …… 136

第二节　农业生产组织方式演化对农业发展的总体影响效果 …… 143

第三节　各类农业生产组织方式演化趋势影响效应的实证分析 …………………………………………………… 155

第四章　土地规模化流转背景下农业生产组织方式创新的障碍性因素分析 ……………………………… 209

第一节　农业生产组织方式创新的系统性原理分析 ………… 209

第二节　农业生产组织方式创新的宏观、中观障碍性因素分析 …… 213

第三节　农业生产组织方式创新影响因素的微观实证 ………… 244

第五章　土地规模化流转背景下农业生产组织方式创新的典型实践 ………………………………………… 262

第一节　国外不同农业生产组织方式的创新实践 …………… 263

第二节　国内各地区农业生产组织方式的创新模式 ………… 274

第三节　对比及经验总结 ……………………………………… 297

第六章　土地规模化流转背景下农业生产组织方式创新的对策建议 ……………………………………… 304

第一节　农业生产组织方式创新的基础和原则 ……………… 304

第二节　农业生产组织方式创新的目标模式 …………………… 309

第三节　农业生产组织方式创新的诱导机制 …………………… 316

第四节　农业生产组织方式创新的配套措施 …………………… 335

主要参考文献 ……………………………………………… 345

引　言

第一节　研究背景

农业生产组织方式的演变和创新本质是一种制度变迁。新制度经济学代表人物诺斯认为,制度是一系列被制定出来的规则、守法程序和行为道德伦理规范,旨在约束那些追求主体福利或效用最大化的个人行为,是约束人们相互关系的社会游戏规则。而组织是指"事物特定的结构形式",即人和事物按照一定任务和形式所进行的有效组合,是实现既定目标的手段。组织是制度的载体和行为角色,制度的作用和功能总是通过一定的社会组织结构来实现,并且组织是制度变迁的代理人。总的来说,制度与组织是互动互进的,组织产生、成长于一定的制度环境,但作为制度载体的组织也反作用于制度,影响制度环境,推动制度变迁或创新。

农业生产组织方式在不同的历史时期有其具体的表现方式,例如政策更替、科技革新、机械化水平的提高等都能成为农业生产组织方式演化变迁的动因。美国经济学家约翰·梅勒将国民经济和农业发展分为三个阶段:首先是传统农业阶段。在这个阶段,农业生产供需基本平衡,农业技术创新动力小,处于停滞阶段。其次是过渡阶段。在这个阶段,劳动力资源丰富,资本大量涌向工业生产领域,农业技术创新主要集中在生物化学技术领域,如化肥的使用。农业生产依然是典型的劳动密集型产业,农民基本被固定在土地上,但是农业产量有了一定程度的提高。最后是农业现代化阶段。此时第三产业总值高,农业在整个经济体系中占比下降,大型机械运用范围越来越宽,生物科技等资本密集型技术广泛采用,农业也成为具备科技含量的产业,农民在农业生产中所用时间越来越少,大量农民转移到第二、第三产业,也使农业生产效率大幅提高,各种农业服务企业或组织出现,一人或几人经营大规模土地成为现实,农业经营规模扩大。

当前我国农村正在发生深刻变化,农业生产经营面临诸多新挑战和新机遇。农业是物质生产部门与非物质生产部门存在与发展的必要条件。农业生产组织是农业的微观基础,是农业生产活动的中枢力量。经济发展进入新常态,转型发展成为中国农业发展的重要使命和未来趋势,作为农业生产活动中枢力量的农业生产组织的创新变得日益紧迫和重要。2012 年年底,中央农村工作会议提出要"大力培育新型农业经营主体",随后 2013 年中央"一号文件"指出,"创新农业经营体制机制,构建集约化、专业化、组织化、社会化的新型农业经营体系",并给予包括合作社、家庭农场在内的新型经营主体明确的政策支持导向。2016 年中央"一号文件"明确提出创新农业生产经营体制,稳步提高农民组织化程度。党的十八大和十八届三中、五中全会也都对土地承包经营权流转和创新农业经营体系问题作出了重要部署。从历史发展来看,农村经济发展的基础在于创新的生产经营模式,只有创新的经营模式才能打破中国几千年来的传统"小农意识"的经营状态,改变旧的低下的农业生产效率,从农业的产业经营理念出发,从规模经营的实践出发,整体提升农业在国民经济中的地位。党的十八大提出要建立集约化、专业化、组织化、社会化相结合的新型规模化农业经营模式,是在新型农业发展理念上为农村发展指出了一条现代发展之路。党的十九大报告中提出,实施乡村振兴战略,要坚持农业农村优先发展,巩固和完善农村基本经营制度,深化农村土地制度改革,健全农业社会化服务体系,着重强调新型农业经营主体发展的重要性,实现小农户和现代农业发展有机衔接,将农业社会化服务逐步建成一个完整的体系。在此之后,政府部门 2019 年和 2020 年相继出台了《关于促进小农户和现代农业发展有机衔接的意见》《新型农业经营主体和服务主体高质量发展规划(2020—2022 年)》等相关政策,切实促进新型农业经营主体的发展壮大,使之成为农业现代化发展的主导力量。发展多种形式适度规模经营,培育新型农业经营主体,是建设现代农业的前进方向和必由之路。这种农业的新路子需要各种要素的协同作用,而人的要素起着主导的关键作用,从政策激励、组织引导、行政推动等措施积极培育新型农业经营主体是中国农业市场化、效率化的科学的途径选择。所谓能够适应农业现代化发展的农业经营模式就是建立在现代科学技术的基础上发展起来了,大量应用现代市场观念、新型管理理念和工业设备与技术的市场化、集约化、专业化、社会化相互配合,结合生产、加工、销售、产前、产后和产中等,结合生产、生活、生态、农业、农村和农民的发展,农业和工业的发展,农村和城市的发展等,发展这种类型的可持续发展是以对资源的有效利用的操作模式,维持与保护生态环境的高度一致。

第二节　研究目的与意义

中国农业生产组织方式问题是一个具有重大现实意义的理论和实践问题。随着世界经济格局向国际化发展以及我国经济体制改革的深入,农业生产组织化已经成为我国农业发展的必然趋势。目前,中国依然缺乏强大的农业经营主体和有效的农业组织体系,农产品没有竞争优势只是一种表现,深层次的根源是农业经营主体和农业组织体系没有竞争优势。2016 年中央"一号文件"明确提出创新农业生产经营体制,稳步提高农民组织化程度。党的十八大和十八届三中、五中全会也都对土地承包经营权流转和创新农业经营体系问题作出了重要部署。党的十九大报告进一步指出,巩固和完善农村基本经营制度,深化农村土地制度改革,健全农业社会化服务体系,着重强调新型农业经营主体发展的重要性,实现小农户和现代农业发展有机衔接,将农业社会化服务逐步建成一个完整的体系。基于此,本书研究意义体现在如下两个方面:

学术价值:第一,基于新制度经济学和马克思主义经济学基本原理,在微观层面实证分析我国农业生产组织的演化机理,揭示农业生产组织多元化的客观性。研究成果有助于丰富上述经济领域关于组织稳定与发展的有关研究。第二,中国农业在过去百年,特别是在新中国成立 70 年间所经历的农业生产结构和组织结构的变化,是我们研判 21 世纪中国农业发展趋势的基础。关于中国农业生产组织方式演化与创新问题的研究是对较长时期我国农业经济发展规律总结的一个有益尝试和补充。

应用价值:第一,农业生产组织方式是农业生产关系的体现,合理的农业生产组织方式是提高农业生产效率的关键。关于农业生产组织方式创新的研究实质上是在寻求一条提高我国农业生产力的最佳途径,研究成果对于指导农业实践,促进农业稳步发展、农民持续增收、农村可持续发展的意义重大。第二,农业生产组织是农业制度的执行单元,同时也是农业制度革新的关键要素。本书的研究成果对创新我国农业生产经营体制,提高农业生产组织化程度,培育新型农业经营主体的理论指导意义非常鲜明。

第三节　国内外研究文献综述

一、　国外研究文献综述

国外关于农业生产组织方式问题的研究和争论由来已久,最早可以追溯到 18 世纪的重农学派时期。目前,关于该主题的研究主要集中于农业生产经营主体的选择、传统农业升级改造、农业生产规模及生产效率、生产方式选择、农业生产组织创新等选题上。

（一）关于小农合理性问题的争论

弗朗斯瓦·魁奈（1758）①对法国农业经营状况进行了分析，认为大农相比较小农而言，其建筑物维护费用和生产成本更低而产出更高。农村需要的是留住财富，让那些具有经营能力的大农户有足够的动力继续做农民。其后的两百年间，古典经济学时期的马尔萨斯、李嘉图等学者不断充实完善这一理论体系，并认为农业具有规模报酬递增的特征。但在马克思和恩格斯的理论体系中，小农或家庭经营只有两种前途：一种是被资本主义农业大生产所吞没，另一种是通过合作社走向集体生产道路。前者是他们通过对英国农业转型模式的考察得出的对小农发展前景和命运的判断，而后者则是他们预判社会主义国家成立后对资本主义农业改造的结果。无论哪种方式，家庭经营都要走向消亡。虽然列宁（1984）②和卡尔·考茨基（1937）③对这种观点有细微修正，但大体都认同这种观点。而与列宁同时代的恰亚诺夫（1996）④却提出了不同的看法。他认为，农民家庭经营因为在劳动力性质上与资本主义农场有着本质区别，前者可以在劳动的边际产出低于工资的情况下继续投入劳动，从而获得比后者更高的单位产出，因而能够比后者支付更高的地租，进而可将资本主义农场排挤出竞争。因此，他断言俄国农民家庭经营将长期持续，并将继续占据主导地位，而农民真正需要的不是"横向一体化"，而是"纵向一体化"。马斯特森（Masterson，2007）⑤指出："较小的农场都致力于更集约地使用它们的土地，小农场拥有的土地生产率优势无疑源于这种高集约度。"因此"在小农的福利与其生产率之间画等号是不慎重的"。高拉夫和米什拉（Gaurav 和

①　弗朗斯瓦·魁奈：《经济表》，华夏出版社2006年版。
②　列宁：《列宁全集：1893—1894》，人民出版社1955年版。
③　［德］卡尔·考茨基：《土地问题》（上卷），岑纪译，商务印书馆1936年版。
④　［俄］A.恰亚诺夫：《农民经济组织》，萧正洪译，中央编译出版社1996年版。
⑤　Masterson T., "Female Land Rights, Crop Specialization, and Productivity in Paraguayan Agriculture", *Economics Working Paper Archive*, 2007.

Mishra,2015)①提出,应谨慎看待小农户问题,因为"对于生计来讲,不仅相对的生产率优势很重要,耕作收益的绝对水平也很重要"。在他们看来,小农户看似在效率上优于大农户,但他们很低的绝对收入引发了生计可持续性问题。

(二)关于传统农业升级改造问题

舒尔茨(1964)②对传统农业生产经营方式及其效率的改进问题进行了系统而深入的分析。随后,速水佑次郎和拉坦(1971)③提出了著名的"诱致性创新与资源替代论"。他们认为,现代农业技术进步推动了农业生产效率的持续性增长,而农业生产效率的提升又推动了现代农业这一类生产方式的发展;一个国家应依自身资源禀赋状况来确定该选择哪种技术进步的方式发展农业。艾彻和斯塔兹(Eicher 和 Staatz,1998)④认为,小规模农业运营方式更为有效。特里普(Tripp,2005)⑤在对国际农业近五十年来的发展状况进行系统分析的基础上,提出了未来农业发展方式朝可持续发展的新方向进行战略转型的思路。

(三)关于农业生产方式选择问题

国外学者对农业生产组织的研究多集中在两类农业经营主体上,即家庭农场和农业合作社。蒂默(Timmer,1988)⑥认为,在所有权和经营权相分立的

---

① Gaurav S.,Mishra S.,"To Be or not to Be:Risk and Uncertainty Considerations in Technology Assessment",2015.

② [美]舒尔茨:《改造传统农业》,商务印书馆 1999 年版。

③ 速水佑次郎、弗农·拉坦:《农业发展:国际前景》,商务印书馆 2014 年版。

④ Eicher C.K.,Staatz J.M.,*International Agricultural Development*,Johns Hopkins University Press,1998.

⑤ Tripp R.,"Self-sufficient Agriculture:Labour and Knowledge in Small-scale Farming",*Earthscan*,2005.

⑥ Timmer C.P.,"The Agricultural Transformation",*Handbook of Development Economics*,No.2,1988.

场合,有许多谋求次优效率结局的复杂契约安排会在不同的设定情境中演变出来。米尔格罗姆和罗伯茨(Milgrom 和 Roberts,1992)①研究认为,家庭经营之所以能化解农业生产中的劳动监督难题,是因为它易于在农业经营中实现剩余控制权和剩余索取权的对称配置,而这是保证任何经济组织具有效率的核心原则。艾伦和勒克(Allen 和 Lueck,1998)②首次建立了一个分工经济—道德风险两难冲突的框架,认为农业的季节性和随机性导致家庭这种处理道德风险的组织形式在农业中成为主导。波尔顿等(Poulton 等,2005)③认为,"家庭关系内部的一系列'搭便车'问题有时也能给小企业成长造成种种突出的困难"。最适于充当农业生产单位的家庭应该是小的核心家庭,而非几代同堂的复式家庭。因而,就确保农业生产的组织效率而言,以家庭为基本经营单位不是本质要求,注意保持人力使用上的个体性才是根本的实质性条件。宾戈巴特等(Bignebat 等,2015)④将法国农场分为四类:涉及少量劳动力的家庭单位、涉及大量劳动力的家庭单位、家庭型企业农场和公司制农场。并且发现,农场类型的演变主要取决于其技术经济特征(例如是否为资金密集型还是劳动密集型),与农场规模无关。农业生产的自然生物特性决定着农业生产的最佳组织形式。

(四)关于农业生产规模和生产效率问题

农业生产规模和农业生产效率的关系是农业经济学研究中一个重大且持久的热点。阿玛蒂亚·森等(Amartya K.Seny 等,1962)⑤最早使用印度 20 世纪

① Milgrom P. R., Roberts J., " Economics, Organization and Management ", *Industrial & Corporate Change*, Vol.48, No.1, 1992.

② Allen D., Lueck D., " Contract Choice in Modern Agriculture: Cash Rent Versus Cropshare ", *Journal of Law & Economics*, Vol.35, No.2, 1998.

③ Poulton, Cadisch, Ndufa G., " Linking Soil Fertility and Improved Cropping Strategies to Development Interventions", 2005.

④ Bignebat C., Bosc P. M., Perrier - Cornet P., " Exploring Structural Transformation: A Labour-based Analysis of the Evolution of French Agricultural Holdings, 2000-2010", *Post-Print*, 2015.

⑤ Amartya K.Seny, Asher R. E., " Development of the Emerging Countries: An Agenda for Research", *The Economic Journal*, Vol.73, No.292, 1962.

50 年代的"农场经营研究"数据发现,在农场规模和农场效率之间可能存在逆向关系。研究发达经济体农业问题的学者中也有一些人关注农场规模与农场效率的关系问题。不同的是,发展中国家研究者对农场效率的理解集中于单位土地面积的实物或价值产出率,而发达国家研究者主要从农场平均成本(总投入与总产出之比)的角度来衡量农场效率。这使两个学术圈对这个问题的讨论差异很大,几无交集。从研究结果来看,研究者的判断分歧很大。总体上看,肯定农场规模和农场效率间存在逆向关系的文献占主流(Mishra,2007[1];Fisher 和 Holden,2019[2];Carletto 等,2013[3]);但也有研究者认为,这两者间存在正向关系(Dethier 等,2012[4];Fan 等,2005[5];Bojnec 等,2007[6]);还有一些研究者则研究发现,两者间存在非线性关系(Helfand 等,2006[7];Adesina 等,1996[8];Townscnda 等,1998[9];Nkonde 等,2015[10])。面对歧见纷呈的局面,鲁德拉和森(Rudra 等)[11]在

[1] Mishra P.,"A MicroRNA Binding Site Polymorphism in Dihydrofolate Reductase Gene Leads to Methotrexate Resistance",*Cancer Research*,Vol.67,No.9,2007.

[2] Fisher M.,Holden S.T.,Katengeza S.P.,"Adoption of CA Technologies Among Followers of Lead Farmers:How Strong is the Influence from Lead Farmers?",2019.

[3] Carletto C.,Kilic T.,Savastano S.,et al.,"Missing(ness) in Action :Selectivity Bias in GPS-based Land Area Measurements",*Policy Research Working Paper Series*,Vol.92,2013.

[4] Dethier J. J.,Effenberger A.," Agriculture and Development:A Brief Review of the Literature",*Economic Systems*,Vol.36,No.2,2012.

[5] Fan S.,Chan-Kang C.,Mukherjee A.,"Rural and Urban Dynamics and Poverty:Evidence from China and India",*FCND Discussion Papers*,2005.

[6] Bojnec S.,Latruffe L.,"Farm Size and Efficiency:The Case of Slovenia",*Post-Print*,2007.

[7] Helfand S.M.,Levine E.S.,"The Impact of Policy Reforms on Rural Poverty in Brazil:Evidence from Three States in the 1990s",*Chapters*,2006.

[8] Adesina A.A.,Djato K.K.,"Relative Efficiency of Women as Farm Managers:Profit Function Analysis in Cote D'Ivoire",*Agricultural Economics*,Vol.16,No.1,1996.

[9] Townsenda R.F.,Kirstena J.,Vinkb N.," Farm Size,Productivity and Returns to Scale in Agriculture Revisited:A Case Study of Wine Producers in South Africa",*Agricultural Economics*,Vol.19,No.1-2,1998.

[10] Nkonde C.,Jayne T.S.,Richardson R.B.,et al.,"Testing the Farm Size-Productivity Relationship over a Wide Range of Farm Sizes:Should the Relationship be a Decisive Factor in Guiding Agricultural Development and Land Policies in Zambia?",*World Bank Conference on Land & Poverty*,2015.

[11] Rudra A.,Sen A.,"Farm Size and Labour Use:Analysis and Policy",*Economic & Political Weekly*,Vol.15,No.5,1980.

1980 年重新检验这个问题,结果发现,在规模与生产率的关系上,印度农业呈现出多样性,逆向关系可能存在于特定地区和特定时期。钱德(Chand 等,2011)[1]发现:"印度的小农场从生产绩效的角度看很不错,但从创造足够收入和维持生计的角度来看则很弱。"玛格拉和朗格迈尔(Mugera 等,2016[2])对美国堪萨斯州564 个农场的分析证明,较大的农场比较小的农场更具技术效率。

(五)关于农业生产组织创新问题

近期国外学者逐渐从微观视角,运用社会管理学、经济学的计量方法研究农业组织创新动力、影响因素、机制、环境等问题。格雷姆·里德等(Graeme Reed 等,2016[3])采用社会网络分析法,从"内部"关系的视角分析了塞内加尔地区农业合作社的运行情况,研究发现,创新知识的传播源被关键领导者所掌握,知识的传播具有垂直性和等级性的特性,需要建立合理的合作机制确保知识的流通,减少个别行动者对知识的掌控。穆茨万瓦 - 萨米(Mutsvangwa - Sammie E.P.,2016)实证分析了津巴布韦西南地区的农业组织创新的影响因素,发现资本禀赋、社会网络对农业组织创新具有显著影响。[4] 从研究视角上,有学者从合作运动来研究农村地区的农业组织创新,丹尼斯·赫贝尔等(Herbel D.等,2015)研究发现,单一分散的组织架构和市场缺陷会影响家庭农场的功能,并利用法国农业机械合作运动说明如何通过小农户的合作创新

① Chand R., Kumar P., Kumar S., "Total Factor Productivity and Contribution of Research Investment to Agricultural Growth in India",2011.

② Mugera A.,Langemeier M.R.,Ojede A.,"Contributions of Productivity and Relative Price Changes to Farm-level Profitability Change",*American Journal of Agricultural Economics*,Vol.98,No.4,2016.

③ Graeme Reed, Gordon M. Hickey, "Contrasting Innovation Networks in Smallholder Agricultural Producer Cooperatives: Insights from the Niayes Region of Senegal", *Journal of Co-operative Organization and Management*,Vol.4,No.2,2016.

④ Mutsvangwa-Sammie E.P., Manzungu E., Siziba S., "Profiles of Innovators in a Semi-arid Smallholder Agricultural Environment in South West Zimbabwe",*Physics and Chemistry of the Earth Parts A/B/C*,No.1-11,2016.

来消除农户经济发展的障碍。① 也有学者从市场、政府、法律等角度来研究其对农业组织创新影响及两者之间的关系,内森·穆伦多(Meulenberg M.,1996)利用营销组织创新的分析框架,提出合作社营销组织创新的发展模式,他的研究丰富了合作社组织演变的研究视角。② 丹尼·尔科(Rylko 等,2005)针对苏联解体后俄罗斯的各种农业组织形式进行分析,认为当前俄罗斯农业组织创新最大的障碍是法律和制度的缺失,缺乏行业协会的监管,使农业发展面临较高的行业风险;土地租赁权的模糊,使长期的农业投资变得危险和昂贵,严重限制了农业的规模经营。③ 瓦伦蒂诺(Valentinov,2007)研究认为,农业企业普遍采用层级制组织形式,在组织规模上普遍超过家庭农场,家庭农场在面对这些贸易伙伴时,往往处于弱势地位,易受交易对手的机会主义剥削。④ 为此,需要发展农业合作社之类的组织,以创造"抗衡力量"(countervailing power)。

二、 国内研究文献综述

第二次世界大战结束后,美国、日本、荷兰等发达国家已经进行了对现代农业的探索性研究,关于农业生产组织方式领域的研究也随之展开。东西方经济基础不同,国情各有差异,所以在农业生产组织方式的选择和发展方向上确有较大区别。当前,国内学者关于该主题的研究主要集中于农业生产组织方式的现状及特征,农业经营主体的比较及未来选择,农业生产组织方式的演进机理及趋势,农业生产组织方式的影响及制约因素,农业经营体系创新发展

---

① Herbel D.,Rocchigiani M.,Ferrier C.,"The Role of the Social and Organisational Capital in Agricultural Co‐operatives' Development Practical Lessons from the CUMA Movement", *Journal of Co‐operative Organization and Management*, Vol.3, No.1, 2015.

② Meulenberg M., "Marketing Organization, Innovation and Agricultural Cooperatives", *Physica‐Verlag HD*, 1996.

③ Rylko D.N., Jolly R.W., Mosolkova M.A., "Organizational Innovation in Russian Agriculture: The Emergence of 'New Agricultural Operators' and its Consequences", *General Information*, 2005.

④ Valentinov V., "The Property Rights Approach to Nonprofit Organization: The Role of Intrinsic Motivation", *Public Organization Review*, Vol.7, No.1, 2007.

的实践、方向及保障措施等几方面。

（一）农业生产组织方式的现状及特征

目前，中国农户群体开始逐渐分化成多种类型，农业生产组织方式呈现出多元化的特征（黄祖辉，2010）①。于金富（2007）②认为，变革生产方式、发展现代农业首先是农业生产方式的变革，即变革现阶段农业的生产技术条件、生产形式、生产的社会形式以及农村生产关系，全面形成现代农业生产方式。邵明伟（2009）③将生产方式概括为四个方面：生产技术、生产组织、社会生产形式和生产的社会形式，生产力决定生产方式，生产方式产生并决定一定的社会生产关系。曾福生（2011）④认为，农业经营形式是与生产关系相联系的农业经济组织形式和运行形式，体现为人与人之间的利益关系和劳动分工协作关系。农业经营形式演变路线实质是制度变迁的结果。袁梦等（2017）⑤以农业农村部家庭农场专项调查数据为基础，从经营数量、经营规模、经营类型、经营效益四个方面，对家庭农场的发展现状进行了系统分析。

（二）农业经营主体的比较及未来选择

董文可（2012）⑥认为，农业经营方式要从现在的一家一户独自生产的小农经营向集约化和产业化转变，提高农业效益。董诗连（2013）⑦、王旭荣

---

① 黄祖辉：《我国社会保障制度对经济增长、土地制度及城市化的影响》，《中共浙江省委党校学报》2010 年第 3 期。

② 于金富：《生产方式变革是建设社会主义新农村的基础工程》，《经济学家》2007 年第 4 期。

③ 邵明伟：《从生产方式到经营方式：农业经营方式内涵的重新分析》，《经济问题》2009 年第 11 期。

④ 曾福生：《中国现代农业经营模式及其创新的探讨》，《农业经济问题》2011 年第 10 期。

⑤ 袁梦、陈章全、尹昌斌等：《德国家庭农场经营特征与制度实践：耕地可持续利用视角》，《世界农业》2017 年第 11 期。

⑥ 董文可：《农村土地资产化与河南农业现代化的关系研究》，河南师范大学 2012 年硕士学位论文。

⑦ 董诗连：《推进农业集约经营加快现代农业发展——加快推进尤溪县现代农业集约化经营的几点思考》，《福建农业科技》2013 年第 8 期。

(2013)①、李存贵(2013)②也都认同随着社会发展,我国要实现现代农业必须改变经营方式,农业未来发展的趋势是集约化经营。杨芳、张应良(2014)③对家庭农场和合作社的共性问题和异质性问题进行了比较分析,提出应根据两类主体不同的发展特点作出差别化的制度安排和倾向性的扶持政策,以助推重庆家庭农场和合作社的稳步发展。韩朝华(2017)④认为,农业生产的高自然生物特性决定了家庭经营是最适于农业生产的组织形式。推进家庭农场的规模化经营是实现农业现代化的需要,长期保护和巩固传统小规模农业将阻碍农民脱贫和整体经济发展。顾宏松、戚福康(2014)⑤认为,随着经济社会的发展,现在的家庭联产承包责任制所形成的农业生产方式出现了难以为继的现象,农业现代化势在必行,基于地缘和传统因素的影响,农业合作社将会成为农业生产方式转型中采取的主要形式。赵佳、姜长云(2015)⑥认为,专业化与兼业化是中国农业家庭经营组织分化为两个并行不悖的方向,在较长时期内促进二者在竞争中合作、在合作中竞争,有利于完善农户结构演变的方向,更好地为建设现代农业经营体系提供良好的组织基础。林毅夫、蔡昉、李周(1994)⑦、黄宗智(2010)⑧、陶自祥(2016)⑨等认为,家庭农场是农业经营效

---

① 王旭荣:《以规模经营引领现代农业发展》,《农业技术与装备》2013年第22期。
② 李存贵:《河南省农业适度规模经营:现状、问题与对策探讨》,《当代经济管理》2013年第10期。
③ 杨芳、张应良:《家庭农场与合作社比较分析及培育研究——基于重庆454个调研数据》,《农村经济》2014年第9期。
④ 韩朝华:《个体农户和农业规模化经营:家庭农场理论评述》,《经济研究》2017年第7期。
⑤ 顾宏松、戚福康:《农业生产方式转变与农业现代化——基于苏州农业合作经济调查分析》,《唯实(现代管理)》2014年第4期。
⑥ 赵佳、姜长云:《兼业小农抑或家庭农场——中国农业家庭经营组织变迁的路径选择》,《农业经济问题》2015年第3期。
⑦ 林毅夫、蔡昉、李周:《中国的奇迹:发展战略与经济改革》,人民出版社1994年版。
⑧ 黄宗智:《中国的隐性农业革命》,法律出版社2010年版。
⑨ 陶自祥:《农业经营主体分化:价值取向及其效益分析》,《南京农业大学学报(社会科学版)》2016年第4期。

益最佳的生产方式,也是最适合农业的微观经营模式。黄祖辉和俞宁(2010)①认为,农业专业大户、农民专业合作社和农业企业为代表的新型农业经营主体是中国现代农业发展的核心主体。罗必良等(2001)②从分工和专业化角度阐述农业生产组织的演进路径,认为农业生产组织演进形式依赖于政府目标及其采取的相应宏观政策:如果政府放开价格,择业限制松动,选择家庭联产承包制就成为政府推广的诱致性制度变迁;如果价格充分自由、择业充分自由,那么,家庭农场可能就是未来农业生产组织的重要形式。

(三)农业生产组织方式的演进机理及趋势

邓久根(2009)③认为,农业的发展途径应该是:特定的历史情境达成组织制度的演进,推动农业的技术创新,包括工序创新与产品创新,进而促进就业增加、财富增加乃至经济发展。赵佳、姜长云(2013)④研究认为,农业经营方式转变和农业组织制度创新,既是不同利益相关者利益协调和有机结合的产物,也是在现有制度环境约束下不断"试错"和优选的结果。谢琳、罗必良(2017)⑤研究认为,选择何种农业经营方式与所有权无关,而是决定于监督土地和监督劳动的成本结构。家庭是最小的会计单位,家庭内部的偷懒和"搭便车"行为远远低于一般的经济组织,因此家庭经营成为主流的农业经营方式。兰勇(2015)⑥认为,传统农户向家庭农场的演化是许多因素交互作用与

---

① 黄祖辉、俞宁:《新型农业经营主体:现状、约束与发展思路——以浙江省为例的分析》,《中国农村经济》2010年第10期。
② 罗必良、李孔岳、吴忠培:《中国农业生产组织:生存、演进及发展》,《当代财经》2001年第1期。
③ 邓久根:《农业经济组织化:非市场治理机制的视角》,《宁夏社会科学》2009年第3期。
④ 赵佳、姜长云:《农民专业合作社的经营方式转变与组织制度创新:皖省例证》,《改革》2013年第1期。
⑤ 谢琳、罗必良:《技术进步、成本结构与农业经营方式变迁》,《中山大学学报(社会科学版)》2017年第1期。
⑥ 兰勇:《传统农户向现代家庭农场演变的机制分析》,《江西社会科学》2015年第11期。

演变的过程,其中,环境、制度与农户行为的相互作用与演变是家庭农场生成的基本动力机制。曾福生(2011)①、何颖(2015)②提出,农业经营方式的改变,其实际上是进行生产要素引进,将这些要素重新分配,以达到农业经营方式向集约经营转变,通过精耕细作的方式进行农业发展。曾福生(2011)③认为,农业经营形式演进的大致轮廓和轨迹是包产到户、兼业农户、专业户、专业大户。新的集体经济企业和家庭农场可能成为主流农业经营形式。罗必良、胡新艳(2016)④认为,农地产权细分、农业分工深化与家庭经营空间的扩展是农业经营方式转型的方向,以土地"集体所有、家庭承包、产权细分、分工经营、管住用途"为主线的制度内核,有可能成为我国新型农业经营体系的基本架构。

(四)农业生产组织方式的影响及制约因素

于金富(2007)⑤认为,制度性缺陷和落后的小农生产方式是导致我国"三农"问题的根源。故而,变革农业生产经营方式是缓解"三农"问题的必然选择。肖娥芳、祁春节(2016)⑥研究表明,主导利益集团偏好、农地产权结构和交易环境对农业经营方式的选择具有重要影响。未来我国应逐步放松对农地产权的管制,以实现国家、农户等不同相关利益集团目标的激励相容。张林、冉光和(2016)⑦基于川渝地区的调查数据,对经营型农户向家庭农场转

---

① 曾福生:《中国现代农业经营模式及其创新的探讨》,《农业经济问题》2011年第10期。

② 何颖:《日本、韩国和中国台湾现代农业发展对我国的经验启示》,《品牌(下半月)》2015年第3期。

③ 曾福生:《中国现代农业经营模式及其创新的探讨》,《农业经济问题》2011年第10期。

④ 罗必良、胡新艳:《农业经营方式转型:已有试验及努力方向》,《农村经济》2016年第1期。

⑤ 于金富:《生产方式变革是建设社会主义新农村的基础工程》,《经济学家》2007年第4期。

⑥ 肖娥芳、祁春节:《目标、效率与农业经营方式选择——基于新制度经济学的理论分析》,《财经问题研究》2016年第4期。

⑦ 张林、冉光和:《经营型农户向家庭农场转化的意愿及影响因素研究——基于川渝地区876户农户的调查》,《财贸研究》2016年第4期。

化的意愿及影响因素进行实证检验。研究发现,户主受教育程度、家庭农业
劳动力人数、自有耕地面积等因素对经营型农户向家庭农场转化的意愿具
有显著正向影响,耕地细碎化、土地租金对经营型农户向家庭农场转化的意
愿具有显著负向影响。罗必良(2000;2014)①②认为,农业经营方式的特殊
性决定了工厂式的组织方式不适合引入农业生产领域,因此家庭经营是最
佳的农业生产组织形式。坚持家庭经营在农业中的基础性地位,仍是创新
农业经营体制的前提条件。何军、陈文婷、王恺(2015)③研究认为,社会化
服务水平、自然条件、经济发展水平等因素影响农户农业经营方式的选择,
社会化服务水平越高的地区选择"公司+农户"经营方式的概率越大。陈飞
等(2010)④、崔宁波等(2020)⑤发现,预期价格水平对粮食产量的影响相对
偏弱,价格杠杆作用对农户的经济激励不明显,成为农业生产方式有效转变
的阻碍。

（五）农业经营体系创新发展的实践、方向及保障措施

柯炳生(2007)⑥认为,发展现代农业生产方式具有保障农产品供给的数
量与质量、促进农民增收、维持生态平衡等目标。而要发展现代农业,实现农
业经营方式和生产力的现代化变革是最根本的途径。何秀荣(2009)⑦认为,
在市场化、工业化、城镇化和国际化进程中以企业为母体的租赁式公司农场和

---

① 罗必良:《农地经营规模的效率决定》,《中国农村观察》2000 年第 5 期。
② 罗必良:《家庭经营仍是新型农业经营体系基础》,《中国合作经济》2014 年第 3 期。
③ 何军、陈文婷、王恺:《农业经营方式选择的影响因素分析》,《农业经济》2015 年第
12 期。
④ 陈飞、范庆泉、高铁梅:《农业政策、粮食产量与粮食生产调整能力》,《经济研究》2010 年
第 11 期。
⑤ 崔宁波、董晋:《新时代粮食安全观:挑战、内涵与政策导向》,《求是学刊》2020 年第
6 期。
⑥ 柯炳生:《关于加快推进现代农业建设的若干思考》,《农业经济问题》2007 年第 2 期。
⑦ 何秀荣:《公司农场:中国农业微观组织的未来选择?》,《中国农村经济》2009 年第
11 期。

以农地股份制为基础的公司农场将成为中国未来农业微观组织的重要形态。谢琳、钟文晶、罗必良(2014)[①]认为,崇州实践的"农业共营制"实现了社会化服务的规模经济,使中国农业分享到了分工经济的好处,并认为"农业共营制"制度创新对突破中国农业原有的问题提供了可行路径,为中国农业政策的制定提供了重要的经验启示。张澄等(2011)[②]提出"家庭农场+合作社"是农业产业化经营模式的创新,并分析了"家庭农场+合作社"的生成机制和制度效益,认为制度非均衡是这一新型模式产生的根源,其存在需要一定的制度环境,能产生外部经济内部化、规模经济和提高农户市场竞争力的制度效益。赵晓峰、刘威(2014)[③]认为,以适度规模经营的家庭农场为基础,组建农民合作社,是创新农业生产经营组织体制的有效途径。"家庭农场+合作社"模式在提高单产、改善农业生产基础设施条件、提高农民抵抗旱涝灾害、吸引青年农民居村务农等方面更具优势。张云华(2014)[④]认为,家庭农场是农业经营方式的主流方向。我国应坚持把家庭农场而非公司制农场作为未来农业经营方式的主流方向,制定家庭农场发展战略,加强管理与服务,赋予法律地位,给予重点支持。

三、 研究述评

改革开放以来,与农业微观经济组织相关的理论不断发展并成熟,学者根据不同的研究目的进行了大量的分析,取得了众多成果与理论。其中一部分学者从农业生产组织的产生过程、发展模式以及创新形式等方面进行研究,还

---

① 谢琳、钟文晶、罗必良:《"农业共营制":理论逻辑、实践价值与拓展空间——基于崇州实践的思考》,《农村经济》2014 年第 11 期。

② 张澄、杨立鹏:《关于转变经济发展方式问题的思考——以渭南市产业结构优化升级为例》,《陕西农业科学》2011 年第 3 期。

③ 赵晓峰、刘威:《"家庭农场+合作社":农业生产经营组织体制创新的理想模式及其功能分析》,《当代农村财经》2014 年第 7 期。

④ 张云华:《家庭农场是农业经营方式的主流方向——发展家庭农场的国际经验及对我国的启示》,《农村工作通讯》2016 年第 20 期。

有一部分学者从小规模农户经营方式对当代农业发展的影响等方面展开讨论。总体而言,已有研究文献对国内外农业生产组织方式问题进行了多方面、多角度的深入分析,对中国农业生产组织方式的后续研究具有很好的借鉴作用。然而,客观审视现有研究工作不难发现,研究成果仍存在如下待完善之处:第一,已有研究多将单一的、特定的某种农业生产组织方式作为分析对象,从不同角度对其发展问题进行论述,选题虽然具体,但研究成果缺乏对宏观农业经济条件下事物发展的规律性和普适性的审视。第二,多侧重理论分析,实证性质的研究较少,缺乏对客观数据的深度挖掘。第三,系统性研究较少。目前对于农业生产组织问题系统研究的文献可见向东梅(2002)[①]和胡剑锋(2006)。向东梅(2002)全面分析了中国农业生产组织结构问题,包括组织结构变迁的一般影响因素等。然而,其研究方法仅限理论分析和历史分析。胡剑锋(2006)[②]分析方法上侧重用多种理论解释一个经济现象,是一种基础理论的很好应用,分析成果对我国农业发展实际的应用性有限。第四,研究的时效性需待更新。组织变迁与其生存环境是紧密相关的,因此,对现有农业生产组织的演变以及未来创新路径的研究需要密切关注当前农业经济发展大环境。

第四节　研究内容与研究重点

一、研究内容

在土地规模化流转背景下,由于农业经营主体与土地产权结合程度和方式差异形成不同的农业生产组织方式,体现为农户完全持有土地经营权、采取自耕经营的农户个体经营方式,农户完全持有土地经营权、采取家庭经营或雇

---

① 向东梅:《中国农业生产组织结构问题研究》,西南农业大学2002年博士学位论文。

② 胡剑锋:《中国农业组织的产生、演变及协调互动机制研究》,浙江大学2006年博士学位论文。

佣经营的家庭经营方式,农户联合持有土地经营权、采用自耕或雇佣经营的合作经营方式,农户持有承包权放弃土地经营权、被雇佣经营的科层组织方式等。着重讨论不同农业生产组织方式演变规律、与农业发展的关系绩效及其未来优化创新的方向和对策。本书主要研究内容和总体框架安排如下:

第一,土地规模化流转与农业生产组织方式相关理论概述。概括阐述我国土地流转的阶段性态势、系统梳理土地分散流转与土地规模化流转的基本特征及其对农业生产组织演化的不同影响,进而总结出土地流转与农业生产组织方式之间内在的关联关系。基于组织构成和生产经营活动的不同属性,系统梳理在新的社会经济大形势下客观存在的几种农业生产组织方式,并对比分析各种农业生产组织方式在产权结构、生产主体、生产方式、经营环境等方面的共通性和差异性。

第二,土地规模化流转背景下农业生产组织方式演化规律与趋势分析。从经济结构、产业结构、就业结构变动,要素相对价格变化,城镇化与农业劳动力转移,消费升级和粮食安全等外在因素和内在因素两方面系统梳理农业生产组织方式演化的动因;研究发现并系统分析当前我国农业生产组织方式演化的典型趋势:生产经营适度规模化、组织化经营与个体生产并存、雇佣生产普遍化和多样化和产业融合水平逐步提高等,利用调研资料和宏观数据论证该趋势产生的原因和基本发展态势;同时总结发现了农业生产在专业化、集约化、组织化和社会化方向的基本特征。

第三,土地规模化流转背景下农业生产组织方式演化的影响效应分析。阐释农业生产组织化对地区农业发展的综合影响,同时以历史分析法为工具,对不同时期不同组织化模式下农业生产的基本特征进行系统性对比。通过测算地区、时期的农业 TFP 数据,从宏观层面阐述不同历史阶段和地区差异性农业生产组织方式给农业经济发展带来的影响。进一步,从雇佣生产、规模化经营、组织化生产、产业融合等中微观视角采用多种实证分析方法(面板数据模型、随机效应 Tobit 模型等)分领域分析不同农业生产组织方式对农业发展产生的影响效应,并发现其内在机理。

第四,土地规模化流转背景下农业生产组织方式创新的障碍性因素分析。采用理论分析和系统分析方法,从宏观视角全面剖析影响现有农业生产组织发展的各类要素及其影响方向、程度等。进一步,借助调研资料和数据采用DEA-Tobit模型、Logistic模型等方法实证分析不同农业经营主体的经营效率及其向更大规模、更高级组织形式转化的意愿和制约因素等。

第五,土地规模化流转背景下农业生产组织方式创新的典型案例分析。选择国内两个典型的实践模式较为稳定的农业生产组织方式进行案例剖析,分别是四川崇州的农业"共营制"和黑龙江绥化的东禾模式。两种模式分别代表了以普通农户为依托,平行资源合作联合而形成的横向合作经营模式和以农业龙头企业为主导,交叉资源合作联合而形成的纵向合作经营模式。从两种农业生产组织方式形成、组建和运行等视角进行系统分析,总结有益经验。

第六,土地规模化流转背景下农业生产组织方式创新路径及保障措施。结合土地适度规模经营和农业现代化发展的内在要求以及当前我国土地规模化流转的客观形势,研判各类农业生产组织的未来走向和创新发展思路。系统论证小农个体经营在适应新经济形势过程中如何基于个体经营的高灵活性和高适应性而创新经营理念、提升农业经营效率,对比阐述组织化经营主体如何优化组织构成,创新发展定位在增加农产品产量、提高农产品品质、保障国家粮食安全、促进先进农业生产技术应用、助农增收等方面,并针对实践中的具体案例、模式进行经验总结和优化选择。在明确农业生产组织创新的现实性和方向性基础上,阐释农业生产组织创新的可行路径,并构建农业生产组织创新的机制框架,提出具体的机制设计方案。

二、 研究重点

第一,科学揭示土地规模化流转条件下我国农业生产组织方式的演化方向及规律。阐明我国客观存在的农业生产组织形式,对其分类整理和对比;实证方式论证和检验农地产权逐步实现"三权分离"对组织演化产生的影响以及未来农业生产组织的可能走向。

第二,客观评估不同农业生产组织方式演化路径上的绩效水平及差异性。农地的大规模流转并没有实现农业生产组织方式的单一方向演化,相反是多元化。在明确各种组织演化的可能路径的基础上,客观评估不同农业生产组织方式在农业经济发展过程中的绩效水平。

第三,系统阐述新时期我国农业生产组织方式演化的可行路径及其运行机制。全面剖析影响农业生产组织更新发展的各类要素,在明确我国农业生产组织创新的现实性和方向性基础上,阐明农业生产组织创新的可行路径,提出具体的机制设计方案和措施,并利用实践案例进行检验和论证。

第五节　研究思路与研究方法

一、 研究思路

本书拟分三个阶段展开实施,基本思路和技术路线如图 0-1 所示。

二、 研究方法

(一)调查访谈法

采用问卷和访谈方式进行实地调查,获取研究所需的第一手基础数据。问卷调查的程序为先编制试用调查表,检测适用性、信度、效度后再编制正式调查表,基于 SPSS 软件包程序进行数据分析。拟调查区域包括黑龙江、吉林、辽宁、山东、浙江和河南,拟发放问卷 800 份。实地访谈由课题组成员设计访谈提纲,实地走访并对专业大户、农场主等采取座谈等方式进行。

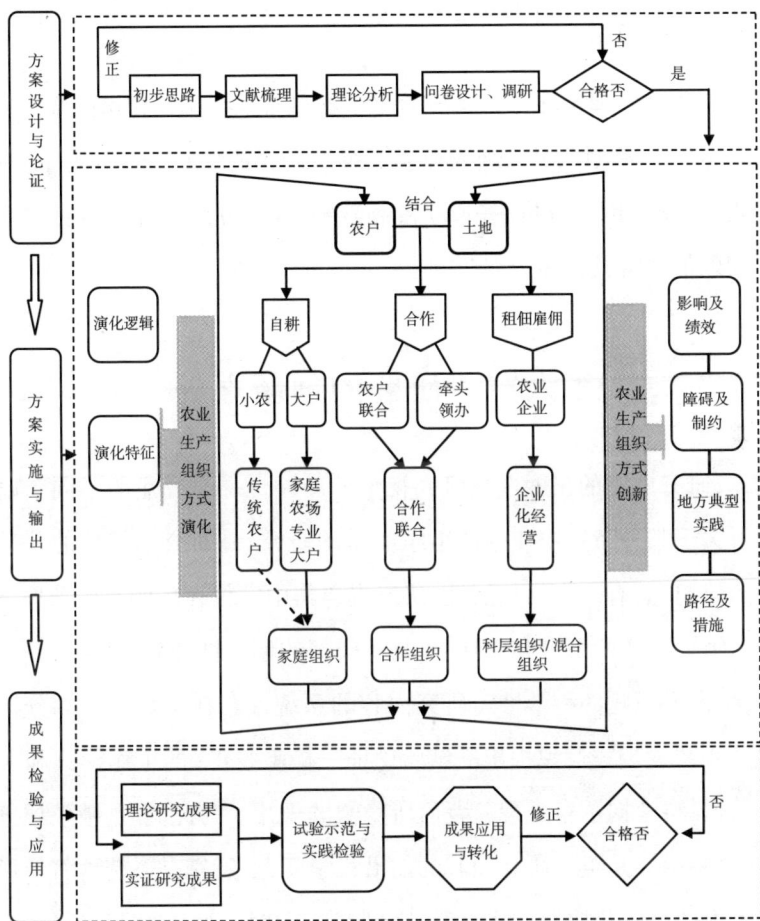

图 0-1　研究技术路线

（二）假说—演绎法

前期研究发现,土地规模化流转背景下农户个体被多元化的农业生产组织不完全替代。基于此,对现象提出疑问,并通过推理提出解释该问题的假说,通过实地调研采访所取得数据,采用科学的计量分析方法来检验假说的合理性。

（三）实证与数理分析法

基于演化博弈理论和行为经济学建立农户与组织相互作用的基因复制动态博弈模型（RD 模型），并分析农业生产组织博弈的稳定条件和特征；利用层次分析法（AHP）、因子分析法（FA）和聚类分析（CA）定量评价各种农业生产组织的绩效值并将其排序。

第六节　研究的创新之处

首先，研究主题的拓展性与研究视角的新颖性。研究主题不同于以往大多数学者关于某种特定农业生产组织类型的研究，是对科学规律的普适性和一般性的研究，具有一定的拓展性；研究视角集中定位在新的历史条件下我国农业生产组织方式的演进和创新上，具有较好的创新性和时效性。

其次，研究问题的科学性与研究内容的系统性。在广泛观察和分析基础上，通过"现象发现—假说提出—试验论证—检验修正"的工作模式和大量一手调研数据，科学揭示客观现象背后所隐藏的规律。与此同时，绩效评价与优化、创新机制设计是组织研究领域的前沿科学问题，特别是系统地将新形势下我国农业生产组织及构架方式进行总结归类，在同一性层面上研究组织演进规律，在差异性层面上研究组织绩效量化，研究内容具有相对更高的科学性和系统性。

最后，研究工具的有效性和研究方法的先进性。以计量经济学和数理经济学为主要分析工具，引入交易费用理论和演化博弈理论，将假说—演绎法、实证分析方法和数理模型方法相结合系统分析农业生产组织的演化和机制创新问题。研究工具和方法的选择充分借鉴选题的特殊性和问题分析的导向性，以达到研究工具为研究内容服务的目的。

第一章　土地规模化流转与农业生产组织方式：逻辑、历史与现状

第一节　农业生产组织方式的提法与要素构成

一、农业生产组织方式的提法

对于农业生产组织方式的含义，理论界一直未给出准确的定义和统一的说法。目前，关于该主题密切相关的用词提法有：农业经济组织、农业经营方式（形式、模式）、农业发展方式（形式、模式）等。农业经济组织一般指为了实现一定的经济目标和任务而从事农业生产经营活动的单位或群体。从某种意义上讲，该提法是本研究"农业生产组织方式"的构成部分，而不能全面反映本研究的全部要义。对于农业经营模式、农业经营方式和农业经营形式三个名词，大部分学者将混同使用（卜范达、韩喜平，2003）[1]，认为农业经营方式就是农业生产要素的组合方式或生产技术道路、技术途径，而农业经营形式所涉及的是农业主体的权利和经济关系问题（王征兵，2002[2]、2011[3]）。也有学者

---

[1]　卜范达、韩喜平：《"农户经营"内涵的探析》，《当代经济研究》2003 年第 9 期。

[2]　王征兵：《中国农牧业经营方式的历史演变探析》，《西北农林科技大学学报（社会科学版）》2002 年第 6 期。

[3]　王征兵：《中国农业发展方式应转向精细密集农业》，《农业经济与管理》2011 年第 1 期。

将三者分开讨论,如曾福生(2011)①认为,农业经营模式是农业经营形式与农业经营方式的有机统一,农业经营形式的变化是制度变迁的内容,农业经营方式转变属于技术进步范畴。本书所指"农业生产组织方式"强调在一定的所有制关系下,围绕经营主体而产生的农业生产资料的投入、组建和运行方式,包括生产资料的产权结构、农业生产的基本单元和农业生产方式三要素(见图1-1)。

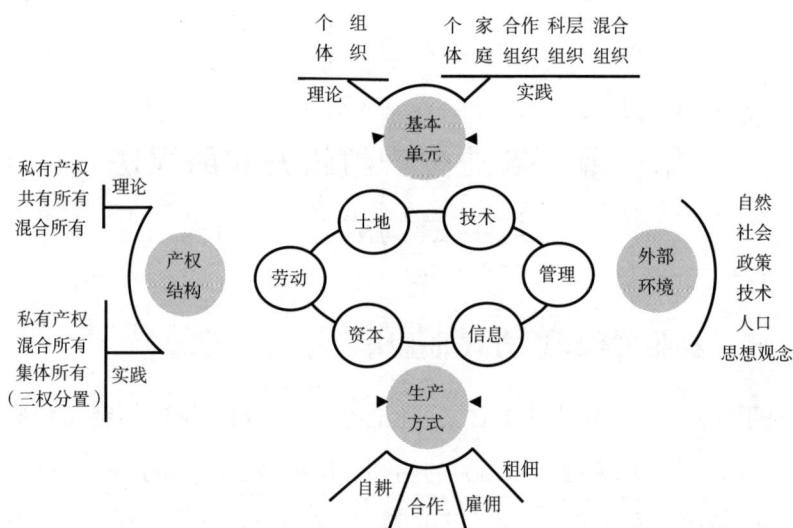

图1-1　农业生产组织方式框架

农业生产组织方式的构成和表征由社会经济制度的性质所决定,受到自然、社会、政策、技术、人口、思想观念等主客观因素的制约,同时也会随社会形态和社会发展阶段的不同而不同,不同的地域、历史传统也可能会造就不同的农业生产组织方式。总体来说,它是一定的社会经济制度的具体体现,并且随生产力的发展而变化。一种农业生产组织方式就是生产要素的一种特定组合方式。农业生产组织方式的形成没有最好,只有适合,所以应结合自身的实际

---

① 曾福生:《中国现代农业经营模式及其创新的探讨》,《农业经济问题》2011年第10期。

情况来选择合适的农业生产组织方式。另外,农业生产还具有自身的特殊性,农业生产围绕土地展开,其以土地作为基本生产资料,以动植物作为劳动对象,具有很强的季节性特征和环境依赖性。农业相对于其他产业的这一特殊性,也要求农业生产组织方式具有灵活性和多样性。总体而言,农业生产组织方式表现出如下特性:

(1)结构性。农业生产组织方式是一个独立的系统,其构成要件包括生产资料的产权结构、农业生产的基本单元、农业生产方式和生产经营环境四部分。这四部分要件存在相互影响、相互作用,彼此制约的关系,每个要件的发展变化,都必须依赖其他要素的存在和发展。

(2)多元化。系统内部原有要素的重新组合能够实现经营方式创新,而且原有要素跨系统流动而引起的质量提高以及新要素流入,都能够实现经营方式创新。不同的农业要素的组合方式形成不同的农业生产组织方式。

(3)可变性。农业经营方式的形成是客观的,其选择受制于自然、社会、技术等一系列客观条件约束(卜范达、韩喜平,2003)[①]。具体的农业经营方式会随不同社会形态、社会阶段、不同地域、历史文化而不同。农业生产要素由低水平的平衡向高水平的平衡发展的过程是农业经营水平提高的过程,也是农业生产经济效果的增长过程。

基于此,本书提出如下观点:

第一,农业生产组织方式是不同农业要素的组合方式。在农业生产过程中,农业劳动者、生产工具、其他生产资料以及生产条件是彼此联系和互相制约的有机整体。从质态上讲,要素的组合就是指各要素质的对应性。从量态上讲,要素组合指构成现实生产力系统时各要素的数量配比,任何产品或劳务的产出,都是要素在特定的组合方式下共同作用的结果。把诸生产要素按功能和适当比例组成一个有效运转机体,就能够实现生产力的转化。农业生产

---

① 卜范达、韩喜平:《"农户经营"内涵的探析》,《当代经济研究》2003 年第 9 期。

要素是一个多层次的复杂结构,自然资源是构成生产力整体的重要组成部分、农业劳动者是这个结构的中心、科学技术作为生产因素可变成直接生产力,可改善本要素的质量并使自然资源得到更有效的利用。总之,不同类型农业生产要素只有在均衡的系统中有机组合,才能发挥应有的作用。

第二,农业生产组织方式的演化方向是致力于提高农业生产力。农业的发展途径应该是:特定的历史情境综合作用达成农业制度的演进,推动农业主体创新、组织形式创新、技术创新、产品创新、经营理念创新等,进而促进就业增加、财富增加乃至经济发展,在激烈的市场竞争面前我国农业需要进行"路径创造"的组织创新。

第三,农业生产组织方式创新在本质上是一种制度变迁。制度创新是由于在现存制度下出现了潜在的获利机会,但是又由于各种原因,使这些潜在利益无法在现有的制度安排内实现。制度变迁往往是由于利益主体追求利益的最大化而引起的。经济发展新常态加剧了中国农业转型发展的紧迫性,也将农业生产组织创新的重要性推到了新的高度。农业农村的全面深化改革必然要推动农村土地制度、公共品供给制度等一系列制度的变迁或创新,而相关制度的变迁或创新既营造了农业生产组织创新环境,又推动了农业生产组织创新的发展。

二、 农业生产组织方式的要素构成

(一)产权结构

产权结构即指农业生产过程中为了获得必要农产品产出而投入的农业生产要素的产权归属结构。现代经济学认为,农业生产要素包括:土地、劳动力、资本、技术、信息和管理六种,一般而言,农业生产要素可以被划分成有关人的要素、有关物的要素以及两者结合的要素三类。依据初始禀赋状况,生产要素的取得和分配包括自有和交易两种渠道。如图 1-2 所示,市场经济条件下,生产要素作为商品进行交换的过程中,其最终形式体现为"物的因素"的可以通过购买或借贷方式获得,其最终形式体现为"人的因素"的则可以通过雇佣或外包的方式获得。例如,自有劳动力还是雇佣劳动力,自有土地还是流转土地,自有资金还是借贷资金,自有管理、技术还是聘用管理人员、外包技术服务等。

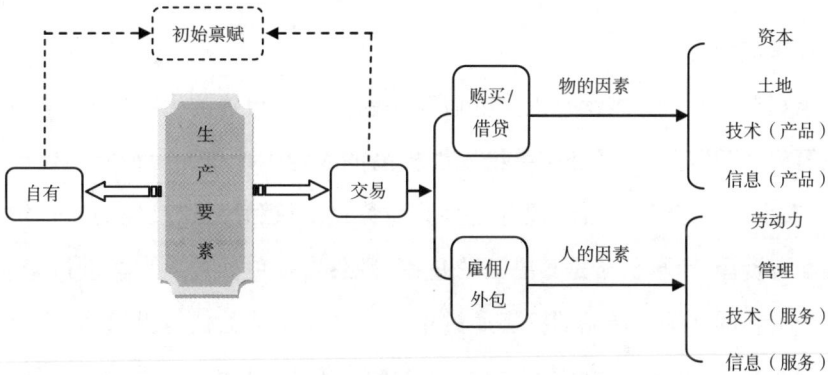

图1-2　农业生产要素的权利结构

农村经济权利结构或农业经营权利结构集中体现为农地权利结构。作为农地核心问题的产权制度,规定了农地所有权归属和经营权归属,决定农业经营权利结构。中国农村经济体制改革实质就是经济权利结构改革。

(二)生产单元

按照组织构建方式的不同,农业生产基本单元可以被划分成家庭型、合作型、科层型和混合型四类(见表1-1)。

表1-1　不同农业生产组织的构成及特性

组织类型	特点	适用性	发展方向	实践模式
家庭型	简单、普及广泛、关系稳定	组织、监督费用低,交易费用高	合作性、混合型	传统农户、专业大户、家庭农场
合作型	组成个体之间既有竞争又有合作	组织成本高、交易费用低	合作型、科层型、混合型	农机合作社、专业合作社、合作社联合社

组织类型	特点	适用性	发展方向	实践模式
科层型	计划性、命令性强	交易费用低	科层型、合作型、混合型	农业企业、人民公社
混合型	创新动力大、产业化程度最高	组织成本高	合作型、科层型、混合型	农业产业化联合体

1. 家庭型

家庭型农业生产组织是以家庭血缘关系为纽带组建的生产单元,是一种关系简单、普及范围广泛和关系稳定性极高的农业生产单元。在此类生产单元中,农户是生产经营主体,拥有完全的经营自主权和决策权,他们通过价格机制配置资源,市场价格是其决策的基本参照;农户单独进入市场进行交易,从生产资料的购买到产品的销售通过市场完成而不依赖任何组织;农户数目多,产业集中度低,竞争激烈;农业生产经营的组织费用和监督费用低,但生产成本和交易费用高。

2. 合作型

合作型是一些独立的经济个体(例如家庭型农业生产单元),为了同一目的,按一定的规则组成的经济组织以共同从事农业生产。此类生产单元中,农户仍然是生产经营主体,在经济上依然独立;成员不是通过市场保持和外部世界的联系,而是把活动内化到另一个规模较大的经济组织中去;通过联合与合作,农户以被限制未来的行动为代价实现比无合作时更高的收益;农户通过价格机制和层级机制的双重作用作出生产和经营决策;农户之间既有竞争,又有合作,产业集中度较市场型组织高,较层级型组织低;组织成本升高,交易费用降低。

3. 科层型

科层型是生产者之间通过科层体系结合在一起称为层级型农业生产组织。农业生产者通过科层体系在一个较大的组织内通过分工完成农业生产全过程,最典型的代表是人民公社和农业企业。层级型农业生产组织的特点是:通过科层组织进行资源配置,计划性和命令性强;生产经营决策权归属组织,农户没有经营权和决策权;相对于市场型组织,组织管理费用高,但生产成本和交易成本降低;生产过程中的分工和协作具有较高的水平,具有很强的合作性;生产活动内化到层级组织内,农户是组织中的一个生产单元,组织效益与农户利益息息相关;组织内部的农户之间不具有很强的竞争性。

4. 混合型

混合型是家庭型农业组织、合作型农业组织和科层型农业组织以市场合约的方式组建的新的经济组织。在混合型组织中,农业资源和生产要素得以集中而有效地使用,生产的组织化、规模化、产业化程度是最高的,农户风险也降到了最低,农户收入稳定。与其他农业组织中的农户相比,混合型组织更具有创新的优势,它具备了快速把研究成果应用到生产中的能力,创新收益的内化程度高,创新动力大。这种组织的缺陷是农户经营自主权被剥夺,农民的生产积极性降低,导致农业生产效率低下。大量雇佣农业工人是共同的特征,但不同的层次型组织所有权水平差别很大。

(三)生产方式

生产方式既是社会经济结构的首要内容,又是生产关系产生和存在的基础。人类农耕史上出现过四种典型的农业生产方式:自耕、雇佣、租佃和合作。从生产关系角度来看,自耕较多地反映了农户家庭成员之间的经济关系,而租佃与雇佣是发生在农户与地主或农户与农户之间的契约关系(张佩国,2000)①。

1. 自耕

自耕是以小块土地私有制为基础,以单个家庭为经济单位,从事农业生产的个体农业劳动方式。自耕生产方式在中国农耕史的各阶段普遍存在。基本特征是:由于能够使劳动和土地直接结合、责权利相统一,而且能够较好地实现同当时生产力水平相适应的劳动与土地的均衡,在中国传统农耕社会里,自

---

①　张佩国:《近代山东农村土地占有权分配的历史演变》,《齐鲁学刊》2000 年第 2 期。

耕农一直是最有效的农业微观经济组织形式(武义青、刘孟山,2009)①。但与此同时,自耕农占有土地和其他生产资料,依靠自己和家庭成员进行农业经营,生产通常带有较大程度的自给自足性质,经济地位不稳固,容易出现两极分化。

自耕农早在商周时期已出现。存在于旧中国的自耕农,在各个历史时期来源有所不同。自耕农其实是土地私有制的产物,在土地改革后,中国农民分到了土地,都转变为自耕农。但在农村合作化尤其是人民公社运动后,农民失去了私有土地,土地变成集体所有,中国长期不存在自耕农。20世纪80年代初在包产到户改革后,尤其是《农村土地承包法》通过以后,农民的土地承包权不断延长,中央允许长期承包,鼓励农地自由流转,但农民拥有的只是土地的经营使用权,而不是土地的所有权,中国的农民不能称为自耕农了。农村40年改革建立了以家庭承包经营为基础的农村微观经营主体,培养了市场机制,确立了统筹城乡发展的基本方略,为建立新型自耕制适度规模经营提供了初步制度保证。

2. 雇佣

农业雇佣生产是中国古代和近代社会中农业劳动者受雇于地主或其他农户,从事农业生产,以自身劳力换取实物或货币工资的经济关系,是无地或少地农民除租佃以外,同土地相结合的另一种方式。中国农业雇佣劳动早在春秋时期就已出现。② 地主制下的土地买卖和农民分化,不断破坏单个农户占有和经营的土地面积同家庭劳力之间的平衡,雇佣劳动的使用在一定程度上恢复和维持着这种平衡,成为部分农户维持正常生产的条件之一。旧中国农

---

① 武义青、刘孟山:《推进新型自耕制适度规模经营的思考》,《经济与管理》2009年第6期。
② 如公元前546年齐国发生崔氏之乱,到鲁国避难的大夫申鲜虞"仆赁于野",充当农业雇工以为生。再者,战国时期,农业雇佣劳动增加,相关文献中出现了"庸客""庸夫""庸民"和"取庸""买庸""卖庸""聚庸""庸耕"等有关雇佣劳动者的名称或雇佣活动的词汇,其中相当部分是涉及农业雇佣劳动的。但是,这种雇佣关系不是自由的工资劳动,雇农出卖给地主的不仅是他的劳动力,还包括部分人身自由,形成对地主的相对人身依附关系。

村中比较常见的雇佣形式有:典当雇佣、娶妻养老雇佣、债务雇佣、以工抵租雇佣、带地雇佣、帮工佃租雇佣、自由的工资劳动和带有资本主义性质的雇佣劳动①。其中,前六种雇佣形式中农业劳动者尚未摆脱土地、债务以及宗法关系束缚,大部分雇佣关系中雇工出卖的不仅是他们的劳动力,而且包括一部分人身自由;后两种雇佣关系中自由的工资劳动具备了成为资本主义性质雇佣劳动的条件,但由于资本主义农业经营形态占比很少,这种雇佣关系大部分是短工,雇佣劳动者大部分为在本乡本土自有或租佃小块土地的贫农,没有完全摆脱土地、债务和宗法关系的束缚。雇佣劳动在现代社会占据越来越重要的地位。从社会历史的发展来看,其产生源于社会分工演变和商品生产的发展,被认为是社会进步的标志(赵入坤,2007)②。从本质上讲,雇佣关系是因劳动力的买卖而产生的经济关系,也是一种买卖双方权利与义务交换的法律关系,现代农业雇佣劳动是建立在合约双方平等、自愿、有偿基础之上的,已经不存在剥削性质了。

　　农业雇佣生产被认为发端于土地私有制。在家庭联产承包责任制时期,我国农地普遍小规模耕种,小农经营色彩浓重。随着中央提出"土地承包经营权流转"的政策指向,我国农地集中流转和规模经营趋势明显,农业雇佣生产再次呈现在人们面前。具体而言,目前我国农村土地流转已进入第二阶段,流转环境发生了新的变化:一是《农村土地承包法》和《物权法》的实施,增强了农地承包经营权的稳定性;二是全面免征农业税和实施农业补贴政策,降低了农地经营成本,提高了农业效益;三是全面推行新型农村合作医疗和新型农村养老保险,弱化了农地社会保障作用;等等。在国家产业政策激励下,农地流转规模不断扩大,耕地向种田能手、农民专业合作经济组织和农业企业大规模集中,促进了农地的规模经营。而流转出的农地多用于粮食蔬菜生产、水产养殖、林果业和农业观光园开发等,在农业经营劳动力需求集中和政府优惠政

---

① 杜润生:《杜润生自述:中国农村体制变革重大决策纪实》,人民出版社 2005 年版。
② 赵入坤:《雇佣劳动与中国近代农业的发展》,《江海学刊》2007 年第 5 期。

策扶持下,规模经营主体纷纷以有偿雇佣的方式吸纳农村富余劳动力从事农业生产。[①] 为此,各地农业雇佣劳动在农地规模流转过程中初见端倪。早期的农业雇佣生产主要以雇佣劳动为主,是一种社会生产所需的人力因素借助劳动力商品交换实现与物质要素相结合的生产组织形式。劳动力的普遍商品化和以劳动力商品租赁为基本内容的雇佣劳动制的广泛普及出现在封建社会和资本主义社会(李文治,1981)[②],主要表现为以劳动力成为商品为前提,雇佣劳动关系的确立也是通过劳动力的商品交换完成的,而劳动力的所有权主体通过出租劳动力获得劳动力商品的租赁价格。市场经济条件下,雇佣劳动成为人力资源配置的有效手段。当前,伴随我国制度、经济、社会环境的发展,雇佣生产方式更为灵活和丰富。从雇佣生产的对象——生产要素来看,其包括社会生产经营活动所需的各种社会资源,而不仅仅是劳动力。

3. 租佃

早在战国时代,租佃方式就已经出现。汉代"或耕豪民之田,见税什五"的现象已比较普遍。自宋代开始,租佃关系日益普遍化,租佃经营成为仅次于自耕农形式的重要经营方式。明清时期,租佃关系进一步普及、深化,成为农村经济中的主要形式。契约纳租方式的确定,使佃农对地主的依附关系相对减弱,因为他们在选择雇主方面有一定的权力;从依附关系逐渐解脱出来的农民,生产自主权大为提高。因为他们不仅在选择雇主方面有一定的权力,而且在支配产品方面也获得适当的自主权,甚至能和市场发生联系。这就大大提高了他们的生产积极性,促进了农业的发展,也促进了商品经济的发展。从总

---

① 有学者明确提出,在市场化、工业化、城镇化和国际化进程中,以企业为母体的租赁式公司农场和以农地股份制为基础的公司农场将成为中国未来农业微观组织的重要形态。其中,通过"返租倒包"途径发展出的"企业+(企业经营的)租赁农场"的农业经营形态(俗称"公司+农场")就是其中典型的一种。这一发展模式使企业通过农地租赁进入了农业生产领域,出租土地的农民由农业经营者变为收租者,而部分农民被租地企业雇佣而成为工资收入者(俗称"农民变农工")(何秀荣,2009)。无论如何,农地流转的这一趋势将进一步促进农地雇佣经营规模的扩大。

② 李文治:《论中国地主经济制与农业资本主义萌芽》,《中国社会科学》1981 年第 1 期。

体来看, 1949 年以前,中国的租佃制度并没有全面进入单纯纳租关系阶段,资本主义性质的租佃关系尚未发生。土地改革运动后,中国大陆的封建租佃制度被取消。现代意义上的土地租佃可以理解为土地租赁、土地出租,是指在土地所有权不变的情况下,土地所有者或使用者将土地的占有权、使用权、收益权和有限度的处分权在一定时期内按约定条件让给承租人的经济行为。土地租赁是土地有偿使用的一种形式。土地实行租赁经营表明,土地的所有权和经营权可以分离。

在中国土地集体所有且土地所有权、承包权和经营权"三权分置"框架下,土地租佃经营分化成两个方向:一是土地承包户获实际持有人的保留土地经营权,同时保有土地经营收益权,实际生产中如代耕代种、土地托管等农业经营方式;二是土地经营权由承包户或土地实际持有人将承包权和使用权分离,同时释放土地经营收益权,索取固定收益或者收益分成,实际生产中如土地转包、出租、转让等农业经营方式。有的地方将所有承包地划分等级后实行租赁,统一收取租金;实行"双田制"(粮田、责任田)的地方,责任田实行租赁;在第二、第三产业比较发达,劳动力转移较快的地方,将土地集中连片,采取租赁形式承包给种田能手;对于荒地、荒山、荒水等的开发或小流域综合治理,有的地方也实行租赁经营形式。实行土地租赁制,有利于农户责权利的结合,发挥生产积极性,提高专业化水平。土地租佃经营有利于发挥农业结构效应,促进农业生产组织结构和生产要素结构优化,同时有利于形成农业规模效益,不仅促进了土地资源在经营者间的合理流动,加快了农村土地规模集约化的进程,优化了土地资源配置,也促进了农业结构的调整,加快农业产业化进程。与此同时,更加促进了农村经济的发展和劳动力的转移,有利于吸纳各种社会资金投入农业生产开发的利用,切实地增加土地所有者和承包人的财产性收入。

4.合作

合作生产是指生产要素的所有者在承认和维护财产所有权的基础上,自愿按照一定的原则结合起来,使用共同占有的生产资料,共同劳动的一种经济形式。合作经济组织既是具有法人地位的生产企业或经济组织,又是劳动群众组成的服务性社团组织,它是劳动的联合,而不是资本的联合。合作经济实现了生产资料所有者和劳动者双重身份的统一,在财产的社会化使用的同时,保留了劳动者对生产资料的共有权。

农业合作经济作为农民自己的组织,在农业生产经营中具有独特的优势和作用。第一,有利于防止农业利益流失。它可以把农产品加工、贮运、批发和其他服务环节所取得的农产品附加值返还给农民,从而缩小工农产品的"剪刀差",提高农业的比较利益,加快改变农业的弱质地位,保持农业的稳定发展。第二,可以提供信贷、保险等金融服务,有利于聚集农民手中的闲散资金甚至部分消费资金投入生产,从而提高对农业的投入,解决农业投资的非农倾向,这有利于利用互相合作的力量来抵御灾害、降低风险。第三,合作组织可能统一为其成员搜寻市场信息、进行市场谈判、处理市场纠纷,从而使农户能够巧妙地回避原来单干时所存在的市场信息很不充分以及谈判能力非常低的劣势,大大减少了交易费用。第四,合作经济是农民在自愿基础上联合起来的独立经济法人,农民又是推动农业产业化的主体,因此更容易做到从实际出发,根据需求选择合作组织的类型和经营项目,从而降低成本,规避风险。第五,合作组织之间有着内在的联系和共同的目标,容易进行联合和合作,实行适度规模经营,取得规模效益,如西班牙蒙特拉贡合作社联合体,就是许多合作社的连体组织。

第二节　土地规模化流转与农业生产组织方式的逻辑关系

新制度经济学认为,人类制度变迁是有规律的,其一般过程为:从初始的制度均衡到制度的不均衡,再到制度的新均衡,周而复始。制度总是朝着使经济系统达到社会最优的方向发展,如果制度变迁的收益大于因变迁所带来的、

必须付出的成本,一项制度变迁就将发生。历史和实践均表明,围绕土地关系
的制度变迁是农业生产组织方式演化的重要诱因。作为农业生产过程中最重
要的资源投入,土地及其相关制度是资源配置与经济运行的核心(龙登高,
2012)①,同时也是认识中国农业经营制度及其变迁的基础与根本。1949 年
10 月以前旧中国实行的农村土地制度下,占农村人口总数不到 10%的地主和
富农,占有全国 70%—80%的土地;反之占农村人口总数 90%以上的贫农、雇
农、中农和其他阶层,只占有全国 20%—30%的土地。众所周知,当时的地主、
富农凭借着这样的土地制度下的特权对广大农民进行残酷剥削和压迫,严重
阻碍着农业生产力的提高和国民经济现代化的实现。中华人民共和国成立
后,先后通过开展土地改革、农业合作化、人民公社化等运动,废除了这种封建
土地所有制,逐步建立起农村土地的社会主义集体所有制。可以说,中国农村
发展和农业生产组织变迁是沿着土地制度变革的主线运行的(见图 1-3),它
作为农业发展和农业组织演化的原动力是显而易见的。

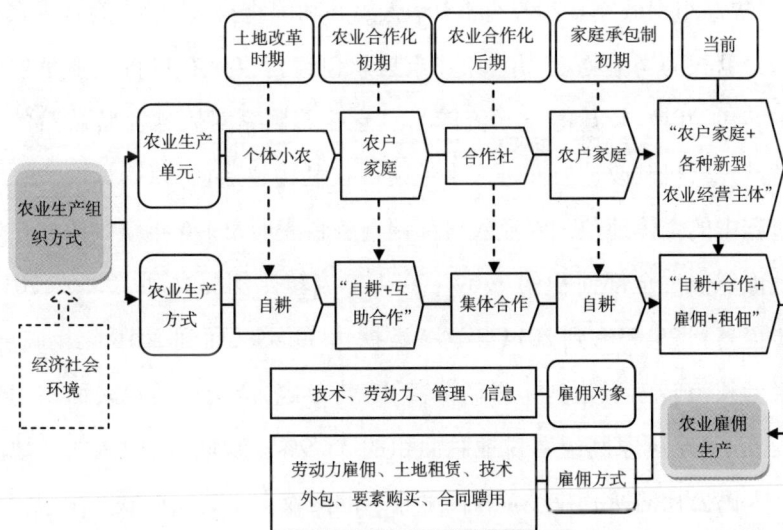

图 1-3　农业生产组织方式演化逻辑

①　龙登高:《地权市场与资源配置》,福建人民出版社 2012 年版。

联产承包责任制时期,我国高度紧张的人地关系以及自给自足的生产方式,阻碍了资本向农业领域的渗透,使农业生产方式主要以劳动密集型为主。土地流转和农村剩余劳动力转移有效地缓解了这一局面:20世纪80年代,农业存在大量剩余劳动力,不存在资本对劳动力的大规模替代。农村剩余劳动力转移带来的非农收入增加了化肥、农药、良种等流动资本,提高了农业产出。进入90年代,青壮年的外流带来的非农收入转化为农业投资,弥补了劳动力的不足。进入21世纪,在农村剩余劳动力转移趋势平稳以及土地规模化流转背景下,资本开始促进农业技术进步,科技更为先进的设备得以广泛使用。促进农业生产要素的逐步流动、重组,形成新的农业生产单元、新的农业生产方式,促进农业生产组织方式的逐步演进。

进入新时期,目前我国土地规模化流转已有十年之余。一方面是通过农地的流转集中,以改善土地经营的规模性,着力降低农业生产成本,提高生产效率;另一方面是通过农业的组织化,以推进农业的社会化服务,着力降低交易成本,提高组织效率。2007年《中华人民共和国物权法》正式确立了农村土地承包经营权为用益物权,并规定"土地承包经营权人有权将土地承包经营权采取转包、互换、转让等方式流转",这意味着国家对土地流转政策的调整已从生产经营机制改造层面进入土地财产权利构建层面,以确保农户在土地流转过程中的主体地位。农业农村部调查资料表明,1996年全国由农户转出的土地面积仅占全部面积的2.6%,2004年流转比例提高到10.5%,2013年进一步提高到25.7%,到2014年这一数据达30.4%,而到2016年年底,全国土地经营权流转面积达到4.7亿亩,2019年年底,全国土地流转面积达到约5.55亿亩,占全国家庭经营耕地总面积的35.9%。现阶段,中国的土地制度已经从人民公社的所有权经营权高度集中的两权合一到家庭联产承包责任制的集体所有、家庭承包经营的"两权分离",发展到农村土地所有权、承包权、经营权"三权分置"。两权分离解决的是公平问题,三权分置解决的是效率问题。2014年11月中共中央办公厅和国务院办公厅发布的《关于引导农村土地经营权有序流转发展农业适度规模经营的意见》提出,要在坚持农村土地集体所有的前提下,促使承包权和经营权分离,形成所有权、承包权、经营权三权分置,经营权流转的格局,正式提出了"三权分置"的改革思路。随后,中央多次发文推行农村承包地"三权"分置。党的十九大报告将"完善承包地'三权分置'制度"确立为实施乡村振兴战略的重大举措,进一步明确了土地所有权、承包权、经营权"三权分置"这一长远性、战略性制度安排。党的十九大报告中提出,要"保持土地承包关系稳定并长久不变,第二轮土地承包到期后再延长三十年,表明第二轮土地承包到期后,即 2028 年之后,我国继续坚持以家庭承包经营为基础,统分结合的双层经营体制,农村集体经济组织继续将土地承包给农户经营,土地承包经营制度坚持不变"。2018 年和 2019 年修订的《农村土地承包法》《土地管理法》又以国家法律的形式从多个方面确认和丰富了农村土地"三权分置"的细节,进一步明确了农民的土地权益。在 2020 年至 2022 年中央"一号文件"中也均强调,要"保持农村土地承包关系稳定并长久不变,有序开展第二轮土地承包到期后再延长 30 年整县试点"。这对于农用地流转改革、稳定承包权、放活经营权无疑是个重大利好信号。农户承包地权属的明晰,不仅给农民吃了一颗"定心丸",也使农民流转承包地更踏实,满足当前农业规模化发展的实践需求。推动我国农村土地流转进程,开展农村土地适度规模化经营是实现我国农业现代化的基础。土地规模化流转促成了传统农户和新型农业经营主体混合并存的基本局面,改变了农业生产基本单元的构成:我国农业生产的基本构成已经由家庭联产承包制所创造的小农家庭为唯一生产单元的格局逐渐向多元化转变,农业大户、家庭农场、农民专业合作社等新型农业经营主体和普通农户并存成为客观事实(见图 1-3)。新兴的农业生产单元较普通农户在生产与市场两方面都具有更大的优势,农业生产方式也由原本的自耕、互助式合作逐渐演变为现在的合作、合作联合、雇佣等。与此同时,随着我国社会化服务组织逐步完善和农业生产性服务业加快发展,各类服务组织蓬勃兴起,数量超过 115 万,服务领域涵盖种植业、畜牧业、渔业等各个产业,涌现出租赁经营、全程托管、代耕代种、联耕联种等多种服务方式,改变着传统农户的生产作业方式。

改革开放以来,我国农业社会化服务发展迅速,在农业生产中发挥了不可替代的作用,成为实现农业生产转型和提高农业生产效率的重要因素。鉴于此,党的十九届五中全会提出,健全农业专业化社会化服务体系,发展多种形式适度规模经营,实现小农户和现代农业有机衔接。近年来,在各级各部门的引导推动下,农业社会化服务不断探索创新、蓬勃发展,对巩固完善农村基本经营制度、保障粮食安全和重要农产品有效供给、促进农业稳定发展发挥了重要作用。但与加快推进农业现代化的要求相比,农业社会化服务还面临产业规模不大、能力不强、领域不宽、质量不高、引导支持力度不够等问题,迫切需要加快发展,不断提升服务能力和水平,进一步引领小农户进入现代农业发展轨道。为此,2021年农业农村部公布的《农业农村部关于加快发展农业社会化服务的指导意见》提出,以习近平新时代中国特色社会主义思想为指导,全面贯彻党的十九大和十九届二中、三中、四中、五中全会精神,深入贯彻新发展理念,以推动农业高质量发展为主题,以推进农业供给侧结构性改革为主线,以培育农业服务业战略性大产业为目标,以聚焦农业生产薄弱环节和服务小农户为重点,按照引导、推动、扶持、服务的思路,大力培育服务主体,积极创新服务机制,着力拓展服务领域,加快推进资源整合,逐步完善支持政策,发展多元化、多层次、多类型的农业社会化服务,以服务带动型规模经营的快速发展,引领农业生产经营的专业化、标准化、集约化和绿色化,促进小农户和现代农业有机衔接,为全面推进乡村振兴、加快农业农村现代化提供有力支撑。

发展农业社会化服务是实现小农户和现代农业有机衔接的基本途径和主要机制,是激发农民生产积极性、发展农业生产力的重要经营方式,已成为构建现代农业经营体系,转变农业发展方式,加快推进农业现代化的重大战略举措。首先,发展农业社会化服务是实现中国特色农业现代化的必然选择。大国小农是基本国情农情,人均一亩三分地、户均不过十亩田的小农生产方式,是我国农业发展需要长期面对的基本现实。这决定了我国不可能在短期内通过流转土地进行大规模集中经营,也不可能走一些国家高投入高成本、家家户户设施装备小而全的路子。当前,最现实、最有效的途径就是通过发展农业社会化服务,将先进适用的品种、技术、装备和组织形式等现代生产要素有效导入小农户生产,帮助小农户解决一家一户干不了、干不好、干起来不划算的事,丰富和完善农村双层经营体制的内涵,促进小农户和现代农业有机衔接,推进农业生产过程的专业化、标准化、集约化,以服务过程的现代化实现农业现代化。其次,发展农业社会化服务是保障国家粮食安全和重要农产品有效供给的重要举措。随着农业生产成本不断上涨,粮食等重要农产品的比较效益越来越低,导致农业生产主体积极性不高,保障国家粮食安全和重要农产品有效供给面临严峻挑战。从目前形势看,降成本、增效益是保供给、固安全的关键。发展农业社会化服务,通过服务主体集中采购生产资料,可以降低农业物化成本;统一开展规模化机械作业,可以提高农业生产效率;集成应用先进技术,开展标准化生产,可以提升农产品品质和产量,实现优质优价。农业社会化服务已成为促进农业节本增效、农民增产增收最有力的措施。最后,发展农业社会化服务是促进农业高质量发展的有效形式。与农业高质量发展的要求相比,我国农业面临化肥农药用量大、利用率低,技术装备普及难、应用不充分,农产品品种杂、品质不优,以及农民组织化程度低等问题,迫切需要用现代科学技术、物质装备、产业体系、经营形式改造和提升农业。实践表明,农业社会化服务的过程,是推广应用先进技术装备的过程,是改善资源要素投入结构和质量的过程,是推进农业标准化生产、规模化经营的过程,也是提高农民组织化程度的过程,有助于转变农业发展方式,促进农业转型升级,实现质量兴农、绿色兴农和高质量发展。截至2020年年底,全国各类社会化服务主体超过90万个,服务面积超过16亿亩次,其中服务粮食作物超过9亿亩次,服务带动小农户超过7000万户。农业社会化服务的长足发展,为农业农村经济注入了新的活力,成为深化农村改革、推进农业现代化的突出亮点。一是服务主体多元化发展。按照主体多元、形式多样、服务专业、竞争充分的要求,持续加大培育力度,引导专业服务公司、农民合作社、服务专业户等各类服务主体发挥各自功能,实现优势互补、竞相发展。在当前新冠肺炎疫情、春耕备耕和"三夏"生产期间,积极动员组织服务主体担当作为,及时为农户提供"保姆式"生产托管服务,减少了农民集中下地的风险,有力保障了春耕和"三夏"生产顺利开展。二是服务机制创新完善。推动各地因地制宜发展多种形式的服务机制,探索出一大批行之有效的服务模式和组织形式。如黑龙江省在全省推广"生产托管+金融保险+粮食银行"的"兰西模式",广东省探索发展"县级服务中心+乡镇托管员+村托管员"的三级服务协办体系。三是行业发展逐步规范。推动各地强化行业指导,完善服务标准,开展试点示范,促进行业规范发展。如山西省在全国率先发布《农业生产托管服务规范》地方标准;河北省评选100个省级示范托管服务组织和20个托管服务品牌,树立行业标杆;山东省遴选23个县开展社会化服务规范化创新试点,示范推动区域服务市场规范运行。

当前,我国农业生产组织方式演化进程中的一个突出现象是雇佣生产。农业雇佣生产被认为发端于土地私有制。在我国家庭联产承包责任制时期,农民普遍以家庭小规模的形式经营农地,小农经营思想严重。随着"土地承包经营权流转"政策的提出和完善,我国农地集中流转和规模经营趋势明显。农业雇佣生产作为发展实现农业现代化的重要方式,不仅可以解决农村劳动力不足的困境,也能够缓解闲散劳动力就业和农业规模经营之间的矛盾,让生产要素和资源能够充分地结合,提高农业的生产效率。随着我国农业经营规模的扩大,雇佣在生产过程中的地位变得尤为必要,它不仅是传统社会中重要的生产经营方式,更是一种扩大生产经营的重要手段。雇佣对于土地资源的有效利用、劳动力的合理流动、社会资源的有效配置起到了关键性的作用。土地流转和现代农业已经成为中国农村最突出的发展趋势和转变方向,土地流

转是发展土地规模化经营的前提(党国英,2014)①。近年来,土地流转进入了
新阶段,大量农地逐渐流向专业大户、家庭农场、农民专业合作社等新型农业经营
主体,实现了土地规模化经营。然而我国农业机械化发展仍处于初、中级阶段,农
业机械化程度无法满足新型农业经营主体的需要,农业生产某些环节需要大量农
业雇工。现阶段,新型农业经营主体具有经营农地规模大、经营项目多样化、农业
生产强度大的特点,农忙与农闲季节区分不再明显,农业雇工以长期雇工和短期雇
工为主。在此背景下,农业雇工呈现出新的特点和问题,从不同侧面反映了现阶段
我国农业生产格局的演变。土地规模化流转背景下雇佣生产已经成为我国农业
发展和农民就业的一种新趋势。现阶段,我国农业雇工形成的基本逻辑基于以下
事实(见图1-4):农村土地规模化流转逐渐促成土地规模化经营,农业机械化水平
逐步提高,但机器对人工的替代具有不完全性,第一产业内部富余劳动力和由于
"推—拉"作用从第二、第三产业回流的劳动力成为农业雇工的有效供给主体。

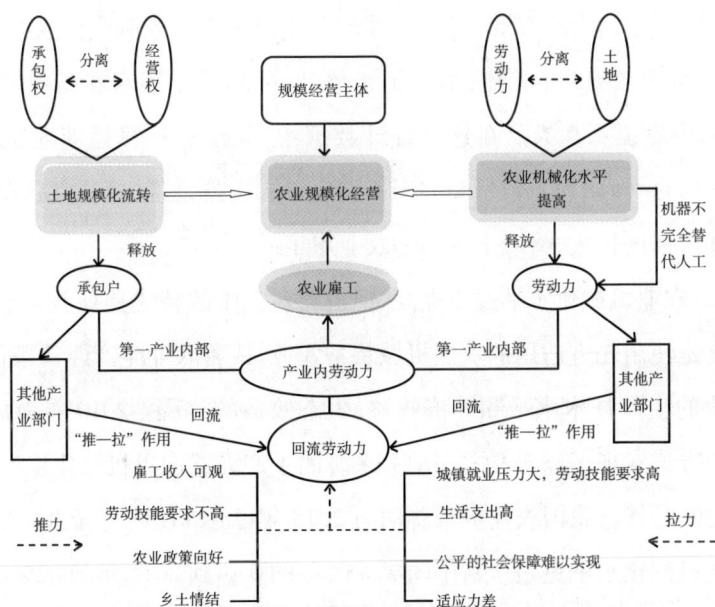

图1-4　土地规模化流转与农业雇工形成的逻辑示意

---

① 党国英:《经营模式与农民出路》,《中国新闻周刊》2014年第3期。

第一,农村土地规模化流转促成土地规模化经营。我国农村土地规模化流转始于 2007 年前后,目前已十年有余。据农业农村部数据统计,截至 2019 年年底全国家庭承包耕地流转面积已达 5.55 亿亩,占家庭承包经营耕地总面积的 35.9%。土地规模化流转的趋势仍在继续,土地集中、规模化经营已成必然趋势。基于中国家庭联产承包责任制的基本农业经营制度框架,农业生产的阶段性劳动密集型特征必然使得以家庭为基本经营单位和有限资源联合的农业经营主体,包括农业大户、家庭农场、农民专业合作社等,对外部劳动力输入产生阶段性的明显需求。这种需求可以通过两种方式得到满足:一是无偿的乡村帮工;二是有偿的市场化雇佣。随着农村青壮年劳动力逐渐流向非农产业以及市场意识的加强,乡村帮工在农村逐渐没落、消失,取而代之的是花钱雇工。土地规模化流转所释放出的大量承包户一部分流入非农产业的同时,还有一部分就成为农业雇佣生产市场的供给主体。农业农村部开展的家庭农场调查显示,截至 2018 年年底,进入农业农村部门家庭农场名录的有 60 万,这个数量和 2013 年相比,增长了 4 倍多;平均每个家庭农场的劳动力是 6.6 人,其中雇工 1.9 人。在这个统计数据中,并没有计算短期雇工的使用量。一般而言,短期雇工数量会多于长期雇工。也就是说,随着家庭农场的快速发展和规模的扩大,将产生更多的农业雇工。

第二,农业机械化水平逐步提高,但机器对人工的替代具有不完全性。农业机械化是使用先进适用的农业机械装备农业,改善农业生产经营条件,不断提高农业的生产技术水平和经济效益、生态效益的过程。2010 年前后,我国农业生产方式实现了以人畜力为动力来源的生产方式向以机械化生产方式为主的历史性跨越。我国农业机械总动力 2015 年已达 11.17 亿千瓦,农作物耕种收综合机械化水平更是从新中国成立时期的 0 达到 2015 年的 62% 以上,农业机械化发展实现了实质性的跨越。农业机械的推广普及逐步替代人工,进一步释放了大量的农村有效劳动力。然而现阶段,农业生产领域机器对人工的替代是不完全的。一方面,从作物来看,机械化生产基于技术约束、成本效

益等因素并未完全覆盖整个农业生产过程。我国三大主粮中,小麦基本实现
了全程机械化,双季稻地区机插秧水平、甘蔗主产区、棉花产区、油菜产区机械
化提高比较缓慢,经济作物机械化许多环节还是空白的。与此同时,种植收获
之外的田间管理、零散农活等环节仍需要人工完成,例如,苹果种植期间的套
袋、摘袋,棉花、茶叶的采摘等。另一方面,从地域来看,截至2014年,全国只
有9个省份的机械化水平在70%以上,华北、东北、新疆等主要粮食产区部分
达到了综合机械化程度,而由于土地自然条件等因素限制,西北和西南部分地
区农业机械化的推广难度很大,这些都为农业雇佣生产创造了前提条件。

　　第三,第一产业富余劳动力和第二、第三产业回流劳动力成为农业雇佣的
有效供给主体。农业生产的周期性劳动密集型特征以及机器对人工替代的不
完全性决定了大规模农业生产对劳动力要素的刚性需求,这种需求集中表现
出季节性、周期性、临时性、流动性、非全环节、技术要素含量低、工作内容繁杂
等特征。农业雇工群体主要来自第一产业本身,同时近些年,外流到第二、第
三产业的农村劳动力,由于城镇就业压力大、生活成本高、教育医疗等公共基
础保障水平低以及季节性农业雇工收入较高等因素的"推—拉"作用,部分回
流再次进入农业生产领域成为农业雇工。仅以劳动技能一项为例,随着产业
结构调整升级,资本和技术对劳动力的替代效应不断增强,一方面排挤"低技
能"劳动力,另一方面提高对"高技能"劳动力的需求。我国农民工以"低技
能"劳动力为主,据《2016年农民工监测调查报告》数据显示,接受过非农职业
技能培训的农民工仅占30.7%,没有参加过农业技术培训,也没有参加过非
农职业技能培训的农民工占67.1%,这些"低技能"劳动力常常被"排斥"在企
业用工需求之外。同样,《2020年农民工监测调查报告》数据显示,全国农民
工接受过非农职业技能培训的仅占32%。这说明,农民工特别是新生代农民
工培训工作仍存在一些"短板",实际工作中仍存在制度政策不够完善、覆盖
面不够广泛、规模需要扩大、针对性有效性不强、促进贫困劳动力实现就业脱
贫的支持度不够等问题。

第三节　农业生产组织方式演化的
历史阶段与现状

新中国成立以来,中国农业生产组织方式经历了传统农户自耕、合作社到人民公社再到家庭联产承包责任制方式的转变。合作化初期,带来了农业生产的迅速发展,人民公社时期农业生产呈现低效率的运转,直到实行家庭联产承包责任制,粮食产量剧增,农业发展迅速,但是实行家庭联产责任制所带来的农业生产效率的增加是边际递减的,在现阶段如何促进农业生产的进一步提高成为摆在人们面前迫切的任务,探究生产组织方式的演变阶段和历史变化轨迹,有利于揭示农业生产组织方式演化规律和创新方向、路径。

一、　农业生产组织方式演化的历史阶段

(一)新中国成立后的土地改革时期

新中国成立初期至 1950 年,新中国发生第一次土地改革,其政策出发点为废除封建土地所有制,实行农民土地所有制。此次改革彻底废除了数千年的封建剥削土地制度,解放了农村生产力,为农业发展和国家工业化开辟了道路。然而,这种个体分散式经营方式在生产工具落后且欠缺的情况下,难以满足全部的生产需要,资金量小、无法对生产工具进行投入改进、耕种方式简单。这些缺陷使农业发展遇到了新的问题。

在产权结构方面,土地改革的目的是使土地所有权再分配,即把一部分人占有的土地转移给另一部分人所有。土地改革运动在三年间取代了延续两千多年的封建土地所有制,取而代之的是农民的个体土地所有制,即自耕农制度,实现了"耕者有其田"。这一制度变迁废除了地主所有制租佃农业制度,保护佃农免除剥削,形成了在土地分配上有利于佃农的平等社会,强

制性改革更有效地分配和利用了资源,这极大地解放了中国农村长期被束缚的生产力。

在生产主体方面,土地按人口统一分配,使农户成为耕种自己所拥有土地的农业生产基本单元。土地改革在 1952 年年底基本结束,土地改革后,由于农户收入普遍上升,农村阶级结构发生了很大变化,大多数农户经济地位得以提升,农村出现中农化趋势(王瑞芳,2003[①];杨娜,2005[②])。据国家统计局对全国 21 个省 14334 户农户的调查,到 1954 年,土改结束时的 8191 户贫雇农已有 3991 户(占比为 48.72%)上升为中农,土改结束时的中农则大部分不动,只有一部分下降为贫雇农和上升为富农,而新富农只占全体农户的0.57%,土改结束时的富农,则有 49%下降为中农(常明明,2013)[③]。中农成为农村的主要阶层和农业生产基本单元的主体。

在生产方式方面,1950 年 6 月颁布的《土地改革法》实行农民的土地所有制改革,使生产资料和生产者直接结合,劳动者能够独立自主地进行生产劳动,获得的劳动成果能够归自己支配,满足生存与发展的需要。这种方式极大地激发了农民的生产热情,广大农村开始了新的发展,为恢复我国的经济发展打下了良好的基础,稳定了农村地区。但是,长期封建剥削造成的农村贫困落后的面貌不可能因此而得到根本改变,许多农民在生活上、生产上仍有很多困难,有些农户分得土地,却缺乏资金和其他生产资料,无法开展正常的农业生产活动,有的农户遭遇天灾人祸,甚至仍要出卖赖以生存的土地,重新陷入极为困难的境地,并且地主与雇佣农的矛盾解决后又出现了新的矛盾。这些矛盾突出地表现在以下几个方面:小农经营方式的局限和生产技术的落后,与迅速实现工业化战略和国民经济的全面恢复发展的要求相去甚远;平均分配土

---

① 王瑞芳:《新中农的崛起:土改后农村社会结构的新变动》,《史学月刊》2003 年第 7 期。

② 杨娜:《一九四九年至一九五六年的中国农民阶级分化》,《中共党史研究》2005 年第 2 期。

③ 常明明:《主动上升与被动保持:土改后农民阶层的内部分化解析——以豫、鄂、湘、赣、粤五省为中心》,《中国农史》2013 年第 3 期。

地所造成的小农分散经营与生产社会化要求之间不相适应;小农经济自由发展必然出现的两极分化与实现农民共同富裕的社会发展目标互相冲突。

（二）农业合作化时期

20世纪50年代初,我国农村地区开展了农业合作化运动,通过合作化道路,把小农经济逐步改造成社会主义集体经济,设想通过四个阶段完成这种改造,逐步把农业纳入集体生产的轨道上。合作化运动最初发展的是互助组这种生产经营形式,1953年起初级农业生产合作社大量涌现。合作化运动发展到高级社阶段,农民私有的土地、耕畜、大型农具等主要生产资料及土地上附属的私有塘、井等水利设施,被一起转为合作社集体所有。人民公社制度是在高级农业生产社的基础上联合起来组成的劳动群众集体所有制的经济组织。据1962年年底统计,全国有人民公社7.48万个,平均每个为1794户(何立胜、郜翔,2001)①。改革的直接后果就是形成了高度集中的农业经营方式,并且要求扩大集中规模,提高公有程度,劳动成果要平分。这种生产方式违背了农业生产自身规律,忽视当时的农业经济发展水平,对农村经济造成破坏。

在产权结构方面,人民公社时期实行农村单一的所有制结构与行政化的公有制形式。由农业合作社发展而来的人民公社,不仅集中了农村包括土地在内的所有的生产资料,建立了集体所有制经济的基础,还以农业生产为中心,建立了工厂、供销社、信用社、公共食堂、托儿所、学校等经济和社会服务组织,形成集政治、经济、社会、文化等于一体的超经济组织。人民公社可以"管理本社范围内的一切工农业生产、交换、文化教育和政治事务",社员和单干户"将一切公共财产交给公社",将"全部自留地、私有的房基、牲畜、林木等生产资料转为全社公有"。人民公社体制与行政管理体制的合二为一,使人民公社所代表国家基层行政组织成为生产资料所有者的实质代表,进一步强化

---

① 何立胜、郜翔:《农业产业组织创新与农村经济发展》,《当代经济研究》2001年第11期。

了农村生产资料的集体所有制的地位,农民私有财产的范围和使用都受到了限制。因此,农村生产资料的集体所有制不仅成为当时农村唯一的所有制形式,也成为行政化的所有制形式。人民公社体制实行的生产资料集体所有制和生产生活的"三化"制度(即组织军事化、行动战斗化、生活集体化),严重脱离了当时的生产力发展实际,极大地打击了农民的生产积极性,对农业生产造成了不可估量的负面影响。

在生产主体方面,实行的是"一大二公"的"政社合一"的人民公社体制。"一大二公"最直接的体现就是"一平二调",不仅在农村分配制度上体现平均主义,而且农村所有的劳动力和生产资料统统收归集体所有,由集体统一调配、使用。公社和生产大队的领导干部以行政命令化的管理方式进行农业生产的管理,对不服从管理的群众,工作方式简单粗暴,动辄辩论、批斗、打骂。当时农村"五风"横行,导致干部脱离群众、农业生产严重受损的双重负面效应。"政社合一"是人民公社在政治方面的主要特点。人民公社的政社合一体制,实际上是在社会一体化基础上的国家行政权和社会管理权的高度统一,人民公社由原先生产合作社这种直接的生产组织,成为集行政、经济、社会等职能于一体的组织。它与行政机关最为重要的区别就在于人民公社成为农村生产资料的实质所有者,直接进行农业生产。

在生产方式方面,完全以行政命令来指挥的农民集体劳动方式。以行政命令来指挥农民进行集体劳动,是人民公社体制下劳动生产的一个主要特点。这样的生产组织方式在"大跃进"时期就有所体现。人民公社初期,普遍实行的"一平二调"是行政命令指挥农业生产的突出表现。"一平二调"指的就是"人民公社"内部实行的平均主义的供给制、食堂制(一平),对生产队的劳力、财物无偿调拨(二调)。人民公社作为农村行政管理和农业经济管理的领导机关,通过生产大队和生产队两级直接指挥农业生产:首先,人民公社将国家农产品派购任务分配给下属各生产队,并对生产活动进行监督和检查;为了保证国家计划的完成,还可以根据需要调整农业生产计划,无代价地调动劳动力、生产资料和其他物资。所有的管理行为都是公社以行政命令的形式下达给生产大队,再由生产大队向生产队传达。

(三)家庭承包责任制早期

人民公社终因效率低下而难以为继,要求生存的农民开始尝试性地对农业生产组织进行新的创新,即家庭联产承包责任制,这一制度最终得到国家认可,实现了改革开放以来又一次农业生产组织的创新。家庭联产承包责任制是我国农村集体经济的主要实现形式,其基本特点是在保留集体经济必要的统一经营的同时,集体将土地和其他生产资料承包给农户,承包户根据承包合同规定的权限,独立作出经营决策,并在完成国家和集体任务的前提下分享经营成果。随着农村经济的发展和农民生活水平的提高,家庭联产承包责任制在实际运作中,已经开始不断地反映出自身缺陷,对于农民在新的经济形势下顺利、有效地实现自身利益造成了一定的制约性作用。

首先,在产权结构方面。家庭联产承包责任制建立了以集体上地所有的生产资料所有制关系,为农业生产组织演化创新设置了制度前提。但目前土地产权的不明确,不利于农民进一步发展生产。双层经营的家庭承包经营制只承认农户对土地具有使用的权利,其所有权却游离于主体之外。这样,农户就十分担心家庭经营形式所依赖的制度环境的变化,担心经营权有丧失的危险。土地产权也缺乏制度保障。集体所有权和农户使用权的内容、界限、法律形式等都不明确,保护所有权主体和经营权主体正当权益的法律手段还没有建立起来,再加上决策者的随意性,对土地随意的调整以及不得转让、继承、自由种植等限制,使土地的集体所有权和使用经营权缺乏有效的保障,导致了农民经营行为的短期化,不愿意多投入,也造成了土地资源不能有效使用的现象。这同样是对农民利益的伤害。农民不能充分发挥自己的力量来对掌握在自己手中的资源进行充分的利用,也就不能从这些资源中获取最大的利益,或者说不能获取长期的利益;但如果农民在现有土地上重投入,那么不确定的土地产权变革因素又随时会收回他的使用权,使他丧失更多的利益。随着社会生产力的发展,农民已经开始认识到这种土地产权的不明确随时可能会给他们带来的利益伤害,因此就不能够自发地进一步提高农业投入,也没有从农业经营中进一步获取经济利益的动力。

其次,生产主体方面,小生产和大市场的矛盾凸显出来。农业经营制度的变革使农业的投资主体发生了相应的变化,即由过去的集体向农户转变,农户可以根据家庭需要、政策和市场行情自主地选择和开展经营活动,市场机制也逐步成为农户农业生产活动中资源配置的调节手段。面对复杂的市场格局,任何农户都难以及时、全面、准确地掌握市场行情,以及对未来变化情况进行科学预测。在这种情况下,农户往往是"跟着感觉走",其"风险概率"较高,难免造成生产上的大起大落,不但跟不上市场形势的变化,有时还会因此而受到巨大的损失。同时,由于中国市场发育不健全,缺乏监督制衡机制,在交易过程中,交易双方必然发生利益上的冲突与摩擦,结果受损的往往是分散的农户。分散的农户组织程度低,既不能对影响市场价格波动的农产品供应产生影响,也不能左右市场价格向有利于自己的方向变动。这样,在市场竞争中,农户在农业生产产前、产后的交易中处于极为不利的地位,只能是价格上的被动接受者,备受盘剥,缺乏讨价还价和自我保护能力。因此,毫无疑问,在社会主义市场经济条件下,农民一家一户的小生产带有很大的盲目性和随意性,与千变万化的大市场之间存在明显的矛盾。

最后,在生产方式方面,家庭联产承包责任制的建立为农业生产方式创新创造了前提基础。它使农民由过去单纯的劳动者(听从集体安排从事农业生产活动),变成既是商品生产者又是商品经营者(自己生产和销售农产品),利益主体(在保证完成承包任务和国家征购任务的前提下,完全有权对土地进行多样化经营、自由追逐土地利益),以及责任主体(独立完成承包任务和国家征购任务)。农民身份地位的这种转变,使农民掌握了对自己劳动的支配权,这正符合人的全面发展之要求,也为农村的社会流动、社会分化和社会角色转变提供了必要的前提,使之后农民一系列的自发性的制度创新成为可能。家庭联产承包责任制提高了农民生产积极性,提高了农业产量,但它的根本意义在于奠定了优化资源配置效率至上的产权关系和社会基础,使农民把自己的生存价值和社会位置与自己的追求和努力联系起来。这正是社会地位与财富的积累由先赋性向自致性的转变。它开创了一个新的局面,使农民的生活开始摆脱村落的自然地理局限和种植业的局限,使农民的社会地位与发展空间开始以整个社会为舞台。家庭联产承包责任制成为农村社会结构变化的原动力。从这个方面讲,这一次制度创新给农民带来的就不仅仅是经济利益,更多的是自由的空间,为农民进一步获取新的利益创造了条件。

建立在超小规模和超高零散结构基础上的家庭承包经营,从一诞生起就有其发展的局限性,只是当时一系列的利农政策和有利环境把它掩盖了而已。在现阶段的经济发展水平和社会发展水平之下,它已经在一定程度上制约了农民从农业经营中得到获利机会的可能性。然而,这并不意味着家庭联产承包责任制是错误的,或者说它已经完全不符合现状,也不能彻底推翻它,我们只能说它还不够完善,农业经营制度还需要进一步创新,而且,是要在稳定家庭联产承包责任制的基础上进行新的创新。

二、 农业生产组织方式演化的现状

新中国成立初期的土地合作化到改革开放之初的家庭联产承包责任制,再到现阶段的"三权分置",土地制度改革一直带动着我国农业生产组织方式的演化并深深影响着我国经济的发展。从新中国成立土改时期土地私有产权制度框架下农户持有土地及其他生产资料完整产权,以传统小农自耕的方式生产经营到农业合作化时期土地集体所有产权制度框架下农户持有除土地外少部分生产资料私有权,以合作方式进行集体生产经营,再到家庭承包制时期土地集体所有产权制度、土地"三权分置"框架下的普通农户和新型农业经营主体共存,以多种方式进行生产经营的格局(见表1-2),我国农业生产组织方式的诸构成要素均在发生不同程度的改变。

表1-2　不同时期农业生产组织方式特征

阶段	产权结构	基本单元	生产方式	特点
土地改革时期(1949—1950年)	土地私有产权制度+农户持有土地及其他生产资料完整产权	传统小农、中农为主	自耕为主	单一方式生产
农业合作化时期(1951—1955年)	土地私有产权制度+农户持有土地及其他生产资料产权+受限的土地入股	农户家庭	自耕、阶段性合作	单一方式生产
农业合作化时期(1956—1978年)	土地集体所有产权制度+农户持有除土地外少部分生产资料私有权	高级社、人民公社	合作经营	单一方式生产
家庭承包制时期(1979—1991年)	土地集体所有产权制度+农户持有土地承包权+土地"两权分置"	农户家庭	自耕为主	单一方式生产
家庭承包制时期(1992—2006年)	土地集体所有产权制度+农户持有土地承包权+部分释放经营权	农户家庭	自耕、合作、雇佣、租佃经营	多元化方式生产
家庭承包制时期(2007年至今)	土地集体所有产权制度+农户持有土地承包权+土地"三权分置"	普通农户、新型农业经营主体	自耕、合作、合作联合、雇佣、租佃经营、产业化联合体等	现代农业生产

　　我国农村土地承包经营权流转自20世纪80年代初开始出现,并逐步从沿海向内地扩展。在较长时期内,我国土地流转的规模是稳定的,一般占家庭承包耕地面积的4.5%左右。近几年,随着社会经济的不断发展和改革开放力度的不断加大,城市化进程加快,农民收入结构、农业生产经营方式、农作物种植模式等发生了一系列变化。土地作为基本的生产资料,流转现象日益普遍,流转规模逐渐加大。2016年10月,中共中央办公厅、国务院办公厅印发了《关于完善农村土地所有权承包权经营权分置办法的意见》,明确提出:"现阶段深化农村土地制度改革,顺应农民保留土地承包权、流转土地经营权的意愿,将土地承包经营权分为承包权和经营权,实行所有权、承包权、经营权分置并行,着力推进农业现代化"。这是继70年代末至80年代初推行农村土地承

包责任制之后,我国农村掀起又一轮伟大的土地制度改革的标志。

在党的十九大报告中再次明确提出,要巩固和完善农村基本经营制度,深化农村土地制度改革,完善承包地"三权"分置制度。保持土地承包关系稳定并长久不变,第二轮土地承包到期后再延长三十年,表明第二轮土地承包到期后,即2028年之后,我国继续坚持以家庭承包经营为基础,统分结合的双层经营体制,农村集体经济组织继续将土地承包给农户经营,土地承包经营制度坚持不变。为全面贯彻党的十九大和十九届二中、三中全会精神,坚持农户家庭承包经营和承包关系长久稳定,赋予农民更加充分而有保障的土地权利,巩固和完善农村基本经营制度,2019年发布了《中共中央 国务院关于保持土地承包关系稳定并长久不变的意见》,提出要保持农村土地承包关系稳定并长久不变。自实行家庭承包经营制以来,党中央、国务院一直坚持稳定农村土地承包关系的方针政策,先后两次延长承包期限,不断健全相关制度体系,依法维护农民承包土地的各项权利。《中共中央 国务院关于保持土地承包关系稳定并长久不变的意见》明确了巩固和完善家庭承包经营制度的基本方向,明确了保持土地承包关系长期稳定的基本原则,是一个关于农村土地政策的重大宣示。稳定土地承包关系并长久不变,可保持新时代农民和土地的和谐关系,激发农村发展的内生动力。2019年《中共中央 国务院关于坚持农业农村优先发展 做好"三农"工作的若干意见》中指出,"深化农村土地制度改革,完善落实集体所有权、稳定农户承包权、放活土地经营权的法律法规和政策体系。在基本完成承包地确权登记颁证工作基础上,开展'回头看',做好收尾工作,妥善化解遗留问题,将土地承包经营权证书发放至农户手中。健全土地流转规范管理制度,发展多种形式农业适度规模经营……坚持农村土地集体所有、不搞私有化,坚持农地农用、防止非农化,坚持保障农民土地权益、不得以退出承包地和宅基地作为农民进城落户条件,进一步深化农村土地制度改革"。2020年至2022年中央"一号文件"也均强调保持农村土地承包关系稳定并长久不变,有序开展第二轮土地承包到期后再延长30年整县试点。深化农村土地制度改革,完善承包经营制度,促进形成农村土地"三权"分置格局,稳定承包权,维护广大农户的承包权益,放活广大农户的经营权,有利于实现小农户和现代农业发展有机衔接,有利于发展多种形式适度规模经营,推进中国特色农业现代化,为实现乡村振兴提供更加有力的制度保障。

(一)产权结构

产权的分离和细分是农村土地产权制度变迁的重要方式和途径。把土地承包经营权分离为农户承包权和土地经营权,就是要对土地承包经营权进行进一步的分割和细分。农村土地产权的细分、交易和配置是中国推进"三权分置"实践创新的基本线索(罗必良,2014)[1]。"三权分置"就是要重构农村土地集体所有权、使用权和转让权的权利体系,为农民提供完整、权属清晰、有稳定预期的土地制度结构(刘守英,2014)[2]。因此,"三权分置"是要延续"两权分离"的农村土地产权制度变迁逻辑,选择一种更有效、更合意的农村土地产权制度安排,把农村土地的占有、使用、收益、处分等各项权能界定清晰,保证其市场交易顺畅,实现优化配置;"三权分置"的本质就是要重构集体所有制下的农村土地产权结构,以实现其产权功能。实行"三权分置",在保护农户承包权益的基础上,赋予新型经营主体更多的土地经营权,有利于促进土地经营权在更大范围内优化配置,从而提高土地产出率、劳动生产率、资源利用率。这为加快转变农业发展方式,发挥适度规模经营在农业现代化中的引领作用,走出一条"产出高效、产品安全、资源节约、环境友好"的中国特色新型农业现代化道路开辟了新路径。家庭承包责任制下农业生产组织方式土地产权构成体系中最重要的三项权利是集体土地所有权、农户土地承包权和土地经营权。

首先,集体土地所有权指农村各级农民集体对自己所有的土地依法享有

---

① 罗必良:《家庭经营仍是新型农业经营体系基础》,《中国合作经济》2014 年第 3 期。

② 刘守英:《新时期农业发展的四个关键问题》,《时事报告》2014 年第 2 期。

的占有、使用、收益和处分的权利。集体土地所有权没有一个全国范围的统一主体,集体所有的土地仅仅属于某级农村农民集体所有,客体包括法律规定的耕地、林地、草地、山岭、河滩地以及其他土地等。农村改革以来,集体所有权制度演变的主要趋势基本上可以概括为从以农村生产、分配和核算单位为基本特征的集体经济组织制度,向可以从法律意义上解释的财产权制度演变。这种财产权制度的法律表达是"农民集体所有的动产和不动产,属于本集体成员集体所有"(杨一介,2018)①。以户籍为基本标准来识别和认定集体经济组织成员的资格,是长期以来人们在实践中遵循的基本规则。具有某一个集体经济组织的户籍的村民,是该集体经济组织的成员,享有成员权,主要体现为取得承包地、参与集体资产及其收益的分配。

其次,农户土地承包权是在集体土地所有权体系下最重要的一项分值权利。农户土地承包权的实质是农民基于其集体成员权而初始取得的土地财产权。土地承包权指的是土地承包经营权(刘颖、唐麦,2015②),是就土地承包经营权不发生流转的情形来说的。在此情形下,承包地由农户自己耕作、自己经营。尽管土地承包权体现了身份性(肖鹏,2017)③,体现了农民集体成员承包土地的资格(高飞,2016)④,但这种身份性是取得该项土地财产权的基础,而不应将土地承包权理解为成员权。农民集体成员以户为单位取得土地承包权是其行使成员权的结果(管洪彦、孔祥智,2017⑤;朱广新,2015⑥)。简言之,享有农民集体成员权是农户取得土地承包权的基础性原因。在农户的土

① 杨一介:《论"三权分置"背景下的家庭承包经营制度》,《中国农村观察》2018年第5期。
② 刘颖、唐麦:《中国农村土地产权"三权分置"法律问题研究》,《世界农业》2015年第7期。
③ 肖鹏:《农村土地"三权分置"下的土地承包权初探》,《中国农业大学学报(社会科学版)》2017年第1期。
④ 高飞:《"三元化社区"治理张力及其消解》,华中师范大学2015年博士学位论文。
⑤ 管洪彦、孔祥智:《"三权分置"中的承包权边界与立法表达》,《改革》2017年第12期。
⑥ 朱广新:《土地承包权与经营权分离的政策意蕴与法制完善》,《法学》2015年第11期。

地承包经营权不发生流转的情形下，农户的土地承包权的法律地位与土地承包经营权的法律地位相同。

最后，土地经营权是从农村土地承包经营权中分离出的一项权能。承包农户将其承包土地流转出去，由其他组织或者个人经营，其他组织或者个人取得的权利就是土地经营权。伴随我国工业化、信息化、城镇化和农业现代化进程，农村劳动力大量转移，农业物质技术装备水平不断提高，农户承包土地的经营权流转明显加快。当前，我国农业用地在土地承包期限内，可以通过转包、转让、入股、合作、租赁、互换等方式出让经营权。目前，农村集体经济组织、承包农户、家庭农场、专业大户、农民专业合作社、农业企业等各类农业经营主体，以及具备农业生产经营能力的其他组织或个人均可以依法在农村土地经营权流转交易市场进行交易，发展农业规模经营。根据农业农村部的数据，截至2016年年底，全国土地经营权流转面积4.7亿亩，占家庭承包经营面积的35.1%，转出耕地的农户有6329.5万户，占承包耕地农户的27.5%；其中，转入合作社0.97亿亩，占比为21.8%；转入企业0.42亿亩，占比为9.5%；转入农户2.62亿亩，占比为58.6%。2021年，全国已有1239个县（市、区）、18731个乡镇建立农村土地经营权流转市场或服务中心，全国家庭承包耕地流转面积超过5.55亿亩。

（二）生产单元

在我国农业几千年的历史发展进程中，小农户一直作为农业生产经营的主体，其小农经营方式也经历了长期的演变过程，采取了许多不同的具体形态。随着我国农业农村经营的不断发展和农业经营模式的不断创新，现代农业发展需要的新型农业经营主体开始出现。2013年在中央"一号文件"中明确提出，要充分尊重和保障农户在农业生产经营过程中的主体地位，培育和壮大新型农业经营组织，充分激活农业生产要素的潜能。在之后的2014年、2015年、2016年的中央"一号文件"中不断提到发展多种形式的适度规模经营,培育新型农业经营主体,构建新型农业经营体系。之后党的十八届三中全会、党的十九大、2018年至2022年中央"一号文件"也均提出培育和支持新型农业经营主体的指导意见。为了解决"土地谁来种"和"怎么种好地"的问题,从根本上改变我国农村部分农民"亦工亦农、亦商亦农"的长期兼业化状态,2019年至2021年连续三年"中央一号"文件明确要求"突出抓好家庭农场和农民合作社两类新型农业经营主体",从而为我国在实施乡村振兴战略过程中以新型农业经营主体带动小农户迈向现代化提供发展方向。在坚持家庭承包经营的基础上,培育从事农业生产和服务的新型农业经营主体是实现我国农业现代化的重大战略。加快培育新型农业经营主体,加快形成以农户家庭经营为基础、合作与联合为纽带、社会化服务为支撑的立体式复合型现代农业经营体系,对于推进农业供给侧结构性改革,引领农业适度规模经营发展,促进农民就业增收,增强农业农村发展新动能具有非常重要的意义。加快培育新型农业经营主体以促进小农户与现代农业发展有机衔接,加快培育新型农业经营主体以带动小农户共同创造现代农业发展的新局面,既是贯彻落实党的十九大精神的基本要求,又是深入推进乡村振兴战略的重要内容。

经过四十多年的发展,中国农业的经营主体已经由改革初期相对同质性的农户家庭经营占主导的格局转变为现阶段的多类型经营主体并存的格局。这一演变过程不仅是因为市场化程度的不断深化,也不单是源于政府的政策推动,而是在市场与政策的双重影响下农民对农业经营方式自主选择的结果(钟真,2018)①。

1. 传统农户家庭

从理论渊源看,农业生产采取家庭经营方式具有大量支撑。农业生产的对象是活的生命体,生产过程是经济再生产与自然再生产的统一,农业生产时

---

① 钟真:《改革开放以来中国新型农业经营主体:成长、演化与走向》,《中国人民大学学报》2018年第4期。

间和劳动时间不一致,这与其他产业相比存在根本区别(郑景骥,2001[1];刘奇,2013[2])。这些特点决定了在大部分农业生产领域难以复制像工业生产那样集中、统一和高度标准化的模式。而家庭依靠血缘、亲缘关系而维系,是生产单位与消费单位的统一;家庭成员的性别、年龄、体力、技能上的差别,与农业生产多样化的劳动需求相匹配;利益共同体的特征决定了家庭经营的动力是内生性的,能够有效克服其他组织面临的监督和激励难题(刘奇,2013)。两方面的因素共同决定了农户家庭在农业生产领域的优越性。

从实践发展看,农户家庭始终是农业生产经营的最主要载体。自人类进入封建社会以来,以家庭为基本经营单位从事农业生产(经营)都是农业经济组织的普遍形式。发达国家农业大多以家庭经营为基础,甚至在经营规模不断扩大的过程中也并未动摇家庭经营的地位(刘奇,2013)。发展中国家绝大多数农民属于小农生产者,85%以上农民耕种的土地少于两公顷(世界银行,2008)。无论是农户之间联合与合作所建立的各种组织,或是工商企业组织等外部组织的进入,均不能完全替代家庭在农业生产中的地位。然而,随着工业化、城镇化的推进,农户家庭正在迅速分化,不同类型的家庭经营主体呈现出差异化的组织特征和行为取向,即便小农户也表现出较强的异质性。

2.新型农业经营主体

新型农业经营主体在现代农业发展中已成为新的主体、新的载体,它在促进农业产业结构调整、增加农民收入方面扮演越来越重要的角色,它是适应中国现代"三农"发展改革形势的组织创新和制度创新,其目的是实现我国农业发展的规模化、效率化。

(1)农业大户。农业大户一般指以农业领域内某一产业的专业化生产为主、初步实现小规模经营的农户,包括专业种植和养殖等。农业大户多是从一

---

[1]　郑景骥:《不可否定农业的家庭经营》,《财经科学》2001年第1期。
[2]　刘奇:《构建新型农业经营体系必须以家庭经营为主体》,《中国发展观察》2013年第5期。

般农户扩大规模之后演变而来,具有灵活性和盲从性,根据市场行情决定其发展规模和方向。农业大户原则上要具备三个条件:一是以单个农户家庭为生产单位;二是经营的专业性明显,产值要占到家庭收入的较大比例;三是要具备一定的规模。

(2)家庭农场。家庭农场以家庭为经营单位,家庭成员为主要劳动力,农业收入为主要经济来源,具有一定的经营规模和较好的农业生产稳定性。由于家庭农场要进行工商注册登记,因此它又是农业企业的一种特殊形式。家庭农场作为新型农业经营主体之一,实际上是扩大的农户家庭经营模式(朱启臻、胡鹏辉、许汉泽,2014)[①]。由此可见,家庭农场保持了家庭经营的特点,能够很好地适应农业的自然属性,有效规避了农业生产内部激励不足和监督成本过高等问题,同时因经营规模的适度扩大,克服了农户细碎化、分散化经营带来的机械化水平不高、农产品商品率低、农业收益低下等问题。家庭农场在2008年党的十七届三中全会报告中被首次提出,随后在2013年中央"一号文件"中又再次被提及,文件中提出要鼓励和支持承包土地向家庭农场等新兴农业经营组织流转,并加大家庭农场经营者培训力度。2013年3月农业部办公厅发布的《关于开展家庭农场调查工作的通知》将家庭农场定义为:"以家庭成员为主要劳动力,从事农业规模化、集约化、商品化生产经营,并以农业收入为家庭主要收入来源的新型农业经营主体。"同年7月,中国农业银行针对家庭农场、专业大户等新型农业经营主体出台了专项贷款管理办法——《中国农业银行专业大户(家庭农场)贷款管理办法(试行)》。为了促进家庭农场高质量发展,发挥其在乡村振兴中的重要作用,2019年8月由中央农村工作领导小组办公室、农业农村部等11个部门和单位联合印发了《关于实施家庭农场培育计划的指导意见》,为培育发展家庭农场提出新要求、作出新部署,提出"到2020年,支持家庭农场发展的政策体系基本建立,管理制度更加

---

① 朱启臻、胡鹏辉、许汉泽:《论家庭农场:优势、条件与规模》,《农业经济问题》2014年第7期。

健全,指导服务机制逐步完善,家庭农场数量稳步提升,经营管理更加规范,经营产业更加多元,发展模式更加多样;到 2022 年,支持家庭农场发展的政策体系和管理制度进一步完善,家庭农场生产经营能力和带动能力得到巩固提升""要完善登记和名录管理制度,以县(市、区)为单位引导家庭农场适度规模经营,取得最佳规模效益;把符合条件的种养大户、专业大户纳入家庭农场范围;加强示范家庭农场创建,开展家庭农场示范县创建,强化典型引领带动,鼓励各类人才创办家庭农场,积极引导家庭农场发展合作经营……",并对保障家庭农村加快发展的政策支持体系建设作出部署。2020 年的中央"一号文件"更是要求重点培育家庭农场等新兴农业经营主体,2021 年的中央"一号文件"再次强调要突出抓好家庭农场和农民合作社两类经营主体。家庭农场作为现代农业的主要经营方式,在我国乡村全面振兴和农业农村现代化进程中具有巨大的发展空间。目前家庭农场与种植大户的界限比较模糊,但家庭农场的部分特点已基本达成共识:①家庭成员经营。家庭农场的经营者原则上必须是本村农户家庭,且必须要依靠家庭人员从事农业生产经营活动;有常年雇工的其数量不超过农场经营者家庭在农场中务农的人员数量(季节性、临时性聘用的雇工除外),这是家庭农场区别于其他农业经营组织的最主要特征。②经营规模适度。家庭农场农业生产经营规模要能发挥家庭经营优势,一是与家庭成员的劳动生产能力相适应,实现较高的土地产出率和资源利用率;二是能确保经营者获得与当地城镇居民相当的收入水平。③商品化经营。即家庭农场生产产品的目的不是自给自足,而是将农产品作为一种商品通过一定销售形式和流转环节从生产领域转移到消费领域。家庭农场主必须按照企业管理模式来核算成本、加强管理、追逐利润,必须要适应市场、开拓市场。这是区别传统家庭承包农户的重要特征。④经营者接受过相关技能培训。通过开展家庭农场生产技能、农机操作、经营管理等农业技能培训,提高农民的信息采集能力、决策能力、抵御风险能力、博弈市场的能力、盈利能力,可以进一步激发农民的积极性、释放农业的潜力。

　　(3)农民专业合作社。农民专业合作社一般指在农村家庭承包经营基础上,同类农产品的生产经营者或者农业生产经营服务的提供者、利用者,自愿联合、民主管理的互助性经济组织。根据 2007 年 7 月 1 日实施的《中华人民共和国农民专业合作社法》第一章总则第二条相关规定,"农民专业合作社是在农村家庭承包经营基础上,同类农产品的生产经营者或者同类农业生产经营服务的提供者、利用者,自愿联合、民主管理的互助性经济组织。农民专业合作社以其成员为主要服务对象,提供农业生产资料的购买,农产品的销售、加工、运输、贮藏以及与农业生产经营有关的技术、信息等服务"。在 2018 年 7 月 1 日实施的《中华人民共和国农民专业合作社法(2017 修订)》第二条相关规定中,将农民专业合作社的概念范围进一步扩大,取消了 2007 年《中华人民共和国农民专业合作社法》中"同类"二字,将农民专业合作社定义为"农民专业合作社,是指在农村家庭承包经营基础上,农产品的生产经营者或者农业生产经营服务的提供者、利用者,自愿联合、民主管理的互助性经济组织"。农民专业合作社是在当前经济社会条件下世界各国农业发展较为普遍的组织形式(Warman 和 Kennedy,2000)[1],它可以实现以家庭为单位所无法实现的集成功能(Chaddad 和 Cook,2007)[2]。《国家农民合作社示范发展指数研究报告(2019)》显示,截至 2019 年年底,全国注册登记的农民合作社达 220.3 万家,是 2012 年的 3 倍,2007 年的 85 倍。从产业门类上看,根据固定观察点体系合作社调查,从事粮油种植的农民合作社占比为 26.6%,从事蔬菜种植、畜禽养殖的农民合作社各占比为 24.5%,还有 24.2% 的农民合作社从事瓜果种植,从事农机服务的农民合作社占比为 11.9%。而从事花卉行业、水产品和林产品的农民合作社比例较低,从事的行业为两个或两个以上的合作社占比

---

　　① Warman M.,Kennedy T.L.,States U.,"Understanding Cooperatives:Agricultural Marketing Cooperatives",*United States Department of Agriculture Rural Development*,2000.

　　② Chaddad F.R.,Cook M.L.,"Conversions and Other Forms of Exit in U.S.Agricultural Cooperatives",*Springer Netherlands*,2007.

为37.3%。从农民合作社为社员提供的服务上看,提供农产品销售服务的合作社最多,占比为87.7%,另有83.7%的合作社为社团提供农业技术培训服务,还有78.8%的合作社为社员提供农业生产资料购买服务。从整体上看,合作社在良种引进和推广服务方面稍显不足(占比仅为28.3%)。另外,在农产品加工服务方面也略有欠缺(占比为41.9%)。农民合作社拓展开发新产业新业态,从事的生态农业与休闲农业的合作社逐步兴起,占比达到6%。农民合作社实现了从经营单一种养产业到集农机服务、果蔬种植、休闲农业等产业于一体的多元经营模式转变,产业结构不断优化。

(4)农业企业。近年来,我国农业产业化龙头企业稳步发展,企业数量和规模水平不断提高,市场竞争和发展带动能力显著增强。特别是2012年3月,国务院出台了《关于支持农业产业化龙头企业发展的意见》,厘清了农业产业化发展的总体思路、基本原则和主要目标,明确了加快发展壮大农业产业化龙头企业的政策措施,农业产业化龙头企业发展迎来了新的发展"黄金期"。农业产业化龙头文件明确提出,进一步推进农业产业化龙头企业在基础设施建设、规模化、标准化等方面提供政策扶持,对农业产业化龙头企业的融资信贷方面提供便利。文件规定农业产业化龙头企业不仅包括上市公司,而且包括拟上市公司,还进一步包括一些地区龙头和细分行业的龙头企业。广大龙头企业以此为契机,进一步优化产品结构,强化质量管理,创建知名品牌,进入快速发展的新阶段,展现出快速发展的新特征。据农业农村部统计,截至2016年年底,我国农业产业化组织数量达41.7万个,比2015年年底增长8.01%。其中,农业产业化龙头企业达13.03万个,同期增长了1.27%。农业产业化龙头企业年销售收入约为9.73万亿元,增长了5.91%,比规模以上工业企业主营业务收入增速高1%;大中型企业增速加快,销售收入1亿元以上的农业产业化龙头企业数量同比增长了4.54%;农业产业化龙头企业固定资产约为4.23万亿元,增长了3.94%。2016年,农业农村部公布了第七次监测合格农业产业化国家重点龙头企业名单,总共为1131个。其中,山东省共计有 85 个,居首位,第二名是四川省(58 个),河南省和江苏省并列第三(55 个)。有 13 个省份的国家重点农业产业化龙头企业数量高于 40 个,还有 7 个省份的数量介于 30—40 个。从地区的分布来看,国家重点农业产业化龙头企业主要分布在东部沿海地区和传统农业大省。例如,经济发达省份的浙江和广东等省份,传统农业大省的四川和河南等省。这些地区的农业产业化龙头企业对产业发展带动作用明显,对周边地区经济辐射力强。近年来,随着我国农村改革的深入推进,农业生产布局、组织方式、动力结构均发生深刻变化。特别是随着强农惠农富农政策日益完善、力度持续加大,对农业产业化发展的支持力度不断增强,各类新型农业经营主体迎来了前所未有的发展黄金期,农业产业化龙头企业乘势进入快速发展的新阶段。在实施乡村振兴和实现农业农村现代化的进程中,农业产业化龙头企业作为引领带动乡村全面振兴和农业农村现代化的生力军,作为打造农业全产业链、构建现代乡村产业体系的中坚力量和带动广大农民实现就业增收的重要主体,在加快推进乡村全面振兴中具有不可替代的重要作用。2018 年发布的《乡村振兴战略规划(2018—2022 年)》强调"加快培育农商产业联盟、农业产业化联合体等新型产业链主体,打造一批产加销一体的全产业链企业集群""鼓励农业产业化龙头企业通过设立风险资金、为农户提供信贷担保、领办或参办农民合作组织等多种形式,与农民建立稳定的订单和契约关系""强化龙头企业、合作组织联农带农激励机制"等。2019 年至 2022 年多年中央"一号文件"也均强调,培育农业产业化龙头企业和联合体,促进农业龙头企业做大做强。2021 年农业农村部公布的《农业农村部关于促进农业产业化龙头企业做大做强的意见》提出,要贯彻落实《国务院关于乡村产业振兴的指导意见》要求,支持农业产业化龙头企业创新发展、做大做强,并明确总体目标为:到 2025 年,龙头企业队伍不断壮大,规模实力持续提升,科技创新能力明显增强,质量安全水平显著提高,品牌影响力不断扩大,新产业新业态蓬勃发展,全产业链建设加快推进,产业集聚度进一步提升,联农带农机制更加健全,保障国家粮食安全和重要农产品供给的作用更加突出；到 2025 年年末，培育农业产业化国家重点龙头企业超过 2000 家、国家级农业产业化重点联合体超过 500 个，引领乡村产业高质量发展。按照 2017 年企业营收额进行排名，评选出的"2019 农业产业化龙头企业 500 强"名单中全国有 31 个省（自治区、直辖市）参加排名，入围门槛为 6.7 亿元，农业产业化龙头企业 2017 年营业收入达到 100 亿元以上的企业有 62 家，入围企业最多的省是江苏省。排名前三的企业分别为厦门象屿股份有限公司、河南万邦国际农产品物流股份有限公司、新希望集团有限公司。2020 年，农业产业化龙头企业百强推介暨百强国龙进贵州活动正式公布 2020 年农业产业化龙头企业 100 强和专项 10 强名单，确定中粮集团有限公司等为 2020 年农业产业化龙头企业 100 强。截至 2020 年年底，全国有县级以上龙头企业 9 万家，其中国家重点龙头企业 1547 家，省级以上近 1.8 万家，市级以上近 6 万家，初步形成国家、省、市、县四级联动的乡村产业"新雁阵"。其中入选的农业产业化龙头企业百强，均是行业知名的大企业大集团，具有较强的示范引领作用。入选的农业产业化龙头企业百强的主要特点为：一是企业规模大。主营业务收入 2.32 万亿元，占 1547 家国家重点龙头企业主营业务收入的 68%。二是品牌知名度高，49 家企业获得"中国驰名商标"。三是联农带农紧。平均每家企业带动农户 25 万户；聘用农民工 80 多万人，占职工总数的 58.5%。四是融合发展好。多数推行产加销一体化、贸工农一条龙经营模式，新业态产值占比达 7.8%。五是地域分布广。东部地区 49 个、中部 23 个、西部 22 个、东北 6 个。农业产业化龙头企业是产业化经营的组织者，一端与广大农户链接，在另一端与流通商或消费者链接，充当着农产品供需市场的桥梁，同时也是产业化经营的营运中心、技术创新主体和市场开拓者，在经营决策中处于主导地位，起着关键枢纽的作用。

（三）生产方式

2013 年 11 月，党的十八届三中全会强调，农业经营方式应坚持家庭经营在农业中的基础性地位,推进家庭经营、集体经营、合作经营、企业经营等多种经营形式共同发展,这为新型农业经营体系的构建明确了原则。随后召开的2014年中央农村工作会议将所要构建的新型农业经营体系进一步具体描述为:以农户家庭经营为基础、合作与联合为纽带、社会化服务为支撑的立体式复合型现代农业经营体系,这为新型农业经营体系的构建明确了目标。在这一体系中,经营主体的层次来源是多方位的,并将全面覆盖农业产业链的各个环节;各经营主体的经济性质是多元化的,所发挥的功能作用是相互加强和可融合的,而不是相互排斥或界限分明的。在此基础上,2014年中央"一号文件"又提出"要以解决好地怎么种为导向加快构建新型农业经营体系",这为新型农业经营体系的构建明确了方向。换言之,"地谁来种"和"地怎么种"两个问题虽然都十分重要,但后者应更为重要,即重点在如何推动有效的农业经营方式的形成,而不是过多关注经营者的身份问题,这也体现了政策的务实性。2016年中央"一号文件"在部署年度任务的同时,将新型服务主体提高到与新型经营主体同等重要的地位,即都是建设现代农业的骨干力量。这实际上是强调了新型农业经营体系中生产和服务两大子体系的重要性。同年10月国务院发布的《全国农业现代化规划(2016—2020年)》进一步明确了"十三五"期间新型经营主体的发展目标和政策支持体系建设的具体任务,特别是强调要通过完善新型经营主体的支持政策来推进农业生产的全程社会化服务。2017年的中央"一号文件"从培育新型经营主体与服务主体的角度,对推进多种形式的农业规模经营进行了重点部署。党的十九大报告则从全局高度,将培育新型农业经营主体作为在新的历史时期更好地解决"小规模经营如何实现农业现代化"问题的一个重要途径,明确了其在"构建现代农业产业体系、生产体系、经营体系"中的功能定位。在习近平新时代中国特色社会主义理论的指引下,2018年的"中央一号"文件按照实施乡村振兴战略的目标和原则,提出要"统筹兼顾培育新型农业经营主体和扶持小农户……培育各类专业化市场化服务组织,推进农业生产全程社会化服务,帮助小农户节本增效……注重发挥新型农业经营主体带动作用,打造区域公用品牌,开展农超对接、农社对接,帮助小农户对接市场"。2019 年中央"一号文件"在之前基础上指出,要突出抓好家庭农场和农民合作社两类新型农业经营主体,启动家庭农场培育计划,开展农民合作社规范提升行动,深入推进示范合作社建设,建立健全支持家庭农场、农民合作社发展的政策体系和管理制度。2020 年中央"一号文件"也强调要重点培育家庭农场、农民合作社等新型农业经营主体,培育农业产业化联合体,通过订单农业、入股分红、托管服务等方式,将小农户融入农业产业链。为全面贯彻党的十九大和十九届二中、三中、四中、五中全会精神,2021 年中央"一号文件"再次强调要"突出抓好家庭农场和农民合作社两类经营主体,鼓励发展多种形式适度规模经营",并提出"实施家庭农场培育计划,把农业规模经营户培育成有活力的家庭农场。推进农民合作社质量提升,加大对运行规范的农民合作社扶持力度。发展壮大农业专业化社会化服务组织,将先进适用的品种、投入品、技术、装备导入小农户。支持市场主体建设区域性农业全产业链综合服务中心。支持农业产业化龙头企业创新发展、做大做强。深化供销合作社综合改革,开展生产、供销、信用'三位一体'综合合作试点,健全服务农民生产生活综合平台。培育高素质农民,组织参加技能评价、学历教育,设立专门面向农民的技能大赛。吸引城市各方面人才到农村创业创新,参与乡村振兴和现代农业建设"。统筹兼顾新型农业经营主体与小农户的发展,必将与新型农业社会化服务体系的健全和农业支持保护制度的完善等措施一道,为实现新时代中国特色农业现代化发挥深刻的理论指导和积极的实践指引作用。

　　土地的规模化流转和新型农业经营主体的成长,客观上推动了农业生产过程中土地、劳动、技术、资本、管理、信息等要素的投入方式和投入结构。第一,农村土地流转为土地集中化生产与改造提供了前提条件,促进了土地规模经营,进而促进土地生产成本的降低。第二,农业雇工成为农业规模经营中劳动力来源的主流。有调查显示,74.7%的新型经营主体采取以雇佣劳动为主的农业生产方式,即便是专业大户或家庭农场,全年农业生产所使用的劳动量中自有劳动和雇佣劳动投入比也高达 1:12.8(钟真,2018)①。第三,农业生产各环节的劳动分工在规模经营条件下全面深化。不仅耕种、饲喂、收获等作业环节和田间植保、卫生防疫等日常环节的专业化程度因机械化率和服务市场化水平的提升而大大提高,包装、仓储、装卸、运输等物流环节和行政管理、财务管理等覆盖全程的相关业务都得到了充分的拓展和有效的分工。第四,农业投资水平上升到新的高度。在惠农政策的刺激下,新型农业经营主体逐步成为农业领域民间资本投资的重要载体。在农业装备方面,进行温室大棚、养殖棚舍、仓库厂房等农用场所建设,购置大中型农机具,租赁农用场所或农机具等设施设备。在土地整治方面,进行过地块平整、水利设施建设、田间道路建设、土壤改良(如深耕、施用农家肥改土等)。第五,农业社会化服务供给与需求双增长。新型农业经营主体兼具生产和服务的双重功能,因而他们既是农业社会化服务的需求者,也是农业社会化服务的提供者。从服务供给角度看,新型农业经营主体作为公共农业服务机构的补充,能够更及时、有效、全面地提供多种农业社会化服务,包括技术服务、农资服务、销售服务、信息服务、作业服务、质量服务、物流服务、品牌服务。从服务需求角度看,新型农业经营主体对于上述技术服务等十项农业社会化服务都有强烈需求,新型农业经营主体对这些服务的需求不仅远大于普通农户,而且对服务类型和质量的要求也在不断提高。

---

① 钟真:《改革开放以来中国新型农业经营主体:成长、演化与走向》,《中国人民大学学报》2018 年第 4 期。

第二章 土地规模化流转背景下农业生产组织方式演化的规律与趋势分析

生产关系必须适应生产力的发展是人类社会发展的客观规律。随着国民经济和农村经济的发展,影响制度和组织形式变迁的基础因素都处于变化之中。农业生产要素以及农产品的相对价格逐步发生变化、农产品及相关产品的市场规模逐步扩大、农业技术进步不断加快、专业化分工不断深入等都在逐步推进农业生产组织方式变革。

第一节 农业生产组织方式演化的规律性

农业的家庭经营在我国有很长的历史。从农户角度来讲,在制度环境、政策支持和农业理论制度供给推动下,技术进步和稀缺资源相对价格的变化,导致农户劳动生产效率的提高和专业化分工扩大,产生组织演进与制度变迁的内生性需求。同时,农村劳动力向外转移、农村土地流转,以及农业技术与农业机械普及等构成制度变迁的外生性推动力量。在内外力量的相互作用下,新型农业经营主体的微观条件日渐成熟,农业生产基本单元逐渐分化和多元(见图2-1),规模经营、技术进步、专业分工会带来潜在或外部利润,原有小规模家庭承包制会出现制度非均衡。我国农业组织大量涌现并剧烈分化主要是从20世纪90年代开始,这与1989—1992年发生农产品难卖是有密切联系的。那时,我国国民经济体制也已逐渐从计划经济转向市场经济,原先的农产品统购统销制度已改为国家定购制度,定购任务以外的农产品基本上都放开经营。同时,我国的农业商品生产的规模已迅速扩大,到1989年以后农产品市场已呈饱和状况。这时分散经营的小农户面对变幻莫测的市场就不知所措了,所以就有了合作或联合的愿望。

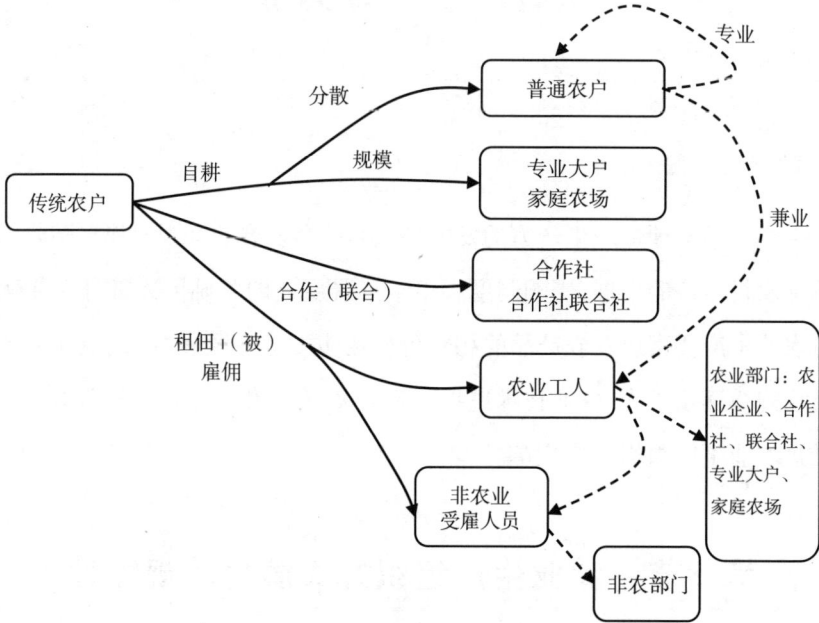

图2-1 农户家庭分化轨迹

农业生产组织方式演化通常是在一定的市场环境下,依托农业生产个体或经济组织的各项生产资源的组建方式从低层次、低水平、小规模向高层次、高水平、规模化方向变迁的过程,是在一定的经济环境、政策环境和人文环境作用下的协调结果,同时也是遵循分工、交易费用和技术约束条件下的择优选择。农业生产组织方式的演化实质是一种制度变迁。制度变迁指新制度或新制度结构产生并否定、扬弃或改变旧制度或旧制度结构的过程。制度变迁包括四种情况(黄少安,2008)①:第一,旧制度保存,产生新制度。第二,旧制度演变成新制度。第三,旧制度结构中一些制度失去存在意义而消亡,从而使制度结构发生变迁。第四,旧制度结构中,制度的性质、种类不变,而相对地位发生变化,导致制度结构发生变迁。

农业生产组织方式变迁的动力机制包括内在机制和外在机制,二者互为条件、相互影响。从内在机制看,随着市场分工程度不断加深,市场规模不断扩大,以及农业科技水平的不断提高,农产品的生产特性和交易特性开始发生变化,使新的农业生产组织方式替代传统的农户经济组织成为可能。外在机制主要从制度需求和制度供给两个方面对农业组织方式的制度变迁进行综合分析,得出了我国农业组织方式变迁需要发挥政府的主导性作用的结论。

第二节　农业生产组织方式演化的驱动性

一、　外在干预下的农业生产组织方式演化

随着我国农村改革的深入和市场经济体制的逐步完善,家庭式小规模分散生产经营日益暴露出许多弊端,特别是小生产与大市场难以对接、交易成本较高等。农业生产经营向组织化、规模化、产业化和现代化发展的内在诉求和人口增长、技术革新、市场环境改变等外在条件的综合作用,基于交易成本和生产费用降低的基本诉求,促成各种组织形式的涌现,如农民协会、农业产业组织、"公司+农户"组织、合作社、社区合作等。这些组织模式,对实现我国农业组织化进行了有益探索,推进了我国农业组织化的发展。

---

① 黄少安:《制度经济学》,高等教育出版社2008年版。

（一）人口增长和消费方式改变促进农产品市场改变诱使农业专业化和分工水平提升

截至 2019 年年底，我国人口总数为 140005 万人，而 1978 年我国人口总数为 96259 万人，我国人口总数增长了约 45.45%。2019 年与 1978 年按可比价相比，城镇居民家庭人均可支配收入增长了 17.08 倍，农村居民家庭人均纯收入增长了 20.66 倍。收入增长的同时，由于农产品或食品本身具有较小的收入弹性，家庭食品消费在总支出中的比例下降。人们的消费结构也开始发生变化，对猪肉、鲜蛋、家禽、水产品和蔬菜以及水果等副产品和绿色有机食品的需求急剧上升，粮食需求量不断下降。副产品和绿色有机食品的需求增加使具有市场意识的农户开始调整农业种养结构，减少粮食作物的生产，增加容纳更多劳动力和经济附加值的经济作物的生产。同时，副产品市场规模的不断扩大，另外也带动了农业专业化和分工的深化。因此，现实的经济组织设计必须将提高农业生产效率和提升经营理念结合起来，农业生产经营组织往往是一种复合型的网络组织，在这样的网络组织中各部分之间基于分工与协作，通过充分发挥各自的优势，建立某种契约或产权关系，形成一个风险共担、利益共享的共同体。这种制度安排既保留了农业家庭经营的灵活性和内在激励的优点，又能够有效地化解市场风险。这种将农户生产组织内化于企业或合作社的制度安排可能是一种比较符合农业生产特性和交易特性的选择。

（二）产品和要素相对价格的长期变动促进农业经营主体分化以攫取市场潜在利益

产品和要素相对价格的变化成为农户和集体经济组织进行农业生产经营组织创新的直接动力。一方面，城市化和工商业的发展产生了对农业土地、劳动和资本等要素相对价格的变动效应。随着城市扩大，耕地减少，城郊土地价值不断上升，作为土地所有者主体的城郊社区集体经济组织也因此而获得巨额经济利益(土地增值收益)。由此也促使城郊地区农民对集体经济组织提高运作效率和经营水平产生更高的需求冲动。而在距离城镇郊区较远的地带,由于城镇就业机会增加,提高了农村劳动力务农的机会成本,通常会造成远郊区农村劳动力的大量转移和农户兼业增加,从而出现耕地抛荒的压力。结果,土地和劳动力等要素经济价值的提高,对远郊农村土地规模经营和农户专业化经济及相应的经济组织创新产生内在的需求压力。另一方面,由于政策和国际贸易环境的改变,粮棉作物和经济作物的相对价格发生变化。我国农业市场化改革存在不彻底性和局限性,政府对粮食和棉花价格的长期控制和合同定购制度已严重影响了棉农、粮农的比较利益,从而相对提高了经营蔬菜、经济作物以及畜牧产品的比较收益。农副产品相对价格变化刺激了沿海发达地区农户专业化于经济价值较高的经济作物、水果和畜牧水产的生产,并对农业经济组织创新产生强大的需求。

（三）技术进步和规模化经营促进农业经营主体改变经营方式实现经济效率提升的诉求

技术进步是指为了提高生产效率而不断变革生产工具或者技能,技术进步是农业组织方式变迁的重要动因。生产技术条件是农业生产组织形式变革的基础,农业生产技术的进步,是农业生产组织形式变革的决定因素。技术进步不仅带来生产率的提高,同时可以促进农业生产组织形式的完善和向更高阶段迈进。在马克思看来,只有在更先进的生产技术基础之上,才有可能形成高度社会化的联合的生产组织形式。农业生产组织形式的状况对生产技术条件的变革具有重要的制约作用。技术的创新与应用会对农业经济组织的发展产生多重影响(朱希刚,2002)[①]。首先,农业技术进步通常会引致新产品的出现,由此会引发市场供给和需求结构的变化。农产品和人们的日常生活紧密

---

① 　朱希刚:《试论农业科技产业化》,《中国农业科技导报》2002年第2期。

相连,所以好的新产品会被大众广泛接受,随后市场需求就会发生改变,而市场需求又会反过来影响市场供给。由此,整个市场的供给需求结构将发生变化,这一变化必然会带来生产组织的变革。其次,农业技术进步通过改进农业生产工具,使很多大型机械开始广泛地应用于农业生产,提高了单位土地的产出,有效降低了生产成本。而技术进步的这一特征一方面要求农户进行规模化生产,以达到规模经济效益;另一方面要求提升组织化水平以适应生产方式的转变。最后,农业技术进步还会通过影响家庭收入提高劳动者的人力资本水平,更多的高素质人才投入农业生产将加快农业微观经济组织变革的步伐,也有利于农业企业化经营模式的推广。与此同时,优秀的农业生产组织方式也会促进技术进步。相比较分散的农户家庭经营模式,企业化的农业生产组织拥有更雄厚的资金来支持技术创新,同时也拥有更多专业技术人才来从事科学研究。一般而言,组织化程度的提高有利于农业技术进步。

人口转型推动农业劳动力的非农转移使农业人口和劳动力不断减少,人地关系的缓和使人均耕地面积趋于扩大。由于资本的供给越发充裕,而劳动力的成本不断提升。因此,体力劳动将被机械所替代,农业规模化、企业化经营也将逐步实现。此外,人口转型过程中,因生育率下降而使农村家庭规模变小,由此改善了劳动力与其他资源的配比关系,提高了劳动生产率,促进农业生产规模的扩大。在传统农户家庭经营模式下,大规模农业机械的使用以及专业化农业生产会受到限制。随着农业生产结构的调整以及农村劳动力的大规模转移,土地将向少数生产"能人"集中,生产规模随之扩大,大型农业机械将不受一家一户的限制,在农业生产中得到广泛应用并有利于提高农业生产效率、降低成本,优化农业产业结构。经济发展的社会化程度越高,则在组织管理方面的现代化要求也越迫切,农业在由传统形式向现代形式过渡当中,越来越需要加快变革农业组织形式的步伐。随着市场经济的日益成熟,形式分散,单独作业的农民,正在面临着技术、市场与自然这三方面的风险,在巨大的风险面前,广大农民为适应市场的新形势,积极改进经济组织结构,在以家庭为单位生产的过程中,有少数大户成为领先者,得到了良好的发展。但大部分小户在生产中仍旧面临着很大的风险,为此,他们开始采取联合经营、合作经营以及企业化经营的方式共同抵御生产面临的风险。如此一来,分散的小农户被有效地组织起来,形成了多种形式的农业微观经济组织。社会主义市场经济条件下的现代农业,是一种社会化、专业化程度很高的农业。一方面农业的社会化进程,需要把生产、加工、贮藏、保鲜、流通、销售等商品生产全过程中的各个环节有机地衔接起来,以进行顺利的运转;另一方面,专业化生产的发展,在我国人均耕地较少、农户的耕地经营一时难以形成较大规模的条件下,更需要靠农业组织按照市场的需要,组织规划和引导农民的商品生产,形成区域性的大批量生产规模,以解决小生产和大市场的矛盾。

二、 内在驱动下的农业生产组织方式演化

农业生产组织方式演化的内在动力主要由农产品生产本身的技术特性和市场交易特性引起的生产成本和交易成本结构的改变,二者直接决定了农业生产经营组织形式的选择和变动(曹利群、张岸元,2001[①];刘洁,2006[②])。随着农业市场规模的不断扩大,农业中的市场风险不确定性越来越大。近几年,自然风险导致的波动只有平均产量的 6%,且存在趋于稳定的趋势,而市场波动的幅度在 20% 左右,且没有收敛的动向(曹立群、张岸元,2001)。因此,交易特性成了影响农业经济组织形式选择最为重要的内在因素。

(一)农业生产的自然属性和可控属性的交织作用促进农业生产组织方式的多元化

农业生产根据其生产条件是否可控,可分为两类:在自然状态下的农产品

---

① 曹利群、张岸元:《"入世":风险化解与农业组织变革》,《改革》2001 年第 2 期。
② 刘洁:《浅论建立国家级农业技术转移中心的必要性》,《农业科研经济管理》2006 年第 4 期。

生产;在可控状态下的农产品生产。许多古典学者所研究的多为自然状态下的农业生产,其特点是:自然再生产和经济再生产交织在一起,在作物生长过程的不同阶段对劳动的需求不同;生产对象是有生命力的动植物,且生产周期长、生产过程中不确定性因素较多,农业劳动者的努力程度与产出之间关系难以度量;土地作为农业的基本生产要素,具有位置的固定性和空间的分散性,使农业生产只能在广阔的空间上而不能像工业一样集中到工厂进行等。农业生产的这些特点使农业生产的组织必须既具备一定程度的灵活性,又具有内在激励特征。家庭经营组织能够满足农业生产的这些特点,是被广泛采用的农业生产组织形式。而可控状态下的农业生产主要特点是在某一有明确边界的地域空间上,采用人工控制或创造的环境(设备场所),使农作物(主要是蔬菜、花卉、苗木、药草)和动物(主要是养殖业)等不受大自然因素的制约,进行有计划的、程序化的如同工业品一样连续生产农产品。随着技术的进步和农业产业结构调整的需求,可控状态下的农业生产呈增加的趋势。国家级农业科技园区、农业农村部及各省、市、自治区批准的各级农业园区数以万计,各种类型的菜大棚、设施数不胜数。

随着科学技术和市场环境的不断发展优化,农业生产的特点也发生变化,尤其是现代农业技术的引进,农业标准化技术、生物和化学技术以及农业机械技术的发展与扩散,农业基础设施日渐完善,农业开始摆脱"靠天吃饭"的基本格局,受自然条件的约束越来越小,并且随着商品化农业的发展,农业生产的专业化和分工水平日益提高;农业标准化技术和管理创新有效地解决了农业劳动的监督和计量问题。一是通过土壤改良、土地整治、土地规划、影响局域自然环境等农业技术的运用,农业生产的劳动对象、劳动性质、劳动环境、劳动强度等相对一致,降低了农业经济组织的计量成本;二是在对农业自然资源、自然条件,劳动性质、特点充分认识和把握的基础上,形成农业生产中不同性质、不同特点劳动的一系列标准、定额,降低了农业劳动计量的成本;农村"熟人"社会的相互信任和内部的相对开放性是以前的农业经济学家所忽视的一个非常重要的非正式制度环境,这种特点能够有效地降低农业生产组织的代理成本。由于新农业投资规模大,且具有典型的专用性,非一般农户所能承受,因此农业生产突破单一家庭经营模式、多元化的农业生产组织形式成为必然趋势。

(二)农产品市场交易属性和环境的改变促成农业生产向规模化组织方向演进

农产品的生产特性直接影响其交易特性。威廉姆森[1]提出区分交易的主要标志是资产专用性、不确定性和交易的频率,这三个交易维度的差异直接决定交易的组织形式。传统的农业生产与经营都由家庭经济组织自身来完成,在农业技术水平低下、农产品商品化程度低的条件下,市场问题还不突出,但是随着农业生产技术水平的不断提高和普及、农业市场化程度不断提高,传统的小农越来越难以承担农业经营的职责,出现了农业生产由农户家庭进行,而将农业经营活动让渡给企业或合作社经济组织来进行,形成各种联系程度不同的"公司(合作社)+农户"的一体化经营模式。

第一,农业专业化生产和消费者对优质安全农产品的消费诉求以及市场环境的综合作用,农业生产的资产专用性程度越来越高,市场协调经济活动逐步失去效率。在很多农产品领域,资产专用性是造成交易成本的重要因素。农产品的季节性、易损性、农业生产投入、地理位置甚至农户对于专业技能的掌握等,都使农户农业生产的资产专用性居高不下。当资产专用性高或市场集中时农户很容易面临交易对手的"敲竹杠"和"锁定"问题,从而面临相当大的风险、交易成本,甚至亏损。为规避风险,资产专用性越强,专用资产所有者就越倾向于采用更大规模和更优秀的组织方式(如合作社、农业企业)进行交易,而通用性资产所有者则往往在市场中进行交易。第二,农业生产经营具有

---

① 奥利弗·E.威廉姆森:《资本主义经济制度》,段毅才、王伟译,商务印书馆2002年版。

较高的不确定性。农业中的不确定性不仅源于农产品市场,也源于一些难以预料的自然状态,还可能因为某些政策变化。不确定性往往造成极高的交易成本,有时高得没有交易发生,甚至使农户的农业生产退回到自给自足状态。随着不确定性对交易影响的加深,市场组织变得越来越缺少吸引力,因为不确定性导致了高成本的合约重签和可能增加的机会主义。这时,那些资产专用性高的专业化农户倾向于通过资本联合采用合作社等组织方式来降低市场交易中的不确定性。第三,现代农业开始突破季节的障碍,使农产品的交易频率增加。交易频率意味着交易中的经济规模,高的交易频率既可以使交易费用分摊到连续的交易阶段中,也会因为重复博弈使投机主义变得困难。发生频率低的交易为避免设立保障机制带来的组织管理费用,往往采用市场的形式进行,而高交易频率的交易通常发生在合作社、农业企业等组织内部。

第三节 农业生产组织方式演化的特征表现

专业化、集约化、组织化和社会化"四化"特征是近期我国农业生产组织方式演化的典型特征。如果说农业生产组织方式不断向"适度规模化""雇佣生产化""产业融合化""绿色经营化"演化是过程和手段,那么"专业化、集约化、组织化和社会化"则是演化的阶段性结果。集约化和专业化体现了家庭经营层次的转变方向,组织化和社会化体现了统一经营层次的转变方向,即家庭经营向采用先进科技和生产手段方向转变,增加技术、资本等生产要素投入,着力提高集约化、专业化水平。国际经验表明,现代农业需要相适应的经营方式,集约化、规模化、组织化、社会化是现代农业对经营方式的内在要求。

一、 农业经营集约化

农业集约化通常强调在同一面积投入较多的生产资料和劳动进行精耕细

作,用提高单位面积产量的方法来增加产品总量的经营方式。集约是相对粗放而言,集约化经营是以社会效益和经济效益为基本诉求对诸投入要素进行重组,从而实现以最小的成本投入获得最大的投资回报。农业集约化经营是农业集约化发展的基础,农业集约化水平的提升是农业集约化发展的主要表现。当前,我国农业生产组织方式集约化经营的主要表现特征体现在以下几个方面。

(一)农业生产技术装备的升级应用

农业机械装备是提高农业生产效率、实现资源有效利用、推动农业可持续发展的不可或缺工具,对保障国家粮食安全、促进农业增产增效、改变农民增收方式和推动农村发展起着非常重要的作用。农业机械装备作为提高农业生产效率的重要手段,历经从替代人畜力的机械化阶段,到以电控技术为基础实现自动化应用,并朝着以信息技术为核心的智能化与先进制造方向发展。显著特点是以机械装备为载体,融合电子、信息、生物、环境、材料、现代制造等技术,不断增强装备技术适应性能、拓展精准作业功能、保障季节性劳动作业可靠性、提升复杂结构制造高效性、改善土壤—动植物—机器—人与生态环境协调性,围绕建设资源节约、环境友好农业,实现资源综合循环利用和农业生态环境建设保护,发展新型高效农业机械装备,实现"安全多能、自动高效、精准智能",支撑农业发展的可持续发展。农业机械化和农机装备作为我国转变农业发展方式的重要基础,是实施乡村振兴战略的重要支撑。没有农业的机械化,就没有农业农村现代化。以习近平新时代中国特色社会主义思想为指导,全面贯彻党的十九大和十九届二中、三中全会精神,国务院于 2018 年 12 月发布了《国务院关于加快推进农业机械化和农机装备产业转型升级的指导意见》,指出要加快推进我国农业机械化和农机装备产业转型升级,牢固树立和贯彻落实新发展理念,适应供给侧结构性改革要求,以服务乡村振兴战略、满足亿万农民对机械化生产的需要为目标,以农机农艺融合、机械化信息化融合、农机服务模式与农业适度规模经营相适应、机械化生产与农田建设相适应为路径，以科技创新、机制创新、政策创新为动力，补短板、强弱项、促协调，推动农机装备产业向高质量发展转型，推动农业机械化向全程全面高质高效升级，走出一条中国特色农业机械化发展道路，为实现农业农村现代化提供有力支撑。并对农机使用效率、农机具配备结构、农机装备品类及品质等方面作出具体目标要求，即"到 2020 年，农机装备产业科技创新能力持续提升，主要经济作物薄弱环节'无机可用'问题基本解决；全国农机总动力超过 10 亿千瓦，其中灌排机械动力达到 1.2 亿千瓦，农机具配置结构进一步优化，农机作业条件加快改善，农机社会化服务领域加快拓展，农机使用效率进一步提升；全国农作物耕种收综合机械化率达到 70%，小麦、水稻、玉米等主要粮食作物基本实现生产全程机械化，棉油糖、果菜茶等大宗经济作物全程机械化生产体系基本建立，设施农业、畜牧养殖、水产养殖和农产品初加工机械化取得明显进展。到 2025 年，农机装备品类基本齐全，重点农机产品和关键零部件实现协同发展，产品质量可靠性达到国际先进水平，产品和技术供给基本满足需要，农机装备产业迈入高质量发展阶段；全国农机总动力稳定在 11 亿千瓦左右，其中灌排机械动力达到 1.3 亿千瓦，农机具配置结构趋于合理，农机作业条件显著改善，覆盖农业产前产中产后的农机社会化服务体系基本建立，农机使用效率显著提升，农业机械化进入全程全面高质高效发展时期；全国农作物耕种收综合机械化率达到 75%，粮棉油糖主产县（市、区）基本实现农业机械化，丘陵山区县（市、区）农作物耕种收综合机械化率达到 55%。薄弱环节机械化全面突破，其中马铃薯种植、收获机械化率均达到 45%，棉花收获机械化率达到 60%，花生种植、收获机械化率分别达到 65% 和 55%，油菜种植、收获机械化率分别达到 50% 和 65%，甘蔗收获机械化率达到 30%，设施农业、畜牧养殖、水产养殖和农产品初加工机械化率总体达到 50% 左右"。2019 年，我国农用机械总动力是 10275.8 亿瓦，是 1978 年的 8.75 倍。农用大中型拖拉机数量由 2003 年的 980560 台上升到 2019 年的 4438619 台，增长了 352.66%，而小型拖拉机动力在同期只增长了 29.23%,这也反映了近年来农业规模化、集约化经营的发展势头迅猛。农村用电量也从 2003 年的 3433 亿千瓦时上升到 2019 年的 9483 亿千瓦时,增长了 176.23%。相应地从事农业劳动的人口不断减少,2003—2019 年,乡村就业人员中从事第一产业的人数从 36204 万人下降到 19445 万人,减少了 46.29%。

(二)农业生产资料投入科学化

化肥、农药是重要的农业生产资料,在农业生产中广泛应用,促进了粮食等作物单产水平的提高,为保障国家粮食安全和重要农产品有效供给发挥了重要作用。目前,我国主要农作物化肥、农药施用量过多,不仅增加了生产成本,也产生了环境污染。为了立足我国当前化肥、农药减施增效的战略需求,2016 年国家重点研发计划项目启动首批试点专项,其中设置了"化学肥料和农药减施增效综合技术研发"重点专项,开始构建科学的化肥农药减施增效方法和技术体系。"化学肥料和农药减施增效综合技术研发"重点专项主要是通过分析化学肥料、农药的高效利用机理和限量标准,以及研究化肥农药减施增效的技术集成与示范应用,构建起化肥农药减施增效与高效利用的理论、技术体系。并提出到 2020 年,项目区氮肥利用率从 33% 提高到 43%,磷肥利用率从 24% 提高到 34%,化肥氮磷减施 20%;化学农药利用率从 35% 提高到 45%,化学农药减施 30%;农作物平均增产 3%,实现作物生产提质、节本、增效。2018 年 7 月,农业农村部印发的《农业绿色发展技术导则(2018—2030 年)》,将 27 项化肥农药减施增效技术纳入我国现阶段需要重点研发的绿色生产技术之中,主要是有机肥替代化肥、测土配方精准施肥、调优施肥结构、生物防治病虫害、物理防控病虫害等 5 类,并提出围绕乡村振兴战略和可持续发展战略的实施,促进农业绿色发展,提高农业生产资料投入绿色高效化,"到 2030 年,全面构建以绿色为导向的农业技术体系。研发一批绿色高效的功能性肥料、生物肥料,低风险农药、施药助剂和理化诱控等绿色防控品;肥料、农药等投入品的有效利用率显著提高,主要作物化肥、农药利用率显著提高,农业源氮、磷污染物排放强度和负荷分别削减30%和40%以上"。基于政策扶持、市场环境和国际贸易规则等约束,当前农业经营主体在化肥农药使用方面逐步科学化,主要表现为:第一,化肥农药用量增长率逐渐减少,甚至"零增长"和负增长。农业农村部数据显示,2015—2017年中国农药使用量已连续三年负增长,化肥使用量已实现"零增长",提前三年实现到2020年化肥、农药使用量"零增长"的目标。第二,施肥结构进一步优化。农业主体传统重氮肥轻磷钾肥、重大量元素轻中微量元素、重无机轻有机"三重三轻"施肥观念得到逐步改变,更加注重根据作物需肥规律、土壤供肥性能和肥料效应,在合理施用有机肥料的基础上,把控肥料的施用数量、施肥时期和施用方法,施肥工艺更加科学。第三,化肥利用效率稳步提升。无人机植保作业相比传统的农药喷洒方式,解决了利用率低、人工成本高、施药安全隐患多等问题。农业农村部数据显示,2019年,全国测土配方施肥技术应用面积近19.3亿亩,技术覆盖率达到89.3%,专业化统防统治覆盖率达到40.1%。2019年,中国水稻、玉米、小麦三大粮食作物化肥利用率为39.2%,比2015年提高4个百分点;农药利用率为38.9%,比2015年提高3.2个百分点。2016年,机械施肥面积超过8亿亩,水肥一体化面积超9000万亩,有机肥施用面积达4亿亩次,带动了化肥利用效率的提高。化肥、农药利用率提高带来了显著的经济效益和生态效益。

推进化肥、农药减量是实现农业绿色发展的重要举措。2017年9月中共中央办公厅、国务院办公厅公布的《关于创新体制机制推进农业绿色发展的意见》中提出,以推进农业供给侧结构性改革为主线,贯彻新发展理念,深入开展化肥、农药使用量零增长行动,加快创新驱动,"到2020年,主要农作物化肥、农药使用量实现零增长,化肥、农药利用率达到40%以上"。其中,在推进化肥减量增效上要实现"四减":一是调优结构减量。调减高纬度、干旱地区和土地贫瘠地区玉米种植,减少化肥投入。同时,优化氮磷钾配比,优化产品结构,加快推广新型高效肥料。二是精准施肥减量。推进农机农艺融合,推广机械施肥、种肥同播、水肥一体等技术,提高化肥利用效率。三是有机肥替代减量。推进秸秆养分还田、畜禽粪便资源化利用,种植绿肥,用有机肥替代部分化肥。四是新型经营主体示范带动减量。依托种粮大户等新型经营主体,创建化肥减量增效示范区,带动科学施肥技术推广应用。在推进农药减量增效上也要实现"四减":一是推进统防统治提高防治效果减量。扶持病虫防治专业化服务组织,推行植保机械与农艺配套,大规模开展统防统治,提高防治效果。二是推进绿色防控,控制病虫危害减量。应用生物防治、物理防治等绿色防控技术,预防控制病虫发生,减少防控次数。三是推广高效施药机械,提高利用率减量。推广自走式喷杆喷雾机、无人机等大中型施药机械,替代跑冒滴漏的落后机械。四是推广高效低风险农药,优化结构减量。应用生物农药、高效低毒低残留农药,替代高毒高残留农药。治理农业农村污染是深入打好污染防治攻坚战的重要任务,是实施乡村振兴战略的重要举措,对推动农业农村绿色低碳发展、履行生物多样性公约、加强农村生态文明建设具有重要意义。2022 年 1 月公布的《农业农村污染治理攻坚战行动方案(2021—2025年)》以习近平新时代中国特色社会主义思想为指导,全面贯彻党的十九大和十九届历次全会精神,按照深入打好污染防治攻坚战总要求,坚持精准治污、科学治污、依法治污,聚焦突出短板,将农药减量增效、农膜回收利用等作为重点领域,以京津冀、长江经济带、粤港澳大湾区、黄河流域等为重点区域,强化源头减量、资源利用、减污降碳和生态修复,持续推进农村人居环境整治提升和农业面源污染防治,增强农民群众获得感和幸福感,为实现乡村生态振兴提供有力支撑。在实施化肥农药减量增效行动中,提出具体行动目标,在深入推进化肥农药减量增效方面:"聚焦长江经济带、黄河流域重点区域,明确化肥减量增效技术路径和措施。实施精准施肥,分区域、分作物制定化肥施用限量标准和减量方案,制定水稻、玉米、小麦、油菜等氮肥推荐定额用量,依法落实化肥使用总量控制。大力推进测土配方施肥,优化氮、磷、钾配比,逐步实现在粮食主产区及果菜茶等经济作物优势区的全覆盖。改进施肥方式,推广应用机械施肥、种肥同播、水肥一体化等措施,减少养分挥发和流失,提高肥料利用效率。化肥使用量持续减少,主要农作物化肥利用率达到43%。加强绿色投入品创新研发,积极推广缓释肥料、水溶肥料、微生物肥料等新型肥料,拓宽畜禽粪肥、秸秆和种植绿肥的还田渠道,在更大范围推进有机肥替代化肥。在旱作区大力发展高效旱作农业,集成配套全生物降解地膜覆盖、长效肥料应用、保水剂混肥底施等措施,减少养分挥发和随雨流失。培育扶持一批专业化服务组织,提供统测、统配、统供、统施'四统一'服务。鼓励以循环利用与生态净化相结合的方式控制种植业污染,农企合作推进测土配方施肥。到2025年,主要农作物测土配方施肥技术覆盖率稳定在90%以上";在持续推进农药减量控害方面:"推进科学用药,推广应用高效低风险农药,分期分批淘汰现存10种高毒农药;推广新型高效植保机械,推进精准施药,提高农药利用效率;农药使用量持续减少,主要农作物农药利用率达到43%;创建一批绿色防控示范县,推行统防统治与绿色防控融合,提高防控组织化程度和科学化水平;构建农作物病虫害监测预警体系,建设一批智能化、自动化田间监测网点,提高重大病虫疫情监测预警能力;到2025年,主要农作物病虫害绿色防控及统防统治覆盖率分别达到55%和45%"。

(三)设施农业发展更加快速

随着农业生产经营体制的创新,我国出现了大批量的新型农业经济体,即农业示范园区、家庭农场、农业专业合作社等,这是一次农业产业化的浪潮。在此产业化大潮下,农业相关的配套服务业尤其是设施农业迎来了快速发展的契机。设施农业的发展是农业现代化的重要标志,也是现代化农业发展的重要建设任务。设施农业是利用人工建造的设施,使传统农业逐步摆脱自然的束缚,走向现代工厂化农业、环境安全型农业生产、无毒农业的必由之路,同时也是农产品打破传统农业的季节性,实现农产品的反季节上市,进一步满足多元化、多层次消费需求的有效方法,能够为植物生产提供适宜的生长环境,使其在经济的生长空间内,获得较高经济效益。设施农业属于高投入高产出,资金、技术、劳动密集型的产业。设施农业强调利用现代化工业技术装备农业,在相对可控环境条件下,采用工业化生产方式,实现集成高效及可持续发展的现代农业生产方式。我国现代设施农业起步相对比较晚,在1980—1990年才建立以大棚为中心,配合阳畦、风障、温室、薄膜埋土覆盖等生产技术,同时结合我国传统栽培技术形成了初步合理的保护地蔬菜生产体系,2002年我国一跃成为世界第一大设施农业大国。2016年年末,全国温室占地面积334千公顷,大棚占地面积981千公顷,渔业养殖用房面积7.6千公顷。据国家统计局数据显示,2018年,全国农业设施数量3000多万个,设施农业占地面积接近4000多万亩。2019年,地膜覆盖面积为17628077公顷。当前,设施农业主要发展趋势和特征为:第一,智慧化。主要表现是投入智能机械和物联网自动监管设备等,科学调整设施农业中的影响因素,如温度、湿度、阳光,由以前的单一控制转变为现在的多目标终端调控,按时定量科学培养,分析计算作物信息,同时可以大量减少劳动力,提高生产效率。第二,规模化。主要表现为由小规模培养转为大面积种植,有利于统一管理,提高效率,增加收成。第三,无土化。表现为减少耕地面积,扩大种植场合,向无土、水培发展,改变传统耕地种植方式,并且避免虫害,保存营养。第四,新型化。表现为采用新型遮盖材料,利用当前的复合材料,辅助提高采光参数等各种属性。第五,生态化。表现为建立生态圈,不施肥,不喷洒农药,让农业自我循环、生态循环。

发展设施农业是推动乡村产业振兴的重要抓手。设施农业以科技为支撑,以市场为导向,代表了现代农业的发展方向,是衡量一个国家或地区农业现代化水平的重要标志之一。设施农业能够有效提高土地生产率、劳动生产率以及农业的全要素生产率,有助于推动传统的种植业养殖业向现代农业转型升级,促进农民从务农向农业产业工人转变,拓展农民增收渠道和农业增值空间,赋能乡村振兴。为适应现代农业发展需要,促进设施农业健康有序发展,完善其用地管理,相关部门先后印发了一系列政策文件,例如《国土资源部 农业部关于促进规模化畜禽养殖有关用地政策的通知》《国土资源部 农业部关于完善设施农用地管理有关问题通知》《国土资源部 农业部关于进一步支持设施农业健康发展的通知》《自然资源部 农业农村部关于设施农业用地管理有关问题的通知》等,明确了设施农用地的界定范围、分类管理、使用审核、监督管理等方面的具体问题,为现代设施农业发展提供了政策支持和制度保障。近年来,随着党的十九大提出实施乡村振兴战略,设施农业用地政策在《国家乡村振兴战略规划(2018—2022 年)》、中央"一号文件"等相关文件中均有涉及,并随着实践发展而不断完善。2019 年 12 月,《自然资源部 农业农村部关于设施农业用地管理有关问题的通知》提出,"不再对设施农业用地类型做统一分类与区分""对占用永久基本农田提出限制性使用要求""下放设施农业用地规模和建设标准制定权限""根据现代养殖需求允许养殖设施建设多层建筑""简化农业经营主体对设施农业用地的取得程序",成为当前及未来 5 年我国设施农业用地管理的指导性文件。这在坚持土地用途管制的前提下,适应农业农村发展对设施农业用地的现实需求,进一步完善了设施农业用地管理办法。当前的设施农业用地政策是在原有支持政策基础上适应现代农业发展新需求,对设施农业用地使用和管理的改进与完善,赋予设施农业用地主体以及地方土地管理部门更多的自主权利,同时在用地程序上也进行了简化,更加有利于农业生产经营。总的来说,新的设施农业用地政策有利于满足设施农业多样化的用地需求和调动各地发展设施农业的积极性,为新技术新装备的推广应用、促进产业转型升级、提升设施农业产业整体竞争力提供了有力支撑。

(四)农业生产环节分工进一步细化

农业生产环节分工细化表现为农业生产经营职能的专业化,即把灌溉、播种、耕地、田间管理、农产品收割、农产品销售等不同职能交由不同个体或组织完成。分工细化使一组复杂的过程转化为相继完成的简单过程,其中某些过程采用机器。比如,农户间在灌溉、耕地、收割等生产职能的分工,可以促使单独从事这些职能的农户购入相应的机器设备为其他农户提供社会化服务。与此同时,农户间的农业生产环节分工,将导致农户生产经营职能的专业化,有利于农户对农业技术的掌握和利用,从而提升农业集约化经营的效率,促进农业集约化发展。

二、 农业生产专业化

农业生产专业化是社会分工发展的必然结果,是农业进步的基本推动力之一。农业生产专业化是当前我国农业发展的主要趋势,是农业现代化的必然趋势,也是响应供给侧结构性改革,解决新时期"三农"问题的必经途径。农业生产专业化是指农业生产者将劳动力、土地以及资本等生产要素向其具有比较优势的作物或者生产过程的某个环节集中,以充分发挥生产者所拥有的资源和要素禀赋的优势,获得最大的生产效率,形成专门化、集中化的生产模式。农业生产专业化的效率是通过大生产的优越性表现出来的,因为农业生产经营规模的扩大,有利于采用先进的农业科学技术,降低农业生产成本,为农产品的批量生产、加工、销售奠定基础。农业专业化的发展不仅有利于实现农产品生产的专业化、产业化,提高农业生产效率,更有利于充分发挥各地区农业的区域优势,增加农民收入。我国农业生产专业化发展起步较晚,随着经济发展与产业升级进一步加速,我国农业生产专业化趋势不可避免,其发展现状也受到极大关注。当前,我国农业生产组织方式表现出明显的专业化生产特性,包括农业生产主体专业化、农业工艺(作业)专业化、农业区域专业化。

首先,农业生产主体专业化。当前,我国农业生产主体的专业化特征是基于农业组织多元化格局为前提的。一方面,随着农业区域专业化从自然区位布局阶段向高级专业化阶段的发展,现代农业的产业化经营要求其产业组织形态由完全竞争向垄断竞争过渡,由分散向联合过渡,这种过渡实际上是在专业化分工基础上交易协调机制的演进过程,表现为农户之间,农户与相关联的企业、专业市场等主体之间为了实现专业化分工和规模化经营的共同目的,而进行分工合作,逐步改变着传统小农生产的完全竞争的农业市场结构。另一方面,由于非农产业的快速发展,农耕的机会成本变高,促成部分传统农户转移到更高报酬的非农生产部门。与此同时,仍保留在农业领域的农户家庭由于成员间性别、年龄等差异导致的劳动能力等差异产生了家庭成员之间的不同分工。总的来说,农户家庭内部分工形式包括:一是专业型农户即农户家庭劳动力均专业化从事农业生产,如农业大户、家庭农场;二是家庭处于完全分工状态并且呈现"代际差异"的老年务农型家庭特征,如老年型、妇女型农业雇工;三是家庭内部为不完全分工状态并且青壮年会经常在农业生产部门与非农生产部门之间频繁转换,即兼业状态。

其次,农业工艺(作业)专业化。农产品价值链分工促成了垂直专业化。随着农业科技的进步,农产品的附加值不断提高,包括制种、播种、施肥、收获、加工、运输、仓储、销售等多个环节越来越注重科技手段的应用和科技含量的提高,农产品价值链上的增值环节越来越多,由此带来了农产品价值链分工越来越细化。随着价值链分工或称为产品内分工的发展,从初级农产品开始播种到加工农产品走向市场,出现了跨区域甚至跨国家的劳动分工与协作,区域内部的一个生产单位只在农产品价值链的某个环节进行专业化生产,并出现了大量加工后的中间产品,形成了初级农产品、加工后中间产品和最终农产品分别专业生产的垂直专业化特征。

最后,农业区域专业化。农业自然区位布局是农业区域专业化的起点,随着市场经济的发展,自给自足型的农业开始向商品性农产品生产转变,农业的专业化、规模化生产更多依赖于农业科技和农业产业化组织的推动。区域性专业化生产格局的演变逻辑为:随着市场范围扩大、农业技术进步以及区域资源优势等,部分兼业农户开始缩小其生产经营范围,重点从事某一种或少数几种农产品生产,甚至专门从事其中个别工艺的生产,出现了专业化农户,其生产目标不再局限于自给自足或者为市场生产剩余产品,而是利用有限的土地、资金和劳动力,积极利用农业科学技术,以实现利益最大化。当少数几家从兼业经营转向专业化生产的农户实现比以往更大经济效益的时候,其示范效应会引起其他兼业户争相效仿,从而形成专业村、专业化生产基地。以我国棉花为例,我国棉花基本呈现大分散、大集中的分布格局,84%的棉花生产集中在新疆、河北、山东、河南、江苏、安徽及湖北七个省(自治区),形成黄河流域、长江流域和西北内陆三大棉区,黄河长江流域以纯种棉为主,西北内陆以优质棉和长绒棉为主,这种棉花品种专业化分布格局的形成同样可以从产业内分工理论中得到解释。

三、 农业主体组织化

我国农业经营主体逐渐由改革开放初期的农民家庭,向农民家庭为主要主体与多种形式经营主体并存发展。目前,作为农业组织化发展基础的农业经营主体群逐步形成,包括农民家庭农场、专业合作社、种养殖大户、龙头企业等。农民专业合作社是农业产业化经营的基本形式,也是改革开放后农村产生的具有法人资格的农业组织形式;种养殖大户是家庭农场的雏形,是农业走向规模经济的桥梁,是农业组织化经营的基础形式,促进土地适度规模化经营,提高农业社会化服务水平,推动农业组织化经营;龙头企业是农业产业化链条的组织核心,是实现农业产业化经营转型升级的推动力量;家庭农场作为农业产业化经营的新型组织形式,完善现代农业经营体制,成为推动土地适度规模经营的重要主体。目前,我国家庭农场是对我国农村基本经营制度的丰富,能够优化劳动组织,科学配置生产要素,最大限度地发展生产力,同时也使劳动关系更好地适应生产力发展,提高劳动生产,使生产资料流通、组合和消费更加合理,形成新的生产力。

加快实现农业现代化,一方面要提升资源利用水平、加强现代农业技术应用,另一方面要着力实现农业生产组织现代化,提高各农业主体尤其是小农户的组织化程度。小农户的经营行为呈现出大幅度减少地块数量、增加生产性固定资产和生产资料投入的趋势。同时,外包部分生产环节的情况已经相当普遍,呈现出"责任分散、过程集约"的特征。这些变化反映出小农户在市场经济形式下的省劳力化和组织化需求。当前,提高小农户组织化程度的制度环境逐步成熟。强调农村土地农民集体所有、家庭经营的基础性地位和稳定土地承包关系是坚持农村基本经营制度的根本。随着土地资源和集体财产权属逐步明确,如何管好、用好农业资源的问题会随之而来。2019 年 2 月,中共中央办公厅、国务院办公厅印发的《关于促进小农户和现代农业发展有机衔接的意见》阐明了小农户家庭经营的定位,明确了提高小农户组织化程度的方向和方式。产权制度的完善和《关于促进小农户和现代农业发展有机衔接的意见》的出台为促进小农户组织化,进而推动农业现代化的制度供给奠定了基础。提高小农户组织化程度的关键是在保障小农户利益的基础上提高农业劳动生产率。首先,推动小农户参与。加快促进小农户和现代农业发展有机衔接离不开小农户的理解与支持,有必要推动小农户参与。其次,尊重小农户的自主权。追求收益最大化是本性,但是收益不仅仅是经济回报,有事做本身也是收益的表现形式,小农户无论选择从事农业,还是选择转出土地,都应是家庭内部的劳动分工的结果,规模化并不等同于农业现代化,在推进小农户与现代农业有机衔接的过程中应为农业多功能性留出空间,避免在推进土地集约化的过程中损害小农户自主权。再次,深化不同层次多种组织合作。现有条件下,合作是促进小农户和现代农业发展有机衔接的必然选择。根据地方资源条件、生产品种、发展水平等因地制宜开展合作,有利于农业生产组织现代化。资源利用层面,以入股、托管、生产环节外包等形式集中土地,统一技术集中生产;生产层面,通过农机共享、农资统购等降低农业生产成本;营销层面,通过品牌共建、统一加工、仓储、销售等方式降低农产品交易成本、稳定销售渠道;组织形式层面,通过"公司+农户""公司+合作社+农户""农户+合作社+超市""农户+合作社+直销""农户+合作社+合作社自办加工企业"等多种合作、联合的组织模式,使小农户融入大市场。促进合作旨在稳农、强农,方式多样,核心是有效利用土地资源,降低生产成本,提高农业收益水平。最后,处理好小农户与其他主体利益关系。公平的利益关系是实现稳定合作的基础,健全盈余分配机制是根本,同时,需要强化政府监督,保障小农户的知情权和参与权,提高小农户在合作中的地位,使分配机制落到实处。

当前,我国农业经营主体组织化的重要的依托模式是农户合作经济模式和农业产业化带动模式两种。第一种农户合作经济模式指农民尤其是以家庭经营为主的农业小生产者为了维护和改善各自的生产及生活条件,在自愿互助和平等互利的基础上,遵守合作社的法律和规章制度,联合从事特定经济活动所组成的经济组织形式。随着中国社会主义市场经济体制的逐步建立,一家一户分散的小规模的农业生产与大市场之间的矛盾逐渐突出,由于信息不对称以及各个农户在生产和经营水平上存在差异,从而导致农户与市场的交易费用很大。另外,一家一户的小生产也很难逾越自然风险和市场风险,并往往导致农业再生产的中断,出现一哄而上又一哄而下的局面,使农业生产发生大起大落的周期性变动,给国民经济及农民自身带来危害。根据一些市场经济国家的经验和中国的实际,在不改变农户作为基本生产单位的前提下,分散的农户组织起来建立农业合作经济组织,就能降低单个农户与市场的交易成本,从而能有效地改善农业的微观经济基础,进而促进中国农业健康发展的态势。第二种农业产业化带动模式即通过农业产业化组织与普通农户、合作社、家庭农场等之间的联合与合作,农民参与龙头企业的经营活动和利益分配,提高农户的组织化程度。目前实践的方式有:"公司+农户"模式、"公司+基地+农户"模式、"公司+中介组织+农户"模式、"公司+专业市场+农户"模式等。例如,安徽砀山县李庄村西瓜种植历史悠久。2004 年,在地方政府支持下,几户农民示范种植大棚西瓜取得成功。地方政府利用国家农业综合开发资金建起了 10 公顷的科技示范园,引进 GLM 公司建立了现代化、工厂化的育苗中心,确保种苗供应和技术推广。为解决西瓜销售问题,在地方政府支持下,依托村级组织成立了龙岗西瓜合作社。合作社实行"自主经营,自我服务,民主管理","种给农民看,领着农民干,帮助农民贩"的基本经营理念引导农民从事规模化经营、标准化生产、品牌化销售。合作社邀请 GLM 公司统一指导搭建大棚,并为专业种植户置换土地;统一种苗供应和栽培技术规程;统一进行技术指导,并培育西瓜品牌,统一包装上市,统一组织对外宣传和销售。在合作社的带动下,全村西瓜种植面积迅速扩大,效益明显提高,还带动了运输、农资等行业发展。到 2017 年,该合作社已有社员 102 个,企业社员 2 个,形成西瓜生产基地 8 个,在国内 10 多个省 50 多个水果批发市场建立了营销网点。

四、 农业服务社会化

农业服务社会化强调与农业相关的经济组织为满足农业生产发展的需要,为直接从事农业生产的经营主体提供各种服务,是运用社会各方面的力量,使各类农业生产经营单位适应市场经济的需要,克服自身规模狭小的弊病,获得专业化分工和集约化服务规模效益的一种社会化的农业经济组织形式。当前,农业生产经营的社会化服务包括农业市场信息服务、农资供应服务、农业绿色生产技术服务、农业废弃物资源化利用服务、农机作业及维修服务、农产品初加工服务、农产品营销服务 7 大服务领域。随着现代农业的深入推进,农业生产性服务业加快发展,各类服务组织蓬勃兴起,服务领域覆盖种植业、养殖业、渔业等多个产业,涌现出全程托管、代耕代种、联耕联种等服务方式,对培育农业农村经济新业态发挥了重要作用。

农业生产性服务是农业社会化服务体系中的重中之重,因为生产性服务是直接指向当前农业发展的时代主题,即"谁来种地?怎样种好地?"的问题,是直接替农民或帮农民种地的那部分社会化服务。农业生产性服务业虽然发展较快,却并没有像农业产业化、合作社那样成为小农户对接现代农业的第一次动能和第二次动能,这是由我国农业发展所处阶段决定的。实践中,从事生产性服务业的重要力量就是合作社、龙头企业和家庭农场。2016 年,全国从事农业生产托管的服务组织数共有 22.7 万个,其中农民合作社 9.5 万个,农业企业 2 万家。截至 2019 年年底,全国农业生产托管服务面积超过 15 亿亩次,服务带动小农户超 6000 万户,占全国农业经营户的 30%。实践表明,农业生产托管是农业生产性服务业与小农户的主要连接机制。农业生产托管是农户和其他经营主体在不流转土地经营权的情况下,将农业生产中的耕、种、防、收等全部或部分作业环节(包括农资供应、烘干仓储等耕种防收的附加服务)委托给服务组织完成的一种经营方式,是农业生产性服务业连接小农户、实现小农农业现代化最主要、最有效的形式。“服务”和“托管”的关系是,一方面,从服务组织角度看,是“服务”,但从农户角度看就是“托管”;另一方面,“托管”并不是等同于“服务”,“托管”是整个作业环节的外包,而“服务”还包括不是作业外包环节的其他服务。山东、江苏等地的“土地托管”“联耕联种”、湖北的“代耕代种”等都是由社会化服务完成主要作业环节,都属于农业生产托管范畴。以江苏省睢宁县双沟镇的土地托管模式为例,双沟镇自开始土地规模经营,青壮年劳动力基本外出打工,2014 年开始实施土地托管。土地托管的基本架构是以农业公司托管服务为引领、村土地股份合作社为纽带、集体农场为主体的规模经营,推动小农户和现代农业发展有机衔接。镇财政出资 2000 万元注册成立秋歌农业发展有限公司,与全镇农机、植保等专业合作社签订了协作协议,对全镇各种服务力量进行整合,统一调配管理。村级由党支部成员发起成立土地股份合作社、农机专业合作社,农户自愿将家庭承包土地、农机等入股成为股东成员,获得收益分配及分红。镇集体经济经营管理办公室对镇公司和各村集体经营实施监管,统一代理村级财务、分村设账核算。秋歌农业发展有限公司负责镇域产业规划,根据村需求和托管合同提供农资供应、农技、植保、烘干、仓储、销售统一服务,产品收获或销售时结算。公司合理划分服务半径,在全镇按 1 万亩服务半径设立三个区域服务中心,分别建立机库、烘干仓储和物流设施。村土地股份合作社入股土地实行内股外租,村集体农场直接经营800—1000亩,剩余部分整治后租赁给大户。秋歌农业发展有限公司自负盈亏,按公司章程规定提取公积金、公益金、折旧费等,可分配盈余用于工作人员考核奖励、服务对象分红、增加公司积累,但分配方案必须报镇集体经济经营管理办公室审核批准。村集体通过项目、自有资金投入合作社,分红归村集体,集体农场的经营收益归集体所有,村土地股份合作社保证农户每亩年保底收益800元,农田整治后新增可耕种土地等收益盈余由村集体和入股农户按51:49比例分红。2017年辐射周边农户家庭年增收达1万元。

　　发展农业生产性服务业是实施乡村振兴战略的客观要求。中国人多地少,大国小农的国情农情,决定了从事传统种养业的小农户存在的长期性。发展农业生产性服务业,帮助小农户节本增效,解决小农户分散生产经营过程中的一些共性服务问题,实现小农户与现代农业发展的有机衔接,是推进现代农业建设的历史任务,也是一个可以着力培育的大产业。发展农业生产性服务业是将普通农户引入现代农业发展轨道的重要途径。党的十九大指出,"巩固和完善农村基本经营制度……保持土地承包关系长久不变,第二轮承包到期后再延长三十年"。可以预见,在相当长的时期内,小农户为主的家庭经营还是基本经营方式。随着现代农业加快发展和农业劳动力减少、老龄化问题日渐突出,普通农户在生产过程中面临许多新问题,一家一户办不了、办不好、办起来不合算的事越来越多。针对小农经济成本高、生产效率低下等问题,发展农业生产性服务业,解决普通农户在适应市场、采用新机具新技术等方面的困难,有助于将一家一户小生产融入农业现代化大生产之中,构建以家庭经营为基础的现代农业生产经营体系。首先,发展农业生产性服务业是推进多种形式适度规模经营的迫切需要。从实践看,我国农业适度规模经营有两种路径:一是通过土地流转扩大土地经营规模,这是提高农业劳动生产率,实现农业规模经营的一条重要途径。二是农户在不改变承包经营权的前提下,通过接受服务组织提供的专业化、规模化服务实现农业规模经营,是发展适度规模经营的新路径。发展农业生产性服务业,有助于丰富农业规模经营形式,让广大家庭经营农户充分参与和分享规模经营收益。其次,发展农业生产性服务业是实现质量兴农、绿色兴农的有效路径。当前,我国农业农村经济发展已经从单纯追求数量增长阶段转为高质量发展阶段。发展农业生产性服务业,通过服务组织集中采购农业生产资料,采用先进的农作技术,积极推广标准化生产,充分发挥农业机械装备的作业能力和分工分业专业化服务的效率,能有效降低农业物化成本和生产作业成本,有助于农业节本增产增效,提高农产品竞争力和全要素生产率,是推进农业供给侧结构性改革,实现质量兴农、绿色兴农、促进农民增收的有效路径。再次,发展农业生产性服务业是建设现代农业的重要组成部分。将资本、技术、人才、管理等现代生产要素引入农业是建设现代农业的本质要求。发展农业生产性服务业,通过服务组织以市场化方式将现代生产要素有效导入农业,适用先进的品种、技术、装备等,对传统农业进行改造、提高和升级,实现农户生产与现代生产要素的有机结合,成为转变农业发展方式、提升资源要素配置效率的重要途径。最后,发展农业生产性服务业是现代农业发展的基本规律。从世界范围看,农业分工分业的不断深化是现代农业发展的必然趋势,美国农业劳动力只占总劳动力的2%左右,但为农业提供服务,如农机作业、产品加工、运输,以及供销、仓储、资金借贷、保险、市场信息等服务的人数却占整个劳动人口的10%以上,大大超过直接从事农业的人口。随着一个国家农村社会结构和经济结构的发展变化,农业生产性服务的市场需求将快速增长,农业内部的分工分业将是现代农业发展的基本规律。

第四节 农业生产组织方式演化的总体趋势

一、 趋势一: 适度规模化

农业适度规模经营问题长期以来深受我国理论界关注,有着深刻的历史与经济渊源。自 20 世纪 90 年代以来,学界围绕农业适度规模经营问题进行了大量的研究,近 30 年的理论研究和实践探索涉及了农业适度规模经营的方方面面,为充实中国特色农业经济理论体系奠定了良好的基础。农业适度规模发展是实现农业规模化、产业化的需要。现代农业是农业内部分工协作的结果,是在农业主体适度规模发展的基础上,通过发展规模化和专业化生产,延伸农业产业链,促进环境和资源相互融合实现的,是农业生产综合效益不断提高的过程。

适度规模经营是提高农业效益、增加农民收入的重要途径。随着城镇化的快速推进和大量农村青壮年劳动力的转移,农业人口老龄化、耕地抛荒等现象日渐突出。在这一背景下,各地纷纷探索土地流转模式创新,旨在有效推进土地适度集中经营。党的十九大报告提出,"巩固和完善农村基本经营制度,深化农村土地制度改革,完善承包地'三权'分置制度"。这为推进农村土地流转,发展土地适度规模经营奠定了制度基础。然而,从现实情况看,基于土地流转的适度规模经营尽管已在全国各地铺开,但其增速有放缓趋势。同时,受制于各地的自然资源禀赋和我国"大国小农"的基本农情,单纯依靠集中土地来扩大土地经营规模的路径具有一定的局限性。2013 年至 2021 年的中央"一号文件"均提出要"发展多种形式的适度规模经营",各类配套政策也不断发布。但细观政策的表述,农业适度规模经营的内涵和手段不断拓展,从重视"引导土地经营权流转"、实现规模经营,到"以建设高标准农田为平台、以推进农业产业化为抓手、以发展农业社会化服务为支撑、以简政放权和正向激励为动力"的"四轮驱动"的多形式农业适度规模经营。在顶层设计上,农业现代化的战略思路正逐步朝着"以强化社会化服务为重点推进农业适度规模经营"的方向转变。当前,在大力推进乡村振兴战略和农业现代化建设的关键时期,厘清农业规模经营的"适度性""多样性"内涵和适度规模经营的实现形式,具有积极的现实意义。

（一）农业规模经营情况

土地是农业生产不可替代的生产资料。随着城镇化和农业现代化进程，农村劳动力大量转移，农户承包土地的经营权流转明显加快，发展适度规模经营已成为一种趋势。适度规模经营是在适合的环境和适合的社会经济条件下，各生产要素（土地、劳动力、资金、设备、经营管理、信息等）的最优组合和有效运行，取得最佳的经济效益。因土地是农业生产不可替代的生产资料，故农业规模经营在很大程度上指土地规模经营。自1978年我国实施土地承包经营责任制以来，农业生产要素由原来的集体投入，完全转变为农户个人对土地的投入，农业生产要素投入的多少和好坏直接决定了农业产出的增长幅度和农户家庭收入水平。美国农业部历来提倡大规模农业经营，但也出版过一些技术性报告，肯定了小农场也可以是高效率的。美国农业部经济研究局认为：一般而论，完全机械化的单人农场生产着他的机器所能达到的最大的作物产量，是技术上较为高效的农场。从单位产物的成本来看，这样规模的农场所得到的与其规模有关的经济利益是最大的（洪君彦，1985）①。从我国情况来看，当前一段时期由于土地规模化流转、农村劳动力转移、农业机械化水平提高、农业技术和生产工艺革新等综合因素助推着我国农业规模化经营，从最直接的统计指标上来看，表现为规模农业经营户的持续增长、经营主体土地规模的扩大和农业经营技术要素投入更加密集。

首先，从土地规模化流转和农村劳动力转移情况来看（见图2-2），2007—2019年我国承包土地流转规模持续增加，2007年我国土地流转面积为0.64亿亩，到2019年已达5.55亿亩。与此同时，农村劳动力转移持续进行，2019年农村人口占比已减少到39.40%。

---

① 洪君彦：《当代美国经济》，时事出版社1985年版。

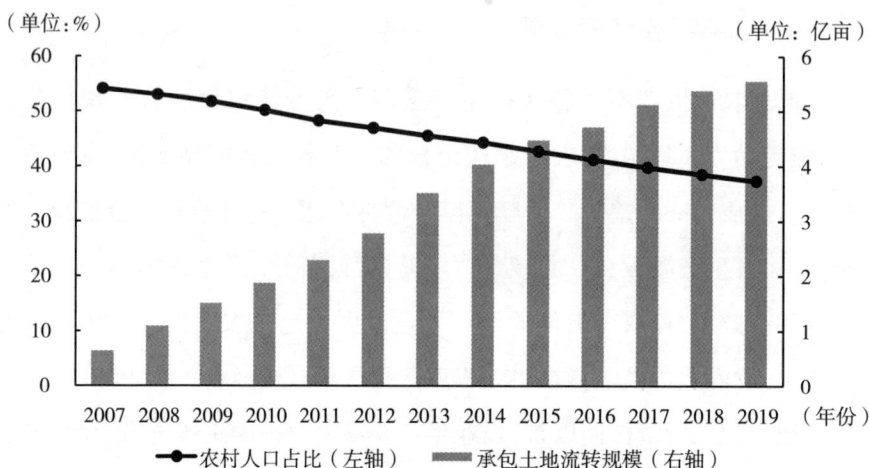

图 2-2　2007—2019 年我国承包土地流转规模和农村人口占比

资料来源:根据中国农村统计年鉴(2006—2019 年)统计整理所得。

其次,从规模农业经营主体来看,2016 年全国共有 204 万个农业经营单位和 20743 万户农业经营户,其中,规模农业经营户①已达 398 万户(见表 2-1)。规模农业经营主体在东部地区占比较高,而东北地区较低,主要原因是东北地区经营主体生产规模较大,但总体商品化率和盈利能力较弱。

---

① 规模农业经营户指具有较大农业经营规模,以商品化经营为主的农业经营户。国家统计局关于规模化农户的认定标准为:(1)种植业:一年一熟制地区露地种植农作物的土地达到 100 亩及以上,一年二熟及以上地区露地种植农作物的土地达到 50 亩及以上,设施农业的设施占地面积 25 亩及以上。(2)畜牧业:生猪年出栏 200 头及以上;肉牛年出栏 20 头及以上;奶牛存栏 20 头及以上;羊年出栏 100 只及以上;肉鸡、肉鸭年出栏 10000 只及以上;蛋鸡、蛋鸭存栏 2000 只及以上;鹅年出栏 1000 只及以上。(3)林业:经营林地面积达到 500 亩及以上。(4)渔业:淡水或海水养殖面积达到 50 亩及以上;长度 24 米的捕捞机动船 1 艘及以上;长度 12 米的捕捞机动船 2 艘及以上;其他方式的渔业经营收入 30 万元及以上。(5)农林牧渔服务业:对本户以外提供农林牧渔服务的经营性收入达到 10 万元及以上。(6)其他:上述任一条件达不到,但全年农林牧渔业各类农产品销售总额达到 10 万元及以上的农业经营户,如各类特色种植业、养殖业大户等。

表 2-1　农业经营主体数量

		全国	东部地区	中部地区	西部地区	东北地区
农业经营单位（万个）		204	69	56	62	17
农业经营户（万户）		20743	6479	6427	6647	1190
规模农业经营户	数量（万户）	398	119	86	110	83
	占比（%）	100	29.9	21.6	27.6	20.9

资料来源:根据国家统计局《第三次全国农业普查主要数据公报》资料整理。

再次,从劳均耕地面积来看,劳均耕地面积是衡量土地规模的重要指标,劳均耕地面积为年末实有常用耕地面积与农业从业人员的比值,其中农业从业人员以农村第一产业就业人员数值来表示(见表 2-2)。从近些年情况来看,我国劳均耕地面积持续增加,2005 年该指标为 0.37 公顷/人,到 2017 年增长为 0.64 公顷/人。要促进农业适度规模经营,土地资源的有效盘活至关重要。因为在劳动力、资本、土地、技术、管理等生产要素中,土地是当前我国农村比较优势较明显的要素禀赋,也自然是乡村振兴需要重点盘活的资源。以土地要素为代表的自然环境对我国农业适度规模经营所产生的影响主要体现在:由于土地规模化流转等因素综合作用,我国人均耕地面积少、土地细碎化程度高的格局正逐步向经营主体规模化转变,规模经济效益显现。

表 2-2　2005—2017 年全国耕地面积情况

年份	耕地面积（千公顷）	一产从业人员（万人）	劳均耕地面积（公顷/人）
2005	122082.7	33442.0	0.37
2006	121775.9	31941.0	0.38
2007	121735.2	30731.0	0.40
2008	121715.9	29923.0	0.41

年份	耕地面积(千公顷)	一产从业人员(万人)	劳均耕地面积(公顷/人)
2009	135384.6	28890.0	0.47
2010	135268.3	27931.0	0.48
2011	135238.6	26594.0	0.51
2012	135158.4	25773.0	0.52
2013	135163.4	24171.0	0.56
2014	135057.3	22790.0	0.59
2015	134998.7	21919.0	0.62
2016	134920.9	21496.0	0.63
2017	134881.2	20944.0	0.64

注:根据历年《中国农村统计年鉴》资料整理,其中耕地面积数据只更新到2017年。

最后,从每公顷要素投入情况来看(见表2-3和图2-3),2005—2019年每公顷资本投入、每公顷农用机械总动力、耕地灌溉面积比例等指标均呈现明显的年际间增长趋势,各组指标增长率均在0至10%区间。从数据上来看,各个要素中,除耕地灌溉面积小幅度增加外,其他要素投入均明显增加。每公顷资本投入由2005年的5487.0元/公顷增长到2019年的11164.5元/公顷;每公顷农用机械总动力由2005年的37350.6瓦/公顷增长到2019年的50794.9瓦/公顷;每公顷化肥施用量由2005年的2602.7公斤/公顷增加到2019年的2671.1公斤/公顷;每公顷农村用电量由2005年的23894.7千瓦时/公顷增加到2019年的46872.4千瓦时/公顷。这说明,我国近些年每公顷要素投入增加状况明显,规模经营状态逐步提升。每公顷要素投入还反映着我国农业经营水平,包括技术水平、管理水平、知识水平等,我国当前的国情决定着我国有效要素投入水平不高,这对适度规模经营的发展有一定的阻碍。因此,要促进农业适度规模经营的发展,保持有效要素投入的稳步增加至关重要。

表 2-3　2005—2019 年每公顷要素投入情况

年份	每公顷资本投入（元/公顷）	每公顷农用机械总动力（瓦/公顷）	耕地灌溉面积比例（%）	每公顷化肥施用量（公斤/公顷）	每公顷农村用电量（千瓦时/公顷）
2005	5487.0	37350.6	45.1	2602.7	23894.7
2006	5482.7	39702.4	45.8	2697.7	26802.2
2007	5705.8	42107.8	46.4	2797.2	30174.2
2008	6874.5	45017.4	48.0	2869.5	31292.5
2009	6692.5	43085.2	43.8	2661.3	30059.5
2010	6746.6	45726.4	44.6	2741.1	32687.1
2011	9556.4	48179.0	45.6	2811.9	35195.1
2012	10969.8	50587.1	46.2	2880.0	39977.3
2013	10247.3	51250.1	47.0	2915.9	42168.7
2014	9871.4	53338.8	47.8	2959.9	43855.0
2015	9779.4	55174.9	48.8	2974.2	44577.7
2016	10273.7	48050.9	49.8	2956.8	45648.0
2017	10324.6	48818.0	50.3	2895.8	47080.6
2018	11076.3	49615.4	50.6	2794.6	46260.5
2019	11164.5	50794.9	50.9	2671.1	46872.4

资料来源:根据历年《中国农村统计年鉴》资料整理。

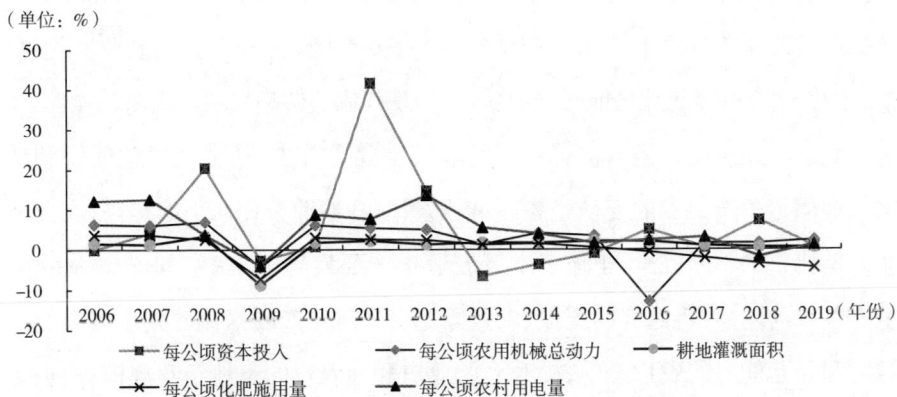

图 2-3　2006—2019 年每公顷要素投入增长速度

　　农业适度规模经营的实现是各种市场主体行为选择的结果,这些市场行为主体是具有演化理性的经济主体,包括农民、各类新型农业经营主体和第三方服务机构等农业适度规模经营的实现者,他们进行农业适度规模经营的主要目标就是提高收入和取得利润。当前,我国农业适度规模经营主要通过两种方式进行:一是基于土地规模的扩大,增加各项生产要素的投入,促成更大规模的生产格局。二是在适度的土地规模上,通过优化各项生产要素投入结构、提高单项要素利用率,借助集约经营模式使生产能力和经营规模得以扩大。其中,第二种规模化经营方式无疑对我国农业发展具有更重要的实践价值,其多表现为:(1)农业内部产业发展的纵向一体化。依靠小规模的"菜—果种植""粮—经种植""粮—渔复合""果—牧结合",以及发展立体农业和循环农业等,避免单一农产品生产的周期性障碍和生产要素资源的闲置,促成生产成本的互补与分摊,有效抵御市场风险和增加产业附加值。(2)促成农业外部范围经济,推动农业与第二、第三产业的融合互动。如以农工融合、农商融合和农旅融合渗透和交叉重组为路径,以产业链延伸、产业范围拓展和产业功能转型为表征,促进农业资源、要素、技术、市场等在三产间创新重组,带动形成新技术、新业态、新商业模式。如以农产品生产为依托,向农产品加工业、农村服务业以及乡村旅游业顺向融合;也可以依托农村加工业或服务业基础向农产品原料基地、农产品批发市场逆向融合。同时,推动农业"六次产业化路径",拓展农业文化、科技、旅游、生态等多元化功能与价值属性,为现代农业转型发展注入新动能。

　　我国土地规模化经营仍有一定的发展空间。首先,从劳均耕地面积和劳均农业固定资产投资的变动趋势可见,随着农户职业分化水平的提高,农业从业人员比重的不断减少,土地资本等农业生产要素趋于集中。非农户从农业生产领域的退出,将原有的土地、农业固定资产等生产要素流转到了具有经营意愿和经营能力的农户手中,提升了兼业户和纯农户的土地经营规模,促进了农业生产要素的集中,为开展农业适度规模发展创造了前提条件。其次,中国务农劳动力数量依然庞大,农地经营规模在 0.67 公顷以下的农户数量达

2.29 亿户,加之农业兼业化、休闲化现象大量存在,农户小规模分散经营仍然是农业生产的最主要形式。随着农村市场化改革的不断深化,农户参与市场竞争的机会及其市场谈判能力越来越趋于下降,农产品生产供给与市场消费需求相脱节,农业服务成本不断抬高,小户分散经营格局又进一步推高了农业人力资本、农业基础设施建设运营费用以及农技推广成本。最后,从政策扶持情况看,仅 2017 年中央财政就安排资金 230 亿元,继续支持农业适度规模经营,鼓励各地创新支持方式,采取贷款贴息、重大技术推广与服务等方式发展多种形式的适度规模经营。同时,继续重点支持建立完善全国农业信贷担保体系。

(二)土地适度规模化的测量

目前,关于什么样的农业经营规模是适度的已经进行了各类的分析和评价,有国家的指导意见,也有针对各种植作物和区域的评价标准。2014 年 11 月中共中央办公厅、国务院办公厅出台了《关于引导农村土地经营权有序流转发展农业适度规模经营的意见》,明确提出适度规模经营的标准,即"适度"是当地户均规模的 10—15 倍,且从事适度规模经营的劳动力户均收入不低于当地从事非农产业的户均收入。从学界研究的角度来看,有学者运用实证方法测算,种粮大户的最优经营规模是 234—236 亩,家庭农场的最优经营规模是 131—136 亩(倪国华等,2015)[1]、水稻的最优经营规模是 80—120 亩(李文明等,2015)[2],小麦的最优经营规模是 10 亩左右(张丽丽等,2013)[3]。不同地区,因自然、社会、经济状况不同,土地规模的适度化标准也是存在差异的。

---

[1]　倪国华、蔡昉:《农户究竟需要多大的农地经营规模?——农地经营规模决策图谱研究》,《经济研究》2015 年第 3 期。

[2]　李文明、罗丹、陈洁、谢颜:《农业适度规模经营:规模效益、产出水平与生产成本——基于 1552 个水稻种植户的调查数据》,《中国农村经济》2015 年第 3 期。

[3]　张丽丽、张丹、朱俊峰:《中国小麦主产区农地经营规模与效率的实证研究——基于山东、河南、河北三省的问卷调查》,《中国农学通报》2013 年第 17 期。

例如,我国东部地区应该大力发展雇工较少甚至不雇工的家庭农场,种植面积在十几亩到百亩之间比较适合,这样既可以保证农户取得的种粮收益不低于外出打工的收入,同时也避免农户因投资过大难以承受旱涝等不可控因素导致的风险。

在考虑到全国各个地区农业差异性的基础上,遵循了指标设计的科学性、区域性、合理性、可比性等设计原则,构建了如下适度规模经营评价指标体系(见表2-4)。其中,(1)要素投入水平反映了农业适度规模经营中各要素投入的数量和结构比例情况;(2)市场化程度能够对农业适度规模发展中产业化规模进行有效的描述;(3)经济效益体现了农业适度规模发展的生产规模和生产能力;(4)生态效益则反映了农业适度规模发展对环境可持续发展能力的影响程度。

表2-4 农业适度规模发展评价指标体系

目标层	准则层	具体指标层	单位	作用方向	指标计算方法
农业适度规模发展水平A	要素投入水平B_1	劳均耕地面积C_1	顷/人	+	耕地面积/第一产业从业人数
		每公顷资本投入C_2	元/顷	+	农业资本投入/耕地面积
		每公顷农用机械总动力C_3	瓦/顷	+	农用机械总动力/耕地面积
	市场化程度B_2	农产品商品率C_4	%	+	农产品商品量/农产品总产量
		农产品加工率C_5	%	+	农产品加工产值/农业产值
	经济效益B_3	耕地产出率C_6	万元/公顷	+	农林牧渔业增加值/耕地面积
		劳均第一产业增加值C_7	元/人	+	第一产业增加值/第一产业从业人数
	生态效益B_4	单位农业产值能源消耗量C_8	吨标准煤/亿元	−	第一产业能源消耗总量/第一产业增加值
		单位耕地施肥量C_9	吨/公顷		农用化肥施用量(折纯量)/耕地面积

在此基础上,本书利用因子分析法对上述农业适度规模发展评价体系进行综合分析和评价,该方法将地域的差异性考虑在内,并通过降维的方法寻找核心影响因素,而后用这些核心影响因素解释全国农业适度规模发展状况。利用主要成分法,本书确定了 F_1(经济发展因子)、F_2(资本规模因子)、F_3(生态环境因子)三个核心影响因子,因此建立如下农业适度规模发展综合得分评价模型:

$$S_i = \sum F_i \times P_i \tag{2-1}$$

其中,F_i 表示第 i 个地区的核心影响因子;P_i 表示第 i 个地区的各个核心影响因子的权重,用各个影响因子的方差贡献/3 个核心影响因子的信息贡献来表示,S_i 表示第 i 个地区的各个农业适度经营发展水平的综合得分指数,经计算得如下具体模型形式:

$$S_i = 0.2234F_{1i} + 0.0967F_{2i} + 0.1213F_{3i} \tag{2-2}$$

经计算 2016 年北京、天津等 10 个省(直辖市)农业适度规模发展的各个核心影响因子的得分指数,利用具体模型进一步得到各省(直辖市)综合得分,2016 年北京、天津等 10 个省(直辖市)农业适度规模发展水平得分与排名如表 2-5 所示。

表 2-5　2016 年各地区农业适度规模发展水平得分与排名

地区	F_1	F_2	F_3	综合得分	综合排名
北京	2.232	0.191	0.351	0.560	3
天津	1.677	1.281	0.597	0.571	1
上海	2.573	0.737	−0.664	0.566	2
福建	1.269	−2.113	0.844	0.182	10
广东	1.144	−1.608	0.720	0.187	9
黑龙江	0.153	0.932	1.794	0.342	6
辽宁	0.327	0.917	1.596	0.355	5
陕西	0.339	1.234	0.989	0.315	8

地区	F_1	F_2	F_3	综合得分	综合排名
四川	0.264	0.997	1.434	0.329	7
重庆	0.397	0.894	1.746	0.387	4

由此,可对全国各个主要地区的农业适度规模发展情况进行一定的分析。如表2-5所示,从2016年10个省份的整体农业适度规模发展情况来看,天津的综合得分为0.571,排名最高,而上海、北京因较高的社会经济发展水平而分别获得了0.566和0.560的综合得分,分别位列第二和第三,农业适度规模经营水平较高,但农业资本规模和生态资源环境方面不高。在东北地区,辽宁的综合得分为0.355,黑龙江的综合得分为0.342,分别位列第五和第六,结合数据及近些年研究可知,这一方面是因为东北地区的耕地面积较大、环境资源较好;另一方面是因为经济发展水平较低、销售渠道单一、地理位置不佳等因素。在西南地区,重庆的综合得分为0.387,四川的综合得分为0.329,分别位列第四和第七,从各项核心影响因子的得分来看,四川和重庆的经济发展水平较低,土地细碎化程度较高、资源配置能力较低,但生态资源环境较好,因此提高资源有效配置水平、推进农地流转、保持现有生态资源是促进西南地区农业适度规模经营的重要手段。陕西的综合得分是0.315,位列第八,基于现有得分数据并结合有关研究来看,整体社会经济发展水平不高,农业资本规模较高,生态资源环境处于中等水平,陕西省近年来亟须解决经济发展不强、资源环境约束增加、生产环节薄弱等问题。最后,是广东和福建两省,分别以0.187和0.182的综合得分,位列第九和第十,广东和福建两省虽然在总GDP上属于经济发达的省份,但单从农业经济发展水平来看,与北京和上海等超一线发达地区还有一定的差距,但仍比其他经济落后地区要高一些。另外,农业资本规模方面呈现负效应和生态资源环境不高等也是造成其农业适度规模经营水平不高的原因。

在不同的生产力发展水平下,农业规模经营的适应值不同,一定的规模经营产生一定的规模效益。农业经营规模的扩大必须以提高劳动生产率和土地生产率为目的,才能使农民经营种植业同经营其他行业获得相当的平均利润,从而稳定其务农积极性,才能增加农产品生产总量,满足社会日益增长的需要。农业适度规模发展对于农民收入的影响主要体现在两方面:一方面,农业适度规模发展的前提条件是促进农村剩余劳动力有效转移,使生产要素集中,培养职业农民。农户之间专业化分工,可能带动农民收入整体水平的提高,随着农业适度规模发展水平的不断提升,农户家庭人均收入也在不断提高,说明区域农业适度规模发展对农户增收存在一定推动作用。另一方面,农业适度规模发展可能导致农民纯收入中工资性收入所占总收入的比例逐年增加,改变了农民的收入结构,促进农户收入水平分化,直接表现为农户家庭经营收入在家庭总收入中所占比重逐年递减,而工资收入比重逐年递增。许多国家在坚持家庭经营为主的条件下实现农业规模经营,并取得显著的经济和社会效益。农业劳动力的转移是实现规模经营的前提,农业科学技术的发展和普遍推广应用是规模经营的物质基础,社会化服务体系的建立是规模经营的重要保证条件。中国农村于 20 世纪 70 年代末实行家庭联产承包责任制后,出现了农户承包的耕地分散、经营规模太小等问题,不利于商品经济的发展和农业现代化。通过几十年经济、法律、政策领域的综合改革,目前土地逐步向种田能手等新型农业经营主体集中,逐步扩大农业经营规模,发挥规模经济效益。

二、 趋势二: 雇佣生产化

20 世纪以来,世界农业的总体发展趋势并未朝着马克思所预测的"地主—资产阶级—农业雇佣工人"的资本主义农业生产方式方向演进;相反,农业家庭生产经营方式得到了进一步的发展和巩固(王贻术,2014)[1],尽管家庭经营因其适应农业生产固有特点而历来在农业生产中占有主导地位,但雇工经营在农业生产中从未绝迹(韩朝华,2017)[2]。当前,土地流转和现代农业已

---

[1]　王贻术:《马克思农业生产方式理论及其现实反思》,《理论视野》2014 年第 6 期。
[2]　韩朝华:《个体农户和农业规模化经营:家庭农场理论评述》,《经济研究》2017 年第 7 期。

经成为中国农村最突出的发展趋势和转变方向,土地流转是发展土地规模化经营的前提(党国英,2014)①。近年来,土地流转进入了新阶段,大量农地逐渐流向专业大户、家庭农场、农民专业合作社等新型农业经营主体,实现了土地规模化经营。然而,目前我国农业机械化发展程度仍无法满足新型农业经营主体的需要,农业生产某些环节需要大量农业雇工。现阶段,新型农业经营主体具有经营农地规模大、经营项目多样化、农业生产强度大的特点,农忙与农闲季节区分不再明显,农业雇工以长期雇工和短期雇工为主。在此背景下,农业雇工呈现出新的特点和问题,从不同侧面反映了现阶段我国农业生产格局的演变。土地规模化流转的背景下雇佣生产已经成为我国农业发展和农民就业的一种新趋势。

当下,我国积极鼓励支持农村土地流转,农户可以将土地经营权出让同时保留土地承包权来取得一定经济利益,在促进形成农业生产规模经营的同时解放了大量农村劳动力,在城镇化进程中城市也为农村劳动力提供了更多的工作机会,相对于农村农业生产,城市务工所带来的更高经济收入和更便利生活条件吸引农村青壮年劳动力离开农村走进城市务工,老人和妇女成为农村主要的劳动力,同时家庭劳动力的缺乏和更高的打工收入也正向促进了农民流转出自家土地,而集约化、规模化的农业生产需要新型的农业经营主体来进行生产,通过土地流转形成的大规模土地多由种植大户、家庭农场、农民合作社等进行经营种植,农业作为劳动密集型产业在规模经营的条件下更是需要劳动力的投入。因为一些原因仍滞留在农村的劳动力,而且农业生产的季节性和自家种植规模小,作为生产要素仍有很多价值未被充分利用。农业雇佣生产可以解决农村劳动力不足及闲散劳动力就业和农业规模经营之间的矛盾,让生产要素和资源能够充分的结合,提高农业的生产效率,农业雇佣生产是发展实现农业现代化的一个重要方式。

---

① 党国英:《经营模式与农民出路》,《中国新闻周刊》2014年第3期。

（一）雇佣生产总体情况

1.全国和省域范围情况

从全国范围来看(见图2-4),2004—2014年三种粮食作物(稻谷、小麦、玉米)平均雇佣生产水平(雇工费用和租赁作业费用之和与总生产成本之比)变化比较平稳,基本在17%—20%的水平,相比较而言,全国大豆雇佣生产程度低一些,在14%—19%,这是由两方面原因造成的:一是在上述农作物收割等技术密集型环节,大豆的机械化普及率不及水稻;二是播种、插秧等劳动密集型环节,大豆用工强度不及水稻。从两省份来看,黑龙江省大豆雇佣生产水平在18%—21%,超过全国三种粮食作物平均水平,而内蒙古地区大豆雇佣生产水平变化波动较大,2004—2009年低于全国平均水平,2010—2014年出现明显增长,高于全国水平。分阶段来看(见图2-4),全国、黑龙江省、内蒙古地区大豆雇佣生产均显现出明显的阶段性变化:2010—2014年雇佣程度整体高于2004—2009年,可能的原因是,2008年前后我国农村开始了土地规模化流转,大量土地释放的同时,农村劳动人口兼业化和非农化比例上升,从而形成对农业雇工需求量的大增,最终导致雇佣程度明显提高。

（单位：%）

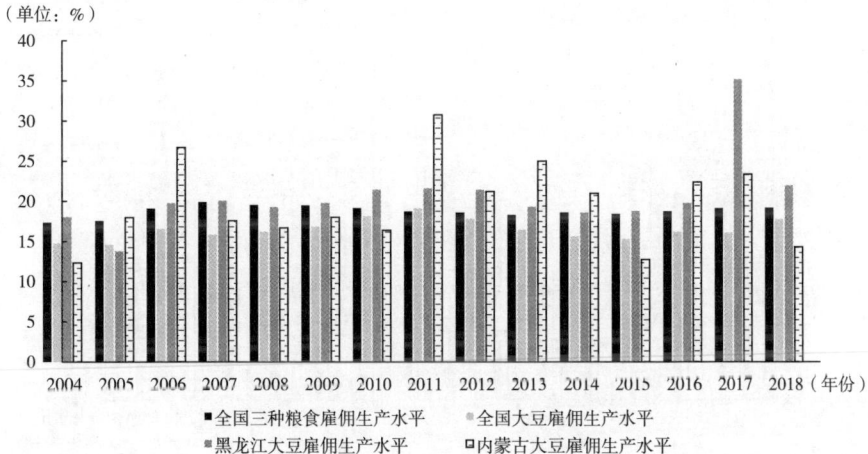

图2-4 2004—2018年三种粮食、大豆雇佣生产水平

资料来源:《全国农产品成本收益资料汇编》(2004—2018年)。

从雇工费用占比来看(见图2-5),黑龙江省明显高于全国,出现前低后高的阶段性特点,而内蒙古地区年际变化比较大。从租赁作业费用(包括机械作业费、排灌费和畜力费)占比来看(见图2-6),三种粮食作物平均水平依然高于大豆,后者的租赁作业费用投入占比有小幅增加的趋势,而黑龙江大豆租赁作业费用占比高于全国平均水平,且年际变化较为平稳,内蒙古地区则增加明显。

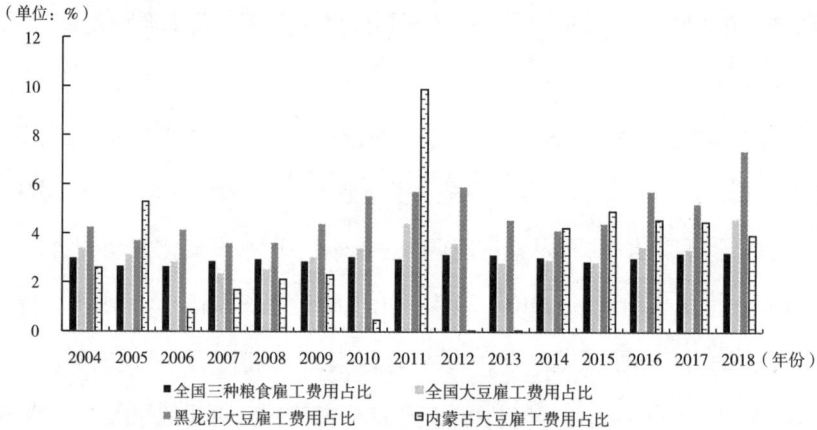

图2-5 2004—2018年三种粮食、大豆雇工费用占比

资料来源:《全国农产品成本收益资料汇编》(2004—2018年)。

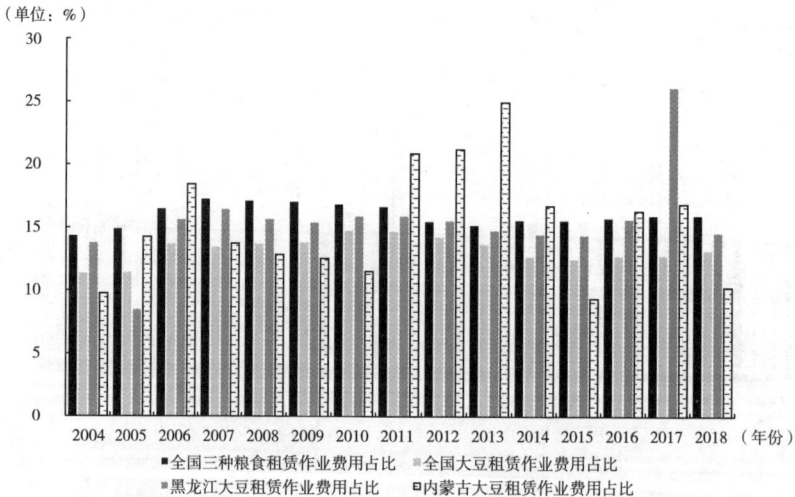

图2-6 2004—2018年三种粮食、大豆租赁作业费用占比

资料来源:《全国农产品成本收益资料汇编》(2004—2018年)。

从租赁作业费用和雇工费用占比来看(见图 2-7),三种粮食作物平均水平出现前增后减态势,而全国和黑龙江省大豆在该指标上的变化波动明显:2004—2007 年、2007—2011 年和 2011—2014 年出现由增到减再到增的变化,表明土地经营规模、科技进步等因素对我国大豆生产的劳动力和机械投入结构的影响十分显著:土地规模化经营初期,农业经营主体对普通劳动力的需求明显增加,同时保持高水平雇佣机械化投入;随后,该主体迅速成长,破除资金约束,开始自购机械,雇佣机械化投入减少,同时机器对劳动力的替代效应也明显显现,使得整体雇用水平稳中有降。

(单位: %)

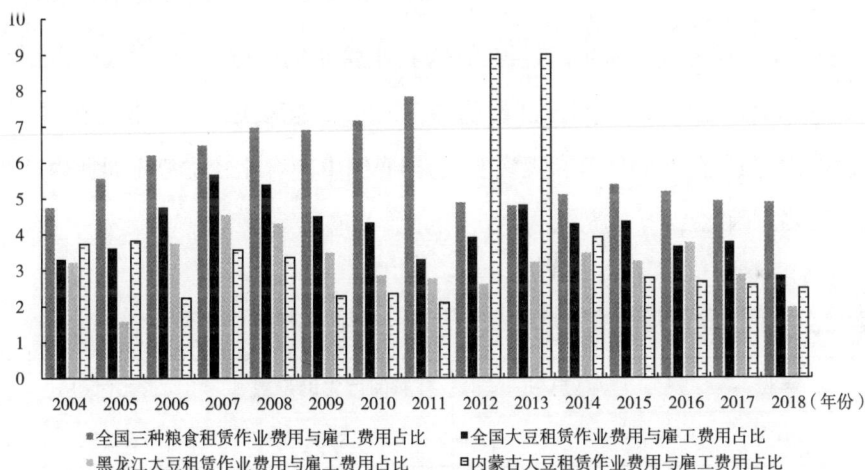

图 2-7　2004—2018 年三种粮食、大豆租赁作业费用与雇佣费用占比

资料来源:《全国农产品成本收益资料汇编》(2004—2018 年)。

2.调研地区情况

黑龙江省和内蒙古自治区是我国大豆的主产区。课题组成员 2016 年 8 月在黑龙江和内蒙古地区针对大豆种植户雇佣生产情况进行调查采访,调研地区包括:黑龙江省内的通河县、巴彦县、方正县、宾县、克东县、依安县、克山县、富裕县、嫩江县、北安市和内蒙古甘河农场各联队。在调研中了解到,黑龙江省和内蒙古自治区各地在进行大豆种植过程中选择农业雇佣生产的比例较

高,占比在 60%以上。种植大豆的普通农户、种植大户、家庭农场等不同主体
选择雇佣行为的比例有所差异,新型农业经营主体更倾向于选择农业雇佣生
产。在种植大豆的整地、播种、田间管理、收割、仓储不同生产阶段选取农业雇
佣生产的比例也有所差异。

(1)雇佣生产普遍化,不同生产主体雇佣比例存在差异。在黑龙江省内
共调研 500 份问卷,其中有效问卷为 458 户,有效率为 91.6%。在有效的 458
户数据中,2014 年有过农业雇佣生产行为的农户为 287 户,占比为 62.7%;
2015 年有过农业雇佣生产行为的农户为 304 户,占比为 66.4%;2016 年有过
农业雇佣生产行为的农户为 329 户,占比为 71.8%。从调研数据中可以看出
(见表 2-6),在大豆种植生产过程当中,农业雇佣生产行为十分普遍,占比均
在 60%以上,并且呈现逐年上涨的趋势。黑龙江地区土地大多集中连片,适
合机械化作业,在不同环节和规模上,选择雇佣生产有比较优势是雇佣生产普
遍的重要原因。

表 2-6 2014—2016 年存在农业雇佣行为的农户数

年份	总户数	有雇佣行为的户数	占比(%)
2014	458	287	62.7
2015	458	304	66.4
2016	458	329	71.8

资料来源:根据调研整理所得。

在 2016 年调研的 458 户中,新型农业经营主体有 74 户,全部有过农业
雇佣生产行为,在剩余的 384 户普通农户中,有 255 户有过农业雇佣生产行
为,有 129 户普通农户没有进行过雇佣生产。种植大户、家庭农场及专业合
作社这些新型农业经营主体通常有一定的种植经营规模,有着更为先进的
经营理念,而且和普通的种植户相比新型农业经营主体有着更充足的资金

优势,在大豆生产种植中必不可少地发生雇佣生产行为,在雇佣内容上也会更为丰富,除了普通劳动力的雇佣还会雇佣有机械维修、机械驾驶技术的技术型劳动力,更容易接受先进的农业技术。调研当中,种植面积较少的农户自家劳动力通常可以满足耕种需求,一些小型农机通过亲戚或者邻居可以借来使用,通常不用花费成本或成本较小,因此不需要农业雇佣生产行为就能够满足自家农业生产需求。还有年龄较大的种植者,种植面积一般不多,为了节约成本并且有充裕的劳动时间,也会选择自己耕种而不考虑雇佣种植。

（2）雇佣生产费用投入逐年升高,存在地区差异。随着经济的发展,机械技术的不断进步,在黑龙江大豆种植中的各项生产服务成本也是逐年增加,人工费用也是不断提高。从2010年至2015年,各项费用均有不同比例增长,物资与服务费用由2010年的每亩175.70元增长到2015年的每亩214.53元,涨幅为18.10%;人工成本由2010年的每亩83.58元增长到2015年的每亩140.39元,涨幅达到40.31%。2015年黑龙江省每亩大豆种植的物资与服务费用为214.53元,其中的机械作业费为95.81元,占比为44.66%;每亩的人工成本为140.39元,其中的雇工费为25.99元,占比为18.51%,可以看出大豆种植户以自家劳动力种植为主。

（单位：元）

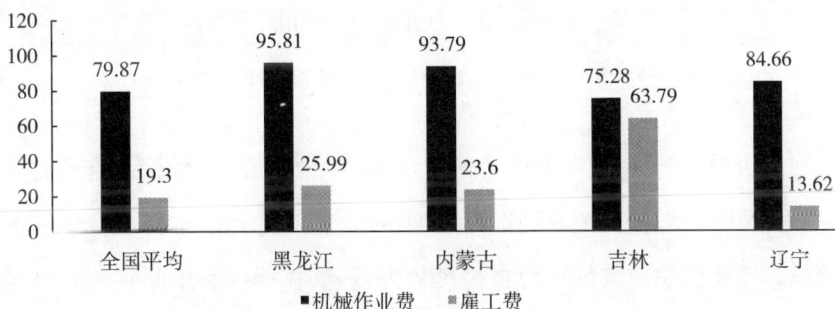

图2-8　2015年每亩大豆种植机械作业及雇工费用

在大豆种植费用逐年增长的情况下,东北地区和内蒙古作为大豆的主产区所需要的费用更是高于全国平均水平,各地区之间也呈现出不同的成本差异。每亩的机械作业费用中,黑龙江省所需投入最高,为每亩95.81元,在雇佣劳动力方面也没有优势,处于较高的费用水平,为每亩25.99元,高于全国平均的每亩19.3元。其中,吉林省的大豆种植雇佣劳动力成本最高,达到了每亩63.79元,辽宁的雇佣劳动力成本较低,为每亩13.62元(见图2-8)。整体情况而言,黑龙江与内蒙古大豆种植雇佣花费较为接近。

(3)生产各阶段雇佣差异明显,侧重机械技术雇佣。在2014—2016年的三年间(见图2-9),在大豆生产的不同阶段,所需投入的劳动力及机械技术有所差异,种植户会根据投入成本、自身条件等因素来选择是否进行农业雇佣生产。

(单位:%)

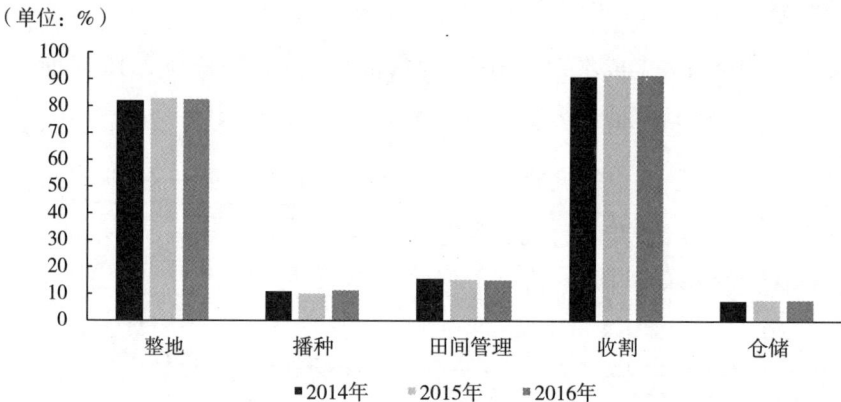

图 2-9 2014—2016 年农业雇佣生产在各阶段分布状况

在调研中了解到,三年间各个阶段选择雇佣的比例较为稳定,在整地环节和收割环节绝大部分种植户会选择雇佣生产,在其他环节选择雇佣生产的比例较低。黑龙江农户家里小型农机具较为普遍,在播种和田间管理环节考虑到节约成本,更多会使用自家小型机械和自家劳动力来完成作业任务。在选择雇佣比例较高的整地环节和收割环节,更加侧重于机械技术雇佣,在这两个阶段中,机械作业效率高,但购买机械的成本较大,普通种植户就倾向选择雇佣来完成这两个种植阶段。机械技术的推广不仅可以提高种植户生产效率,而且能够提高作业质量,有助于增加大豆的产量,所以种植户愿意更多地选择机械技术的雇佣。

(二)雇佣生产的突出特点

1.雇佣行为的自发性

农业生产有较强的随意性和自发性,通常雇佣行为发生在农忙时期劳动力紧缺的情况下,劳动力市场主要由本村或者附近村庄闲散的劳动力构成,没有政府或者民间机构提供的规范的劳动力供需市场。自发形成的劳动力供需市场存在信息不对称的情况,劳动力供求双方的需求不能及时满足,双方达成交易的效率较低。没有规范的中介组织存在,供求双方达成口头协议,劳动雇佣发生在熟人间没有规范的协议(万江红、苏运勋,2016)①。因此双方的委托—代理关系很不稳定,双方有一方不满意就容易产生纠纷,出现毁约的情况。因为没有规范的合约约束,雇主只要有合理的原因就可以解雇雇佣的劳动力,雇工也会在劳作过程中凭借个人喜好更换雇主,给农业生产带来不必要的损失。

2.雇佣对象呈现老龄化

随着我国不断推进城镇化,加快实现农业现代化,鼓励农村土地流转,农村的闲散劳动力更多地进入城市寻找新的就业机会,绝大部分农村青壮年劳动力长期在城市非农领域找到工作机会,让青壮年劳动力能更加充分利用自己的时间,因为城市提供相对较高的报酬,有的因为离家较远,甚至在农忙时候农业生产需要劳动力时也不回去。不可否认,农村青壮年劳动力进城务工给城市的发展提供了充足的廉价劳力,进城务工农民也提高了自己的收入。

---

① 万江红、苏运勋:《村庄视角下家庭农场的嵌入性分析——基于山东省张村的考察》,《华中农业大学学报(社会科学版)》2016年第6期。

我国长期存在的城乡二元结构的影响,农民工市民化存在多种困难,全家很难在城市安定下来,因此大部分老人、小孩和妇女滞留在农村。而老人和妇女成为农村生产的主要劳动力,农村劳动力偏向老龄化现象十分普遍,农村劳动力年龄性别失衡严重(向倩雯,2016)①。

3. 雇佣关系不固定

在农业雇佣生产关系中,雇佣双方的关系并不是固定不变的,雇佣关系具有一定的临时性。就雇主而言,雇主需要雇工的时间是有限的,雇主根据农业生产环节的劳动量大小来选择是否雇用劳动力,同时还要依据自家劳动力的数量来判断。雇工提供劳动力具有临时性,除了少部分的长年专门从事农业劳动生产的雇工,大部分兼业雇工会依据自己的空闲时间来安排受雇从事农业生产的时间。农业生产活动明显的季节性问题会加剧农业雇佣关系的不确定性,增加一定的风险成本(陈昭玖、胡雯,2016)②。雇佣关系双方的地位也不是固定不变的,雇主在完成自家农业生产时也可能会选择为别的农户提供劳动力,帮助别的农户进行农业生产以得到一定的酬劳。雇工在自家农忙劳动力不够时,也可能会在本村或者附近村庄寻找劳动力帮忙,由雇工的身份转换成雇主的身份。

4. 雇佣行为的可替代性

在调研中发现,黑龙江农户家庭中小型农机较为普遍,有的农户家里虽没有小型农机具,但也能够从亲戚邻居借到,通常会尽可能多地选择使用小型农机具进行耕作。在大豆生产的播种阶段和田间管理阶段,普通农户会更多选择跟邻居或者亲戚间进行合作耕种,通过使用自有机械的方式来替代了生产中可能发生的农业生产雇佣行为从而能够节约更多生产成本。在田间管理阶

---

① 向倩雯:《农村空心化背景下的农业雇工现状与特征简析》,《中国农业资源与区划》2016年第11期。

② 陈昭玖、胡雯:《农业规模经营的要素匹配:雇工经营抑或服务外包——基于赣粤两省农户问卷的实证分析》,《学术研究》2016年第8期。

段和仓储阶段这些需要劳动力较多的环节,在农村这个熟人社会中,村民更倾向选择互助的模式来减少雇佣劳动力所需的费用。一般情况下,种植规模较小的农户选择农业雇佣生产的可能性偏低,更愿意通过亲戚或邻居的熟人关系来帮助生产以替代农业雇佣生产,种植规模较小的农户的雇佣行为可替代性较强。

三、趋势三:三产融合化

作为农民人口庞大的农业大国,城市快速发展的同时,"三农"问题却始终是关系我国国计民生的根本性问题,乡村振兴势在必行。乡村振兴战略是一个复合的政策体系。随着国家对乡村振兴战略的部署与实施,三产融合越发关键,逐渐成为全面推进乡村振兴、加快农业现代化的重要抓手。一产一般泛指农业生产,因地制宜,发展特色农业、循环农业、现代化高效农业。二产是"农产品加工业",是以农业物料、人工种养或野生动植物资源为原料进行工业生产活动的总和,从当前我国农产品加工的品种类别来看,国内产品种类较少,品种单调。我国在统计上与农产品加工业有关的是食品加工业、食品制造业、饮料制造业、烟草加工业、纺织业、服装及其他纤维制品制造业、皮革毛皮羽绒及其制品业、木材加工及竹藤棕草制品业、家具制造业、造纸及纸制品业、印刷业记录媒介的复制和橡胶制品业共 12 个行业。三产是"农业相关服务业",拓展延伸农产品功能和提升附加值,如农业观光、科普教育、品牌展示、文化传承等。三产融合,即农业一二三产业的融合。地域范围主要发生在农村,产业方面以第一产业为依托,带动模式是新型融合主体为引领。联结模式是市场化利益驱动,通过横向、纵向等多个维度拉长、加宽、增厚产业多方面要素,打破产业界限,整合生产关系,推动农业的种养环节、加工生产环节、流通买卖环节以及娱乐康养环节全面融合,使一二三产业协同推进,优势得以凸显,从而妥善解决"三农"问题。三产融合是以第一产业为基础,通过鼓励多种经营方式,使一二三产业有机整合在一起,实现农业产业链延伸,从而获得更多的增值价值。三产融合不是简单地将三次产业叠加,而是在强调农业基础地位的前提下,促进三次产业相互促进、相互制约。具体来说,是以农业为基本依托,通过产业联动、产业集聚、技术渗透、体制创新等方式,将资本、技术、资源要素进行跨界集约化配置,使农业生产、农产品加工和销售、餐饮、休闲等服务业有机地整合在一起,紧密相连、协同发展,最终实现农业产业链延伸、产业范围扩展、农民收入增加。三产融合是当前农业发展的重大机遇,也是激发新型业态产生、扩大农业农村发展空间的重要措施。通常我们对农业的认识往往局限在农业的产业功能上,忽视了农业本身存在的社会和文化支撑功能。借助乡村自身的环境、文化等特色,通过对农村一二三产业的交叉重组以及资源配置优化,真正实现乡村振兴。

自 2015 年中央"一号文件"首次提出"推进农村一二三产业融合发展"以来,许多与三产融合相关的政策不断提出。2016 年至 2021 年中央"一号文件"均对农村一二三产业深度融合发展提出了指导意见。2022 年的中央"一号文件"再次重点提到要持续推进农村一二三产业融合发展,"鼓励各地拓展农业多种功能、挖掘乡村多元价值,重点发展农产品加工、乡村休闲旅游、农村电商等产业。支持农业大县聚焦农产品加工业,引导企业到产地发展粮油加工、食品制造。推进现代农业产业园和农业产业强镇建设,培育优势特色产业集群,继续支持创建一批国家农村产业融合发展示范园。实施乡村休闲旅游提升计划。支持农民直接经营或参与经营的乡村民宿、农家乐特色村(点)发展。将符合要求的乡村休闲旅游项目纳入科普基地和中小学学农劳动实践基地范围。实施'数商兴农'工程,推进电子商务进乡村。促进农副产品直播带货规范健康发展。开展农业品种培优、品质提升、品牌打造和标准化生产提升行动,推进食用农产品承诺达标合格证制度,完善全产业链质量安全追溯体系。加快落实保障和规范农村一二三产业融合发展用地政策"。国家对乡村振兴、三产融合等均提供土地、财税等大力度的政策,其中用地保障尤为关键,如 2019 年《自然资源部办公厅关于加强村庄规划促进乡村振兴的通知》提出,允许各地在乡村国土空间规划和村庄规划中预留不超过 5% 的建设用地机动指标,支持零星分散的乡村文旅设施及农村新产业用地,为文旅等三产用地提供保障。2019 年发布的《国务院关于促进乡村产业振兴的指导意见》提出,鼓励各地探索针对乡村产业的省市县联动"点供"用地,支持乡村休闲旅游和产业融合发展。2021 年《自然资源部 国家发展改革委 农业农村部关于保障和规范农村一二三产业融合发展用地的通知》提出,探索在农民集体依法妥善处理原有用地相关权利人的利益关系后,将符合规划的存量集体建设用地,按照农村集体经营性建设用地入市;在符合国土空间规划前提下,鼓励对依法登记的宅基地等农村建设用地进行复合利用,发展乡村民宿、农产品初加工、电子商务等农村产业。为落实党的十九届五中、六中全会精神和国家"十四五"规划纲要要求的具体安排,2021 年国务院印发的《"十四五"推进农业农村现代化规划》也明确提出,提升农业产业链供应链现代化水平,促进农村一二三产业融合发展是解决问题的关键。

在我国提出发展农村一二三产业融合发展之后,各地农村不断探索一二三产业融合的发展模式,农业与第二、第三产业之间的界限越来越模糊,不断加强一二三产业间的关联度,实现各产业间的相互交叉、渗透、重组和融合,以获得"联动效应"和协同发展。本质上来说,农村三产融合是一种产业间的协作融合,基于技术进步、要素流动、产业渗透而得以不断发展(Saha D., 2017)①。日本、韩国和美国等已经走出了一条依靠六次产业、产业融合推动农业农村发展的道路。

(一)产业融合模式

综合调研分析发现,农业经营主体三产融合的基本模式主要表现为以下几种模式:

---

① Saha D.,Fakir O.A.,Mondal S.,et al.,"Effects of Organic and Inorganic Fertilizers on Tomato Production in Saline Soil of Bangladesh",2017.

1. 按依托主体分类

从依托主体的角度,可以将黑龙江省新型农业经营主体推动农村三产融合发展的基本模式分为家庭农场(专业大户)主导型、农民合作组织主导型和农业企业主导型。

(1)家庭农场(专业大户)主导型。家庭农场(专业大户)主导型是指以家庭农场或专业大户为依托,推动农村三次产业融合发展,即以农业生产为基础向农产品精深加工、品牌营销及休闲观光农业发展。这种模式主要表现形式是村里有思想、有技术的种田能手主动承包土地以实现规模经营,并从事小规模的农产品加工和开展"农家乐"等新形式。家庭农场主导型是依靠开发农产品的多功能性,延长农业产业链,不仅让农户获得农业种植阶段的价值,还能分享农产品的附加收益。截至 2015 年 6 月,黑龙江省家庭农场(大户)已经发展到 28600 个,其中种植类家庭农场有 25000 个,占总数的 87.4%,畜牧业类的有 3000 个,占比为 10.5%,种养结合类有 381 个,渔业类有 208 个。家庭农场的经营规模达 5000 万亩以上,占全省耕地规模的 25%,其中,土地集约经营规模约 3600 万亩,家庭农场平均经营面积为 312.7 亩,平均从业人数 9人。调查统计,全省进行农村三产融合的家庭农场共有 6000 多家,占家庭农场总数的 50%以上。其中,与第二产业融合的家庭农场占比为 49.4%,与第三产业融合的家庭农场占比为 62.8%。

(2)农民合作组织主导型。农民合作组织主导型是指以农民专业合作社为主体,促进第一产业(农业)联结第二产业(农产品加工)和第三产业(农业旅游等)共同发展,以获得第二、第三产业的利益,增加农业收益。农业合作组织主导型主要是利用农业合作社的组织性、规范性、规模化等优势来弥补单个小农经济的不足。这种模式主要表现为农民合作社转入小农户土地,吸纳当地农民就业以及订单农业等。截至 2016 年 1 月,黑龙江省在工商部门注册的农民合作社达到了 79000 个。其中,全省现代综合经营性农民合作社达到 1224 个,入社社员 22.1 万户,入社土地 1223.7 万亩,合作社自主经营土地 1773 万亩,实现代耕作业 3292 万亩。综合经营性合作社通过规模化生产和集约化经营,拉动粮食增产平均约 15%,最好超过 20%。同时,全省综合经营性合作社让近 40 万农村劳动力从土地上解放出来,通过发展第二、第三产业或外出务工,实现了多渠道增收,合作社成员户均收入增加 3 万多元,比全省平均水平约高 30%。

(3)农业企业主导型。农业企业主导型是指以农业企业为依托,推动农业生产、加工、销售、农业旅游以及其他第三产业融合发展,推动农业产业化发展。这种模式主要是利用农业企业经营范围广、组织化高、效率高的优势,获取规模收益、标准化收益等,从而增加农户收入,带动农业农村发展。农业企业主导型的主要表现为以当地农业文化和自然条件为资源打造吃、住、游一体的体验式休闲农业、农产品品牌营销等。2017 年,黑龙江省农业产业化龙头企业发展到 2000 家,带动种植业基地面积约 1.4 亿亩,参与产业化经营的农户达到 340 万户。例如,黑龙江五常市的金福泰农业有限公司,是集农业种植、仓储、加工、贸易于一体的农业全产业链龙头企业,以乔府大院为其核心品牌,与研究所联合进行种子研发,进行绿色有机种植、稻米精加工,增加线上新销售渠道,并打造了金福稻田美丽景观,开拓休闲旅游农业等新业态。

2. 按融合产业分类

从依托主体的角度,可以将农业经营主体三产融合发展的基本模式分为"新型农业经营主体+第二产业"型、"新型农业经营主体+第三产业"型、"新型农业经营主体+第二、第三产业"型(见表 2-7)。

表 2-7　三产融合的实践方式

融合方式	具体实践方式
"农业+第二产业"融合	主要集中于对农产品本身形象、品质、品牌的塑造,包括农产品初级加工及深加工、注册商标、绿色有机品牌认证、品牌形象宣传等
"农业+第三产业"融合	主要集中于对农产品流通渠道及消费体验的塑造,包括互联网营销、电商平台、农业旅游、观光园采摘园、农产品物流、农产品仓储、农产品消费服务、农产品私人定制等

（1）"新型农业经营主体+第二产业"型。"新型农业经营主体+第二产业"型是指新型农业经营主体不仅经营农产品的生产种植，还将第二产业引入农业，如进行农产品的反季节生产、农产品的精深加工、产品包装和产品运输等。这种模式主要利用第二产业的技术给低价值的农业原产品创造更大的附加值。如黑龙江省玉米现行市场价格为每斤 0.75 元，而网上以玉米为原料的爆米花最低价格约每斤 8.5 元，并且具有品牌的爆米花价格能达到每斤 45 元，国外品牌甚至更高。这说明，农产品加工有很大的增值空间，能给农业带来额外收益。位于黑龙江省齐齐哈尔市富裕县的新发现代农机合作社，成立于 2010 年，于 2013 年被评为省级示范社。最初由 5 人出资成立，其中国家投入 600 万元，个人出资 400 万元，400 万元是由 5 人向银行贷款。此后又投入 500 万元进行厂房建设，500 万元则按照最初的股份由 5 人进行投资，现有总资产 1500 万元。该合作社主要由理事长一人管理，合作社的重大事项由出资的 5 人共同商议决定。2016 年，在扶贫开发的政策下进行旱改水，带动 193 户贫困户脱贫，具体流程为：村庄把村机动地包给贫困户，由政府出资帮助将旱田改为水田之后，贫困户再以每亩 500 元的价格包给合作社，期限为 5 年，其中贫困户包地的费用低于合作社包地的费用，贫困户从中赚取差价。2017 年，该合作社种植水稻 1000 亩，包括 20 亩有机水稻，主要种植稻花香，已注册品牌，对水稻进行加工成大袋销售。同时，合作社还建有烘干塔。该合作社不仅进行水稻、玉米种植，还对其进行加工。

（2）"新型农业经营主体+第三产业"型。"新型农业经营主体+第三产业"型是指以新型农业经营主体为载体，利用第三产业为农业获得准确及时的市场信息、打造农产品品牌、挖掘农业的文化价值，发展休闲农业、观赏体验式农业和旅游农业等新业态。这种模式主要是依据现在城市人口对农产品和农村生活的新需求，实行供给侧结构性改革，改变原本单一的大众化农产品供给，提供更具市场需求的独特供给。如仁发合作社在 2015 年之前，虽然有好的黄豆种植产业，但是未形成自己的品牌，只能够顺遂市场，不能掌握价格和销售的主动权,因而农户的农产品虽然产量增加,但是却达不到收入的增长。2015 年,仁发合作社开始实行绿色有机生产,打造了"仁发绿色庄园"品牌,经过三年的地块绿色种植期转换,成功通过了有机食品认证检测,建立了良好的声誉。2016 年,该合作社种植了 1.2 万亩绿色有机食品转换地块,借助"龙哥""龙妹"和"仁发绿色庄园"等自主品牌,打造高端产品。

(3)"新型农业经营主体+第二、第三产业"型。"新型农业经营主体+第二、第三产业"型是指新型农业经营主体除经营农业生产种植外,还进行农产品精深加工、仓储、包装、销售和农业服务等。这种模式主要是利用龙头企业标准化、集约化的优势,拓展农业的产业链,以获得农业从种子到产品这一全过程中产生的各效益。如位于黑龙江省宁安市兰岗镇的古塔田源家庭农场,成立于 2012 年,集产业化龙头企业、农民专业合作社和家庭农场于一体。农场以绿色西瓜、草莓、无公害蔬菜等种植、加工、销售为主,同时经营乡村旅游、餐饮、自助采摘等。2016 年完成了创意大门、假山喷泉、部分围栏、绿化、引进环保风炉和会议室等基础设施,吸引了不少游客去体验和消费。农场全过程实施绿色食品栽培技术和农产品质量安全可追溯体系管理,实现产品全程可追溯。在传统销售模式的基础上,还开辟线上销售、私人定制、专门配送等新的营销模式,以"互联网+"的方式将产品销往全国。

(二)产业融合水平

结合农村三产融合的本质及其政策初衷以及已有实践和研究成果,在遵循可行性、科学性、客观性和简洁性等原则的基础上,定义农村三产融合水平测度方法为,将农业经营主体以第一产业为基础依托而产生的总产出规模中借助产业渗透、产业交叉和产业重组等在第二、第三产业范围内产生的农业产出规模的比例,即农村三产融合水平=农业经营主体在第二、第三产业范围内的农业及其关联性经营产出规模/农业经营总产出规模。具体为:设新型农业经营主体 i 推动农村三产融合的水平为 LEV_i ,i 的农业总产出规模记为 out_i ,

其总产出中在第二产业范围内的产出规模记为 sec_i ,其总产出中在第三产业范围内的产出规模记为 thr_i 。某一地区内新型农业经营主体的数量为 M ,其中,专业大户、家庭农场、农民专业合作社和农业企业的数量分别为 M_1 、 M_2 、 M_3 和 M_4 ,那么,衡量这一地区新型农业经营主体推动农村三产融合的平均水平 LEV 为:

$$LEV = \frac{M_1}{M} \sum_{i=1}^{M_1} \frac{(sec_i + thr_i)}{out_i} + \frac{M_2}{M} \sum_{i=1}^{M_2} \frac{(sec_i + thr_i)}{out_i} + \frac{M_3}{M} \sum_{i=1}^{M_3} \frac{(sec_i + thr_i)}{out_i}$$

$$+ \frac{M_4}{M} \sum_{i=1}^{M_4} \frac{(sec_i + thr_i)}{out_i} \tag{2-3}$$

其中, $M = M_1 + M_2 + M_3 + M_4$ 。采集样本数据并进行归纳整理,取得2015—2017 年三年间 316 份样本的三产融合情况(见表 2-8)。

表 2-8 2015—2017 年分主体类型三产融合情况统计　　（单位:%）

年份	主体	涉农业务单独与第二产业融合的样本数量占比	涉农业务单独与第三产业融合的样本数量占比	涉农业务同时与第二、第三产业融合的样本数量占比	三产融合度
2015	种养大户	25.8	44.8	29.4	30.8
	家庭农场	23.4	45.5	31.1	35.4
	农民专业合作社	19.8	31.0	49.2	49.5
	农业企业	13.3	6.7	80.0	>95
	(前三者)平均	20.6	32.0	47.4	38.6
2016	种养大户	21.4	48.5	30.1	36.4
	家庭农场	22.5	46.4	30.8	35.8
	农民专业合作社	16.4	30.9	52.7	51.5
	农业企业	13.3	46.7	80.0	>95
	(前三者)平均	18.4	33.2	48.4	41.2

年份	主体	涉农业务单独与第二产业融合的样本数量占比	涉农业务单独与第三产业融合的样本数量占比	涉农业务同时与第二、第三产业融合的样本数量占比	三产融合度
2017	种养大户	18.3	48.9	32.8	40.2
	家庭农场	17.9	49.7	32.4	44.6
	农民专业合作社	15.1	31.5	53.4	60.4
	农业企业	6.7	0	93.3	>95
	（前三者）平均	14.5	32.5	53.0	48.4

表 2-8 的统计结果显示:新型农业经营主体间的三产融合程度差异性明显,其中,种养大户和家庭农场的三产融合程度较为相近,在 30%左右的水平,农民专业合作社在 50%左右的水平,而调查的 15 家农业企业平均三产融合度均超过 95%。观察年际间变化情况发现,前三类新型农业经营主体(种养大户、家庭农场、农民专业合作社)的三产融合度均呈现增长趋势,其中,种养大户和家庭农场的三产融合度在 2017 年分别达到 40.2%和 44.6%,农民专业合作社则达到 60.4%。这表明,农村三产融合政策覆盖面和影响程度正在逐步加强,各类主体通过产业协调和资源渗透产生了融合效应从而带来价值增值,吸引更多主体的加入。从各类主体涉农业务与第二、第三产业融合的数量占比来看,种养大户和家庭农场更多集中在"农业+第三产业"融合方式,该比例超过 40%。与此同时,"农业+第二产业"融合方式在两类主体中的占比最低,在 20%左右。这主要是因为,调查发现,生产实践过程中种养大户和家庭农场普遍已经意识到互联网技术和体验式消费给农产品流通带来的增值效应,于是纷纷选择互联网电商平台或者采摘园等方式拓宽农产品销售渠道,但与此同时,对于农产品品质的把控没有同步提高,品牌注册、绿色有机认证以及产品的升级加工包装等实施程度不高,因此借助渠道销售的仍是初级农产品。相比较而言,农民专业合作社在产业融合渠道的选择方面更多元化,其中较

大比例集中在"农业+第二、第三产业"融合模式中。调查发现,农民专业合作社较种养大户和家庭农场更具资金、技术等要素规模优势,涉农业务多元化,因此主体内产业融合方式的选择空间大。例如,方正县鑫源米业合作社以理事长持有的大米加工厂为基础依托,实施大米精深加工,富硒米品牌注册,网店和实体店同步销售,将大米的种植、生产加工和流通融为一体,形成产业融合。与其他主体比较而言,农业企业的三产融合程度更高的同时融合模式更为集中,调查的 15 家企业几乎全部实施"农业+第二、第三产业"融合经营的方式。这主要是因为,实践表明这种模式更能充分发挥经济组织的资源规模优势,价值增值程度高。另外,从年际间变化来看,选择"农业+第二产业"和"农业+第三产业"融合方式的样本数量占比呈现减少趋势,而选择"农业+第二、第三产业"融合方式的比例在上升,表明各类主体产业融合方式更多元化、融合方式更科学。

从新型农业经营主体规模来看(见表 2-9),三产融合程度随着主体经营规模的增加而呈现明显增长趋势,其中,经营土地面积在 100 公顷以下的小规模主体三产融合度为 37.9%,这类主体以种养大户、家庭农场和农民专业合作社居多,三产融合方式集中在"农业+第二产业"范围内;经营土地面积在100—500 公顷和 500—1000 公顷的中等规模主体和大规模主体的三产融合度分别为 58.3%和 87.5%,这类主体以农民专业合作社和农业企业为主,也有部分家庭农场在此列,而经营土地面积超过 1000 公顷的超大规模主体的三产融合度均已经达到 100%,三产融合方式集中在"农业+第二、第三产业"范围内。

表 2-9 2017 年分主体规模三产融合情况统计

类型	实际经营/控制土地规模(公顷)	涉农业务单独与第二产业融合的样本占比(%)	涉农业务单独与第三产业融合的样本占比(%)	涉农业务同时与第二、第三产业融合的样本占比(%)	三产融合度(%)
小规模	≤100	27.4	47.8	24.8	37.9
中等规模	(100—500]	16.1	25.7	58.2	58.3

续表

类型	实际经营/控制土地规模(公顷)	涉农业务单独与第二产业融合的样本占比(%)	涉农业务单独与第三产业融合的样本占比(%)	涉农业务同时与第二、第三产业融合的样本占比(%)	三产融合度(%)
大规模	(500—1000]	10.9	4.9	84.2	87.5
超大规模	>1000	0	0	100	100.0

将三产融合水平划分为较高、一般和较低三档,将不同地区和经营项目涉及的样本进行归类统计显示(见表2-10):哈尔滨、齐齐哈尔和绥化地区的样本主体三产融合程度较高,牡丹江、佳木斯地区样本主体三产融合程度一般,而黑河地区样本主体三产融合程度较低。这是因为农村三产融合程度受地区经济发展水平、产业结构状况、优势农业项目、新型农业经营主体发育程度的综合影响,哈尔滨、齐齐哈尔地区经济发展水平较高,产业集群的辐射能力促使农业经营主体更多关注第一产业外的资源利用,因此三产融合程度较高,而绥化地区主要是基于水稻优势产业和地方政府扶持而出现较高水平的三产融合度。另外,值得注意的是,水稻生产经营涉及第二、第三产业的融合程度普遍高于其他农作物,主要是因为其在加工设备和技术引进方面的门槛较低,另外杂粮杂豆品牌化的比例比较高。

表2-10 2017年分地区和主营项目三产融合情况统计

地区	三产融合水平	主营项目	三产融合水平
哈尔滨	较高	水稻	较高
齐齐哈尔	较高	玉米	较低
绥化	较高	大豆	较低
牡丹江	一般	蔬果	一般
佳木斯	一般	杂粮杂豆	较高
黑河	较低	畜禽	一般

四、 趋势四：绿色经营化

农业是受自然和经济规律双重决定的一个特殊行业。农业绿色发展就是以尊重自然为前提，以统筹经济、社会、生态效益为目标，以利用各种现代化技术为依托，积极从事可持续发展的科学合理的开发种养过程。近年来，我国农业现代化取得巨大成就，也付出了很大代价。耕地和水资源过度利用，农业面源污染加重，草原等生态系统退化，农业发展面临资源条件和生态环境两个"紧箍咒"。转变农业发展观，实现农业绿色发展，迫在眉睫、刻不容缓。推进农业绿色发展，既是中央洞察社会深刻变化，尊重自然规律，顺应人民殷切期盼所作出的重大决策，也是农业自身的内在需要，通过转变生产方式，把过高的资源利用强度降下来，把农业面源污染加重的趋势缓下来，推动农业走上绿色发展的道路。

推进农业绿色发展，是贯彻新发展理念、推进农业供给侧结构性改革的必然要求，是加快农业现代化、促进农业可持续发展的重大举措，是守住绿水青山、建设美丽中国的时代担当，对保障国家食物安全、资源安全和生态安全，维系当代人福祉和保障子孙后代永续发展具有重大意义。党的十八大以来，党中央、国务院作出一系列重大决策部署，农业绿色发展实现了良好开局。为深入贯彻落实党的十九大精神，坚定不移贯彻创新、协调、绿色、开放、共享的新发展理念，落实创新驱动发展战略、乡村振兴战略和可持续发展战略，2018年7月农业农村部印发了《农业绿色发展技术导则（2018—2030年）》，提出要坚持绿水青山就是金山银山的理念，坚持节约优先、保护优先、自然恢复为主的方针，以支撑引领农业绿色发展为主线，以绿色投入品、节本增效技术、生态循环模式、绿色标准规范为主攻方向，全面构建高效、安全、低碳、循环、智能、集成的农业绿色发展技术体系，推动农业科技创新方向和重点实现"三个转变"，即从注重数量为主向数量质量效益并重转变，从注重生产功能为主向生产生态功能并重转变，从注重单要素生产率提高为主向全要素生产率提高为主转变。按照"重点研发一批、集成示范一批、推广应用一批"三类情况,分别列出任务清单,通过开展绿色技术创新和示范推广,着力推动形成绿色生产方式和生活方式,着力加强绿色优质农产品和生态产品供给,着力提升农业绿色发展的质量效益和竞争力,为实施乡村振兴战略和实现农业农村现代化提供强有力的科技支撑。构建农业绿色发展技术体系是推进农业供给侧结构性改革,提高我国农业质量效益竞争力的必由之路,也是实施乡村振兴战略,实现我国农业农村"三生"协调发展的必然选择。2018 年 9 月,中共中央、国务院印发实施《乡村振兴战略规划(2018—2022 年)》,乡村振兴的时间表为农业绿色发展标记了 3 个关键时间节点,即农业农村绿色发展分三步走:到2022 年,全面推进农业绿色发展,农村人居环境显著改善,生态宜居的美丽乡村建设扎实推进;到 2035 年,农村生态环境根本好转,生态宜居的美丽乡村基本实现;到 2050 年,乡村生态全面振兴,实现农业强、农村美、农民富。"十四五"时期是开启全面建设社会主义现代化新征程、向第二个百年奋斗目标进军的第一个五年,是促进经济社会发展全面绿色转型、建设人与自然和谐共生现代化的关键时期,农业发展进入加快推进绿色转型的新阶段。2021 年 8月,由农业农村部等六部门联合印发的《"十四五"全国农业绿色发展规划》是我国首部农业绿色发展专项规划,明确了深入推进农业绿色发展的思路目标、重点任务和重大措施,对"十四五"时期农业绿色发展作出了系统安排,具有里程碑式的意义。《"十四五"全国农业绿色发展规划》完整准确全面贯彻新发展理念,落实构建新发展格局要求,树立和践行"绿水青山就是金山银山"理念,以高质量发展为主题,以深化农业供给侧结构性改革为主线,以构建绿色低碳循环发展的农业产业体系为重点,明确提出到 2025 年农业绿色发展"五个明显"的定性目标,即资源利用水平明显提高、产地环境质量明显好转、农业生态系统明显改善、绿色产品供给明显增加、减排固碳能力明显增强。并进一步明确了 4 方面 11 项定量指标:"在保资源方面,提出到 2025 年全国耕地质量等级达到 4.58,农田灌溉水有效利用系数达到 0.57;在优环境方面,提出主要农作物化肥、农药利用率均达到43%,秸秆、粪污、农膜利用率分别达到86%以上、80%和85%;在促生态方面,提出新增退化农田治理面积1400万亩,新增东北黑土地保护利用面积1亿亩;在增供给方面,提出绿色、有机、地理标志农产品认证数量达到6万个,农产品质量安全例行监测总体合格率达到98%"。进入"十四五"时期,"三农"工作的重心历史性地转向全面推进乡村振兴。以绿色发展引领乡村振兴是一场深刻革命,是摆在农业农村部门面前的一项重大任务。

(一)农业绿色经营的基本特点

推进农业绿色发展是农业供给侧结构性改革的重要内容。推进农业供给侧结构性改革,提高我国农业质量效益竞争力,必然要求以科技创新作为强大引擎,着力解决制约"节本增效、质量安全、绿色环保"的科技问题。近些年,我国农业发展方式逐步向绿色生产、绿色经营方向过渡。

首先,农业种养殖模式更加绿色和科学,综合效益提高。推进农业绿色发展是农业发展观的一场深刻革命,对农业科技创新提出了更高更新的要求。围绕提高农业质量效益竞争力,破解当前农业资源趋紧、环境问题突出、生态系统退化等重大"瓶颈"问题,实现农业生产生活生态协调统一、永续发展,形成节约资源和保护环境的空间格局、产业结构、生产方式、生活方式,迫切需要强化创新驱动发展,转变科技创新方向,优化科技资源布局,改革科技组织方式,构建支撑农业绿色发展的技术体系。近年来,我国通过研究与示范果菜茶有机肥替代化肥、奶牛生猪健康养殖、测土配方施肥、病虫害统防统治、稻渔综合种养等绿色技术和模式,农产品质量安全水平大幅提高,效益不断增加。

其次,农业生产投入品减量增效,资源利用率更高。统计数据显示,2017年,我国水稻、玉米、小麦三大粮食作物化肥利用率为37.8%,农药利用率为38.8%。同时,规模化养殖污染防治有序推进,以农村能源和有机肥为主要方向的资源化利用产业日益壮大,秸秆农用为主、多元发展的利用格局基本形成。值得一提的是,农膜是重要的生产资料,但大量使用也带来了环境污染,农田残膜造成了白色污染,特别是西北地区。2017 年,农业农村部启动实施了农膜回收行动,以西北地区为重点,以加厚地膜应用、机械化捡拾、专业化回收、资源化利用为方向,完善回收利用体系。目前,西北 100 个示范县初步建立回收利用体系,当季回收率接近 80%。2018 年地膜新国家标准正式实施,重点提高了地膜厚度、拉伸强度、耐候性能的要求,从源头上保证了可回收性,我国农膜回收体系和制约化能力不断加强。

最后,农业伴生品利用和处置更加科学,减少了环境污染。种植业的秸秆和养殖业的粪污处理一直是道难题,如果能合理利用,就会变废为宝。破解秸秆和粪污难题,表面在农业,出路却广泛分布在一二三产业之中,需要统筹种养、加工、能源等环节。数据显示:全国每年产生畜禽粪污总量近 40 亿吨,畜禽养殖业排放物化学需氧量达到 1268 万吨,是造成农业面源污染的重要原因。2017 年,国家启动畜禽粪污资源化利用行动。截至 2018 年已支持 300个畜牧大县整县推进畜禽粪污资源化利用,并在 4 个省份整省推进、5 个地级市整市推进。同时,建立畜禽规模养殖场直联直报信息系统,实现畜牧大县、规模养殖场监管全覆盖,对大规模养殖场进行在线监管。畜禽粪污资源化利用链条长,且终端产品有一定的收益。所以,引导社会资本参与是一种有效模式。以江西省赣州市为例,该市定南县岭北镇实施"第三方治理",探索完善畜禽粪污资源化利用市场机制,按照专业化生产、市场化运营的方式,支持畜禽粪污处理设施建设。近年建立了第三方的畜禽废弃物收储运体系,由企业投资运营、政府监管,建设了沼气发电工程和有机肥生产中心,粪污发酵生产沼气和制造有机肥,能解决 60 万头生猪的粪污处理问题。以秸秆利用为例,"光合作用的产物一半在籽实,一半在秸秆"。2018 年,全国农作物秸秆可收集量为 8.24 亿吨,综合利用率每提高 1 个百分点就意味着要处理 800 万吨秸秆。随着经济发展,农民使用商品能源的数量逐步增加,导致秸秆炊事采暖用量不断减少。此外,秸秆具有季节性特点,茬口紧,离田、还田、储运成本高,综合利用难度大。目前,我国秸秆利用肥料化、饲料化、燃料化和秸秆收储运专业化水平不断提升。2017 年,东北地区 60 个玉米主产县率先开展秸秆综合利用试点,积极推广深翻还田、秸秆饲料无害防腐和零污染焚烧供热等技术,推动出台秸秆还田、收储运、加工利用等补贴政策,激发市场经营主体活力,构建市场化运营机制,探索综合利用模式。

(二)农业绿色经营的典型实践

1."无尘农业"模式

无尘农业就是农业生产过程中不见尘土飞扬的农业。具体地讲,指农业生产过程中,通过不断改进设计、使用清洁的能源和原料,采用先进的工艺技术与设备,改善管理,综合利用等措施,从源头削减污染,提高资源利用效率,减少或者避免生产、服务和产品使用过程中污染物的生产和排放,以减轻或者消除对人类健康和环境的危害。与其他农业生产相比,"无尘农业"有以下特点:第一,在思维方式及理念方面,无尘农业既要考虑污染防治,更重要的是从源头思考如何避免或减少废弃物与污染物的产生,属于逆向思维与正向思维相结合的双思维。无尘农业涉及产品、人和自然界三大要素。对于人,它不仅强调身体健康,也十分看重对客观世界的认识、美学享受、体验等的心理健康;而对于自然界,它不仅强调资源与环境的可持续,也十分注重景观;对于劳动,它不仅强调结果,更看重过程。第二,在污染物控制方面,一般农业生产对污染物的控制是对症下药、末端治理,采用"头痛医头,脚痛医脚"的被动方法治理。"无尘农业"则是从源头抓起,力争全过程污染"零排放"或减量排放。第三,在病虫草害防治方面,一般农业在动植物发生病虫草害时,着重诊断病因,然后考虑用什么药来治。"无尘农业"则侧重思考前面哪些生产环节出了问题,如何纠正和预防。以四川省丹棱县仁美镇中心村绿之润家庭农场为例,该农场 2013 年流转土地 400 亩并开始发展设施农业。主营项目是葡萄种植,另外也种一些紫山药、樱桃、树莓,还培育了大量红橘、桃、李等果树的树苗。农场的葡萄园是丹棱县标准化葡萄园之一,全园都是扣件钢架设施大棚避雨栽培。在绿之润家庭农场的葡萄大棚里,看见的是干净、宽敞的生产便道,抬头是天膜,低头是地膜,园内的可视区域内干干净净。园内有 10 多个葡萄品种,早中晚熟品种搭配,采摘、销售时间长达 3 个多月,每亩收入 3 万元左右。农场在绿色经营方面的主要做法是:首先是选定发展设施农业,选用大棚避雨栽培才能大大减少农药使用量。其次是在栽培土选择上,要以培育有机土壤为主。在建园时按 1 亩 10 吨的标准施足蚯蚓粪,以后每年冬季还要增施 4—5 吨。最后要不断创新。农业技术、经营管理理念等都需要不断创新。

2. "跑道"养鱼模式

"跑道"养鱼属于生态渔业生产模式的一种,指的是采用现代生物技术和工程技术,按生态规律进行生产,保持和改善生产区域的生态平衡,保证水体不受污染,保持各种水生生物种群的动态平衡和食物链网结构合理的一种渔业绿色生产模式。跑道养鱼是将传统老旧的池塘养鱼方式改变成集中在流水槽里进行养殖的新模式,其优势在于养殖鱼类始终在溶解氧高的流水中生长,养殖的鱼生长速度快、成活率高、单产高、饲料系数低,生产管理方便,捕鱼方便,是一种高效、节能、环保、绿色的生态健康养殖新技术,通常会比粗放的传统静水池塘养鱼增产 1—2 倍,大大提高鱼产量、产值,增加养殖经济效益。跑道养鱼基本原理是利用动力学,通过增加动力设备,借助外力推动池塘内的静水,使池塘静水流动起来,变成循环的微流动水,再通过污水处理系统带走饵料残渣和鱼粪便等残渣杂物,从而达到调节净化水质、增加池塘水体溶解氧、改善池塘水体环境、提高饵料利用率、促进鱼类生长发育的效果。大量养殖案例证明,跑道养鱼养殖密度大,成活率高,饲料利用率高,方便养殖管理,适合于高密度池塘养殖,经济效益颇高。目前在浙江省推广的"跑道"养鱼就开辟了渔业绿色生产的新方法。"跑道"养鱼不仅增加了养殖密度,更重要的是减少了养殖污染。在"跑道"的另一端还建了集污设备,推水增氧让一塘静水动起来,养殖过程中产生的鱼粪和残存的饲料,顺着循环水流进入吸污水道,大部分可以被回收制成有机肥,剩余肥水再次循环流进水泥槽以外的净化区,整个过程"零水体"外排。"跑道养鱼"循环水养殖技术模式与其他新型模式相比,成鱼上市时间比原来缩短了一半,不仅节约成本,还易于管理,最主要的是还能实现鱼塘自身水体高效净化,同时也能提高鱼的品质,更符合南浔的需求。目前,南浔区正加大力度推广"跑道养鱼"循环水养殖技术模式,通过集中养殖、集中吸污、集中处理,实现养殖尾水"零排放",推动渔业产业更绿色、更高效发展。

3."猪—沼—果"生态模式

"猪—沼—果"生态模式指的是以沼气为纽带,带动畜牧业、林果业等相关农业产业共同发展的生态农业模式。该模式是利用山地、农田、水面、庭院等资源,采用"沼气池、猪舍、厕所"三结合工程,围绕主导产业,因地制宜开展"三沼"(沼气、沼渣、沼液)综合利用,从而实现对农业资源的高效利用和生态环境建设、提高农产品质量、增加农民收入等效果。工程的果园(蔬菜、鱼池等)面积、生猪养殖规模、沼气池容积必须合理组合。"猪—沼—果"生态模式在我国南方得到大规模推广。该模式的基本要素是"户建一口池,人均年出栏2头猪,人均种好1亩果",基本运作方式是:沼气用于农户日常做饭点灯,沼肥用于果树或其他农作物,沼液用于鱼塘和饲料添加剂喂养生猪,果园套种蔬菜和饲料作物,满足庭园畜禽养殖饲料需求。首先,沼气池是南方"猪沼果"能源生态模式的核心,起着连接养殖与种植、生活用能与生产用肥的纽带作用。在果园或农户住宅前后建一口8立方米的高效沼气池,既可解决点灯、做饭所需燃料,又可解决人畜粪便随地排放造成的各种病虫害的滋生,改变了农村生态环境。同时,沼气池发酵后的沼液可用于果树叶面喷肥、打药、喂猪,沼渣可用于果园施肥,从而达到改善环境,利用能源,促进生产,提高生活水平的目的。其次,畜禽舍是南方"猪沼果"能源生态模式实现以牧促沼、以沼促果、果牧结合的前提。采用太阳能暖圈养猪,解决了猪和沼气池的越冬问题,提高了猪的生长率和沼气池的产气率。最后,南方"猪沼果"能源生态模式将农业、畜牧业、林果业和微生物技术结合起来,养殖和种植通过沼气池的纽带作用紧密联系在一起,形成无污染、无废料的生态农业良性循环体系。沼肥中含有30%—40%的有机质,10%—20%的腐殖酸,丰富的氮、磷、钾和微量元素以及氨基酸等,是优质高效的有机肥,施用沼肥可以改良土壤,培肥地力,增强土地增产的后劲。用沼液喷施果树叶面和沼渣根施追肥,不仅果树长势好,果品品质、商品率和产量提高,还能增强果树的抗旱、抗冻和抗病虫害能力,降低果树生产成本。通过果园种草,达到了保墒、抗旱、增草促畜、肥地改土的作用。近年来,江西赣南在农村沼气建设、生猪生产和果业开发的实践中,开始普及使用"猪—沼—果"新型生态农业模式,在促进农村能源、生态环境建设和农业可持续发展等方面产生了积极的作用。目前,这一生态农业模式在我国南方地区推广81万余户。其中在江西赣南地区已推广了户用沼气池46.09万户,占当地农户数的29.93%。结合农业主导产业,开展沼液、沼渣综合利用,年出栏生猪400余万头,发展脐橙为重点的果业面积241万亩,培植"猪—沼—果(菜、渔、蔗)"等模式示范户36.32万户。建立以"猪—沼—果"模式重点的示范村1053个,示范乡镇107个,生态庄园998个。

4."四位一体"生态模式

"四位一体"生态模式指的是在自然调控与人工调控相结合条件下,利用可再生能源(如沼气、太阳能等)、保护地栽培(如大棚蔬菜等)、日光温室养猪及厕所等4个因子,通过合理配置形成以太阳能、沼气为能源,以沼渣、沼液为肥源,实现种植业(蔬菜)、养殖业(猪、鸡)相结合的能源、物流良性循环系统,这是一种资源高效利用,综合效益明显的生态农业模式。运用本模式,冬季北方地区室内外温差可达30℃以上,温室内的喜温果蔬正常生长,畜禽饲养、沼气发酵安全可靠。这种生态模式是依据生态学、生物学、经济学、系统工程学原理,以土地资源为基础,以太阳能为动力,以沼气为纽带,进行综合开发利用的种养生态模式。通过生物转换技术,在同地块土地上将节能日光温室、沼气池、畜禽舍、蔬菜生产等有机地结合在一起,形成一个产气、积肥同步,种养并举,能源、物流良性循环的能源生态系统工程。这种模式能充分利用秸秆资源,化害为利,变废为宝,是解决环境污染的最佳方式,并兼有提供能源与肥料,改善生态环境等综合效益,具有广阔的发展前景,为促进高产高效的优质农业和无公害绿色食品生产开创了一条有效的途径。"四位一体"模式在辽宁等北方地区推广范围较大。农业生产过程中,不可避免地要产生有机废弃物,例如畜禽养殖产生的粪便、作物的秸秆和农产品加工产生的下脚料等,加上农业规模化和产业化发展因素,有机废弃物在局部地区过多堆积而一时无法合理处置已经造成了环境污染。有效处理废弃物是保证农业生产正常进行的必要措施,通过增加或引入新的生产环节,不但能够化害为利,而且能够生产新的产品。要实现农业系统内部物质和能量的良性循环,必须通过肥料、饲料和燃料这三个枢纽,因而"三料"的转化途径是整个生态系统功能的关键环节。沼气发酵系统正好是实现"三料"转化的最佳途径,在生态农业中起着回收农业废弃物能量和物质的特殊作用。它对促进农业生态的良性循环,发展农村经济,提高农民生活质量,改善农村环境卫生等方面都起着重要的作用。

本章基于生产力与生产关系的客观规律以及制度变迁理论、分工理论等,重点论证了土地规模化流转背景下我国农业生产组织方式演化的规律与趋势。本书认为,农业生产组织方式演化通常是在一定的市场环境,依托农业生产个体或经济组织的各项生产资源的组建方式,从低层次、低水平、小规模向高层次、高水平、规模化方向变迁的过程,是在一定的经济环境、政策环境和人文环境作用下的协调结果,同时也是遵循分工、交易费用和技术约束条件下的择优选择。研究发现,农业生产组织方式演化的驱动性来自外在干预和内在驱动两方面:一方面是人口增长和消费方式改变、产品和要素相对价格的长期变动、技术进步和规模化经营;另一方面是农业生产的自然属性和可控属性的交织作用、农产品市场交易属性和环境的改变等。研究进一步发现：当前我国农业生产组织方式演化的突出特征为农业经营集约化、农业生产专业化、农业主体组织化和农业服务社会化；农业生产组织方式演化的基本方向为适度规模化、雇佣生产化、三产融合化和绿色经营化。

第三章 土地规模化流转背景下农业生产组织方式演化的影响效应分析

农业生产组织方式演化本质上是农业经营制度的创新与变迁。在制度选择的过程中,不同参与主体具有不同的目标取向,而新的制度安排对不同的主体来说,其目标实现的程度可能是不同的。因此,不同的经营模式选择及其制度安排,能够表达为不同的绩效。

第一节 农业生产组织方式演化与"三农"发展的互动机理

农业生产组织方式是生产关系的一项重要内容。在人类社会不同的历史时期,由于农业生产力水平不同,农业生产中人与人之间的社会关系不一致,产业的组织形式也各不相同。农业组织具有商品性与自给性生产相结合、组织规模的灵活性、经营方式的多样性等特性(胡鞍钢等,2001)①。在基层且具有相对独立的生产经营决策权的组织,构成农业的微观基础。农业生产组织

---

① 胡鞍钢、吴群刚:《农业企业化:中国农村现代化的重要途径》,《农业经济问题》2001 年第 1 期。

方式创新是生产力和生产关系矛盾运动的结果,是组织内部各成员责、权、利关系的重新调整,它是各组织成员追求利润、达成进一步共识的结果。农业组织创新首先应适应农业生产的特点,其次应适应农业生产力水平,还要受农业生产关系的影响。

农业生产组织方式演化与"三农"发展两者之间存在如同生产关系与生产力之间辩证关系的互动特性(见图3-1):一方面,农业生产组织演化和创新过程推动农业农村经济发展、农民增收致富。农业发展离不开制度变迁和组织创新。现代农业组织创新是适应农业生产力向现代化水平发展的需要。制度变迁通过激励机制促进组织创新,提升了农业生产效率,不仅能为传统农业向现代农业转变创造物质条件,而且也提供了制度保障和组织主体。在实践中,制度变迁、组织创新的过程也是农业现代化的发展进程,三者具有同步性、目的同一性。制度变迁的发生、新的农业组织方式的出现,必然带来农业生产资料占有方式的变化,引起农业生产组织方式和分配方式的变化,推动农业发展向高效率方向转变,制度变迁、组织创新的产生和发展动因在于对利益的追逐与实现,而发展农业现代化也必然是追求高效益。首先,农业生产组织方式创新能有效提高农业资源的使用效率。农业发展离不开政策支持,增加制度供给,通过加大对农业的投入,提供各种补贴政策、税收减免、信贷优惠等制度保障,可以直接支持农业发展。或者通过改变交易规则,激励资源要素流动方向,对追求利益最大化的农业经营主体的选择行为产生影响。其次,农业生产组织方式创新能推动农业科技创新。农业科技进步离不开市场取向的农业制度创新,通过不断塑造出新的激励或动力机制,激发农业经营主体运用新技术的动力,将农业生产潜在利润变为现实,并使其利益最大化。最后,农业生产组织方式演化能促成新的经营方式。合理的制度创新,创立和完善协调农民利益关系的新组织形式,根据生产力的变化要求,适应农业经济发展的规律,通过"经济人"的行为而影响经济活动的结果,激励农业产业经营组织创新。

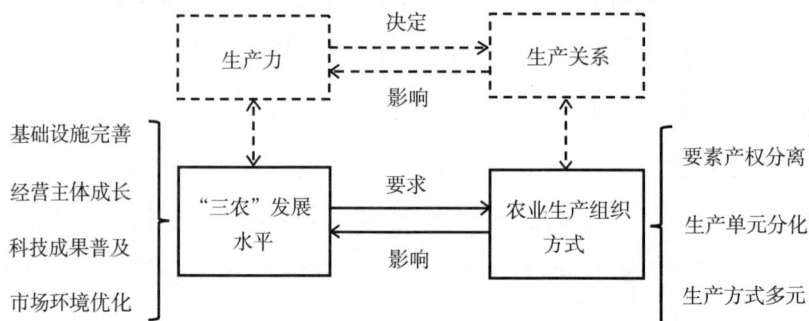

图 3-1　农业生产组织方式演化与"三农"发展的互动关系

　　另一方面,农村经济社会发展对农业生产组织方式的演化提出更高的约束和要求。在集约化发展方面,未来我国农业发展的关键要点是提高集约型农业的收益和降低粗放型农业的成本,提高土地、水、化肥、农药等农业生产要素的利用效率。根据《全国农业可持续发展规划(2015—2030)》、农业农村部《"十三五"农业科技发展规划》等专项规划,未来我国农业发展的基本关键点是(见表 3-1):2020 年我国农田灌溉水有效利用系数要达到 0.55,2030 年达到 0.6,节水灌溉面积占有效灌溉面积的比重 2020 年要达到 64%,2030 年达到 75%,特别是化肥和农药的使用要在 2020 年达到"零增长",主要农作物的肥料利用率和农药利用率达到 40%。对我国农业在现代种业、机械化、资源高效利用、信息化等方面实现技术突破提出更高要求。在复合型农业发展方面,中央在《关于加快构建政策体系培育新型农业经营主体的意见》中明确提出,"要加快培育新型农业经营主体,加快形成以农户家庭经营为基础、合作与联合为纽带、社会化服务为支撑的立体式复合型现代农业经营体系"。未来发展的要求是(见表 3-1):新型职业农民数量突破 2000 万;高中及以上文化程度占比突破 35%;现代青年农场主培养数量突破 6.3 万人;农村实用人才带头人培训数量达到 16.7 万人;农机大户和农机合作社带头人培训数突破 5万人;新型农业经营主体带头人接受一次以上培训;完善在线教育平台,开展线上培训的课程不少于总培训课程的 30%。不断提升新型农业经营主体适应市场能力和带动农民增收致富能力,充分发挥政策对新型农业经营主体发展的引导作用,到 2020 年基本形成与世界贸易组织规则相衔接,与国家财力增长相适应的投入稳定增长机制和政策落实与绩效评估机制。在环境友好型农业方面,要推进农业的协调化发展是单纯借助市场的力量所无法实现的,需要运用"看不见的手"去推动环境掠夺型农业向协调化农业转变,实现农业资源系统、农业环境系统、农业人口系统、农业经济系统和农业社会系统的协调化发展,这一方面要降低环境掠夺型农业的收益和协调化农业的生产经营成本,另一方面要加大环境掠夺型农业污染环境所付出的代价,给协调化农业创造一个公平有利的产业发展生态。

表 3-1　"十三五"时期我国集约型农业、复合型现代农业经营和环境友好型农业发展的核心指标

类型	指标	要　　求
集约型农业发展	现代种业	主要农作物良种覆盖率稳定在 97%以上,主要畜禽水产和设施蔬菜良种自给率显著提高,主要畜种核心种源自给率达到 65%以上,主要国家保护品种有效保护率达到 95%;良种在粮食增产中的贡献率达到 50%以上,在畜禽水产养殖中的贡献率达到 90%以上;全程机械化作物品种推广面积占总播种面积的 30%以上;农作物种质资源保存总量达到 55 万份
	农业机械化	主要粮食作物机械化技术水平显著提高;主要经济作物机械化技术"瓶颈"取得重大突破;畜禽水产设施设备基本满足健康养殖需要。耕地质量提升 0.5 个等级以上;农田有效灌溉率达到 55%,灌溉水有效利用系数达到 0.55 以上;主要农作物化肥利用率提高到 40%以上
	农业资源高效利用	养殖废弃物资源化利用率达到 75%以上,农作物秸秆综合利用率达到 85%以上;草地生态系统生产功能和生态服务关系更加协调;海洋、滩涂水域生产能力提升 15%
	农业信息化	农业生产、经营、管理和服务信息化整体水平显著提升;建立农业信息化数据标准体系;农业物联网国产处理器芯片与传感核心部件市场占有率达到 30%以上
复合型现代农业经营发展	新型农民	新型职业农民数量突破 2000 万;高中及以上文化程度占比突破 35%;现代青年农场主培养数量突破 6.3 万人;农村实用人才带头人培训数量达到 16.7 万人;农机大户和农机合作社带头人培训数突破 5 万人;新型农业经营主体带头人接受一次以上培训;完善在线教育平台,开展线上培训的课程不少于总培训课程的 30%

续表

类型	指标	要　　求
复合型现代农业经营发展	规模经营主体	不断提升新型农业经营主体适应市场能力和带动农民增收致富能力,充分发挥政策对新型农业经营主体发展的引导作用,到2020年基本形成与世界贸易组织规则相衔接,与国家财力增长相适应的投入稳定增长机制和政策落实与绩效评估机制
环境友好型农业发展	农业生态环境	中度、重度污染耕地面积持续下降,轻度污染农田农产品达标生产,中度污染农田农产品合格率达到85%以上;农业面源污染源氮磷排放分别减少30%;农业农村水源水质达标率显著提高,农村生活垃圾、生活污水处理率达到70%以上;全国草原植被覆盖度达到56%
	农产品质量安全	农产品质量安全要素基本实现全程跟踪和溯源;农产品质量安全监测合格率稳定在97%以上,品质形成基本规律和品质提升关键技术基本构建,主要食用农产品营养功能评价体系基本建立,营养功能组成基本摸清;农产品生态环境污染因子监控指标实现全覆盖,污染物限量标准形成体系
	农作物灾害防控	重大病虫害长中短期预报准确率分别达到75%、85%和95%以上;有害生物绿色防控率达到40%以上;农药利用率提高到40%以上;主要农作物病虫害损失率控制在5%以下
	动物疫病防控	生猪、家畜、牛、羊发病率下降到5%、6%、4%、3%以下,动物发病率、死亡率和公共卫生风险显著降低;水产养殖主要病害发生率降低20%以上;示范种畜禽场重点疫病达到净化标准

　　"十三五"以来,农业发展方式加快转变,资源节约型、环境友好型农业加快发展,农业绿色发展取得明显进展。一是农业资源保护利用得到加强。耕地保护制度逐步健全,耕地质量稳步提升;农业用水总量得到有效控制,水资源利用效率不断提高,农田灌溉水有效利用系数达到0.559。二是农业面源污染防治成效明显。化肥农药持续减量,连续4年实现负增长;农业废弃物资源化利用水平稳步提高,产地环境明显改善。三是农产品质量安全水平稳步提高。标准化清洁化生产逐步推行,食用农产品达标合格证制度加快实施,绿色食品、有机农产品和地理标志农产品供给明显增加。四是农业绿色发展支撑体系逐步建立。以绿色生态为导向的农业补贴制度不断完善,绿色发展科技创新集成逐步深入,先行先试综合试验平台初步搭建,农业绿色发展正在从

试验试点转向面上推进。接下来的"十四五"时期,生态优先、绿色发展将成为全党全社会的共识,绿色生产生活方式加快形成,美丽中国建设扎实推进,为农业绿色发展带来难得机遇。2021 年 8 月由农业农村部等六部门联合印发的《"十四五"全国农业绿色发展规划》提出"十四五"农业绿色发展目标是:实施新一轮高标准农田建设规划,开展土地平整、土壤改良、灌溉排水等工程建设,配套建设实用易行的计量设施,到 2025 年累计建成高标准农田10.75 亿亩;实施黑土地保护性耕作行动计划,推广秸秆覆盖还田免(少)耕播种技术,有效减轻土壤风蚀水蚀,防治农田扬尘和秸秆焚烧,增加土壤肥力和保墒抗旱能力,2025 年实施面积达到 1.4 亿亩;推进工程节水,以粮食主产区、严重缺水区和生态脆弱地区为重点,加强渠道防渗、低压管道输水灌溉、喷灌、微灌等节水设施建设,"十四五"期间新增高效节水灌溉面积 6000 万亩;在粮食主产区、园艺作物优势产区和设施蔬菜集中产区,推广机械施肥、种肥同播等措施,示范推广缓释肥、水溶肥等新型肥料,改进施肥方式;在土壤污染面积较大的 100 个县推进农用地安全利用技术示范,巩固提升受污染耕地安全利用水平,到 2025 年受污染耕地安全利用率达到 93% 左右。发展多种形式适度规模经营,培育新型农业经营主体,是建设现代农业的前进方向和必由之路。加快培育发展新型农业经营主体和服务主体是一项重大战略,对推进农业现代化、实现乡村全面振兴意义重大。近年来,各级政府出台支持政策,加大资金投入,鼓励社会力量积极参与新型农业经营主体和服务主体培育发展,加快构建以农户家庭经营为基础、合作与联合为纽带、社会化服务为支撑的立体式复合型现代农业经营体系。各类新型农业经营主体和服务主体不断创新模式,辐射带动小农户,促进农业规模经营稳步发展,推动新品种、新技术、新装备加快应用,成为乡村振兴的重要推动力量。截至 2018 年年底,全国家庭农场经营土地面积 1.62 亿亩,年销售农产品总值 1946.2 亿元,平均每个家庭农场 32.4 万元,家庭农场的经营范围逐步走向多元化,从粮经结合,到种养结合,再到种养加一体化,一二三产业融合发展,经济实力不断增强。农民合作社在按交易量(额)返还盈余的基础上,平均为每个成员二次分配1400多元,全国有385.1万个建档立卡贫困户加入了农民合作社。全国以综合托管系数计算的农业生产托管面积为3.64亿亩,全国农业生产托管服务组织的服务对象数量达到4630万个(户)。全国返乡下乡"双创"人员已达700多万人,大多领办或参与新型农业经营主体和服务主体,其中80%以上从事新产业新业态新模式和产业融合发展项目,50%以上运用了智慧农业、遥感技术等现代信息手段。越来越多的新型农业经营主体和服务主体与小农户形成了紧密的利益联结机制,逐步把小农户引入现代农业发展轨道。根据农业农村部印发的《新型农业经营主体和服务主体高质量发展规划(2020—2022年)》,具体实现目标为:到2022年,支持家庭农场发展的政策体系和管理制度进一步完善,家庭农场数量稳步增加,全国家庭农场数量达到100万家,各级示范家庭农场达到10万家,生产经营能力和带动能力得到巩固提升;农民合作社质量提升整县推进全覆盖实现高于80%,示范社创建取得重要进展,农民合作社规范运行水平大幅提高,服务能力和带动效应显著增强;服务市场化、专业化、信息化水平显著提升,服务链条进一步延伸,基本形成服务结构合理、专业水平较高、服务能力较强、服务行为规范、覆盖全产业链的农业生产性服务体系,农林牧渔服务业产值占农业总产值比重达到高于5.5%,农业生产托管服务面积达到18亿亩次,农业社会化服务覆盖小农户数量达到8000万户;高素质农民培训普遍开展,线上线下培训融合发展,大力开展新型农业经营主体带头人培训;新型农业经营主体和服务主体经营者培育工作覆盖所有的农业县(市、区),培育体系健全完善,培育机制灵活有效,培育条件大幅改善,新型农业经营主体和服务主体经营者队伍总体文化素质、技能水平和经营能力显著提升,新型农业经营主体和服务主体经营者参训率高于5%。

第二节 农业生产组织方式演化对农业发展的总体影响效果

一、 理论层面

进入新时代,我国农业生产组织方式发生了许多新的重要变化,其突出的特征就是中国的亿万农户由孤立的小农转变为市场化、多元化农业经营主体,生产方式已逐步由小规模自耕逐步向集约化、专业化、组织化、社会化生产方向过渡,对我国农业发展产生积极的影响。

(一)延长产业链条,提升产业综合盈利能力和竞争力

传统个体农户组织因生产经营规模超小、物质装备较差、生产技术落后以及经营管理能力低下,导致了其农业生产中的低土地产出率、低劳动生产率和低资源利用率,进而加大了资源和环境压力。创新主体通过土地流转进行适度规模生产,而适度规模生产能在特定边界内通过对土地、劳动力、资金、设备等生产要素进行最优组合和有效运行直接提高土地利用率。研究显示,规模生产中通过消除土地间原有地界、田埂、沟渠等,能使土地增加5%—7%的有效面积。创新主体通过生产中土地翻耕、作物灌溉与收割以及病虫害防治等标准化操作,能减少农药、化肥等传统要素的投入,进而减少环境污染。创新主体能有效使用农业资源环境保护技术,把资源开发利用与环境保护有机结合,发展生态友好型农业。总之,创新农业生产组织有利于通过农业生产中土地经营规模的扩大以及物质装备生产技术等的改善实现对农业资源要素的高效利用,化解资源和环境的"双重"约束。当前中国农业生产面临成本高企和农产品价格封顶"两板"压力的重要原因之一是农业生产缺乏分工效应且生产组织交易成本过高。传统个体农户组织生产模式使"生产资料无止境地分

散,生产者无止境地互相分离",农业生产者无法通过相互间分工协作获得协同效应,且因交易数量小、金额少而在生产资料采购中面临较高垄断定价损失。而创新主体通过服务提供、定点供销等利益联结机制,创造和分享了农业产业链延伸价值和分工专业化带来的"红利",也降低了整个产业链平均成本并创造了新利润源泉。创新主体组织化程度较高,拥有一定的经济资本、社会资本以及基于其特殊身份符号的象征资本,能获取较多的市场交易话语权,生产资料采购中能通过提高议价能力、批量采购获得价格优惠等途径降低交易成本。成本是价格形成最基本的因素,成本降低是价格降低的前提和保障。农业生产成本下降和新利润源泉的创造显然有利于中国农业生产中"两板"压力的缓解。

(二)带动地区就业,促进农民增收减少农村贫困

近年来,新型农业经营主体发展模式不断丰富,服务功能不断拓展。农民合作社等经营主体在生产要素和资源利用等方面形成了规模经济效应,逐步聚合与延伸农业产业,提高农业综合效益,既帮助农民解决了单家独户办不了、办不好、办起来不划算的问题,又帮助农户提高了市场谈判地位,引领家庭经营主体参与国内外市场竞争,既可以作为生产主体,又可以作为服务主体,还能够联结其他经营主体。新型农业经营主体服务领域不断拓宽,各类农民合作社生产经营涵盖了农业生产的产前、产中和产后各阶段,连接了农业经营的收购、营销、储运各环节,融合农村产业第一产业、第二产业、第三产业各业态,基本克服了农户家庭分散、小规模经营的困难,提高了农业的组织化、市场化程度。随着新型农业经营主体组织不断健全,其带动农民经营和增产增收能力显著增强。以合作社为例,当前全国入社农户超过1亿户,占全国总农户数的46.8%,社均成员约60户。特别是涌现出一批合作效益良好,农户收益显著、运行机制合理、社会影响较大的农民合作社组织,有力地促进了农业生产力的提高,并带动了农业农村生产关系的深刻变革与创新。另外,大部分农民合作

社都能够通过分红、二次利润返还等方式带农增收。一项调查显示:在接受调查的农民合作社当中,能够带动入社农户户均增收 2000—4000 元的合作社达到 40.2%,6000 元以上的达到 24.9%,2000 元以下的达到 18.1%,4000—6000元的达到 16.9%。参与调查的合作社中,有 71.7%近三年进行过分红,有48.3%实施过对社员农户的二次利润返还。总体而言,农民合作社等新型农业经营主体表现出了较强的带农增收能力。在全社会脱贫攻坚战中,"合作社+贫困户"成为各地产业扶贫的主要模式之一,通过吸收贫困农户入股,为其提供产前产中产后系列化服务,农民专业合作社带动贫困户发展生产,成为产业脱贫的重要组织载体,成效显著。

(三)促进农业新技术研发推广,优化生产效率提高农业发展水平

农业技术推广是提高农业生产率,推动农业现代化的关键。传统个体农户的超小规模分散经营,使农业科技推广的受力点过于分散,在一定程度上增加了科技成果推广和转化应用的难度。而创新主体因实行规模化生产经营,偏好于用现代要素替代传统投入,且为农业科技推广的精准服务提供了有效平台(特别是农业科技园区及其衍生模式),是农业科技推广的有效载体。在市场经济背景下孵化的创新主体,无论其是否内生于农村土壤,都具有较强的现代企业经营意识,重视知识力量,注重人才价值,进而提高了农业从业人员的整体素质。如个体农户间基于特色农产品生产以合作社形式成立的创新型组织,通过参与民主管理、内部知识传播等途径,无形中提高了组织成员素质。由于具有更强的抵御新技术应用风险的能力,新型农业经营主体与农户形成紧密的利益联结机制,这样新型农业经营主体很有可能成为一个重要的农业技术推广渠道。新型农业主休引进新设备、采纳新技术、引进新品种的积极性较高,尤其在研发投入层面具备优势。调查显示,新型农业经营主体已经成为农户科技知识培训、农业技术推广过程中一股十分重要的力量。新型农业经营主体的创新意识普遍较强,核心竞争力凸显。调查显示,2013—2015 年有 1513 家新型农业经

营主体采纳过新技术,占有效样本的 33.80%。其中,农民专业合作社采纳新技术的比例为 52.49%。相比之下,采纳了新技术的家庭农场和种养大户经营主体的比重分别只有 29.58% 和 25.38%,存在较大差距。可见,合作社的适度规模形式有效地提高了经营主体新技术的采纳概率。另外,值得一提的是,农业产业化龙头企业是新技术尤其是涉农新技术研发的一支重要力量,在新技术研发领域投入较大。2015 年调查的 609 家龙头企业中有 54.70% 的龙头企业投入了新技术研发。其中,东部、中部和西部地区新技术研发投入额均值分别为 94.91 万元、167.67 万元和 34.39 万元。总的来说,龙头企业在涉农新技术研发层面的投入逐年增长,并成为农业新技术研发和推广的重要载体。

(四)注重绿色经营,强化农产品品牌塑造提高农产品质量安全

品牌化是传统农业向现代农业发展的必由之路。新型农业经营主体更加注重积极实施品牌战略,不断加强品牌建设,着力提升品牌核心价值和影响力。品牌建设取得一定成果,知名度范围较广的品牌出现,展现出新型经营主体的巨大潜力。新型经营主体品牌的认证积极性更高,品牌的知名度范围相对较广,对无公害农产品、绿色有机农产品的认证比例较高,同时更加注重品牌宣传推广。目前,新型农业经营主体品牌化宣传渠道主要集中在:第一,借助产业区域性特征,挖掘区域文化,彰显区域特征,提炼区域文脉,为经营主体生产的农产品增加无形价值,形成产品特色基础上的文化特色、民俗风情,获得消费者的青睐、产品溢价的可能性。第二,利用生产主体的人性化特征,利用不同生产主体的不同个性特征、工艺特色、生产故事,以生产主体作为品牌代言人群体,能够通过主体传达品牌诚信、品牌个性,形成富有情怀、风土气息浓郁的品牌印象。第三,借助自有资源进行品牌传播。经营主体自有的媒体与传播资源有基地、仓库、销售点、微信公众号、合作社微博、产品包装制品、送货车、网络店铺、专卖店、家庭成员或组织成员的个人微信微博等。利用上述自有资源,让产品说话、设置场域表达品牌,起到一定的传播效果。在农产品质

量安全方面,新型农业经营主体更加注重农业生产质量安全控制措施的建立,包括建立农产品生产记录、检测农产品质量安全状况、规范使用农业化学品投入、宣传培训标准化生产规章制度、建立农产品追溯体系等。目前,我国新型农业经营主体在高品质农产品生产中扮演着十分重要的角色,这对有效推动农业供给侧结构性改革具有重要的积极意义。

(五)推动农业信息化,拓宽农产品营销渠道优化农产品营销模式

推进"互联网+现代农业"发展既是同步推进工业化、信息化、城镇化、农业现代化的重要任务,也是推动农业供给侧结构性改革、解决新常态背景下的"三农"问题的重大举措。新型农业经营主体独有的组织优势以及与农户紧密的利益联结方式使其成为政府、市场和农户之间连接的重要载体和途径,对推进农业信息化至关重要。新型农业经营主体信息技术发展程度较高,电脑拥有量、电脑使用率均高于全国平均水平。此外,相较普通农户,新型农业经营主体更善于使用信息网络来拓宽自己的销售渠道。调研数据显示,新型农业经营主体中合作社、家庭农场、种养大户、龙头企业平均每人电脑拥有量为0.73台、0.39台、0.34台、7.1台,人均电脑拥有量高出全国平均水平1.52倍,说明目前新型农业经营主体数字化办公的硬件配备总体状况很好,显著高于全国平均水平。此外,四类新型农业经营主体互联网普及程度也明显高于全国平均水平,在调查得到的5191个有效样本中,94.84%的经营者在家庭或经营场所中接入了宽带或实现了 WiFi 覆盖。基于信息技术的基础依托,农产品营销渠道和模式更加新颖和多元:部分农业经营主体选择运用互联网思维和手段,发展农产品直供直销,为消费者提供安全优质农产品。通过淘宝、京东、微信、QQ 群等网络平台销售农产品,把生产过程展示给消费者,获得消费者信任,创新了农产品营销方式。各类农业经营主体正逐步从销售端向生产端拓展,带动形成以市场为导向、融合"互联网+"、绿色发展的生产组织方式,

与农业供给侧结构性改革的内涵高度契合。以黑龙江省为例,目前黑龙江省内各类农村电商主体已近 3 万家,农产营销模式包括 B2B、B2C、O2O 以及众筹、个性化定制、撮合交易等点对点、线上线下互动等。此外,黑龙江还建成以黑龙江大米网为核心的省级农产品电商集群,大米网上线企业、合作社 2261家,上线农产品 7883 个,交易额已突破 2.2 亿元。

二、 实证层面

在经济发展的不同阶段,经济制度、经营制度能否适应生产力发展的要求,将会对总要素生产率(TFP)的高低产生重要的影响。因此,研究中国农业不同发展阶段 TFP 的变动状况,分析导致这种变动产生的制度原因,对进一步提高中国农业生产效率有重要的意义。

(一)研究方法

本书采用工具变量法来研究土地规模化流转背景下农业生产组织方式演化的影响效应。基于农业经营制度和政策的影响,运用工具变量将其量化处理,而后将量化后的工具变量与所选择的效应指标进行相关性分析,最后得出相应的结论。

1. 工具变量的设定及解释

本书为探究农业生产组织方式的演化和影响效应,在结合农业制度、政策相关文献的基础上,考虑以下四个方面的因素。

(1)经营管理成本(C)。在农业生产组织方式的演化进程中,经营管理技术水平的不断提高带来了经营管理成本的不断降低,从而促进农业生产经营效率的提升。因此,经营管理成本因素对影响效应的分析起到了较为重要的影响。

(2)适度规模程度(S)。土地规模化流转的背景下,引出了农业适度规模经营的概念。适度选择经营规模有利于合理配置生产资料、积极发挥生产资料之间的协同作用,既能避免规模过小而难以充分发挥产能,又能防止规模过大而造成资源、效率的浪费。

（3）农业合作的发展程度（R）。农业合作社的发展产生了许多农户家庭经营所不具备的优势，带来了农业生产效率的提升。与此同时，农业合作社在规模、性质、特点等方面也在与时俱进，这也影响农业制度和政策的演变发展。

（4）农业技术发展程度（M）。农业技术的深度发展带来了农业经营的规模化，同时也带来了农业生产效率的大幅度提升。没有农业技术的发展，必然导致劳动生产率骤降。

基于以上涉及的四个因素，本书将经营管理成本（C）、适度规模程度（S）、农业合作的发展程度（R）、农业技术发展程度（M）设置为农业制度政策工具变量，如表3-2所示。并设置工具变量值为V，用以综合反映不同时期的农业制度政策状况。具体计算如式（3-1）所示，其中各项工具变量的取值由有关专家学者按照表3-2的取值原则进行取值。

$$V_i = C_i \times S_i \times R_i \times M_i \tag{3-1}$$

其中，V_i表示第i年农业制度政策的工具变量值；C_i表示第i年的经营管理成本各取值的均值；S_i表示第i年的农业适度规模程度各取值的均值；R_i表示第i年农业合作的发展程度的各取值的均值；M_i表示第i年农业技术发展程度各取值的均值。

表3-2　工具变量的含义与取值原则

解释变量	含　义	取　值
C	经营管理成本	从一般到最适取1—5中的整数；最不适取0
S	适度规模程度	从一般到最适取1—5中的整数；最不适取0
R	农业合作的发展程度	从一般到最高取1—5中的整数；最差取0
M	农业技术发展程度	从一般到最高取1—5中的整数；最差取0

2.效应指标的设定及解释

对农业生产组织方式影响效应的准确研究必须基于有效选取效应指标

上。农业生产组织方式的演变是为了适应经济环境的变化,提升粮食生产效率。因此,考虑到生产粮食作物和提高农业生产效率的重要任务,选取粮食作物年产量(P,单位:亿吨)和年农业全要素生产率(T)作为本书的效应指标。

本书选择使用随机前沿生产函数的方法对各个期间的农业全要素生产率(T)进行测量,基于恰当的农业投入产出指标,本书将模型设定如式(3-2)所示:

$$y_{it}=f(x_{it},\beta)exp(v_{it}-u_{it}),i=1,2,\cdots,n;t=1,2,\cdots,n$$

$$s.t.v_{it}\sim N(0,\sigma_v^2) \tag{3-2}$$

其中,y_{it}表示第t个时期第i个省份的农业产出水平;x_{it}表示第t个时期第i个省份的农业投入水平;β表示待估参数;v_{it}表示第t个时期第i个省份的系统随机误差项,用于度量样本观测误差及其他随机扰动误差,服从正态分布$N(0,\sigma_v^2)$;u_{it}表示第t个时期第i个省份的农业技术效率损失项,服从均值为零的半正态分布,与v_{it}相互独立。

因此,可以根据随机前沿生产函数的一般形式,推算出农业技术效率的表达形式,如式(3-3)所示:

$$TE_{it}=\frac{f(x_{it},\beta)exp(v_{it}-u_{it})}{f(x_{it},\beta)exp(v_{it})}=exp(-u_{it}) \tag{3-3}$$

其中,TE_{it}表示第t个时期第i个省份的农业技术效率,即农业全要素生产率(T)。综上所述,本书选择基于柯布—道格拉斯生产函数形式,将具体的随机前沿生产函数形式设定如式(3-4)所示:

$$\ln(y_{it})=\beta_0+\beta_1\ln(X_{1it})+\beta_2\ln(X_{2it})+\beta_3\ln(X_{3it})+(v_{it}-u_{it}) \tag{3-4}$$

其中,y表示第一产业的年生产总值,X_1表示第一产业年劳动力人数,X_2表示年土地经营面积(公顷),X_3表示年化肥施用量(万吨)。β_i表示具体待估参数($i=1,2,3$),假设随机误差项v_{it}服从正态分布$N(0,\sigma_v^2)$,u_{it}服从均值为零的半正态分布,与v_{it}相互独立。

在估算出随机前沿生产函数后,可以得到不同经营主体的农业技术效率

损失项 u_{it}，而后可利用式(3-4)得出各省份的农业技术效率 TE_{it}，以及全国的平均农业技术效率，即农业全要素生产率(T)(见表3-3)。

表3-3　农业投入产出变量的选择和解释

变　量		单　位
产出变量	第一产业的年总产值(y)	亿元
投入变量	第一产业年就业人数(X_1)	万人
	年农作物播种面积(X_2)	千公顷
	年化肥施用量(X_3)	万吨

(二)数据来源

本书所使用的数据主要来源于各个年份的《中国统计年鉴》《中国人口和就业统计年鉴》《中国农村统计年鉴》《中国农业统计资料》《新中国农业60年统计资料》，在计算过程中所使用的工具变量、效应指标及其单位在后文进行定义和解释。

(三)影响效果实证

1.农业制度政策工具变量分析

通过上述研究方法，本书将1949—2016年农业制度政策工具变量 V 的测量区间划分为1949—1952年、1953—1957年、1958—1978年、1979—1992年、1993—2006年和2007—2016年这6个时间段。为了便于直观地展现数据的变化，本书将农业制度政策变量 V 做了自然对数运算，所得分析结果如图3-2所示。

如图3-2所示，在1949—1952年，新中国刚刚成立，土地改革运动在农村地区得到了广泛的开展，但尚未完成，农业经营规模、农业技术水平、农业合作水平极为低下，$\ln V$ 值仅有-0.4620；之后的1953—1957年，也是第一

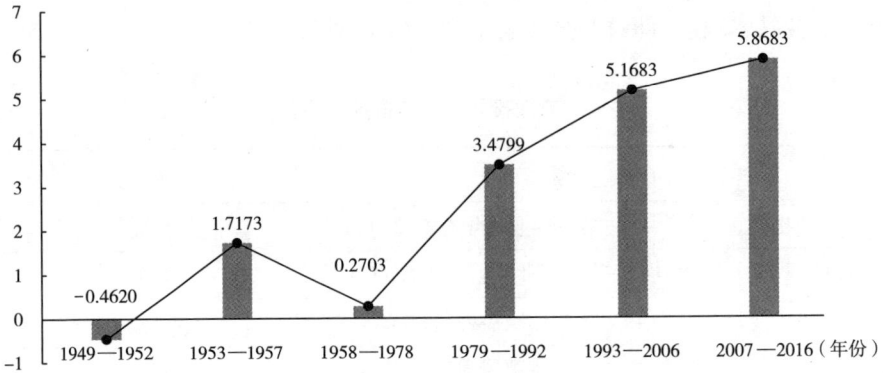

图 3-2　1949—2016 年农业制度政策工具变量自然对数值(lnV)的变化

个五年计划期间,这段时期土地改革已经完成,因为农用工具、资金水平的匮乏,在农民之间对互助合作农业有了普遍的需求,也正是在这段时期农业互助组、初级合作社、高级合作社得以迅速出现,因此 lnV 值达到了1.7173;1958—1978 年,正是人民公社体制期间,人民公社有别于之前的农业互助合作组织,要求全体农民必须入社,生产资料全部归集体所有,极大地打击了农户的生产积极性,因此这段时期农业合作的发展程度(R)极低,最后导致 lnV 值为 0.2703;1979—1992 年,随着家庭联产承包责任制的出现和确定,农民生产积极性大幅度提高,同时伴随着改革开放,经营管理水平、农业生产技术也有了一定的发展,lnV 值达到 3.4799;这之后 lnV 值迅速增加,原因是我国的现代化水平、农业技术水平、农业合作经济水平等有了较大程度的发展,2006 年我国取消了农业税收制度,走上了"反哺"农业的道路,从此,我国的农业生产组织方式得到了不断的优化。

2.效应指标分析

对效应指标的分析,具体分为对粮食作物年产量(P)的分析和对农业全要素生产率(T)的分析,如下:

（1）粮食作物年产量(P)分析。粮食作物年产量(P)是衡量我国农业生产的重要效益指标之一,粮食作物产量的保证也是我国长治久安的重要保障。如图3-3所示,我国粮食作物年产量(P)从1949年的1.1318亿吨,增长到了2016年的6.6044亿吨,总增幅达到了484%。另外,还应关注几个重要的时段,1959—1961年的三年经济困难时期,这三年粮食作物产量剧烈下降,1957年的粮食作物年产量(P)为1.9505亿吨,而1962年的粮食作物年产量(P)仅有1.5441亿吨,降幅达20.83%;1998—2003年,粮食作物年产量(P)也产生了较大幅度的降低,但随后立即进入了快速的增长状态,到2015年达到了6.6060亿吨。

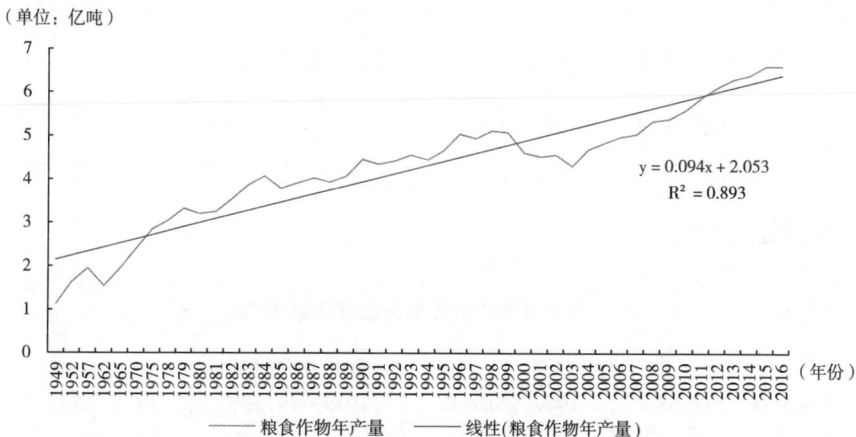

图3-3　1949—2016年粮食作物年产量(P)的变化

（2）农业全要素生产率(T)分析。依据上述研究方法,利用Stata15.0软件,本书测算出1949—2016年我国农业全要素生产率(T),如图3-4所示。从测量结果可知,我国1949—2016年,农业全要素生产率(T)呈现出先下降后上升的变化特点,1980年处于最低点,仅有8.1%,随后我国农业全要素生产率(T)快速增加。其中在1980年之前的1949—1955年、1961—1964年有短暂的增加,1980年之后的1992—1995年、2006—2016年出现了较大幅度的增长趋势,其他时期的增长或下降幅度平稳。

（单位：%）

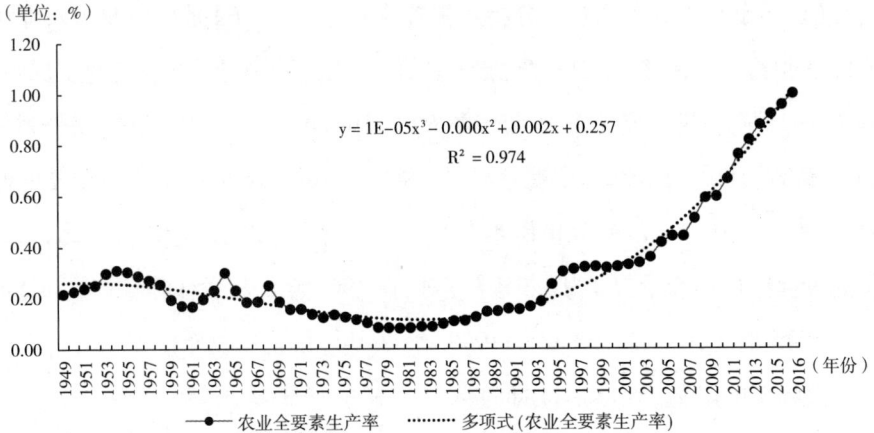

图3-4　1949—2016年农业全要素生产率（T）的变化

3.农业制度政策工具变量与效应指标的相关性分析

基于上述研究方法,本书利用 Stata15.0 软件,将农业制度政策工具变量值（V）分别与年粮食作物产量（P）和年农业全要素生产率（T）进行皮尔逊相关性分析。分析结果如表3-4所示。

表3-4　皮尔逊相关性分析结果

工具变量/效应指标		分析年份区间					
		1949—2016 年		1949—1978 年		1979—2016 年	
		P	T	P	T	P	T
V	皮尔逊相关系数	0.9053 **	0.9208 ***	0.2200	0.8063	0.9997 **	0.9915 *
	显著性水平	0.0130	0.0092	0.8588	0.4030	0.0166	0.0833

注：* 、* * 、* * * 分别表示在 10%、5%和1%的显著水平下通过假设检验。

从表3-4中可知,1949—2016 年的 V 值与 P 值的皮尔逊相关系数为 0.9053,且通过了 5%水平下的显著性检验,1949—2016 年的 V 值与 T 值的皮尔逊相关系数为 0.9208,且通过了 1%水平下的显著性检验,说明农业制度政策发展和生产组织方式演变确实会对我国粮食作物产量（P）和农业全要素生产率（T）产生显著性的影响,且影响方向为正向;而分年份区间后,1949—

1978 年的 V 值与 P 值的皮尔逊相关系数为 0.2200,未通过显著性检验,1949—1978 年的 V 值与 T 值的皮尔逊相关系数为 0.8063,未通过显著性检验,1979—2016 年的 V 值与 P 值的皮尔逊相关系数为 0.9997,且通过了 5%水平下的显著性检验,1979—2016 年的 V 值与 T 值的皮尔逊相关系数为 0.9915,且通过了 10%水平下的显著性检验。说明 1949—1978 年,我国国情的复杂性、农业制度政策演变的复杂性、农业生产组织方式的复杂性使其对我国粮食作物产量(P)和农业全要素生产率(T)的影响不显著。而 1979—2016 年,我国实行了改革开放,确立了家庭联产承包责任制以及其他多种经营模式的发展,另外由于先进机械技术的发展、资源利用效率的提高,使中国农业的生产经营效率水平得以大幅提升。

第三节 各类农业生产组织方式演化趋势影响效应的实证分析

一、规模化经营对农业综合效益的影响——基于组织化与个体经营的比较

2013 年,党的十八届三中全会拉开了新一轮农村土地制度改革的序幕,提出了多形式适度规模经营的实现途径,即"以建设高标准农田为载体,以农业产业化经营为抓手,以完善农业社会化服务为支撑"。2014 年《关于引导农村土地经营权有序流转发展农业适度规模经营的意见》确立了"以建设高标准农田为平台、以推进农业产业化为抓手、以发展农业社会化服务为支撑、以简政放权和正向激励为动力"的"四轮驱动"的多形式农业适度规模经营新思路。党的十九大提出,完善承包地"三权分置",保持土地承包关系稳定并长久不变。2013 年至 2021 年的中央"一号文件"也均提出要"发展多种形式的适度规模经营",多部门陆续下发扶持农业适度规模经营的金融、财政等政

策,为多形式的农业适度规模经营提供了有力支持,多形式的农业适度规模经营更具规范性和合理性。从政策的变迁历程可以看出,党中央对农业适度规模经营的重视程度不断加强,极大地调动了农业经营主体参与适度规模经营的积极性,促使农业经营主体创新组织模式,主动集中各类生产要素,不断提升农业经营规模和效益,催生了适度规模经营形式的多样化,基于土地、服务、经营制度等要素的各类适度经营形式应运而生并加快推广。在大力推进乡村振兴战略和农业现代化建设的关键时期,厘清农业规模经营"适度性"的内涵和其与农业效益的关系,具有积极的现实意义。

当前,我国正处在工业化、城镇化加速推进阶段,全社会农产品需求总量不断增加、需求结构加快升级,农业生产经营的组织化、规模化程度加深。一般认为,农业规模经营存在适度区间,即在保证土地生产率有所提高的前提下,使每个务农劳动力承担的经营对象的数量(如耕地面积),与当时当地社会经济发展水平和科学技术发展水平相适应,以实现劳动效益、技术效益和经济效益的最佳结合。评价农业规模经营可以从两方面入手:第一,各生产要素的组合是否合理;第二,各方面的利益关系是否协调。农业规模经营包括许多具体模式,如种植专业户、机械化家庭农场、机械化集体农场、农工一体化等。大量研究表明,农业组织化、规模化生产相对个体生产效率更高,但前者对后者的替代是不完全的,说明两类农业生产组织方式在现今条件下各有其适应性。我国农业生产的分散化经营格局并没被规模化经营彻底替代,传统农户家庭经营方式依然占据重要地位。基于此分析,本部分重点论证农户个体生产和组织规模化生产的效率、综合效益差异和具体指标比较。

(一)研究方法和变量选择

1.模型设定

对全要素生产率的测量,现阶段主要有两种方法。一种是以数据包络分析法(DEA)和马尔奎斯特(Malmquist)指数法为主要方法的非参数估计法;另一种则是以索洛残差法、隐性变量法和随机前沿生产函数法(SFA)为代表的参数估计法。非参数估计法不考虑随机性生产前沿面以及随机因素对测量结果的影响,因此参数估计法在对本书全要素生产率的测量中更具优势。在参数估计法中,随机前沿生产函数法(SFA)可以用超越对数生产函数取代 C–D 生产函数,没有严格限制规模报酬不变和技术中性的假定,在一定情况下允许劳动力和资本的非充分利用,并用技术效率来表示实际生产状态与前沿面之间的差距。另外,对于农业生产,随机不确定性是其具有的重要特质,而随机前沿生产函数法(SFA)考虑了随机误差项对全要素生产率的影响。因此,本书选用随机前沿生产函数法(SFA),利用超越对数生产函数,基于所选取的代表性指标,设定对应的测算模型来测算研究对象的全要素生产率。

考虑巴特斯和科利(Battese 和 Coelli,1992)[①]提供的技术效率损失项时间可变随机前沿生产函数模型,设定其一般形式为:

$$y_{it} = f(x_{it}, \beta) exp(v_{it} - u_{it}), i = 1, 2, \cdots, n; t = 1, 2, \cdots, n$$

$$s.t. v_{it} \sim N(0, \sigma_v^2) \tag{3-5}$$

其中,y_{it} 表示第 t 个时期第 i 个经营主体的产出水平,x_{it} 表示第 t 个时期第 i 个经营主体的投入水平,β 表示待估参数,v_{it} 表示第 t 个时期第 i 个经营主体的系统随机误差项,用于度量样本观测误差及其他随机扰动误差,服从正态分布 $N(0, \sigma_v^2)$,u_{it} 表示第 t 个时期第 i 个经营主体的技术效率损失项,与 v_{it} 相互独立。

$$u_{it} = u_i exp[-\eta(t - t_0)] \tag{3-6}$$

本书假定 u_i 服从期望为 0 的半正态分布,即 $u_i \geq 0$,式(3–6)中 $exp[-\eta(t-t_0)]$ 为时间变化系数,η 表示技术效率随时间变化的一个程度系数,当 $\eta > 0$ 时,技术效率损失项随时间的推移而降低;当 $\eta < 0$ 时,技术效率损失

① Battese G. E., Coelli T. J., "Frontier Production Functions, Technical Efficiency and Panel Data: With Application Topaddy Farmers in India", *Journal of Productivity Analysis*, Vol. 3, No. 1–2, 1992.

项随时间的推移而升高;当 $\eta=0$ 时,技术效率损失项不随时间的推移而变动。

因此,可以根据随机前沿生产函数的一般形式,推算出技术生产率的表达形式,即全要素生产率的表达形式:

$$TE_{it} = \frac{f(x_{it},\beta)\,exp(v_{it} - u_{it})}{f(x_{it},\beta)\,exp} = exp(-u_{it}) \tag{3-7}$$

其中,TE_{it} 表示第 t 个时期第 i 个经营主体的技术生产率,即全要素生产率,当 $\eta>0$ 时,全要素生产率随时间的推移而递增;当 $\eta<0$ 时,全要素生产率随时间的推移而递减。综上所述,本书选取具体的随机前沿生产函数形式如式(3-8)所示:

$$\begin{aligned}
\ln(y_{it}) = {} & \beta_0 + \beta_1\ln(N_{it}) + \beta_2\ln(K_{it}) + \beta_3\ln(L_{it}) + \beta_4\big[\ln(N_{it})\big]^2 \\
& + \beta_5\big[\ln(K_{it})\big]^2 + \beta_6\big[\ln(L_{it})\big]^2 + \beta_7\ln(N_{it})\times\ln(K_{it}) \\
& + \beta_8\ln(N_{it})\times\ln(L_{it}) + \beta_9\ln(K_{it})\times\ln(L_{it}) + \beta_{10}\ln T \\
& + \beta_{11}\ln T^2 + \beta_{12}\ln T\times\ln(N_{it}) + \beta_{13}\ln T\times\ln(K_{it}) \\
& + \beta_{14}\ln T\times\ln(L_{it}) + (v_{it} - u_{it})
\end{aligned} \tag{3-8}$$

其中,y_{it} 表示第 t 个时期第 i 个经营主体的产出水平,分别以公斤和万元为计量单位;N_{it} 表示第 t 个时期第 i 个经营主体从事大豆生产经营部分的土地面积或为该部分土地所花费的金额,以公顷或万元为计量单位;K_{it} 表示第 t 个时期第 i 个经营主体从事大豆生产经营活动所投入的资本,以万元为计量单位;L_{it} 表示第 t 个时期第 i 个经营主体为大豆生产经营活动所投入的劳动力或为此而花费的金额,以天数或万元为单位;T 表示时间的变化趋势,用来衡量大豆生产经营的技术进步情况。在估算出随机前沿生产函数后,可以得到不同经营主体的技术效率损失项 u_i,并可利用式(3-6)得到各个经营主体不同年份的技术效率损失项 u_{it},而后可利用式(3-7)得出各类型经营主体的技术生产率 TE_{it},即全要素生产率。

2. 变量选择

本书通过运用随机前沿生产函数(SFA),基于投入—产出指标导向,恰当地选取研究对象和投入、产出指标。对于农业生产,所需投入的三大基本要素是土地要素、资本要素和劳动力要素。本书的主要目的在于利用已有黑龙江省大豆经营经验数据,选择产出投入型指标和经济指标两种不同的产出指标衡量方法来探究土地规模化流转背景下不同类型的农业经营主体的生产效率和综合效率,运用比较分析法,了解组织化经营和农户家庭经营的生产经营效率差别。在土地规模化流转的背景下,新型农业经营主体已成为建设现代化农业和适度规模经营模式的骨干力量。因此,本书将组织化经营效率的研究重点放在新型农业经营主体上。将农业经营主体分为组织化经营主体和农户家庭经营主体,而组织化经营主体又分为合作社、合作联合社等合作型组织和农业企业等科层型组织,农户家庭经营主体又分为小规模农户和种植大户、家庭农场等大规模农户。此外,本书界定在农户家庭经营主体中的小规模农户的土地经营面积为 0—2 公顷,种植大户的土地经营面积为 2—5 公顷,家庭农场的土地经营面积为 5 公顷以上。综上所述,本书选定合作型组织、科层型组织、小规模农户和大规模农户为研究对象,如图 3-5 所示。

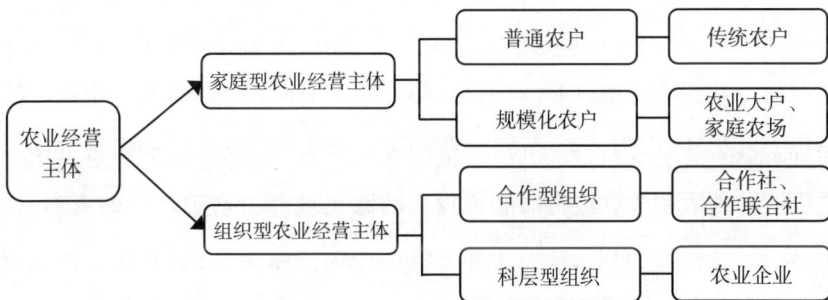

图 3-5　农业经营主体分类

在多元投入—产出理念下进行相对效率测评,需要分别选取投入指标和产出指标。基于已有相关文献,为了比较以投入产出量指标来衡量产出的生产效率和以收益等经济指标来衡量产出的综合效率之间的差异性,本书选择从投入产出量指标和经济指标两个角度来衡量投入和产出,如表 3-5 所示。

表 3-5　变量衡量指标选择

变　量		衡量指标	单位
投入产出量指标角度			
投入指标	土地经营规模(N)	年大豆经营土地面积	公顷
	生产性资本投入(K)	年大豆经营投资金额	万元
	生产性劳动力投入(L)	年劳动力投入天数	天
产出指标	产量产出(y)	大豆年产量	公斤
经济指标角度			
投入指标	土地投入(N)	年大豆经营土地投入金额	万元
	生产性资本投入(K)	年大豆经营投资金额	万元
	生产性劳动力投入(L)	年劳动力投入金额	万元
产出指标	经济产出(y)	大豆年销售收入	万元

（1）从投入产出量指标角度衡量。在投入指标方面，本书考虑农业经营主体的土地经营规模(N)、生产性资本投入(K)和生产性劳动力投入(L)三种要素投入情况。其中，土地经营规模(N)是指实质性从事大豆生产经营部分的土地面积，这部分土地包括通过农业经营主体承包、承租转入、合作入股等方式获得经营权的土地，因此，选择这部分的土地面积作为计量土地投入的衡量指标，并以公顷作为计量单位；生产性资本投入(K)是指农业经营主体为使大豆生产经营活动顺利进行而必须投入的除土地和劳动力之外的资本，包括种子、化肥、农药等，因此，选择这部分资本作为计量指标，以万元作为计量单位，并将资金统一以 2017 年的价格指数换算；生产性劳动力投入(L)按照天数计算，即每一个人的每 10 个小时记为 1 天。在产出指标方面，选择大豆年产量来表示产出指标，以公斤为计量单位。

（2）从经济指标角度衡量。在投入指标方面，本书考虑把农业经营主体在土地(N)、资本(K)和劳动力(L)三种要素上的投入转化为经济指标，土地投入(N)用当年从事大豆生产经营部分的土地因承包、承租转入、合作入股等活动所花费的金额来衡量,以万元作为计量单位;生产性资本投入(K)的衡量方式与投入产量型指标相同;生产性劳动力投入(K)用当年雇佣人员从事大豆生产经营所花费的金额来衡量,以万元作为计量单位(以上所有的经济指标均统一以 2017 年价格指数换算)。在产出指标方面,本书选择大豆年销售收入(统一以 2017 年的价格指数换算)来表示产出指标,以万元为计量单位。

(二)数据来源和样本描述性统计

1. 数据来源

本书所使用的数据是笔者 2018 年暑假期间对黑龙江省各个县(市)的实地走访调查,根据相应的需求对调查数据进行了整理和筛选,最终选取了黑龙江省的 12 个县(市)的调研数据,这 12 个县(市)分别为哈尔滨市(巴彦县、木兰县、五常市)、齐齐哈尔市(克东县、克山县、拜泉县、甘南县)、黑河市(嫩江县)、绥化市(庆安县、绥棱县)、牡丹江市(林口县、穆棱市)。所选取的调研数据主要来源于对这些县(市)的主要种植区的大豆经营主体在 2015—2017 年的抽样问卷调查。共发放问卷 600 份,收回有效问卷 526 份,有效率为 87. 67%。

2. 样本统计描述

本书对 2018 年暑假期间对黑龙江省各个县(市)的实地走访调查所获得的 600 份问卷进行了汇总,在整理调研所得数据并剔除明显与事实不符和信息缺失的样本后,选取 2017 年的样本数据进行样本描述性统计分析,整理后的结果如表 3-6 所示。在被调查的 526 份样本中,性别变量的均值为 0. 82,这表明男性在其中所占比例达到了 82%,这也反映了男性在黑龙江省大豆经营主体中占有主导地位;年龄作为连续变量,均值为 44. 53,即所调查样本的平均年龄为 44. 53 岁,因此该样本年龄相对适中;所调查的样本中受教育水平变量的均值为 3. 65,表明该样本受教育水平平均达到初中以上;土地优良程度为 3.11,表明该样本中的大豆经营主体的土地优良情况达到中等偏上程度。另外,合作型组织变量、科层型组织变量、小规模农户变量和大规模农户变量的均值分别为 0.21、0.17、0.29 和 0.32,这表明调查样本中合作型组织、科层型组织、小规模农户和大规模农户所占的比重分别为 21%、17%、29% 和32%。

表 3-6　2017 年变量解释、取值及描述性统计

变量名	含义及取值	均值	标准差	最小值	最大值
性别	男 = 1;女 = 0	0.82	0.38	0	1
年龄(岁)	连续变量	44.53	9.63	22	71
受教育水平	小学以下 = 1;小学 = 2;初中 = 3;高中或中专 = 4;大学或大专及以上 = 5	3.65	0.98	1	5
土地优良程度	很差 = 1;较差 = 2;一般 = 3;较好 = 4;很好 = 5	3.11	1.17	1	5
农业经营主体类型					
合作型组织	是 = 1;否 = 0	0.21	0.41	0	1
科层型组织	是 = 1;否 = 0	0.17	0.37	0	1
小规模农户	是 = 1;否 = 0	0.29	0.46	0	1
大规模农户	是 = 1;否 = 0	0.32	0.47	0	1
投入产出指标					
土地投入	0—2 公顷 = 1;2—5 公顷 = 2;5—10 公顷 = 3;10—40 公顷 = 4;大于 40 公顷 = 5	3.17	1.20	1	5
资本投入(万元)	连续变量	36.29	56.42	2.14	350.00
劳动力投入(天数)	连续变量	702.13	1044.86	10	7823
大豆年产量(公斤)	连续变量	49365.24	50742.50	2400	327920
大豆年销售收入(万元)	连续变量	21.96	35.70	0.84	127.65

（三）结果及分析

1. 随机前沿生产函数（SFA）估测结果

本书利用 Stata13.0 软件，采用一步估计法，分别对采用两种不同的衡量指标类型的模型进行了随机前沿生产函数最大似然估测，估测结果如表 3-7、表 3-8 所示。

表3-7 随机前沿生产函数估测结果（投入产出量指标）

参数	解释变量	系 数			
		合作型组织	科层型组织	小规模农户	大规模农户
β_0	常数	6.879	−3.886*	4.134**	4.596*
β_1	$\ln N$	0.429	0.240**	0.203**	0.433
β_2	$\ln K$	2.513*	1.863***	−0.742**	0.694***
β_3	$\ln L$	0.767***	0.897*	0.617	0.541*
β_4	$(\ln N)^2$	0.521***	0.636***	0.095***	−0.400
β_5	$(\ln K)^2$	0.565**	1.018*	−0.184***	−0.269**
β_6	$(\ln L)^2$	0.627**	−0.348	−0.459***	−0.529***
β_7	$\ln N \times \ln K$	0.247	0.845***	0.714***	0.295
β_8	$\ln N \times \ln L$	−0.759*	−0.711**	0.375*	0.422**
β_9	$\ln K \times \ln L$	−0.625*	−0.471	0.586*	0.219***
β_{10}	T	0.016***	0.076	0.059***	0.039
β_{11}	T^2	0.006**	0.016**	0.011*	0.009**
β_{12}	$\ln T \times \ln N$	0.014	0.083***	0.019	0.031
β_{13}	$\ln T \times \ln K$	0.095	−0.042*	0.018*	0.094***
β_{14}	$\ln T \times \ln L$	0.015**	0.089**	0.027**	0.036**
随机扰动项					
η		0.013*	−0.019*	−0.012***	0.006*
σ^2		0.051*	0.129**	0.043*	0.067
γ		0.887**	0.892***	0.921***	0.897*
−2loglikehood		272.166	431.948	344.197	362.367

注：*、**、***分别表示在10%、5%和1%的显著水平下通过假设检验。

表 3-8　随机前沿生产函数估测结果（经济型指标）

参数	解释变量	系　数			
		合作型组织	科层型组织	小规模农户	大规模农户
β_0	常数	7.113**	−3.354**	4.598	4.680*
β_1	ln$N$	0.502	0.308***	0.372*	0.426***
β_2	ln$K$	2.661	1.826**	−1.233***	1.049
β_3	ln$L$	0.857**	0.972**	0.702**	0.669*
β_4	(ln$N$)²	0.609	0.818	0.166***	−0.590
β_5	(ln$K$)²	0.415**	1.138	−0.115**	−0.270***
β_6	(ln$L$)²	0.761***	−0.241**	−0.189	−0.427
β_7	ln$N$×ln$K$	0.421**	1.353***	0.648*	0.494
β_8	ln$N$×ln$L$	−0.742	−1.080**	0.404**	0.583*
β_9	ln$K$×ln$L$	−0.796*	−0.557	0.587	0.281**
β_{10}	T	0.036*	0.041	0.068**	0.096*
β_{11}	T^2	0.004***	0.005**	0.017*	0.008***
β_{12}	ln$T$×ln$N$	0.013	0.067	0.069***	0.077***
β_{13}	ln$T$×ln$K$	0.026*	−0.037**	−0.051	0.081
β_{14}	ln$T$×ln$L$	0.085**	0.413**	0.090**	0.088*
随机扰动项					
η		0.011*	0.026**	−0.003*	0.010**
σ^2		0.066**	0.154*	0.038***	0.072
γ		0.904**	0.942***	0.899*	0.884*
−2loglikehood		304.556	450.616	298.317	340.141

注：*、**、***分别表示在10%、5%和1%的显著水平下通过假设检验。

　　由表3-7、表3-8可知,本书所使用的样本主体中,通过了至少10%水平的假设检验的占比较多,表明该模型的拟合效果较好,能够起到较高程度上的解释效果。参考Battese的理论,假设 $\sigma^2=\sigma_u^2+\sigma_v^2$ 和 $\gamma=\sigma_u^2/\sigma^2$,参数 γ 的取值范围在[0,1]区间上,该参数表示由技术效率损失项导致的偏离生产前沿面的程度。当参数值 γ 越接近1时,表示技术效率的损失程度越高;当参数值 γ

越接近 0 时,表示技术效率的损失程度越低;当 $\gamma=1$ 时,表示实际生产状态与前沿面之间的差距全部由技术效率损失项导致,与系统随机误差项无关;当 $\gamma=0$ 时,表示实际生产状态与前沿面之间的差距全部由系统随机误差项导致,与技术效率损失项无关,而不适合使用随机前沿生产函数法。本书数据的模型测算结果中,γ 的系数最小为 0.884,最大为 0.942,并且均至少在 10% 的显著性水平下呈现不为零,说明生产效率损失项是导致实际生产状态与前沿面之间差距的主要原因,系统随机误差项的占比比较小,因此,本书适合选用随机前沿生产函数法测算全要素生产率。另外,各经营主体下的时间变化系数 η 至少在 10% 的显著性水平下表现出大于或小于零,且 η 值的绝对值均较小,表明该模型中技术效率损失项随着时间的推移而呈现递增或递减状态,且变化率较小,符合研究地区现实状况。

根据测算结果可知,在投入产出量衡量指标随机前沿生产函数估测下:(1)小规模农户的土地要素和资本要素通过了至少 5% 显著性水平的假设检验,并且土地要素的系数为正值,资本要素的系数为负值,这说明样本中小规模农户增加土地投入对产出有正向影响,增加资本投入对产出有负向影响;大规模农户和合作型组织的资本要素和劳动力要素通过了至少 10% 显著性水平的假设检验,并且资本要素和劳动力要素的系数均为正值,这说明样本中大规模农户增加资本投入和劳动力投入对产出有正向影响;科层型组织的土地要素、资本要素和劳动力要素均通过了至少 10% 显著性水平的假设检验,并且土地要素、资本要素和劳动力要素的系数均为正值,这说明样本中大规模农户增加土地投入、资本投入和劳动力投入对产出有正向影响。(2)小规模农户的土地要素、资本要素和劳动力要素的平方项均通过了 1% 显著性水平的假设检验,并且土地要素平方项的系数为正值,资本要素平方项和劳动力要素平方项的系数为负值,这说明样本中小规模农户继续追加资本投入对产出有正向影响,而继续追加资本投入和劳动力投入对产出有负向影响;大规模农户的资本要素和劳动力要素的平方项系数通过了至少 5% 显著性水平的假设检验,并且资本要素平方项和劳动力要素平方项的系数均为负值,这说明样本中大规模农户继续追加资本投入和劳动力投入对产出有负向影响;合作型组织的土地要素、资本要素和劳动力要素的平方项的系数均为正值,并且通过了至少 5% 显著性水平的假设检验,这说明样本中合作型组织继续追加土地投入、资本投入和劳动力投入对产出有正向影响;科层型组织的土地要素和资本要素的平方项通过了至少 10% 显著性水平的假设检验,并且土地要素平方项和资本要素平方项的系数为正值,这说明样本中科层型组织继续追加土地投入和资本投入对产出有正向影响。(3)小规模农户的 β_7、β_8、β_9,大规模农户的 β_8、β_9,合作型组织的 β_8、β_9 和科层型组织的 β_7、β_8,分别通过了至少为 10% 显著性水平的假设检验,其中,小规模农户的 β_7、β_8、β_9,大规模农户的 β_8、β_9 和科层型组织的 β_7 的系数为正值,合作型组织的 β_8、β_9 和科层型组织的 β_8 的系数为负值,这说明小规模农户的土地、资本和劳动力三要素之间,大规模农户的土地和劳动力要素、资本和劳动力要素之间,科层型组织的土地和资本要素之间,存在一定的互补性;合作型组织的土地和劳动力要素、资本和劳动力要素之间,科层型组织的土地和劳动力要素之间,存在一定的替代性。

在经济型衡量指标随机前沿生产函数估测下:(1)小规模农户的土地要素、资本要素和劳动力要素通过了至少 10% 显著性水平的假设检验,并且土地要素和劳动力要素的系数为正值,资本要素的系数为负值,这说明样本中小规模农户增加土地投入和劳动力投入对产出有正向影响,增加资本投入对产出有负向影响;大规模农户的土地要素和劳动力要素通过了至少 10% 显著性水平的假设检验,并且土地要素和劳动力要素的系数均为正值,这说明样本中大规模农户增加土地投入和劳动力投入对产出有正向影响;合作型组织农户的劳动力要素通过了 5% 显著性水平的假设检验,并且劳动力要素的系数为正值,这说明样本中大规模农户增加劳动力投入对产出有正向影响;科层型组织的土地要素、资本要素和劳动力要素均通过了至少 5% 显著性水平的假设检验,并且土地要素、资本要素和劳动力要素的系数均为正值,这说明样本中大规模农户增加土地投入、资本投入和劳动力投入对产出有正向影响。(2)小规模农户的土地要素和资本要素的平方项均通过了至少5%显著性水平的假设检验,并且土地要素平方项的系数为正值,资本要素平方项的系数为负值,这说明样本中小规模农户继续追加资本投入对产出有正向影响,而继续追加资本投入对产出有负向影响;大规模农户的资本要素的平方项系数通过了1%显著性水平的假设检验,并且资本要素平方项的系数为负值,这说明样本中大规模农户继续追加资本投入对产出有负向影响;合作型组织的资本要素和劳动力要素的平方项的系数均为正值,并且通过了至少5%显著性水平的假设检验,这说明样本中合作型组织继续追加资本投入和劳动力投入对产出有正向影响;科层型组织的劳动力要素的平方项通过了5%显著性水平的假设检验,并且劳动力要素平方项的系数为负值,这说明样本中科层型组织继续追加劳动力投入对产出有负向影响。(3)小规模农户的β_7、β_8,大规模农户的β_8、β_9,合作型组织的β_7、β_9和科层型组织的β_7、β_8,分别通过了至少为10%显著性水平的假设检验,其中,小规模农户的β_7、β_8,大规模农户的β_8、β_9,科层型组织的β_7,科层型组织的β_7的系数为正值,合作型组织的β_9和科层型组织的β_8的系数为负值,这说明小规模农户的土地和资本要素、土地和劳动力要素之间,大规模农户的土地和劳动力要素、资本和劳动力要素之间,科层型组织的土地和资本要素之间,科层型组织的土地和资本要素之间,存在一定的互补性;合作型组织的资本和劳动力要素之间,科层型组织的土地和劳动力要素之间,存在一定的替代性。

根据估算出来的随机前沿生产函数模型,结合不同类型农业经营主体的技术效率损失项u_i和式(3-6),以2015年的数据为对照,可以估算出各种类型农业经营主体的2016年和2017年两年的技术效率损失项u_{it},而后利用式(3-7)对各种类型农业经营主体的2016年和2017年的全要素生产率进行测算,运算结果如表3-9、表3-10所示。

表 3-9　2016—2017 年全要素生产率测度水平结果(投入产出量指标)

效率测度	2016 年	2017 年
合作型组织	0.8669	0.8685
科层型组织	0.8262	0.8232
小规模农户	0.9316	0.9308
大规模农户	0.8873	0.8879

表 3-10　2016—2017 年全要素生产率测度水平结果(经济型指标)

效率测度	2016 年	2017 年
合作型组织	0.8990	0.9000
科层型组织	0.9331	0.9348
小规模农户	0.8312	0.8307
大规模农户	0.8443	0.8457

2.各类型农业经营主体经营效率比较

上述部分主要运用了随机前沿生产函数(SFA)对调查样本的各类型农业经营主体的全要素生产率进行了测算和分析,而本书在进行经营效率分析时计划结合单要素指标和总生产经营指标进行分析,以保证对问题研究的全面性。因此,对本书所选的土地要素、资本要素和劳动力要素三个指标,设定了相应的单要素生产率测算模型,分别如式(3-9)、式(3-10)、式(3-11)所示。

$$NE_{it} = y_{it}/N_{it} \qquad\qquad (3-9)$$

$$KE_{it} = y_{it}/K_{it} \qquad\qquad (3-10)$$

$$LE_{it} = y_{it}/L_{it} \qquad\qquad (3-11)$$

其中,NE_{it}表示第 t 个时期第 i 个经营主体的土地要素生产率,KE_{it}表示第 t 个时期第 i 个经营主体的资本要素生产率,LE_{it}表示第 t 个时期第 i 个经营主体的劳动力要素生产率。根据调查数据和式(3-9)、式(3-10)、式(3-11),并结合表 3-6、表 3-7,对各类型农业经营主体的总生产率、各个单要素生产率和全要素生产率进行测算,测算结果如表 3-11、表 3-12 所示。

表 3-11 2016—2017 年各类型农业经营主体要素指标分析结果（投入产出量指标）

农业经营主体类型	年份	土地要素生产率（公斤/公顷）	资本要素生产率（公斤/万元）	劳动力要素生产率（公斤/天）	全要素生产率(%)
合作型组织	2016	2330.16	1338.95	71.62	86.69
	2017	2240.85	1330.58	70.82	86.85
科层型组织	2016	2281.98	1534.36	71.62	82.62
	2017	2186.18	1358.88	69.09	82.32
小规模农户	2016	2651.61	1582.02	86.27	93.16
	2017	2547.98	1426.39	80.52	93.08
大规模农户	2016	2510.78	1483.55	76.64	88.73
	2017	2384.85	1477.12	75.37	88.79

表 3-12 2016—2017 年各类型农业经营主体要素指标分析结果（经济型指标）

农业经营主体类型	年份	土地要素生产率（万元/万元）	资本要素生产率（万元/万元）	劳动力要素生产率（万元/万元）	全要素生产率(%)
合作型组织	2016	2.98	0.60	1.54	89.90
	2017	2.83	0.59	1.49	90.00
科层型组织	2016	3.38	0.64	1.64	93.31
	2017	3.21	0.62	1.54	93.48
小规模农户	2016	2.22	0.54	1.27	83.12
	2017	2.19	0.55	1.27	83.07
大规模农户	2016	2.51	0.62	1.38	84.43
	2017	2.43	0.61	1.33	84.57

当用投入产出型指标衡量大豆经营主体的纯生产效率时，分析结果如表3-11所示。从2016年和2017年两年的测算结果中看出：首先，土地要素生产率和劳动力要素生产率由高到低分别为小规模农户、大规模农户、合作型组织、科层型组织。而资本要素生产率虽不遵循上述排列顺序，但从整体趋势上看，农户家庭经营主体高于农业组织化经营主体。其次，全要素生产率由高到

低分别为小规模农户、大规模农户、合作型组织、科层型组织。

当用经济型指标衡量大豆经营主体的综合经营效率时,分析结果如表3-12所示。从 2016 年和 2017 年两年的测算结果中看出:首先,土地要素生产率和劳动力要素生产率由高到低分别为科层型组织、合作型组织、大规模农户、小规模农户。而资本要素生产率虽不遵循上述排列顺序,但从整体趋势上看,农业组织化经营主体高于农户家庭经营主体。其次,全要素生产率由高到低分别为科层型组织、合作型组织、大规模农户、小规模农户。

本部分基于黑龙江省 12 个县(市)526 个大豆经营主体样本的经验数据,选取相应的指标,利用随机前沿生产函数法(SFA),并结合单要素生产率和全要素生产率两个角度的衡量指标,对农业组织化经营和农户家庭经营的生产效率和综合效率进行了测算、比较和分析,得出相应的结论。由研究结果可得出以下结论:

第一,在土地规模化流转的背景下,在调研所得的大豆经营样本中,比较用生产投入量指标测量出的纯生产效率时,农户家庭经营比农业组织化经营更高效。

第二,在土地规模化流转的背景下,在调研所得的大豆经营样本中,比较用经济型指标测量出的市场综合经营效率时,农业组织化经营比农户家庭经营更高效。

在当前农业现代化发展的态势下,农业组织化经营是推进农业现代化进程的重要方式,同时也使对农业组织化经营的效率问题的研究变成学界热点问题。得出以上结论,究其原因,笔者认为,可能是在土地规模化流转的背景下,规模较小的农户主体以及以亲缘为纽带的家庭农场主体,更能够发挥其全部的农业产出能力,在不度量市场、价格等因素的情况下,相较于农业组织化经营主体能够有更高的纯生产效率;而规模较大的组织化经营主体,一般是以经济合作关系、雇佣生产关系等为纽带连接起来,相较于规模较小的农户主体和家庭农场主体,能够充分利用其较大的规模、较强的市场缓冲能力和较强的

前后向市场谈判能力,从而产生更大的经济效益。根据上述研究结论,提出以下启示和建议:

第一,以农业组织化经营形式存在的农业合作社、农业合作联合社、农业企业等规模较大的新型农业经营主体,能提高经营主体的综合经营效益,同时也是推进农业现代化进程、发展农业适度规模化经营的重要方式。因此,政府有关部门应出台相应政策,积极促进新型组织化农业经营主体的形成,发挥农业适度规模化经营的综合效益提高优势,以农业组织化经营带动农业个体经营和农业家庭经营,进而提高全体农业经营主体的经营效益。

第二,政府需要认识到,农业组织化经营所带来的经营效益的提升可能更多源于组织化经营主体较强的市场缓冲能力和前后向市场谈判能力,相较于规模较小的个体农户和家庭农场,其纯投入产出效率更低。因此,政府有关部门,一方面在促进农业规模化经营主体的产生时,应注意规模的适度性,过高的农业经营规模,可能会使其纯投入产出率的下降超过其经济效益的提升而带来综合效益的下降;另一方面,小规模农户和家庭农场等大规模农户的存在,因其较高的纯投入产出率也有一定的意义和价值,应在促进农业适度规模化经营的同时,保障个体农户和家庭农场的利益和正常演化。

二、 雇佣生产对农业生产效率的影响——来自黑、蒙豆农的经验数据[①]

农业雇佣生产实质是农业劳动者受雇从事农业劳动,以自身劳动力换取实物或货币工资的经济关系。从社会发展的历程来看,雇佣生产的出现源于社会分工的演变和商品生产的发展,它被认为是社会进步的标志。从本质上讲,雇佣关系是因劳动力的买卖而产生的经济关系,雇佣双方存在着权利与义务交换的法律关系。现代农业雇佣生产是建立在合约双方平等、自愿、有偿的

---

① 本节部分内容整理自笔者发表在《中国农村经济》(2018 年第 4 期)上的文章"种植户农业雇佣生产行为选择及其影响效应分析——基于黑龙江和内蒙古大豆种植户的面板数据"。

基础之上的,已经不存在剥削性质了。在家庭联产承包责任制早期,我国农地普遍小规模耕种,小农经营色彩浓厚,随着中央明确"土地承包经营权流转"的政策指向,农地流转集中化和农地经营规模化的趋势逐步明显,两者共同加速了农业雇佣生产现象的产生。农业雇佣生产可以解决农村劳动力不足及闲散劳动力就业和农业规模经营之间的矛盾,让生产要素和资源能够充分地结合,提高农业的生产效率,农业雇佣生产是发展实现农业现代化的一个重要方式。随着农业经营规模的扩大,雇佣在生产过程中的地位就显得尤为必要了,它不仅是传统社会中重要的生产经营方式,更是一种扩大生产经营的重要手段。雇佣对土地资源的有效利用、劳动力的合理流动、社会资源的有效配置起到了关键性的作用。

作为大豆的原产地,近些年我国大豆生产加工主要依赖进口,东北三省及内蒙古自治区作为我国大豆主要种植区在增加我国大豆产量及增强我国大豆竞争力方面有义不容辞的责任,我国出台东北三省一区大豆目标价格政策,不断强调推进农业供给侧结构性改革,通过调整以减少玉米种植面积,在大豆主要种植区实行"粮豆轮作"来发展大豆产业。同时,农村加大农地流转力度的背景以及新型农业经营主体的出现都是发展规模化农业生产的重要条件,通过农业规模化生产发展农村经济并实现农业现代化。在此过程中,越来越多的青壮年劳动力流向城市非农领域就业,农村青壮年劳动力缺乏也是当下农业生产的一大现实问题。为提高大豆种植户的积极性,鼓励大豆种植,我国在东北地区实行大豆目标价格补贴政策,自 2017 年起将大豆目标价格补贴政策调整为大豆生产者补贴政策,与玉米生产者补贴统筹衔接,优化调整种植结构,加速农业供给侧结构性改革。农业雇佣生产不仅能够优化配置农业生产要素资源,提高资源的利用效率,而且能够解决农业规模化生产和农村劳动力资源供给失衡的问题。本部分主要通过面板数据模型对采集的黑龙江大豆种植户数据样本进行分析来研究农业雇佣生产对大豆生产的影响效应。

（一）数据来源及样本描述

本部分调研数据来自两处：一是调研组成员于 2016 年 8 月在黑龙江和内蒙古地区的调查采访，二是本校经济管理专业部分研究生和本科生 2016 年暑假"三下乡"社会实践的调研。调研地区包括黑龙江省内的通河县、巴彦县、方正县、宾县、克东县、依安县、克山县、富裕县、嫩江县、北安市和内蒙古甘河农场各联队。采用随机抽样结合深度访谈方式采集数据，对同一大豆种植户询问其最近三年内（2014—2016 年）是否存在雇佣生产，由于调研期间尚未到达秋收时节，因此，2016 年年末数据采用农户估算的方式补齐，调研共采集有效样本 635 份（见表 3-13）。

表 3-13　2014—2016 年样本数量统计

调查总户数及占比		2014 年存在雇佣生产行为的农户数及占比		2015 年存在雇佣生产行为的农户数及占比		2016 年存在雇佣生产行为的农户数及占比		2014—2016 年都存在雇佣生产行为的农户数及占比	
总户数	占比（%）	户数	占比（%）	户数	占比（%）	户数	占比（%）	户数	占比（%）
635	100	537	84.6	553	87.1	587	92.4	517	81.4

表 3-13 数据显示，2014—2016 年，调研区大豆种植户采用雇佣生产的比例均高于 80%，年际间有略增长趋势，且 3 年内都进行过雇佣生产的农户比例达到 81.4%。这表明，调研地区大豆种植要素外包的市场环境在优化。与此同时，农户采用要素外包提高资源配置效率的意识和意愿在不断增强。

集中关注三年内都进行过雇佣生产的 517 份农户样本，其基本特征如表 3-14 所示。从大豆种植的阶段性划分来看（见表 3-15），整地和收割阶段是豆农选择雇佣生产频次最高的时期，田间管理阶段次之，而在播种和仓储阶段基本依靠自家劳动力等要素完成生产。

表 3-14 517 户样本基本属性特征及分布

		户数	占比（%）
总 体		517	100
种植户类型	普通农户	408	78.9
	新型农业经营主体	109	21.1
户主职业	纯务农	419	81.0
	兼业	98	19.0
地区分布	黑龙江第一、二、三积温带	217	42.0
	黑龙江第四、五、六积温带	203	39.2
	内蒙古地区	97	18.8
耕地面积	50 亩及以下	95	18.4
	50—100 亩	118	22.8
	101—200 亩	120	23.2
	201—500 亩	112	21.7
	501—1000 亩	57	11.0
	1000 亩以上	15	2.9
耕地类型	平地	369	71.4
	洼地、岗地	25	4.8
	混合	123	23.8
家庭参与农业生产的劳动力数量	1—2 人	259	50.1
	3—4 人	171	33.1
	4 人以上	87	16.8
家庭非农务工收入占家庭总收入之比	35%及以下	233	45.1
	35%—45%	145	28.0
	45%及以上	139	26.9

表 3-15　2014—2016 年 517 户样本大豆雇佣生产阶段分布占比情况

（单位:%）

年份	整地阶段	播种阶段	田间管理阶段	收割阶段	仓储阶段
2014	85.0	8.9	15.7	98.0	6.4
2015	85.9	8.3	15.3	98.5	6.8
2016	85.3	9.1	15.1	98.5	6.8

从大豆种植的雇佣对象分布来看（见表 3-16），主要集中在技术和劳动力两项上，比例分别达到 90% 以上和 30% 以上。调查中发现，大豆生产呈现明显的阶段性技术密集型和劳动密集型的特征，不同时期对不同类型生产要素的需求度差异较大。整地和收割阶段主要的生产工作是旋地、起垄、收割和装卸，需要比较集中的农机服务，调研地区农机合作社等农机提供主体较多，市场较完善，要素购买渠道较为便捷，雇佣比例较高。而田间管理阶段则需要较多的劳动力投入，进行施肥、喷药、除草和趟地工作，播种和仓储阶段对农机技术和劳动力等要素需求都较弱，依靠农户自家劳动力和自有农机具即可完成生产，因此，雇佣比例较低。

表 3-16　2014—2016 年 517 户样本大豆雇佣生产对象分布占比情况

（单位:%）

年份	劳动力	技术	管理	信息
2014	30.9	95.0	7.4	2.5
2015	31.1	95.9	7.5	2.7
2016	30.6	96.3	7.9	2.7

从大豆种植的雇佣费用投入情况来看（见表 3-17、表 3-18），雇佣费用占豆农生产成本的比例为 13.5%，其中，整地和收割雇佣费用占比分别为 5.6% 和 6.1%，而播种、田间管理和仓储阶段雇佣费用占比分别为 1.1%、0.5% 和 0.3%，技术和劳动力雇佣费用占比分别为 12.5% 和 0.9%，而管理和信息雇佣

费用占比非常低,这与前面的分析一致。调查中发现,农机等技术服务外包比例较高的种植户类型是种植规模较少的普通农户,而对于种植规模较大的新型农业经营主体,基于其资金实力,自购农机器械的比例较高,因此,农机等技术服务外包比例较低,但对闲散劳动力雇佣的需求量较大。另外,调研发现,部分农民专业合作社会聘请经理、助理等管理人员,年薪在3万—6万元水平,但因调查样本结构限制,总体统计结果显示管理要素雇佣比例较低。再者,调查中还发现,部分地区农资企业以农资门店的方式对外提供有偿或免费的农技培训、土壤检测、配方施肥、病虫害防治、电子商务信息发布、商品交易等服务,而在生产实践中,农户对该类农业生产技术信息购买的熟知度和意愿不高,农业信息传递方式还主要依靠农户、电视广播媒体以及农技服务站等政府公益性组织。

表 3-17　2015 年 517 户样本大豆雇佣生产阶段费用投入情况

指标	生产成本（元/亩）	雇佣生产投入成本（元/亩）					
		整地阶段	播种阶段	田间管理阶段	收割阶段	仓储阶段	总体
最大值	750	36.0	8.0	4.8	39	2.2	85.6
最小值	260	0	0	0	0	0	47.8
均值	470	26.2	5.3	2.2	28.6	1.3	63.6
均值占比(%)	100	5.6	1.1	0.5	6.1	0.3	13.5

表 3-18　2015 年 517 户样本大豆雇佣生产对象费用投入情况

指标	生产成本（元/亩）	雇佣生产投入成本（元/亩）				
		劳动力	技术	管理	信息	总体
最大值	750	10.4	74.6	9.6	2.3	85.6
最小值	260	0	0	0	0	47.8
均值	470	4.3	58.8	0.3	0.2	63.6
均值占比(%)	100	0.9	12.5	0.0	0.0	13.5

（二）建模及变量选择

1.模型原理

面板数据（Panel Data）能同时反映研究对象在时间和截面单元两个方向上的变化规律以及不同时间和不同单元的特性，可以构建并检验更为复杂的行为模型（Hsiao C.,2007）。面板数据模型（Panel Data Model）的一般形式为：

$$y_{it} = \alpha_{it} + \sum_{k=1}^{K} \beta_{kit} x_{kit} + \mu_{it} \tag{3-12}$$

其中，y_{it} 为被解释变量。x_{kit} 为解释变量，$i = 1,2,3,\cdots,N$ 为 N 个个体；$t = 1,2,3,\cdots,T$ 为 T 个时点；K 为解释变量的个数。α_{it} 表示模型的截距项或常数项。β_{kit} 为相应解释变量的待估系数，μ_{it} 为随机误差项，满足相互独立、零均值、等方差为 δ^2 的假设。

根据模型截距项和解释变量系数是否固定不变，面板数据模型有三种基本形式：混合回归模型、固定效应模型和随机效应模型。如果样本数据平稳，则可以进行回归分析，进行 F 检验和 Hausman 检验以确定研究适合哪种具体模型。这其中，固定效应模型又分为 3 种类型，即个体固定效应模型、时期固定效应模型和双向固定效应模型，其基本形式分别为：

$$y_{it} = \alpha_i + \beta_1 x_{1it} + \beta_2 x_{2it} + \cdots + \beta_K x_{Kit} + \mu_{it} \tag{3-13}$$

$$y_{it} = \gamma_t + \beta_1 x_{1it} + \beta_2 x_{2it} + \cdots + \beta_K x_{Kit} + \mu_{it} \tag{3-14}$$

$$y_{it} = \alpha_i + \gamma_t + \beta_1 x_{1it} + \beta_2 x_{2it} + \cdots + \beta_K x_{Kit} + \mu_{it} \tag{3-15}$$

其中，$i = 1,2,3,\cdots,N$；$t = 1,2,3,\cdots,T$。模型（3-13）为个体固定效应模型，其模型截距项在个体 i 上变化，而在时间 t 上无变化；模型（3-14）为时期固定效应模型，其模型截距项在个体 i 上无变化，而在时间 t 上有变化；模型（3-15）为双向固定效应模型，其模型截距项在个体 i 和时间 t 上都有变化。

2.指标选择和变量的描述性统计

依据前述分析，结合变量数据的可获得性，选取大豆种植户生产费用投入

（ CL ）、自家劳动力投入（ LR ）、自有农用机械投入（ TY ）、劳动力雇佣水平
（ OLR ）、技术服务雇佣水平（ OTY ）、管理人员雇佣水平（ OMR ）、信息服务
购买水平（ OIN ）七个指标为自变量，选择大豆单产（ YD ）为因变量指标，数
据来自前述517户样本2015年的生产数据。变量的基本含义和面板数据的
基本描述性统计见表3-19。

表3-19　指标变量含义及面板数据的描述性统计

变量类型	指标	变量含义及赋值	单位	均值	最大值	最小值	标准差
自有资源投入	生产费用投入（ CL ）	大豆生产的直接物质投入（包括种子、化肥、农药、燃料等）和土地租赁费用之和与大豆种植面积之比	元/公顷	365.69	690.00	105.00	140.59
	自家劳动力投入（ LR ）	自家劳动力投入数量与大豆种植面积之比	人/公顷	1.37	3.60	0.20	1.11
	自有农用机械投入（ TY ）	自家持有农用机械现值估价现值与大豆种植面积之比	万元/公顷	3.62	8.90	0.70	2.95
外部资源投入	劳动力雇佣水平（ OLR ）	一个农业生产周期内雇佣劳动力投入的总费用与大豆种植面积之比	元/公顷	168.09	350.00	0.00	113.06
	技术服务雇佣水平（ OTY ）	一个农业生产周期内雇佣机械、技术等投入的总费用与大豆种植面积之比	元/公顷	305.94	680.00	0.00	168.36
	管理人员雇佣水平（ OMR ）	有管理人员雇佣=1 没有管理人员雇佣=0	—	0.28	1.00	0.00	0.45
	信息服务购买水平（ OIN ）	有信息服务购买=1 没有信息服务购买=0	—	0.39	1.00	0.00	0.60
因变量	大豆单产（ YD ）	大豆的单产水平	公斤/公顷	196.31	247.00	145.00	61.91

3. 建立模型

建立本研究所需模型具体形式为：

$$YD_{it} = \alpha_0 + \alpha_i + \beta_1 CL_{it} + \beta_2 LR_{it} + \beta_3 TY_{it} + \beta_4 OLR_{it} + \beta_5 OTY_{it}$$
$$+ \beta_6 OMR_{it} + \beta_7 OIN + \mu_{it} \tag{3-16}$$

$$YD_{it} = \alpha_0 + \gamma_t + \beta_1 CL_{it} + \beta_2 LR_{it} + \beta_3 TY_{it} + \beta_4 OLR_{it} + \beta_5 OTY_{it}$$

$$+ \beta_6 OMR_{it} + \beta_7 OIN + \mu_{it} \tag{3-17}$$

$$YD_{it} = \alpha_0 + \alpha_i + \gamma_t + \beta_1 CL_{it} + \beta_2 LR_{it} + \beta_3 TY_{it} + \beta_4 OLR_{it} + \beta_5 OTY_{it}$$

$$+ \beta_6 OMR_{it} + \beta_7 OIN + \mu_{it} \tag{3-18}$$

其中，α_i 表示第 i 个样本农户的个体固定效应，γ_t 表示第 t 个截面的时期固定效应。

（三）结果分析及启示

首先使用时期固定效应模型［简称模型（Ⅰ）］、个体固定效应模型［简称模型（Ⅱ）］和双向固定效应模型［简称模型（Ⅲ）］分别对全部数据进行拟合（见表 3-20）。

表 3-20　模型（Ⅰ）、模型（Ⅱ）、模型（Ⅲ）总体估计结果

变量	模型（Ⅰ）	模型（Ⅱ）	模型（Ⅲ）
常数项	87.0274*** (5.5910)	29.5613*** (3.4397)	26.7513** (6.2234)
CL	0.3721*** (0.1264)	0.3826*** (0.0653)	0.3251*** (0.1531)
LR	−0.0199 (0.0095)	−0.0138 (0.0086)	−0.0203* (0.0033)
TY	0.1082** (0.0985)	0.1839** (0.0821)	0.1717*** (0.0587)
OLR	0.0493** (0.0141)	0.0682** (0.0138)	0.0364** (0.0102)
OTY	0.1271*** (0.0292)	0.1381*** (0.0635)	0.1193*** (0.0738)
OMR	3.0480** (0.3161)	3.0544** (0.9844)	3.0281** (0.8828)
OIN	5.1058* (0.1433)	4.6112* (0.1825)	5.0227* (0.1832)
2014 年	—	2.3404	2.0001
2015 年		3.8307	0.3343

续表

变量	模型（Ⅰ）	模型（Ⅱ）	模型（Ⅲ）
2016 年	—	1.4903	2.3345
R^2	0.9867	0.9086	0.9869
调整 R^2	0.9749	0.8908	0.9733
DW 值	2.5153	0.2732	2.4257
F 值	83.3408	10.4565	72.6137

注：①＊、＊＊、＊＊＊分别表示回归系数通过了 10%、5%、1%置信区间的检验，括号中的数字为回归系数的标准误。②本表未报告个体固定效应值。

结果显示，劳动力雇佣水平（OLR）、技术服务雇佣水平（OTY）、管理人员雇佣水平（OMR）和信息服务购买水平（OIN）四个指标系数估计结果均在 10%显著水平下通过检验，且均大于 0，表明，雇佣生产对大豆种植户生产效率的影响是积极的。具体来看，技术服务雇佣水平（OTY）指标系数估计结果在三个模型上均高于劳动力雇佣水平（OLR），表明，大豆种植过程中雇佣机械技术对产量的影响要比雇佣劳动力的影响显著。调查实践也显示，目前各地大豆种植户对劳动力的需求主要集中在田间管理等时期，从事机器无法替代的零散工作。调查农户均表示，相比较而言，雇佣人工费用投入较高，效率低，因此，可以用机器的地方不会选择人工。信息服务购买水平（OIN）指标系数估计结果略高于管理人员雇佣水平（OMR），可能的原因是，一般情况下大豆生产经营主体的经济实力和生产规模较高时才会聘用管理人员，占总体样本比例较低，对估计结果有一定的影响。另外，调查也显示，当地农机站、农机服务企业等社会化服务体系较为健全的地区，大豆种植户在购买种子、病虫害防治等方面得到信息、指导的概率明显要高于其他地区，也间接印证农技信息服务对农业生产效率影响是积极的。

使用双向固定效应模型［模型（Ⅲ）］对普通农户和新型农业经营主体的数据分别拟合（见表 3-21），结果显示，普通农户在技术服务雇佣水平（OTY）

指标上的估计系数要明显高于新型农业经营主体,而新型农业经营主体在劳动力雇佣水平(OLR)指标上的估计系数要明显高于普通农户,表明雇佣机器对小规模大豆种植户生产效率的影响更为显著,而雇佣劳动对大规模大豆种植主体生产效率的影响更为明显。可能的逻辑是,对普通农户,机器替代人工节省时间的同时也降低单位投入,进而提高其亩均产出,而对新型农业经营主体,由于其自有机器占比较高,机器替代人工产生的时间和单位投入节省效应不明显。比较而言,在劳动密集型环节,新型农业经营主体雇佣劳动的必要性要远远高于普通农户,因此而产生的影响也是显著的。另外,普通农户在信息服务购买水平(OIN)指标上的估计系数也高于新型农业经营主体,原因是普通农户在农资购置、农机农艺、销售等方面掌握的信息量和渠道不及新型农业经营主体,因此农业社会化服务体系对该类主体的帮助更大,效应更明显。

表3-21　模型(Ⅲ)下大豆生产不同主体类型估计结果

变量	普通农户	新型农业经营主体
常数项	24.4668 *** (7.2759)	27.3071 *** (5.4861)
CL	0.2795 *** (0.0227)	0.3348 *** (0.0295)
LR	0.6262 (0.0363)	-0.90093 * (0.0119)
TY	0.1395 ** (0.0281)	0.0976 *** (0.0252)
OLR	0.0313 ** (0.0056)	0.1833 ** (0.0826)
OTY	0.1632 ** (0.0227)	0.0870 ** (0.0090)
OMR	—	7.2169 ** (0.5828)
OIN	10.4113 ** (0.9004)	4.7144 ** (0.2110)

变量	普通农户	新型农业经营主体
2014 年	6.7853	13.8282
2015 年	7.4081	11.9791
2016 年	9.3773	12.8490
R^2	0.9873	0.9273
调整 R^2	0.9705	0.8888
DW 值	1.5271	1.2871
F 值	58.6128	24.1031

注:①因存在变量间的相关性,普通农户样本所使用的模型剔除了 OMR 指标。② * 、* * 、* * * 分别表示回归系数通过了 10%、5%、1%置信区间的检验,括号中的数字为回归系数的标准误。③本表未报告个体固定效应值。

使用双向固定效应模型[模型(Ⅲ)]对大豆生产各环节数据分别拟合(见表3-22),结果显示,田间管理阶段劳动力雇佣水平(OLR)指标上的估计系数最高,其次是仓储阶段,表明上述两个时期劳动力投入对生产的影响最明显,原因是上述两个阶段属劳动密集型环节,机器替代程度最低。而收割和整地阶段技术服务雇佣水平(OTY)指标上的估计系数最高,调查显示,样本区域上述两阶段雇佣机器的占比在九成以上,相比人工投入优势更为明显:在整地阶段,采用人工传统翻耕作业往往翻耕深度浅,一般仅为 15cm,不均匀,且碎土率低,难以适应农艺要求,而个别地区采用的机器重耙深耕能实现耙后地表平整,无漏耙,高速作业,效率明显提高;在收割阶段,考虑到地块、垄形、成熟期、天气等因素,机器收割效率也是人工的几十倍,但由于目前大豆机器收割漏损率较高,少数农户仍会选择使用自家劳动力。另外,田间管理和播种阶段信息服务购买水平(OIN)指标上的估计系数较高,表明农业社会化服务在该环节对生产效率的影响最为显著。

表 3-22 模型(Ⅲ)下大豆各生产环节估计结果

	整地阶段	播种阶段	田间管理阶段	收割阶段	仓储阶段
常数项	27.3732*** (7.0734)	26.3102*** (7.3554)	29.1297*** (6.1739)	27.9597*** (7.1579)	28.6934*** (7.2201)
OLR	0.1419*** (0.0421)	0.2846** (0.0873)	0.6122*** (0.0349)	0.2188*** (0.5166)	0.53827*** (0.5306)
OTY	0.2533** (0.0743)	0.2134** (0.0923)	0.2452** (0.0380)	0.3190** (0.0491)	0.2514** (0.0673)
OMR	6.1080** (0.0865)	6.4221** (0.0853)	6.2405** (0.0897)	7.179** (0.0757)	6.7992** (0.0808)
OIN	8.1131** (0.0719)	10.4831** (0.0811)	10.0019* (0.0979)	8.7763** (0.0900)	8.7022** (0.0820)
2014 年	4.6247	4.1458	4.1111	4.201	4.1692
2015 年	3.7743	3.0285	3.0434	2.9967	2.1391
2016 年	4.3990	5.1744	5.1545	5.1979	5.3083
R^2	0.8802	0.8720	0.8819	0.8837	0.8794
调整 R^2	0.8649	0.8569	0.8657	0.8757	0.8540
DW 值	0.1306	0.1639	0.1216	0.1192	0.1190
F 值	57.5545	58.5518	57.9828	57.9583	57.15023

注:①因数据的可获得性,本表样本所使用的模型剔除了 CL、LR 和 TY 三个指标。②*、**、*** 分别表示回归系数通过了 10%、5%、1%置信区间的检验,括号中的数字为回归系数的标准误。③本表未报告个体固定效应值。

由于当前农村土地大规模流转、农村劳动力大量外流,土地由分散经营向规模化经营演变的趋势越发明显。农业经营主体由小农家庭经营逐渐向多种农业主体并存转化,催生出农业大户、家庭农场、农民专业合作社等新型农业经营主体。与此同时,农业生产方式也在发生变化,农户小规模自耕正逐渐向大规模雇佣生产转变,而雇佣方式和内容不仅包括机械等生产技术的外包,也包括闲散劳动力的雇佣等。因此可以说,农业雇佣生产在当前农村经济社会条件下出现了新的发展态势。研究基于黑龙江和内蒙古两地大豆种植户的面板数据,利用时期固定效应模型、个体固定效应模型和双向固定效应模型分别对样本数据拟合,结果表明,劳动力雇佣水平、技术服务雇佣水平、管理人员雇佣水平和信息服务购买水平四个指标均对种植户大豆单产具有正向影响,分类样本拟合结果显示,雇佣技术服务对于小规模大豆种植户生产效率的影响更为显著,而雇佣劳动对于大规模大豆种植主体生产效率的影响更为明显。田间管理阶段劳动力雇佣水平指标上的估计系数最高,表明该时期劳动力投入对生产的影响最明显,而收割和整地阶段技术服务雇佣水平指标上的估计系数最高。基于上述结论,提出如下政策启示:

第一,建立和完善农业技术服务外包平台,降低双方交易费用,优化农业技术服务外包利益分配机制,提高服务效率。目前,农业技术服务外包交易供需双方多为单独个体,建立完善的外包服务平台,能克服交易过程中的随意性和无组织性,集中交易来降低交易双方的费用,提高双方获取信息的效率。在平台上建立信用档案,以便于监督承包方行为,减少"道德风险"问题。在利益分配中,将农业生产收入的一定比例添加到服务外包费中,服务供需双方共同减少技术风险的发生,促进提高农业技术服务效率。

第二,建立农村闲散劳动力用工平台组织,加强农业雇工劳动技能培训,保障农业雇工权益,提高农村人力资源利用效率。建立劳动力用工平台有助于完善农村劳动力市场,加快农村闲散劳动力的自由流动,提高资源利用效率并且带来更高的平均报酬率水平。用工平台组织给农业雇工提供新的资讯,培训农业雇工帮助其获得更加成熟先进的劳动技能,转化成有较高技术含量的新型农业雇工。一方面,有利于提高雇工收入,实现农村人力资源的高效利用;另一方面,农村劳动力用工平台组织的建立一定程度上能维护农业雇工的利益,保障农业雇工权益。

第三,加强农业技术推广体系建设,畅通农业科技成果入户到田渠道,提高科技成果转化速度,提高农户生产技能。农业技术推广能提高农民素质,丰富其生产技能,促进农业生产发展。利用好农业科研院所和高等农业院校的资源优势,支持鼓励其承担一定的农业技术推广项目,提高农业科技成果的转化。农业科技成果作为一种潜在的生产力只有经过有效的农业技术推广才能真正转化为现实的生产力。要加强农业技术推广体系的建设,一方面继续保持政府公益性农技推广,另一方面充分发展社会经营性农技服务体系。两者相互协调共同推进农业技术成果转化,加快转化速度,只有这样才能尽快让农户从农业技术进步中获得更多收益,提高农业生产效率。

三、 产业融合发展对农户增收的影响——实证及经验案例①

党的十九大报告首次提出实施乡村振兴战略时要求:要坚持农业农村优先发展,按照产业兴旺、生态宜居、乡风文明、治理有效、生活富裕的总要求,建立健全城乡融合发展体制机制和政策体系,加快推进农业农村现代化。乡村振兴是我国农业农村发展的新战略,农村一二三产业融合发展是实施乡村振兴战略的有效途径。农村一二三产业融合发展过程中,普通农户能够有效参与其中,并共同分享利益成果,各个利益主体联系更加紧密,发挥主体作用是产业融合的应有之义。为适应并引领经济发展新常态,充分挖掘农民增收潜力,我国推出了一系列改革举措。其中,通过推动农村一二三产业融合发展,让农民分享第二、第三产业环节增值收益,作为拓宽农民增收渠道、培育农民增收新动能的有效对策被提出。2015 年,中央"一号文件"首次提出"推进农村一二三产业融合发展"。2015 年年底,发布了《国务院办公厅关于推进农村一二三产业融合发展的指导意见》,相关部委和部分省(自治区、直辖市)也陆续出台了专门政策文件,部署推进农村一二三产业融合发展。2016 年至 2022 年连续多年中央"一号文件"强调推进产业融合发展。乡村振兴,产业振兴是关键,生活富裕是根本。2022 年中央"一号文件"不仅对产业本身提出了更高的要求,从提升质量、打造品牌、推动优势特色产业集群集聚、发展都市现代农业等方面提出具体措施,还进一步丰富了乡村产业的内涵,从乡土产业发展、全产业链建设、一二三产融合、农民就地就近就业创业等方面明确要求,特别强调

---

① 本节部分内容整理自笔者发表在《学习与探索》(2019 年第 3 期)上的文章《新型农业经营主体推动农村三产融合发展的增收效应分析》。

县域内现代富民产业、商业体系建设,繁荣发展乡村经济,更好服务构建"双循环"新发展格局。产业融合的背后是利益的联结,农民是农业农村发展的主体,发展新产业新业态的出发点和落脚点,是实现农民共同富裕,不能把农民丢到一边。鼓励新型经营主体与农民建立订单合同、入股分红等多样的利益联结方式,分享一二三产业融合释放的红利。本部分选择黑龙江省作为研究样本,利用双重差分倾向得分匹配法(PSM-DID)实证分析新型农业经营主体推动农村三产融合发展对农户收入的客观影响。

(一)研究方法

促农增收是推进农村三产融合发展的首要目标,同时也是乡村振兴战略的重要要求。通过推进农村三产融合,可以从农业内部和外部两方面拓展农民就业渠道,提高农户的综合性收入。从农业外部来看,因农业集约化、机械化水平的提高而释放的农村富余劳动力并没有全部固化在农业内部,而是根据人力资源市场的需求导向转移至第二、第三产业,使农户的工资性收入得以提高。从农业内部来看,实施农村三产融合开拓了多样化的农业生产经营渠道,通过入股、订单等利益联结方式,使参与到农村三产融合的农民获得最大潜在收益,在原本的经营性收入之外,还可获得价值增值的再分配。本部分从农业内部视角,借助两期面板数据对比分析实施农村三产融合给农户围绕农业生产的综合性收益的前后变化情况。

本书使用倾向得分匹配法(PSM)来消除农户参与农村三产融合的内生性问题,再利用双重差分法(DID)来解决不可观测因素导致的偏差(Heckman 等[1],1998a;Heckman[2],1998b),实现新型农业经营主体推动农村三产融合发

---

[1] Heckman R., Huth M., "Quantitative Semantics, Topology, and Possibility Measures", *Topology and Its Applications*, Vol.89, No.1-2, 1998.

[2] Heckman R., "The Appearance of Big Integers in Exact Real Arithmetic based on Linear Fractional Transformations", *Lecture Notes in Computer Science*, 1998.

展对农户收入影响效应的剥离。具体为:假设农户家庭 i 的收入为 rev_i;农户家庭 i 是否加入农村三产融合为 D_i,为二元虚拟变量,其中,$D_i = 1$ 表示农户加入了三产融合,$D_i = 0$ 表示农户没有加入三产融合。那么,农村三产融合发展对农户收入的真实影响记为 ATT,表示为:

$$ATT = \frac{1}{N} \sum_{i}^{N} (rev_{1i} - rev_{0i}) \tag{3-19}$$

其中,rev_{0i}、rev_{1i} 分别表示农户家庭 i 加入农村三产融合前后的收入,N 是加入农村三产融合的农户家庭样本数。但是,在同一时间,农户家庭 i 只能是加入或未加入农村三产融合中的一种,所以,rev_{0i} 和 rev_{1i} 不能同时观测。因此,利用未加入三产融合的农户样本作为加入三产融合农户在其"未加入三产融合"时的对照,对式(3-19)进行变形为:

$$ATT = \frac{1}{N_1} \sum_{i}^{N_1} rev_{1i} - \frac{1}{N_2} \sum_{i}^{N_2} rev_{0i} \tag{3-20}$$

其中,rev_{0i} 表示没有加入农村三产融合的农户家庭 i 的收入,rev_{1i} 表示农户家庭 i 加入农村三产融合的收入。N_1 是加入农村三产融合的农户家庭数,N_2 是没有加入农村三产融合的农户家庭数。然而,式(3-20)可能包含了选择和未选择加入三产融合的农户两者自身特征和资源禀赋等特征对其收入的影响,因此,此处利用 PSM 方法来解决这一问题,具体为:为加入三产融合的农户匹配一个或多个未加入三产融合的农户,使实验组(加入三产融合的农户家庭)和对照组(未加入三产融合的农户家庭)在影响农户是否加入三产融合的可观测因素基本保持一致。具体匹配方法为,构建 Logit 概率模型来计算倾向得分,进而实现匹配。进一步,式(3-20)变形为:

$$ATT = \frac{1}{N_1} \sum_{i}^{N_1} (rev_{1i} - \sum_{j \in co(p_i)} w_j rcv_{0i}) \tag{3-21}$$

尽管利用倾向得分匹配法已经解决了许多影响农户决策和收入的可观测因素,但是仍然存在不可观测变量对农户是否加入三产融合和农户收入的影响。为了解决这些不可观测变量的影响,本书将在此基础上利用 DID 方法来测算农村三产融合对农户收入的影响。其基本思想就是两次差分,先分别计算实验组和控制组在加入三产融合前后的变化量,再比较实验组和对照组的两个变化量之间的差值。此时,式(3-21)变形为:

$$ATT = \frac{1}{N_1}\sum_{i}^{N_1}(rev_{1i} - \sum_{j \in co(p_i)}w_j rev_{0i}) - \frac{1}{N_2}\sum_{i}^{N_2}(\sum_{j \in co(p_i)}w_j rev_{0i} - rev_{0i})$$

(3-22)

为了控制农户加入三产融合的自选择问题,控制其他影响因素,结合研究需要,设定具体的模型形式如下:

$$\ln(rev_{it}) = \beta_0 + \beta_1 D_i + \beta_2 T_i + \beta_3 D_i \times T_i + \beta_4 Z_{it} + \mu_{it} \quad (3-23)$$

其中,$\ln(rev_{it})$表示农户家庭经营性收入,D_i是农户家庭i是否加入了农村三产融合的二元虚拟变量,$D_i=1$表示i加入三产融合,$D_i=0$表示i未加入三产融合;T_i是农村三产融合是否实施的时间二元虚拟变量,$T_i=1$表示三产融合政策推行以后,$T_i=0$表示三产融合政策尚未推行;Z_{it}表示一系列可观测的影响农户家庭经营性收入的控制变量,μ_{it}表示影响农户家庭经营性收入的不可观测且随农户和时间改变而改变的其他因素。

(二)数据来源及样本描述

本部分的研究数据来自课题组成员2014年和2017年在黑龙江省各地农村的入户调查。研究样本选择着重考虑以下三个方面的要求:(1)涵盖不同的三产融合模式;(2)涵盖不同的新型农业经营主体;(3)三产融合模式较为稳定和成熟。调研范围涉及黑龙江省5个地级市、16个县级市、县,具体包括:哈尔滨市所辖五常市、通河县、巴彦县、方正县和宾县,齐齐哈尔市所辖克东县、依安县、克山县、富裕县和嫩江县,绥化市所辖肇东市和庆安县,牡丹江市所辖宁安市和穆棱市以及黑河市所辖北安市和嫩江县等。调查问卷包括农户家庭的人口信息、生产情况、收入情况和三产融合经营情况四部分,访问记录每一个调查对象在实施三产融合之前和实施以后的基本信息。实地调查农户共计 820 户,剔除数据缺失和数据异常的样本,获得有效样本共 769 份,样本有效率为 93.78%。其中,2014 年以后加入农村三产融合的农户有 312 户,调查期间没有加入三产融合的农户有 457 户。

调查样本三产融合经营涉及的作物主要为水稻、玉米、大豆、杂粮、蔬果等,融合形式主要有农产品初级加工、绿色有机农产品品牌认定、互联网营销、农产品观光采摘园等。分地区来看,哈尔滨和齐齐哈尔地区农村三产融合程度较高,第二、第三产业融合水平较好,新型农业经营主体对覆盖地区农户的带动性较强。分农产品品类来看,水稻生产经营涉及第二、第三产业的融合程度普遍高于其他农作物,主要是因为其在加工设备和技术引进方面的门槛较低,另外杂粮杂豆品牌化的比例比较高。从三产融合模式来看,绿色有机农产品品牌认定、互联网营销、观光采摘等模式成为当前各地实施产业链延伸、塑造产品形象、提升产品附加值的热衷选择。样本的基本信息统计情况如表 3-23 所示。

表 3-23 样本分布情况

样本类型	涉及区域	样本数量(户)
加入农村三产融合	哈尔滨	92
	齐齐哈尔	90
	绥化	52
	牡丹江	40
	黑河	38
未加入农村三产融合	哈尔滨	125
	齐齐哈尔	112
	绥化	87
	牡丹江	75
	黑河	58
合计		769

由于农村三产融合主要是基于农业生产、农业资源及衍生品而进行的产业链延伸,从而产生产品和劳务的价值增值。因此,选取农户家庭经营性收入作为因变量衡量农村三产融合的增收效果,该指标主要包括农户家庭成员在此过程中的务农收入和涉农打工收入。进一步地,选取影响农户家庭经营性收入的因素包括户主年龄、户主性别、户主文化程度、户主风险偏好、家庭经营土地规模、家庭外出务工人数、是否接受过劳动技能培训和是否关注政策和市场 8 个变量。各变量的含义及赋值情况如表 3-24 所示。

表 3-24　变量的含义及赋值

变　　量	符号	单位	含义及赋值
农户家庭经营性收入	lnrev	元	农户家庭从事农业生产经营扣除成本后获得的收入并取对数值
是否参与农村三产融合	trind	—	农户的农业生产经营是否以三产融合方式进行　1 = 是,0 = 不是
户主年龄	age	岁	户主实际年龄
户主性别	gen	—	1 = 男,0 = 女
户主文化程度	edu	—	1 = 小学及以下,2 = 初中或中专,3 = 高中或大专,4 = 本科及以上
户主风险偏好	rip	—	户主对家庭生产经营活动的风险态度　1 = 风险厌恶,2 = 风险中立,3 = 风险趋向
家庭经营土地规模	sca	公顷	农户家庭实际经营的土地面积
家庭外出务工人数	num	人	外出务工且不从事本家庭农业生产的人员数量
是否接受过技能培训	tec	—	家庭成员是否参加过农业生产技能方面的培训　1 = 是,0 = 否
是否关注政策和市场	inf	—	家庭成员是否积极关注农业政策及市场行情等有关信息　1 = 是,0 = 否

（三）结果与分析

对数据进行初步统计分析显示(见表 3-25):就农户家庭经营性收入而言,实验组较对照组的平均水平要高,样本组间标准差对比表明,实验组家庭收入水平差异性更为显著。实验组的户主年龄较对照组的年龄相对小,户主性别为男性居多。实验组的户主文化程度要高于对照组且农户家庭接受技能培训的成员较多;相对于未加入农村三产融合的农户,加入农村三产融合的农户的风险偏好更高、经营土地规模更大、外出务工人数更多、更关注农业政策和市场行情等信息。

表3-25 样本基本统计描述

变量	实验组(N=312)				对照组(N=457)			
	平均数	标准差	最大值	最小值	平均数	标准差	最大值	最小值
lnrev	10.87	3.75	15.37	8.56	10.12	2.12	13.52	8.64
age	46.35	7.32	58	31	51.07	7.45	66	41
gen	0.66	0.47	1	0	0.60	0.49	1	0
edu	2.30	0.87	4	1	1.87	0.72	3	1
rip	1.93	0.70	1	0	1.74	0.73	1	0
sca	47.13	44.92	300	0	35.13	46.77	200	0
num	0.83	0.84	3	0	1.19	0.82	3	0
tec	0.75	0.44	1	0	0.63	0.49	1	0
inf	0.84	0.37	1	0	0.67	0.47	1	0

利用Stata12.0对各变量进行Logit回归,处理结果如表3-26所示。其中,因变量是农户家庭是否加入三产融合,自变量有农户家庭经营性收入、户主年龄、户主性别、户主文化程度、户主风险偏好、农户家庭实际经营的土地面积、农户家庭外出务工人数、家庭成员是否参加过农业生产技能培训以及家庭成员是否关注农业政策和市场行情等。由表3-26可知,"户主性别"这一变量的P值为0.44,没有通过10%显著性水平下的检验,表明户主性别对农户家庭是否加入三产融合没有显著影响。其余7个变量都通过了10%显著性水平下的检验,表明这些变量对农户是否加入三产融合这一决策行为有较显著影响。其中,户主年龄和农户家庭外出务工人数对农户家庭加入三产

融合的意愿呈负向影响,其他变量对农户家庭参与三产融合具有正向影响。因此,此处把除"户主性别"这一变量以外的其他变量作为倾向得分匹配的匹配向量。

表 3-26　样本 Logit 回归结果

变量	回归系数	标准误差	z 值	p 值	95% Conf. Interval	
					下限	上限
lnrev	1.64	0.34	4.76	0.00	0.96	2.31
age	−0.37	0.05	−7.47	0.00	−2.45	−4.16
gen	0.25	0.33	0.77	0.44	−0.40	0.91
edu	0.42	0.23	1.78	0.07	−0.04	0.87
rip	3.77	0.55	6.82	0.00	2.69	4.86
sca	0.40	0.24	1.71	0.08	−0.06	0.86
num	−3.33	0.54	−6.19	0.00	−2.27	−4.39
tec	1.67	0.35	4.80	0.00	0.99	2.35
inf	1.46	0.25	5.93	0.00	0.98	1.94

经过筛选得到了有效的匹配变量,然后将其用于计算倾向得分并进行相应匹配。为了保证双重差分模型估计结果的准确性和稳健性,这里采用核匹配方法。这种方法是用现有的控制组的不同个体的各个维度的特征进行加权平均,从而组合出一个合适的配对对象。运用 Stata12.0 的 Psmatch2 命令计算出变量的倾向得分,然后采用核匹配法和未参与农村三产融合的样本进行配对,从而找出对照组。表 3-27 反映了采用基于核匹配的双重差分倾向得分匹配方法后的平均处理效应。农村三产融合政策实施前(2014 年)的实验组和对照组的农户家庭经营性收入差异系数为 0.75,政策效应系数为 3.64,且通过了 1% 的显著性水平检验;农村三产融合政策实施后(2017年),实验组和对照组的农户家庭经营性收入差异更为明显,差异系数达到 1.64,政策效应系数达到 10.10,明显大于政策实施前的差异系数。双重差分

检验结果(DID)的差异系数估计值为 0.89,政策效应系数计值为 4.57,在 5%
的水平下具备显著性差异,这说明加入农村三产融合能显著提高农户的家庭
经营性收入。

表 3-27　2014 年、2017 年平均处理效应结果比较

变量	2014 年			2017 年			双重差分检验
	实验组	对照组	差异系数	实验组	对照组	差异系数	
lnrev	10.87	10.12	0.75	13.56	11.92	1.64	0.89
标准差			152.27			152.27	215.34
t 值			3.64			10.10	4.57
P > | t |			0.00***			0.00**	0.01**

注: * 、** 、*** 分别表示显著性水平为 10%、5%和 1%。

实践调查结果与本书的分析结果是一致的,实施三产融合的农业经营方
式对农户收入的影响主要是通过如下渠道实现的:农业企业、农民专业合作社
等新型农业经营主体与本地农户的利益联结方式一般为"公司+农户""合作
社+农户""公司+合作社+农户"等模式,农业企业等为农户提供种子、生产资
料、农业技术、农机器具、农地基础设施以及产前、产中、产后"一条龙"服务,
同时把控农业生产的关键技术关节,农户负责农产品种养环节,最后再由农业
企业、农民专业合作社等收购和销售产品,农户降低生产风险和市场风险的同
时,还可以获得较为稳定的入股分红、打工收入等综合性收益。基于规模优势
和竞争逐利,农业企业、农民专业合作社等以农业生产为中心的同时,往往向
发展农产品加工、开发特色产品等第二产业延伸,借助互联网平台打造网上直
销店、注册品牌,同时部分主体还向餐饮、住宿、观光等第三产业延伸,打造
"生产+加工+销售"的服务链,让产区变景区,田园变公园,产品变礼品,促进
三次产业相互联动、深度融合,最终实现参与农户的受益。

表 3-28 进一步展示了基于核匹配的倾向得分匹配效果,反映出各匹配

变量的平衡性检验结果。由表3-28可知,进行变量匹配前,在"户主年龄""户主文化程度""户主风险偏好""家庭经营土地规模""家庭外出务工人数""是否接受过技能培训""是否关注政策和市场"这些变量上,实验组和对照组在10%的水平下存在显著性差异,而经过匹配后,这些变量都未通过10%的显著性水平,并且,除了"是否关注政策和市场"这一变量误差削减为29.41%外,其余变量误差削减均超过50%,表明经过变量匹配后加入农村三产融合的农户家庭和未加入农村三产融合的样本可比性显著提高,匹配结果更为科学。

表3-28 匹配变量的平衡性检验

变量	匹配前					误差削减（%）
	实验组	对照组	偏差	z值	p值	
age	46.35	51.07	-4.72	-7.47	0.00	99.36
edu	2.30	1.87	0.43	1.78	0.07	62.79
rip	1.93	1.74	0.19	6.82	0.00	89.47
sca	47.13	35.13	12	1.71	0.08	97.42
num	0.83	1.19	-0.36	-6.19	0.00	80.56
tec	0.75	0.63	0.12	4.80	0.00	50.00
inf	0.84	0.67	0.17	5.93	0.00	29.41
变量	匹配后					误差削减（%）
	实验组	对照组	偏差	z值	p值	
age	46.35	46.75	-0.03	0.44	0.65	99.36
edu	2.30	2.14	0.16	0.74	0.45	62.79
rip	1.93	1.91	0.02	1.46	0.14	89.47
sca	47.13	46.82	0.31	1.21	0.19	97.42
num	0.83	0.90	-0.07	0.36	0.73	80.56
tec	0.75	0.69	0.06	1.47	0.14	50.00
inf	0.84	0.72	0.12	1.05	0.29	29.41

通过实地调查走访,本书论证了新型农业经营主体在推动农村三产融合发展过程中的地位和作用,阐述了新型农业经营主体推动农村三产融合发展

的三种基本模式;运用入户调研数据,利用双重差分倾向得分匹配法(PSM-DID)对农村三产融合和农户收入之间的关系进行了实证分析。结果显示:新型农业经营主体是农村三产融合发展的重要推动力,农村三产融合的发展有助于农民收入的增加。

首先,充分发挥新型农业经营主体在农村三产融合过程中的推动作用。新型农业经营主体在资金、技术、管理等要素投入方面更具规模优势,生产的规模化、标准化和市场化更有利于实现产业间相互融合。各地区应积极地把培育新型经营主体作为推动农村产业融合发展的重要抓手,通过政策规划、补贴激励、创设平台等方式,为农村产业融合主体的壮大营造良好的环境。

其次,积极探索适合各地区发展的多样化融合模式。目前,我国农村三产融合发展还处于探索阶段,各地区应当立足本地资源优势和产业布局,更多地挖掘农业的多功能性,因地制宜地发展不同模式的融合方式,形成产城融合、内部融合、产业链延伸、农业功能拓展、新技术渗透、多业态复合等多元化的产业协调发展路径,充分利用第二产业和第三产业的渗透优势,促进农村三次产业的深度融合,为农产品创造更多附加收益。

再次,积极建立三产融合参与主体利益联结机制。建立科学的利益联结机制既是推动农村产业融合发展的核心,也是衡量农村产业融合发展成效的一个重要标尺。目前,各地可以积极尝试发展订单农业,引导龙头企业与农户、家庭农场、农民专业合作社签订农产品购销合同,形成稳定的购销关系,也可以支持龙头企业为农户、家庭农场、农民合作社提供贷款担保,资助订单农户参加农业保险;还可以推行股份合作模式,引导农户以土地经营权等入股农民专业合作社,采取"保底收益+按股分红"方式,让农户分享三产融合增值收益。

最后,努力打造一批典型的农村三产融合的示范点。重点扶持和发展农村三产融合的试点地区,下大功夫培育打造一批融合发展先导区,及时梳理发展典型,开展示范引导,让更多农户了解认知,在充分分享产业融合发展产生的增值收益后让更多农民愿意参与其中。示范点地区应以政府资金为引导,吸引更多社会资本投入,通过市场化运作和专业化管理,加大对融合发展先导区的投入力度,充分发挥政府资金和示范点的引导作用和放大效应。

四、 绿色经营对土地产出效率的影响——基于化肥施用技术效果评价

"十三五"以来,农业发展方式加快转变,资源节约型、环境友好型农业加快发展,农业绿色发展取得明显进展。但我国农业绿色发展仍处于起步阶段,还面临不少困难和挑战。首先,贯彻绿色发展理念还不深入。对生态优先、绿色发展的重要性认识不足,发展农业生产与保护生态环境对立的问题仍然存在,农业生产还没有从单纯追求产量真正转向数量、质量并重上来。其次,农业生产方式仍然较粗放。农业主要依靠资源消耗的粗放经营方式仍未根本改变,耕地用养结合还不充分,土壤退化和污染问题仍然突出,绿色技术集成创新不够。再次,绿色优质农产品供给还不足。农产品多而不优,品牌杂而不亮,绿色标准体系还不健全,全产业链绿色转型任务繁重,还不适应消费结构升级的需要。最后,绿色发展激励约束机制尚未健全。绿色生态的政策激励机制还不完善,与农业绿色发展相适应的法律法规和监督考核机制还不健全,生态产品价值实现机制尚未形成。为推进农业绿色发展,政府相关部门出台了一系列政策文件。《乡村振兴规划(2018—2022年)》提出,要以生态环境友好和资源永续利用为导向,推动形成农业绿色生产方式,实现投入品减量化、生产清洁化、废弃物资源化、产业模式生态化,提高农业可持续发展能力,到2035年,农村生态环境实现根本好转。《关于创新体制机制推进农业绿色发展的意见》提出,到2030年,基本形成与资源环境承载力相匹配、与生产生活生态相协调的农业发展格局,实现农业可持续发展、农民生活更加富裕、乡村更加美丽宜居。接下来的"十四五"时期,生态优先、绿色发展将成为全党全

社会的共识,绿色生产生活方式加快形成,美丽中国建设扎实推进,为农业绿色发展带来难得机遇。

推进农业绿色发展是农业发展历程上的一场深刻革命。农业绿色发展就是以尊重自然为前提,以统筹经济、社会、生态效益为目标,以各种现代化技术为依托,积极从事可持续发展的科学合理的开发种养过程。推进农业绿色发展,不仅是一场关乎农业结构和生产方式调整的经济变革,也是一次行为模式、消费模式的绿色革命。近年来,我国农业现代化发展取得巨大成就,也付出了很大代价。耕地和水资源过度利用,农业面源污染加重,草原等生态系统退化,农业发展面临资源条件和生态环境两个"紧箍咒"。转变农业发展观,实现农业绿色发展,迫在眉睫、刻不容缓。推进农业绿色发展,既是中央洞察社会深刻变化,尊重自然规律,顺应人民殷切期盼所作出的重大决策,也是农业自身的内在需要,通过转变生产方式,把过高的资源利用强度降下来,把农业面源污染加重的趋势缓下来,推动农业走上绿色发展的道路。

(一)全国及各地区化肥施用效率水平

1. 研究方法及数据来源

(1)研究方法。本书在测量全国及各地区的化肥施用效率水平时,考虑到农业生产活动受到较多随机因素的影响,因此选用随机前沿分析法(SFA),并恰当地选取研究对象的投入和产出指标。基于投入—产出导向进行相对效率评测,设定模型如式(3-24)所示:

$$y_{it} = f(x_{it}, \beta) exp(v_{it} - u_{it}), i = 1, 2, \cdots, n; t = 1, 2, \cdots, n$$

$$s.t. v_{it} \sim N(0, \sigma_v^2) \tag{3-24}$$

其中,y_{it}表示第 t 个时期第 i 个省份的产出水平,x_{it}表示第 t 个时期第 i 个省份的投入水平,β 表示待估参数,v_{it}表示第 t 个时期第 i 个省份的系统随机误差项,用于度量样本观测误差及其他随机扰动误差,服从正态分布 $N(0, \sigma_v^2)$,u_{it}表示第 t 个时期第 i 个省份的技术效率损失项,服从均值为零的半正态分布,与 v_{it} 相互独立。

$$u_{it} = u_i exp\left[-\eta(t-t_0)\right] \qquad (3-25)$$

其中, u_{it} 表示第 t 个时期第 i 个省份的技术效率损失,假定 u_i 服从期望为 0 的半正态分布,即 $u_i \geq 0$,式(3-25)中 $exp\left[-\eta(t-t_0)\right]$ 为时间变化系数, η 表示技术效率随时间变化的一个程度系数,当 $\eta > 0$ 时,技术效率损失项随时间的推移而降低;当 $\eta < 0$ 时,技术效率损失项随时间的推移而升高;当 $\eta = 0$ 时,技术效率损失项不随时间的推移而变动。

因此,可以根据随机前沿生产函数的一般形式,推算出技术效率的表达形式,如式(3-26)所示:

$$TE_{it} = \frac{f(x_{it},\beta)\,exp(v_{it} - u_{it})}{f(x_{it},\beta)\,exp} = exp(-u_{it}) \qquad (3-26)$$

其中, TE_{it} 表示第 t 个时期第 i 个省份的技术效率。综上所述,此处选择基于柯布—道格拉斯生产函数形式,将具体的随机前沿生产函数形式设定如式(3-27)所示:

$$\ln(y_{it}) = \beta_0 + \beta_1 \ln(X_{1it}) + \beta_2 \ln(X_{2it}) + \beta_3 \ln(X_{3it})$$
$$+ \beta_4 \ln(X_{4it}) + (v_{it} - u_{it}) \qquad (3-27)$$

其中, X_1 表示每亩化肥施用量, X_2 表示每亩机械总动力, X_3 表示每亩劳动力投入, X_4 表示农业播种面积。 β_i 表示具体待估参数($i = 1, 2, 3, 4$),假设随机误差项 v_{it} 服从正态分布 $N(0, \sigma_v^2)$, u_{it} 服从均值为零的半正态分布,与 v_{it} 相互独立。

$$FE_{it} = exp(-u_{it}/\beta_1) \qquad (3-28)$$

在估算出随机前沿生产函数后,可以得到不同省份的技术效率损失项 u_i,进一步可以得到各个省份不同年份的技术效率损失项 u_{it} 和各省份的技术效率 TE_{it}。再根据式(3-28)可以得出第 i 个省份的化肥施用效率水平 FE_{it}。

(2)数据来源。本书所使用的数据主要来源于各个省份、各个年份的

《中国统计年鉴》《中国人口和就业统计年鉴》《中国农村统计年鉴》《中国农业统计资料》,在计算过程中所使用的解释变量及其单位在后文进行定义和解释。

2. 测量结果及评价

(1)变量选择及解释。本书利用整理所得数据来研究全国及各地区化肥施用效率水平,投入产出变量的选择及其相应的解释如表3-29所示。

表3-29　变量选择及解释

变　量		单位
产出变量	农业产值(y)	元/千亩
投入变量	化肥施用量(X_1)	公斤/千公顷
	机械投入(X_2)	千瓦/万公顷
	劳动力投入(X_3)	人/万公顷
	播种面积(X_4)	千亩

(2)随机前沿分析结果。利用Stata15.0软件,采取一步估计法,对式(3-27)进行了随机前沿生产函数最大似然估计并对全国及各省2014—2016年的农业技术效率(TE)和化肥施用效率(FE)进行了估测,估测结果如表3-30、表3-31、表3-32所示。

表3-30　随机前沿生产函数估测结果

参数	解释变量	系数	标准差
β_0	常数	3.226***	0.929
β_1	$\ln X_1$	0.727***	0.077
β_2	$\ln X_2$	−0.110*	0.063
β_3	$\ln X_3$	0.195***	0.044
β_4	$\ln X_4$	−0.066***	0.013

续表

参数	解释变量	系数	标准差
随机扰动项			
η		0.049*	
σ^2		0.170	
γ		0.970	
loglikehood		67.037	
Wald chi2(4)		278.37***	

注:*、**、***分别表示在10%、5%和1%的显著水平下通过假设检验。

从表3-30中可知,该模型的$\sigma^2=0.170$,$\gamma=0.970$,并且γ值接近1,Wald chi2(4)值在1%的水平下显著,说明此模型的拟合程度较好。从回归结果来看,化肥的投入在1%的水平下显著,且对农业产值有正向的影响,说明化肥投入的增加能够在一定程度上促进农业产值的提高;机械投入、土地投入对农业产值有一定的负向影响,且分别通过了10%、1%水平的显著性检验,但这两个变量的回归系数较小,说明机械投入、土地投入对农业产值的负向影响不大;劳动力投入对农业产值有一定的正向影响,且通过了1%水平的显著性检验,说明增加劳动力的投入对农业产值的提高有促进作用。

表3-31 2014—2016年农业技术效率和化肥施用效率估测结果

省份\年份	农业技术效率(TE)				化肥施用效率(FE)			
	2014	2015	2016	均值	2014	2015	2016	均值
北京	0.9446	0.9471	0.9495	0.9471	0.2728	0.2719	0.2710	0.2719
天津	0.8232	0.8308	0.8382	0.8307	0.3224	0.3190	0.3158	0.3191
河北	0.8932	0.8980	0.9026	0.8979	0.2928	0.2909	0.2890	0.2909
山西	0.5849	0.6001	0.6148	0.5999	0.4474	0.4381	0.4294	0.4383
内蒙古	0.5107	0.5273	0.5436	0.5272	0.4954	0.4843	0.4735	0.4844

续表

省份＼年份	农业技术效率（TE）				化肥施用效率（FE）			
	2014	2015	2016	均值	2014	2015	2016	均值
辽宁	0.9358	0.9388	0.9416	0.9387	0.2761	0.2750	0.2739	0.2750
吉林	0.4943	0.5112	0.5278	0.5111	0.5067	0.4951	0.4839	0.4952
黑龙江	0.9343	0.9373	0.9402	0.9373	0.2767	0.2756	0.2745	0.2756
上海	0.9531	0.9553	0.9574	0.9553	0.2696	0.2688	0.2680	0.2688
江苏	0.9631	0.9648	0.9664	0.9648	0.2660	0.2653	0.2647	0.2653
浙江	0.9413	0.9440	0.9465	0.9439	0.2740	0.2730	0.2721	0.2730
安徽	0.5251	0.5415	0.5575	0.5414	0.4857	0.4749	0.4646	0.4751
福建	0.9537	0.9559	0.9579	0.9558	0.2694	0.2686	0.2679	0.2686
江西	0.6149	0.6293	0.6433	0.6292	0.4293	0.4209	0.4129	0.4210
山东	0.9071	0.9113	0.9153	0.9112	0.2872	0.2856	0.2840	0.2856
河南	0.5651	0.5807	0.5959	0.5806	0.4597	0.4500	0.4407	0.4501
湖北	0.6617	0.6748	0.6876	0.6747	0.4025	0.3954	0.3885	0.3955
湖南	0.9036	0.9079	0.9121	0.9079	0.2886	0.2869	0.2853	0.2869
广东	0.8283	0.8357	0.8429	0.8356	0.3201	0.3169	0.3138	0.3169
广西	0.6152	0.6296	0.6436	0.6295	0.4291	0.4207	0.4127	0.4208
海南	0.8698	0.8756	0.8811	0.8755	0.3024	0.3000	0.2977	0.3000
重庆	0.7116	0.7232	0.7344	0.7231	0.3758	0.3699	0.3642	0.3700
四川	0.9134	0.9174	0.9211	0.9173	0.2848	0.2832	0.2818	0.2833
贵州	0.9298	0.9330	0.9361	0.9330	0.2784	0.2772	0.2760	0.2772
云南	0.5489	0.5649	0.5804	0.5647	0.4701	0.4599	0.4502	0.4601
西藏	0.5724	0.5878	0.6029	0.5877	0.4551	0.4456	0.4364	0.4457
陕西	0.6778	0.6904	0.7027	0.6903	0.3937	0.3870	0.3805	0.3871
甘肃	0.8034	0.8118	0.8198	0.8117	0.3313	0.3275	0.3239	0.3276
青海	0.8217	0.8294	0.8368	0.8293	0.3230	0.3196	0.3164	0.3197

省份 \ 年份	农业技术效率（TE）				化肥施用效率（FE）			
	2014	2015	2016	均值	2014	2015	2016	均值
宁夏	0.5120	0.5286	0.5449	0.5285	0.4946	0.4834	0.4727	0.4836
新疆	0.7181	0.7295	0.7405	0.7294	0.3725	0.3667	0.3612	0.3668
全国	0.7623	0.7714	0.7802	0.7713	0.3598	0.3547	0.3499	0.3548

表 3-32　农业技术效率和化肥施用效率分布

效率值 E 的区间	农业技术效率（TE）			化肥施用效率（FE）		
	平均效率	观测数	比例（%）	平均效率	观测数	比例（%）
$E<0.3$	0.0000	0	0.00	0.2768	12	38.71
$0.3 \leqslant E<0.4$	0.0000	0	0.00	0.3447	9	29.03
$0.4 \leqslant E<0.5$	0.0000	0	0.00	0.4574	10	32.26
$0.5 \leqslant E<0.6$	0.5551	8	25.81	0.0000	0	0.00
$0.6 \leqslant E<0.7$	0.6559	4	12.90	0.0000	0	0.00
$0.7 \leqslant E<0.8$	0.7263	2	6.45	0.0000	0	0.00
$0.8 \leqslant E<0.9$	0.8468	6	19.35	0.0000	0	0.00
$0.9 \leqslant E$	0.9375	11	35.48	0.0000	0	0.00
总体	0.7731	31	100.00	0.3499	31	100.00

　　对全国及各省 2014—2016 年的农业技术效率和化肥施用效率的测量结果及其分布情况如表 3-31、表 3-32 所示。首先,从农业技术效率方面来看,全国平均农业技术效率为 0.7731,其中,农业技术效率超过 0.9 的省份有 11 个,占据最高比例达 35.48%,并且全国所有省份的农业技术效率均超过了 0.5,这些数据表明我国农业技术效率总体处于较高水平,并且还有提升的空间。其次,从化肥施用效率方面来看,全国平均化肥施用效率为 0.3499,其中,化肥施用效率不到 0.3 的省份有 12 个,占据最高比例达 38.71%,并且全国所有省份的化肥施用效率均没有超过 0.5,这表明虽然近些年我国农业技

术效率有较大幅度的改善,生产效率、资源配置等问题也得到了一定的提升,但化肥施用效率并不占据任何优势,这与近些年的化肥过量施用、化肥技术普及度低、化肥的不合理施用有着较大的关系。这些年,我国正在大力推行的测土配方行动、化肥减量行动,也正是印证了政府对现在较低化肥施用效率的担忧。因此,如何提高化肥的施用效率水平是现在我国农业部门和有关学者应该研究并解决的头等大事。

(二)农户科学施肥行为的技术效果实证

1.数据来源

本书所使用的数据源于黑龙江省、吉林省、辽宁省、内蒙古自治区、河北省和山东省的部分县(市)的实地走访调查。根据相应的需求对调查数据进行了整理和筛选,本书选取部分实地调研中发放的问卷 600 份,然后对调研所得的问卷进行整列和筛选后得到 497 份有效问卷,有效率为 82.83%。

2.研究方法

上部分对我国化肥施用效用水平进行测量和分析,考虑到农户作为农业生产环节中的主导者,其科学、合理的施肥行为对化肥的利用效果和农业生产经营效率有重要的影响。因此,本书计划进一步探究农户科学施肥行为的技术效果。本书利用结构方程模型(SEM),设定与研究问题相关的潜变量和观测变量,分析潜变量和观测变量之间的关系,以及潜变量内部间的关系,以此模型的分析结果来探究农户科学施肥行为的技术效果。

(1)变量解释及描述性统计分析。结合所要分析的问题,根据结构方程模型(SEM)要求,本书对黑龙江省、吉林省、辽宁省、内蒙古自治区、河北省和山东省的部分县(市)进行了有关调研。根据相关文献研究以及笔者的经验,本书选择了科学施肥效果认知、施肥技能及政策认知、过量施肥的负面效果认知和农户科学施肥行为作为模型的潜变量,每项潜变量选择一定的观测变量,具体的变量解释及描述性统计分析如表3-33所示。

表 3-33 变量解释及描述性统计

潜变量	观测变量	符号	含义及取值	均值	标准差
科学施肥效果认知	提升农产品品质	EF1	1—5,不认可=1,不太认可=2,一般认可=3,基本认可=4,认可=5	3.60	0.72
	增强土壤肥力	EF2	1—5,不认可=1,不太认可=2,一般认可=3,基本认可=4,认可=5	3.76	0.96
	维持农业生态平衡	EF3	1—5,不认可=1,不太认可=2,一般认可=3,基本认可=4,认可=5	3.81	0.98
施肥技能及政策认知	参加施肥技能培训	SP1	1—5,不愿意=1,不太愿意=2,一般愿意=3,比较愿意=4,愿意=5	3.25	0.67
	测土配方项目认知	SP2	1—5,不了解=1,不太了解=2,一般了解=3,比较了解=4,了解=5	3.47	1.22
	化肥减量项目认知	SP3	1—5,不了解=1,不太了解=2,一般了解=3,比较了解=4,了解=5	2.19	0.92
过量施肥的负面效果认知	降低农产品品质	DE1	1—5,不认可=1,不太认可=2,一般认可=3,基本认可=4,认可=5	3.01	1.28
	降低土壤肥力	DE2	1—5,不认可=1,不太认可=2,一般认可=3,基本认可=4,认可=5	3.11	1.02
	影响人体健康	DE3	1—5,不认可=1,不太认可=2,一般认可=3,基本认可=4,认可=5	3.16	1.11
农户科学施肥行为	考虑肥料元素比例	SF1	1—5,不认可=1,不太认可=2,一般认可=3,基本认可=4,认可=5	3.46	1.06
	考虑化肥施用量	SF2	1—5,不认可=1,不太认可=2,一般认可=3,基本认可=4,认可=5	3.31	1.32
	考虑化肥与农作物特性匹配	SF3	1—5,不认可=1,不太认可=2,一般认可=3,基本认可=4,认可=5	3.01	1.13

(2)研究假设的提出。为了利用结构方程模型(SEM)探究科学施肥效果认知、施肥技能及政策认知、过量施肥的负面效果认知对农户科学施肥行为之间的关系,需提出相应的研究假设:

H_1:过量施肥的负面效果认知对科学施肥效果认知和农户科学施肥行为有正向影响;

H_2:科学施肥效果认知对农户科学施肥行为有正向影响;

H_3:施肥技能及政策认知对农户科学施肥行为有正向影响。

因此,以上述三个研究假设为基础,建立模型结构关系(见图 3-6),以此来进行结构方程模型分析。

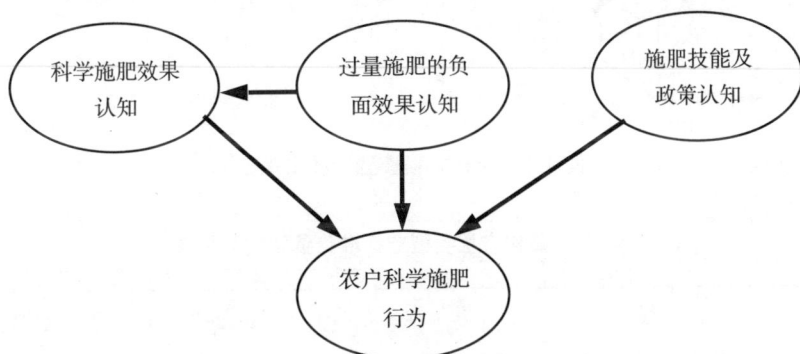

图 3-6　模型结构

3.结果及分析

本书利用 Amos 21.0 软件进行了相应的结构方程模型分析,并对结构方程模型(SEM)进行了相应的适配度检验,适配度检验结果基本接近适配标准,因此,利用结构方程模型(SEM)是合理的。采用极大似然估计法进行了模型的参数估计工作,然后在符合基本逻辑的情况下,对模型进行不断地修正,最后得到拟合程度较高的修正后结构方程模型(见图 3-7),另外,非标准化路径的参数估计结果如表 3-34 所示。

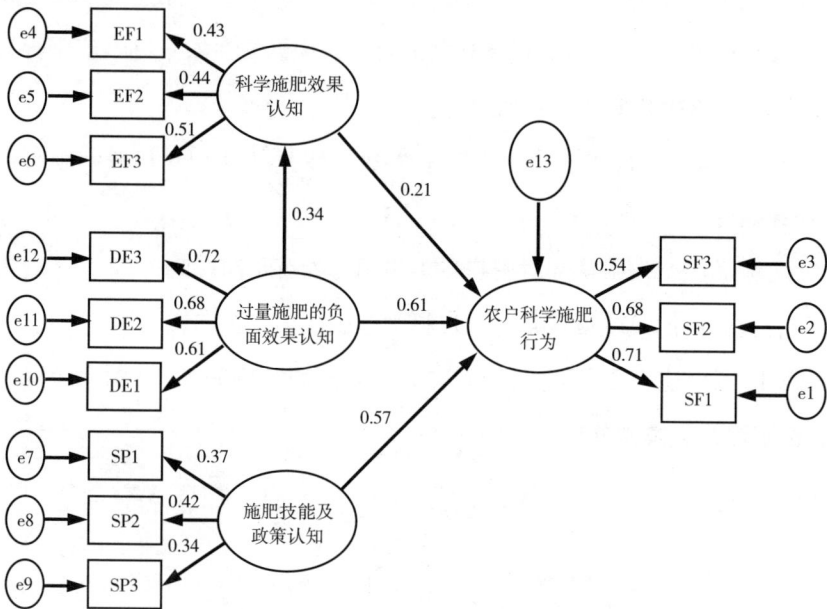

图 3-7 结构方程模型标准化路径

表 3-34 结构方程模型非标准化参数估计结果

路　径	非标准化系数	标准误差	临界比率值	*p* 值
科学施肥效果认知<——过量施肥的负面效果认知	0.192*	0.110	1.745	0.081
农户科学施肥行为<——过量施肥的负面效果认知	0.297***	0.096	3.094	0.002
农户科学施肥行为<——科学施肥效果认知	0.309**	0.147	2.102	0.036
农户科学施肥行为<——施肥技能及政策认知	0.216***	0.082	2.634	0.008

注:*、**、***分别表示在 10%、5%和 1%的显著水平下通过假设检验。

从图 3-7、表 3-34 的参数估计结果可得出以下结论:

(1)过量施肥的负面效果认知对科学施肥效果认知有显著的正向影响($P=0.081$),并且标准化的路径系数为 0.34,与预计影响方向相同。这说明农户在过量施肥的负面效果上有越发强烈的认同就越发会提升对科学施肥效果的认同,同时也就更会注重通过利用合理的施肥效果来提升农产品的品质、增强土壤肥力和维持农业生态环境平衡,因此,通过宣传过量施肥的危害可以提升农户对科学施肥的认可度,进而提高科学施肥技能的普及率。

(2)过量施肥的负面效果认知对农户科学施肥行为有显著的正向影响($p=0.002$),并且标准化的路径系数为 0.61,与预计影响方向一致。科学施肥效果认知对农户科学施肥行为有显著的正向影响($p=0.036$),并且标准化的路径系数为 0.21,与预计影响方向一致。同时过量施肥的负面效果认知通过中间变量科学施肥效果认知影响农户科学施肥行为,由标准化路径图可知,中介效应为 0.0714($0.34×0.21$)。相关的三个路径系数均通过了显著性水平检验,表明科学施肥效果认知的中介效应属于部分中介效应,且过量施肥的负面效果认知对农户科学施肥行为的直接影响效应的 p 值更低,说明科学施肥效果认知的中介效应相对不明显。

施肥技能及政策认知对农户科学施肥行为有显著的正向影响($p=0.008$),并且标准化的路径系数为 0.57,与预计影响方向一致。说明农户较高的技能及政策认知有利于强化农户的科学施肥行为。即广泛宣传政府有关施肥的政策和方针、积极开展化肥实用技术培训活动等,可以在一定程度上缓解不合理施肥现象,提高农户对合理施肥行为的实践意愿,调整传统施肥观念,促进化肥的合理施用。

不同的农业生产组织方式及其制度安排表达为不同的绩效。本章首先提出农业生产组织方式演化与"三农"发展两者之间存在如同生产关系与生产力之间辩证关系的互动特性,具体表现为:一方面,农业生产组织演化和创新过程推动农业农村经济发展、农民增收致富;另一方面,农村经济社会发展对农业生产组织方式的演化提出更高的约束和要求。农业生产组织方式演化对农业发展的总体影响表现在:延长产业链条提升产业综合盈利能力和竞争力、带动地区就业促进农民增收减少农村贫困、促进农业新技术研发推广优化生产效率提高农业发展水平、注重绿色经营强化农产品品牌塑造提高农产品质量安全、推动农业信息化拓宽农产品营销渠道优化农产品营销模式等方面。与此同时,实证分析结果显示:1979—2016 年,我国实行了改革开放,确立了家庭联产承包责任制以及其他多种经营模式的发展,另外由于先进机械技术的发展、资源利用效率的提高,使中国农业的生产经营效率水平得以大幅提升。另外,基于农业生产组织方式演化的不同特征点为切入点,分别实证分析了规模化经营、雇佣生产、产业融合发展和绿色经营对农业综合效益、农业生产效率和农户增收的影响。

第四章 土地规模化流转背景下农业生产组织方式创新的障碍性因素分析

一般认为传统农业向现代农业转变的一个必备条件是有力的技术供给（Schultz，1982）①，且不同地区的农民将选择不同的最适用技术，这些技术是由各个地区要素禀赋所决定的（Hayami 和 Ruttan，1985）②。现代农业生产要素大量进入农业，带来了要素市场上的分工效率和技术供给，推动了传统农业向现代农业转型，这是诱致性技术变迁的结果，也是各国农业发展的普遍路径（赵文、程杰，2014）③。尽管各类经营主体都存在经营模式创新的内在动力，但在尝试经营模式创新过程中仍存在一些突出问题和制约因素。

第一节 农业生产组织方式创新的系统性原理分析

农业生产组织方式创新系统是一个由组织、企业、政府和个人构成的网

---

① Schultz T.W., "The Allocative Efficiency of Traditional Agriculture", *International Economics Policies & Thr Theoretical Foundations*, 1982.

② Hayami Y., Ruttan V.W., "Agricultural Development an International Perspective", *Economic Development & Cultural Change*, Vol.82, No.2, 1985.

③ 赵文、程杰：《农业生产方式转变与农户经济激励效应》，《中国农村经济》2014年第2期。

络,重点是连同相关机构和政策把经济用途的新产品、新工艺、新组织形式和管理理念在系统范围内进行传播和扩散的农业发展体系(Rajalahti R.,Janssen W.,Pehu E.,2008)①。它是以提高农业创新能力、建立有效创新机制和服务于乡村经济与社会发展目标为导向,由多元化的创新主体、网络化的创新过程和集成化的创新目标所组成的农业组织和制度系统(见图4-1)。

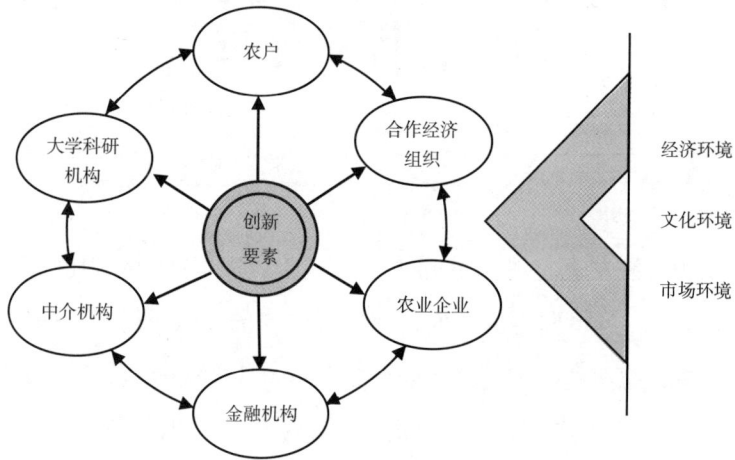

图4-1 农业生产组织方式创新系统解析

一、 创新主体

农业生产组织方式的创新需要依托一定的实施主体。创新是一个过程,由主体发动并实施,因此主体要素是创新的核心要素,在此过程中行为主体应用各种类型的知识不仅仅是科学知识和技术以达到预期的社会和经济成果。它产生于在一个特定的社会、政治、政策、经济和体制的背景下不同类型知识的个人和组织之间的多元互动和相互学习,既可以是全新概念的创造,也可以是对现有资源的重新组合,如通过技术创新增加已有产品的新品质、新性能。

---

① Rajalahti R., Janssen W., Pehu E., "Agricultural Innovation Systems: From Diagnostics Toward Operational Practices", *Agriculture & Rural Development Department*, *World Bank*, 2008.

农业创新体系涉及的主体比较广泛,比如具有创新能力或者从事创新活动的个人或组织,包括农户、合作经济组织、农业企业、大学和科研机构、政府、中介机构、金融机构等。农业创新体系中各个主体充当不同的角色,也具有不同的功能。作为重要的创新主体,企业主要是创新投入者、创新活动者和创新受益者。企业和企业之间存在广泛的网络关系。通过优势互补可以缩短产品的开发周期、分散技术开发及财务风险而提高企业的竞争力。创新的源头是大学和科研机构,企业通过与大学、科研机构的合作,可以得到先进的技术成果,同时也促进了成果的商品化和研究的市场化。农业创新也离不开政府的引导,政府是创新活动的主要参与者和推动者。创新活动离不开资金的支撑,所以金融机构作为创新主体在创新体系内也起着关键的作用。中介机构是联结企业和其他主体的关键环节,完善和活跃的中介机构对创新活动也能产生积极的影响。目前,在政府的引导下,以市场为导向,官产学研相结合形成了多种经营模式,例如:"公司+农户"模式、"公司+基地+农户"模式、"公司+中介+公司"模式、"公司+科研单位+农户+基地"模式等。

二、 关系网络

创新关系网络是农业生产组合方式创新系统的重要组成部分,它是各个主体在创新过程中建立起来的能够促进创新并且相对稳定的关系总和。网络中的每一个结点可能与其他结点有直接或间接的联系,所以创新网络的关系链比较复杂。(1)农业经营主体与农业企业。农业企业与农户具有天然的联系,农业企业的创新活动可以通过农户进行扩散进而增强创新的影响力,两者的合作方式及积极性在一定程度上会影响农业创新的效率。(2)农业经营主体与大学科研机构。大学科研机构是技术、理论集中,研发新技术、新品种等创新效率较高的地方,农户与大学科研机构的联系程度也影响着整个农业创新体系的创新绩效。(3)农业经营主体与中介机构。中介机构是创新体系的各个主体建立联系的关键环节,在创新网络的结点间起着桥梁的作用。农户和农业企业之间或者企业和企业间可以通过中介机构获得信息共享。中介机构通常掌握专业化的知识和技能,农户和农业企业通过中介机构获得专业化的服务,可以降低创新的成本与风险,那么中介系统的完善程度也直接或间接地影响着创新体系的创新效率。(4)农业企业与农业企业。企业与企业间的关系主要是指产业链上、下游供应商之间的网络关系以及在市场中发生的企业与企业间的网络关系。企业与企业之间通过建立一定的优势互补、利益共享的竞争与合作关系,通过企业之间的合作有效缩短生产周期获得更大的利润,也促进了创新技术在创新系统内部的交流互动。(5)农业企业与大学科研机构。农业企业通过与大学科研机构建立合作关系可以获得先进的科研成果,而且还可以使大学科研机构的科研成果及时的商品化,产学研的有效结合可以在很大程度上弥补当前企业自主研发能力弱、科研机构的科研成果转化不力的缺陷,这也是产学研结合的意义和潜力所在。(6)农业企业与政府部门。政府是创新过程的主要参与者和推动者,尤其是在发展中国家,政府对企业有很大的推动作用,政府影响企业的方式通常有引导、保护、激励和协调等。(7)农业企业与金融机构。企业创新离不开资金,随着社会经济的发展,创新费用也在不断地增长,金融机构能够为企业提供资金支持,所以企业与金融机构的联系程度即企业在金融市场的融资能力必然影响着创新过程。(8)政府部门与大学科研机构。大学科研机构的科研经费是其进行科研的基础,而科研机构可以通过与政府建立合作获得政府的资金支持、政策优惠等。

三、 创新环境

创新环境是创新系统的重要组成部分,影响着创新体系内各主体的创新活动。农业创新环境主要包括:经济环境、文化环境和市场环境三方面。首先,经济环境。创新需要人力、财力和物力的投入,而这些投入与区域的经济水平有紧密的联系。在农业创新环境中,经济环境对其的影响是最直接也是最基础的,二者之间是相互影响,优越的经济环境能够为农业创新提供有力的资金支持,同时对创新产品的需要越大,反过来创新成果也能促进经济的发展,使创新主体获得更大的利益,更加激发创新主体的创新欲望,是一种良性循环。其次,文化环境。文化是一种比较复杂的社会现象,创新能够促进文化的发展,反过来由于长期的历史积淀而形成的风俗、习惯、道德、价值观等也影响创新活动。当系统内的文化环境所体现的价值体系与创新过程的内在要求吻合时产生的是积极影响,否则是消极的影响。最后,市场环境。农业创新活动的开展除了和各个创新主体的创新能力有关,还受相关的制度因素的影响,比如惠农政策、奖励政策的实施都直接影响各个主体的创新积极性。反之,则降低了创新效率。另外,基础设施一般对农业创新产生间接的影响,它能够体现出农业创新的持续能力,也越来越受社会的重视。完善的基础设施能够为农业创新提供方便快捷的条件,例如畅通的公路、发达的农业机械、互联网的普及等能够降低创新活动开展的成本,有效促进创新产品高效地在创新系统内流动。

第二节　农业生产组织方式创新的宏观、中观障碍性因素分析

世界各国经济发展实践表明,任何国家的经济都不可能一直处于某种单一发展趋势,有起有伏、交错发展才是自然状态。经济发展进入新常态,转型发展成为中国农业发展的重要使命和未来趋势,作为农业生产活动中枢力量的农业生产组织的创新变得日益紧迫和重要。总体而言,农业生产组织方式创新受要素投入、科技因素、市场环境和自然资源等几方面的约束和限制。

一、 要素投入

(一)新型农业经营主体数量不足、质量不高

第三次全国农业普查数据显示:2016 年,全国共有 204 万个农业经营单

位。2016 年年末,在工商部门注册的农民合作社总数 179 万个,其中,农业普查登记的以农业生产经营或服务为主的农民合作社 91 万个;有 20743 万农业经营户,其中,398 万是规模农业经营户。全国共有 31422 万农业生产经营人员。因近些年农村劳动力大量有效转移,中国农业从业人员文化程度偏低、年龄结构偏大、整体素质下降的情况已极为严重。据农业农村部统计,截至 2020 年中国农村实用人才的总数为 2254 万,只占农村就业人口总数的不足 5%。第三次农业普查数据显示,全国农业从业人员中,35 岁及以下仅占 19.2%,中国现代农业人才队伍建设之路真可谓任重道远。国外农业增长方式的转变过程就是技术进步因素对农业增长贡献份额不断增加的过程,其实质就是将农业增长转到依靠科技进步的轨道上来。2020 年,我国农业科技投入占农业 GDP 的比重只有 0.71% 左右,远低于发达国家 2%—3% 的财政投入水平,也远低于全国所有行业平均 2.14% 的投入强度;2019 年我国农业科技进步贡献率已达 59.2%,但距离发达国家普遍高于 70%,最高达到 90% 以上的水平,还是有一定差距。由此可见,无论是农业科研投入还是转化应用,中国都还有更大的发展空间。

农业生产组织创新,人才是保证,科技是出路,而目前中国无论是农业科研及其转化应用还是农业人才储备都对此缺乏足够支撑。近年来,随着城镇化的快速推进和土地流转规模的扩大,我国发展起了农民专业合作社、家庭农场等新型农业经营主体,但这些新型的农业经营主体数量还十分有限,发展也存在诸多问题和障碍。包括专业大户、家庭农场、合作社、龙头企业和经营性农业服务组织等在内的新型农业经营主体,是具有适度经营规模的农业合作经营组织。但它们受限于目前的土地流转、市场环境和政策等,尚未形成大规模现代化农业生产。截至 2015 年上半年,我国只有农民专业合作社 141.18 万家,仅占各类农业经营主体的 2%。而且农民合作社规模小,规模效应不明显。大型的农业产业化龙头企业数量小,70% 的专业大户的种植规模不足 6.7 公顷,且年收入偏低。因此,农村合作社并没有大规模发展起来。究其原因:一方面,新型农业主体所面对的农户多对土地有很强的依赖性,且农村地区对土地用途的严格管制,这制约了新型农业主体的生成发展并限制了配套设施用地规模;另一方面,土地流转租金成本高,在农村土地金融上尚缺乏政策性的金融支持。

(二)土地适度规模经营发展缓慢、经营风险升高

随着我国土地制度的不断完善和土地流转政策的进一步放开,农业技术水平的提高为扩大土地规模经营提供了可能。我国的基本国情是人多地少,截至 2018 年,我国人均耕地不足 1.5 亩,不到世界人均耕地的一半,仅为加拿大的 1/18,美国的 1/5。这一国情在很大程度上限制了农业生产规模,并且从事农业生产的机会成本很高,加之农地流转不顺畅,使当前我国土地规模经营整体呈现出"发展缓、规模小"的特点,实现农地规模经营的目标任重而道远。农地规模经营不足有多方面的原因,大体上可以分为两类:一是与农地的初次分配有关,人多地少的基本国情和家庭承包制度决定了初次分配的小规模和分散经营特点;二是与农地的再次分配有关,虽然目前多地通过农地流转和发展农民合作社来实现农地的规模经营,但是其中仍然存在诸多阻碍。另外,农地流转相关法律制度不尽完善、相关制度的配套改革没有跟上、农民的利益没有得到较好的保障等这些因素,也制约着农地规模经营发展。另外,进入 21 世纪后,特别是最近二十多年以来,中国农业的规模化经营已经成为一股不可逆转的潮流,这将在很大程度上改变我国的小农经济现状。值得注意的是,农业的规模化经营将不只成为中国农业的破局之路,更将成为中国社会供给侧结构性改革的最优突破口。研究表明,与小农户相比,家庭农场劳动生产率显著提升,土地生产率略有下降。以家庭农场为代表的规模种植户在收益方面有喜有忧,不盈利乃至亏损占有一定比例,如果不考虑农户在非种植业方面的收益和政府补贴,亏损的比例会更高,这说明规模种植的经营风险是很大的。实地调研发现,与同期普通小农户的成本收益率相比,经营较好

的家庭农场成本收益率高于普通农户,而经营较差的家庭农场成本收益率低于普通农户。

规模经营面临着多元化的风险。以家庭农场为例,第一,面临过度规模化的风险。实地调研中发现,大部分家庭农场的土地面积存在逐年不断扩大的趋势。但适度规模不等于无限制地规模化,过度规模化后边际效益递减会降低家庭农场经济效率,并且会导致过度雇佣化,使农业生产过度依赖于家庭成员之外的劳动力,背离家庭农场发展的政策初衷和优势。第二,缺乏稳定、优质的季节性辅助劳动力。当前农村劳动力的现实是,一方面家庭农场雇工时间与普通农户农忙时间重叠;另一方面农村留守劳动力青壮年缺乏,加之劳动力价格不断攀升,使家庭农场的雇工面临不断增加的不稳定、老龄化和高成本问题。第三,生产成本面临上涨风险。调研中发现,土地租赁成本大约占家庭农场生产成本的一半。土地租赁价格面临很大的上涨可能性,同时,农村地区承包地的细碎化导致租赁的农地很难形成片区,农地流转存在巨大的交易成本和交通成本。第四,经营结构单一化。不同于自给自足的小农,家庭农场以市场需求和利润为导向,其经营结构逐渐单一化,使家庭农场暴露在更高的市场波动风险之下。第五,配套设施和服务发展落后。家庭农场在金融服务、土地流转中介服务、农业保险、粮食销售与市场的对接、农业技术培训、农业经营管理培训、粮食晾晒贮存场地、农忙时节水电持续稳定供应等方面普遍缺乏保障和支持。第六,市场议价能力不足。实地调研发现,大多数家庭农场粮食销售方式仍然与普通农户的出售渠道一样,主要是在地头或场头直接销售给粮食小贩,好一点的销售给粮食大贩,销售价格依旧处于和普通农户一样的较低水平。

(三)农业机械化水平程度低、结构不平衡

据统计,2019年年末,全国共有拖拉机2224万台,大中型拖拉机配套农具444万部,联合收获机213万台,机动脱粒机1039万台。近年来随着土地

流转进程的加快、农村大力推行规模化生产,加之农民进城务工致农村劳动力流失,农作物机械化生产水平不断提升。全国农作物耕、种综合机械化水平由2008年的45.8%到2019年超过70%,其中玉米机收水平由2008年的10.6%增长至2019年的80%以上,水稻耕、种、收综合机械化率超80%。但从全国总机械化率来看,全国机械化水平在70%以上的省份还不完全,机械化水平率有待提高。而发达国家普遍在95%以上,我国农机具种类失衡,也不及国际市场的60%。农业机械化水平高低是衡量一个国家农业现代化程度的重要标志,与国外相比,我国农业机械化发展还相对落后,机械化水平较低、农机产品质量差、农机使用成本偏高等问题不同程度存在。目前我国农业机械化发展主要存在的问题如下:

第一,农业机械化总体水平较低,结构性矛盾突出。一是农业机械化总体水平较低。从国外情况来看,美国、加拿大、英国、法国、德国、澳大利亚等发达国家,在20世纪60年代前就实现了高度农业机械化,而耕地较少的日本和韩国,在70年代也已进入了高度机械化发展阶段,水稻全程机械化水平达到95%以上。特别是韩国只用了20年左右的时间就达到了日本第二次世界大战后用40年时间达到的机械化程度。而我国目前农机耕、种、收三项作业水平仅为35%,农业劳动者创造的农业增加值,仅相当于美国、法国的1/10,加拿大、英国、澳大利亚、日本的1/6。二是结构性矛盾突出。小型拖拉机多、高性能动力机械少,主机多、配套机具少。农业机械功能单一,利用效率很低,作业效率也不高。我国一台拖拉机所能承担的作业项目平均不到两种,而发达国家多采用复式作业,一台拖拉机一次进地能同时高质量完成几项作业。三是机械化应用范围小。我国机械化生产主要集中在粮食生产方面,在三大粮食作物中,除小麦的机播和机收水平相对较高外,水稻栽植和收获及玉米机收水平还很低。在经济作物、养殖和农产品贮藏、保鲜及加工等方面,标准化生产体系薄弱,机械化生产程度较低,许多方面的机械化生产还是空白。

第二,农机产品质量差,技术水平低。我国农机工业产品技术含量较低,品种不全,除少数机种外,普遍存在使用性和可靠性较差的问题,与国外产品有很大差距,农民对国产农机产品的评价是"能用、爱坏、常修"。我国农机企业多而散、规模小,部分企业缺乏技术创新的动力和科研开发能力,农机产品处于低水平恶性竞争状态,制约了农机工业的发展。与发达国家相比,我国农机产品的总体技术水平还比较落后。目前,国内使用的牧草种植收获机械、饲草饲料青贮机械、设施农业机械、特色农产品采摘、加工包装机械等新型适用的高性能、多功能、高价值农业机械,基本上都是从国外进口的。

第三,使用成本偏高,效益偏低。目前,农业机械的使用成本普遍偏高,直接影响了农业机械化发展。一是与农民收入水平较低相比,农机价格相对较高。二是农用柴油价格较高,农机作业服务成本增加。三是农机户税费负担较重。四是中介服务组织发展缓慢,农机服务组织化程度低,乡镇农机服务站也不稳定,信息服务跟不上,直接影响购机户农机利用率和作业效益。推进优势农产品区域布局,进一步调整优化农机装备结构,提高农机服务组织化、社会化程度,仍是今后农业机械化发展的一个重大问题。

第四,农机化投入不足,示范推广力度不够。中央财政投入力度在逐年加大,但与农民实际需求还存在较大差距,在实施购机补贴政策的地区,享受补贴的农民只占申请补贴农民的几十分之一。同时农村机耕道路和标准化农田建设滞后,农机化推广示范专项经费投入不足,许多农机化新技术难以大面积示范推广。通过以上对我国农业机械化发展存在问题的分析,可以明显看出中国农机化行业发展最突出的特点之一就是农机化的发展足迹与政府的管理力度息息相关。政府政策对这个行业的影响因素很强——政府重视,行业发展就快,否则就慢甚至停滞不前。

(四)农村基础设施薄弱、建设不足

农业基础设施是固定在农用土地上可以较长时间发挥作用的生产性设施,主要包括农村水利、电力、道路等设施。农业生产是经济再生产与自然再

生产的结合,农业生产活动的展开必须建立在一定的自然禀赋和基础设施之上。近些年,尤其党的十八大以来,我国农业基础设施建设发展较快,以农村交通道路为例,截至 2019 年年底,全国农村公路(含县道、乡道、村道)里程达 356.40 万公里,比上年年末增加 5.74 万公里。全国通公路的乡(镇)占全国乡(镇)总数的 99.97%,通公路的建制村占全国建制村总数的 99.38%;其中,通硬化路面的乡(镇)占全国乡(镇)总数的 97.18%,通硬化路面的建制村占全国建制村总数的 84.04%,比上年年末分别提高 0.54 个和 2.34 个百分点。虽然近些年来各级政府都加大了农业基础设施投资力度,但因历史欠账太多,中国农业基础设施结构性问题依然比较突出。数据显示:全国 8 万多座水库中有 40%的小型水库、25%的大中型水库属于病险工程;5 万多条流域面积大于 100 平方公里的河流仅 20%有防洪设施;万亩以上灌区工程基本完好的只占 30%,不同程度老化失修的占 60%,已经报废的占 10%;中国农村公路中 88.51%的为四级公路和等外公路;部分农村电网明显落后,用电难、用电贵现象仍然存在。主要问题表现在:一是乡村道路建设质量较差。贫困地区通达、通畅任务仍然艰巨,剩余不通硬化路的 400 多个乡镇、3.9 万个建制村,大多处于山大沟深困难地区,投资大、建设难度大。同时,经济欠发达或刚脱贫地区道路网化任务也很重。更为重要的是,道路养护和管理任务重。前期建成的公路标准较低,抗灾能力较弱,安全设施不到位,养护投入严重不足,一些地方已出现"油返砂"现象。按十年一个周期测算,约 100 万公里需要大中修,占总里程的 1/4。

　　农业基础设施普遍落后、老化陈旧,不仅制约了农业抵御自然灾害能力的提升,也使现代农业要素难有用武之地,这无疑不利于农业生产组织的创新。基础设施薄弱对粮食稳定增产影响巨大,然而涉及道路、水利等基础设施的建设投入巨大,农业经营主体难以独自承担。例如,对安徽省宿州市埇桥区的调查过程中,种植户表示,近年来各级政府对基础设施的投入力度不断加大,改善了农业生产需求。随着土地流转进程的加快,新型经营主体需要购入大型机械设备,比如播种机、收割机等,但现在村村通公路约是 4 米宽,而有的农机宽度超过 4 米,在公路上"走"得很费劲。同时,由于缺乏必要的土地平整设施,沟渠路边的土地高低不平,不适合大型机械操作,给粮食的集约化生产带来很大困难。二是农村电网设备差且用电成本高。农村电力设备陈旧落后,这是农村电网最严重的问题。变压器大多数已严重老化、能耗高、性能差。导线截面基本偏小,表箱、接户线锈蚀严重、绝缘性能差。有些电线杆破损十分严重,已处于危险状态。一旦遇到刮风打雷下雨就发生断电,这不仅使供电不正常,而且容易引发安全事故。此外,农村电网电能质量差,电压偏低问题尤为严重。引起电压偏低的原因是多方面的,但主要是由于配电变压器没有布置在负荷中心,农村用电时间集中、季节性强以及供电半径超出范围、迂回线多造成的。而这些原因的存在都是因为前期规划不到位而引起的。更值得注意的是,农村的平均电价要高于城镇,农民用电成本高使弃电现象较多。三是农村集中式供水比例仍然很低。虽然当前我国农村人畜饮水环境得到了很大改善,但是集中式供水仍属少数,农村自来水普及率仍然相对较低。以沿海发达地区的广东省为例,截至 2015 年,全省行政村自来水覆盖率、农村自来水普及率、农村生活饮用水水质合格率仍然达不到 90%,仍然未能建成覆盖全省的农村供水安全保障体系。而湖南省在 2015 年时,农村集中式供水受益人口比例不到 70%,更不用说其他中西部经济不发达地区的农村自来水供应情况。四是农村互联网普及情况远低于城镇。2020 年 9 月,中国互联网络信息中心(CNNIC)公布的第 46 次《中国互联网络发展状况统计报告》指出:截至 2020 年 6 月,我国农村网民规模为 2.85 亿,仅占整体网民的 30.4%;农村互联网普及率为 52.3%,城乡地区互联网普及率虽进一步缩小了 6.3 个百分点,但城乡差距仍较大。这些都说明,农村互联网相关基础设施普及情况仍然相对较差。五是农村流通设施建设严重滞后。当前,农村缺超市情况突出,农贸市场和批发市场缺少专业的储存场所、销售场所简陋的情况也不鲜见。相关调查表明,目前只有大概 41.7% 的农产品批发市场建有冷库,11.1% 的配备了冷藏车,12.9%的有陈列冷柜。由此导致大概70%的肉、80%的水产品以及大部门牛奶及豆制品无法进入冷链系统。

二、 科技因素

随着我国经济不断发展、社会不断进步,农业的发展也应与时俱进。发展现代农业,用新型的农业科技进行农业劳作,在保障粮食产量的同时,也保障了粮食的质量安全,这使农业科技成果转化速度大大提高,从各个方面促进了农业发展方式的转变。根据《中华人民共和国2020年国民经济和社会发展统计公报》显示:2020年中国研究与试验发展(R和D)经费支出24426亿元,比上年增长10.3%,与国内生产总值之比为2.40%,其中基础研究经费1504亿元。国家科技重大专项共安排198个项目(课题),国家自然科学基金共资助4.57万个项目。截至2020年年末,有效专利1219.3万件,其中境内有效发明专利221.3万件,每万人口发明专利拥有量15.8件。全年共签订技术合同55万项,技术合同成交金额28252亿元,比上年增长26.1%。我国的科技人才和成果众多,但是相对成型的科技成果有很多不能合理地运用到农业生产上,无法实现生产力转化,造成了很大的资源浪费。根据NASA的数据统计,从2000年到2011年,我国有6万多项农业科技成果产生,但达到成熟应用阶段的只有2万项左右。另外,还有数据显示,我国整个农业科技领域,在国际上处于领先的学科只占19%,17%处于并行,64%处于跟跑或跟踪阶段。农业科技成果转化与推广,既是农业科技进步的重要环节,也是亟待我们加强的薄弱环节。

农业科技成果的有效转化是提高农业生产中科技含量的重要途径,农业科技成果转化的过程使农民从中得到实惠,为农民增收作出了重大贡献。因此,必须把农民增收作为农业科技成果转化的出发点和落脚点,农业科技成果转化才会有强有力的生命力。加快农技推广体系改革与建设的步伐。农业科技推广体系,是农业科技成果转化与应用的载体,直接关系到农业科技水平的提高、农业增产和农民增收。长期以来,我国农业科技推广工作存在体制不顺、机制不活、队伍不稳、保障不足、科技与生产脱节等问题,不能完全适应现代农业发展的要求,难以满足农民增收致富的需要。因此,要提高农业科技成果的转化应用水平,必须加快体制改革和制度创新步伐,不断健全农业科技推广体系。具体表现为以下几个方面。

(一)相关人才力量和成果供给不足

在农业生产中缺乏高质量的、先进的、成熟的、适用的技术成果。一方面,农业科技成果有效供给不足受科技成果本身的特性影响。科技成果研究的周期长,而应用的周期短。农业农村部数据显示:获科技进步奖的研究成果,其研究周期一般在6—13年,而在生产中,一般的技术性成果的使用周期为5—8年,一些物化性的成果在使用8—10年以后,其使用价值也呈现明显的下降趋势,更有甚者,一些农业科技成果在产出后还未得到推广就已经过时。另一方面,由于工程化研究不足,没有能够做中试实验或实验不足而造成成果转化失败。据统计,由于技术不配套,我国未能转化的重大科技成果中约占12.4%。我国农业科技人员从事科技成果转化的数量少、意识差,对农户和农业企业生产的具体需求考虑不足,科研项目和科技成果缺乏解决实际问题的针对性、可操作性和实用性,结果导致科研与生产脱节、研究与推广脱节,相当一部分农业科技成果无法转化。这种现状严重制约了农业科技成果的有效供给,难以满足当前国家大力推进农业战略性结构调整,发展优质、高效农业,提高农产品国际竞争力和农业综合实力的需要。

(二)农业科研基础和推广人员配置薄弱

首先,我国农业科技成果大多数产生于农业科研院所、农业高等院校。但由于现存体制和机制的影响,条块分割,力量难聚,形不成强大的科研基础优势,造成后续开发、融资能力、市场开拓、生产配套与适应性研究开发等方面的

软弱无力。在信息流通方面,科研机构之间、国内和国际之间缺乏交流合作,
农业生产的主体和农民之间则更是缺乏沟通。因此,科技成果转化,往往只是
科研机构一头热,而市场需求方都较冷淡,最终难以实现良好的转化。农业科
技成果的转化是一项比较困难的工作,其原因主要是科技成果转化的体制问
题,现有的体制已经不能够适应当前科技成果转化的发展,需要改革和完
善。现在科研院所过于注重研究成果,而不考虑市场的需求,不知道现在农
民需要什么造成了很多科技成果无法进行转化。因为研究成果并没有用
处,所以与市场脱节。其次,农业技术推广的信息化程度低。现在农村发布
信息仍然是广播的形式,制约了技术推广信息传递的有效性。缺少互联网
或电子设备等先进的信息传递手段和便于进行技术交流的工具,人们无法
了解更多的农业技术信息,也就造成了技术推广的滞后。支持力度不足,技
术推广和设备等方面都出现严重匮乏的状况,往往只抓住某一个环节,不能
将成套的农业技术实施于农业生产之中。同时缺乏技术推广的有效手段,
导致在基层的技术推广中无法建立起一个完整的推广体系,严重阻碍了基
层农业的进一步发展。最后,由于技术推广人员文化水平有限,同时对先进
技术的了解并不是十分透彻,加之很多技术推广人员缺乏技术应用的实践
经验,所以对提出的生产和技术问题,并不能及时有效的解决。另外,政策
的支持力度有限,也导致优秀人才不断的流失。这些都使农业技术推广难
度增大,而且现有的技术水平已不能满足农民对生产发展的要求。有关部
门所做的技术推广和实际生产不相符,并不能解决生产问题。只是应上级
要求到基层技术推广,并没有考虑到农民的切实需求。另外,技术推广部门
所推行的生产技术种类杂乱分散,很多时候并不是在农业生产过程中主要
的使用技术。为了使更多的农户接受农业新技术,必须先建立起完善的技
术推广体系,为解决农户在农业生产中各个环节遇到的问题并提供准确有
效的建议。

(三)农业科技成果需求和转化动力不足

农业科技成果能否顺利转化受市场需求的制约,当农业科技成果转化的市场动力不足时,其一,说明该产品能否实现预期的经济价值在使用主体中还存在疑问。虽然一些研究出了成果,但成果不能适销对路,不能让农民接受,这样的科技成果转化自然就难。农业科技成果转化的前提条件是存在潜在的市场需求,农业技术市场的运行仅仅靠供求双方的利益驱动还不够,农业技术研发和使用具有与其他商品不同的属性,这种特殊的属性决定了农业技术供给和需求的动力都不足。其二,说明农业科技成果供给方面存在问题。农业科技成果作为一项创新的科技,往往能够解决农业生产过程的某个重要问题或关键的技术,而与之配套的常规技术或管理方式等方面没有跟上步伐,造成农业科技成果的供给结构不合理。因此,也就无法满足市场需求,还会造成一定程度的科研浪费。农业科技成果的采用主体影响着科技成果转化的需求。我国现阶段农业生产虽然有了一定的产业化发展,但以农户为单位的家庭经营仍是主要形式,所以,农业科技成果的采用者主要还是以农户为主。农户分散经营很难实现规模经营,而农业风险大以及农民科学文化素质不高成为制约因素。先从分散经营来看,我国人多地少,农户经营规模很小,平均每户仅有 0.65 公顷耕地,且被分散为很多小块,因达不到一定的规模水平而缺少应用新技术成果的积极性。而相当数量的农业科技成果因综合性强需要一系列配套和产业化推广应用,因此,分散经营不利于高农业科技成果转化的需求。然后从农民科技文化素质角度分析,一直以来,我国农村人力资本积累不足,农户缺乏科技意识,物质技术基础落后,使我国农户对可替代的农业新技术反应迟钝,内在需求明显不足。所以,农民文化素质水平的高低直接影响农业科技成果能否成功吸收。除了文化素质的影响,还受传统观念的影响,农民的市场意识、竞争意识淡薄,小富即满,守成不变的观念根深蒂固,也影响到农业科技成果的有效需求。再从农业风险来看,农业是高风险产业,主要来自自然环境和社会环境。自然环境的难以控制是农业风险的重要原因,而社会环境的风险主要来自生产过程人为操作不当以及农业领域市场经济条件下农业产品市场运行随机性大等原因。尤其是农业科技成果中的农业技术商品受人为和自然条件的制约更大,还要承受农业科技成果转化应用的长周期中随时可能出现的其他原因,操作或控制不当很容易导致失败。因此,农户对新科技成果的使用存在较多顾虑,不敢贸然接纳,从而也就影响到农业科技成果的有效需求。另外,农业生产效益比较低,特别是当前,多数农产品都处于买方市场,农业增产不增收,更削弱了农民应用新技术成果的动力。这些因素都构成了农业科技成果转化的需求"瓶颈"。

(四)农业科技投入和科研基金不足

"十三五"以来,我国宏观政策不断向农业倾斜,出台了一系列的惠农和富农政策,政府也加大了对农业的投入,但是,农业科研经费仍严重不足,以致科技产出还是远不能满足现实需求。据统计,我国农业投入仅占财政总投入的 0.75%,农业科技投入占农业总产值的 0.17%—0.27%,而世界平均水平为 1%,发达国家则超过 5%,成果转化资金短缺,发达国家或不发达国家,在科研、成果转化和生产三个阶段的投入比例一般为 1:10:100,而我国为 1:5:100(陈志兴、王云龙,2005)①。我国从 2001 年实施了"农业科技成果转化资金"项目,始终坚持转化一项成果、熟化一项技术、实施一个项目、提升一个企业、发展一方产业、致富一方农民的宗旨,2001—2010 年中央财政在农业上共投放了 31.5 亿元,农业农村部表示,2020 年中央财政在农业上的支出达 55 亿元,很大程度上加快了农业科技成果的转化应用,此举的确有力促进了我国农业科技的发展及水平。然而与发达国家相比,目前我国对农业科技的投入及科技成果转化水平仍然存在很大的提升空间,农业科技成果转化投资占农业国内

---

① 陈志兴、王云龙:《农业科技成果转化机制的症结分析及其对策研究》,《农业科技管理》2005 年第 1 期。

生产总值的比例仍旧较低。资金不足依然是制约农业科技成果转化的"瓶颈"之一,有人通过研究认为支撑我国科研机构的研发经费主要来自两个渠道:一是国家基金,有关部委、科技部等主管部门以基金、补助、拨款等方式资助的项目科研经费,地方政府设立的科研项目经费;二是企事业单位委托研究项目的经费和开展科技服务所获得的经费。这两种经费来源说明我国农业科技成果研究开发的投入渠道过于单一,投入量远远不能满足科技成果从立项选题到成果转化推广应用的整个环节,往往只能提供其中某个或某些环节的资金需求。导致科研成果大多停留在前期的实验室阶段,而中间环节由于投入不足,最终造成一些基层转化推广单位"网破人散"。后期科研经费不足加大了农业科技成果转化的难度,成为科技成果转化为现实生产力的"瓶颈"。

(五)农业科技成果转化体制不完善

我国农业科技管理体系一般都是从上往下进行管理,所以一旦出现变动,必须要经过各个相关部门配合,才能够实现对农业科技的变动。出现这样的问题会导致技术转化机构不能够合理运行,各个部门也不会对问题承担责任,使农业科技成果的转化不能快速地运行,影响农业的建设工作。体制管理不够全面和系统化,使农业科技成果转化的成果不能够对农业发展产生作用。农业科技成果转化机制是连接科技供给和科技需求的桥梁和纽带,是实现农业科技成果转化的重要保证。但是,目前我国的农业科技成果转化机制还不健全。一是成果评价机制不健全。目前对成果的评价还停留在对成果本身的评价上,缺乏对成果转化的评价,也就是说对成果的实用性和社会效益及经济效益缺乏评价。二是利益分配机制不合理。农业科技成果转化是一个复杂的过程,牵涉多个利益主体,从成果的研制者到最终的需求者,还有政府部门和中介机构等。因此,需要有一个合理的利益分配机制来协调和规范整个农业科技成果转化体系中的利益体之间的关系,促进科技成果快速有效地转化。

三是市场供求引导机制不显著。目前我国农业科研课题选题、立项多数产生于科技系统内部。对农户和农业企业生产的具体需求考虑不足,从而导致农业科技成果得不到转化。四是风险保障机制不健全。农业本身就是一个受自然环境影响的产业,因此首先存在自然风险,在农业科技成果转化的过程中也存在很多风险,比如技术投资风险等,同时还受很多不确定因素的影响。但是,目前我国还没有在这些方面建立起相应的风险保障机制。

三、 市场环境

(一)土地流转市场不完善

20 世纪 70 年代末 80 年代初发端于农村的土地家庭联产承包责任制是农村诱致性制度变迁的结果。虽然当时缺乏必要的理论作为指导,但家庭联产承包责任制从根本上克服了原来土地集中经营、效率低下的弊端,使广大农民真正有了经营自主权,激发了农民的积极性,促进了资源的优化配置,促成农业经济的连续高速增长。土地经营自主权的实现,也使农民对自己的劳动力有了充分的支配权,从而为农村工业化的发展提供了足够的劳动力前提。但随着工业化、城镇化的快速推进和社会生产力水平的进一步提高,这种高度分散化的农地制度安排成为制约中国农村发展的关键性因素。克服和解决以户为单位的家庭承包制所存在的制度缺陷需要实行农业的适度规模经营。从 1984 年到 2003 年,我国农业一直处于徘徊不前的状态,农民收入在 20 世纪 90 年代末增长特别缓慢,"三农"问题变得特别突出。2004 年以后,得益于农产品价格调整和农村税费改革的成效,农民收入增长的速度明显提高,但后劲仍显不足。这个现实提示我们:农民收入的增长也许只是亮点,但还不一定就是拐点。与农业徘徊、农民收入增长趋缓相伴而行的是,作为农民命根子的土地,被大量的抛荒、弃耕。2008 年党的十七届三中全会召开之后,农地问题再次引起了人们的高度重视,从而引发了国内各界对于如何进一步改革农村土地产权制度,促进农地流转的大讨论。

中国经济改革明确提出要建立社会主义市场经济体制。我国社会主义市场经济进程的整体深入,农业市场化进程的加速,尤其是生产要素市场的逐步建立,为市场机制发挥基础性资源配置作用奠定了基础。党的十七届三中全会提出:"加强土地承包经营权流转管理和服务,建立健全土地承包经营权流转市场,按照依法自愿有偿原则,允许农民以转包、出租、互换、转让、股份合作等形式流转土地承包经营权,发展多种形式的适度规模经营。有条件的地方可以发展专业大户、家庭农场、农民专业合作社等规模经营主体。"此后中央"一号文件"明确指出,要"完善农村土地承包法律法规和政策,加快制定具体办法,确保农村现有土地承包关系保持稳定并长久不变","加强土地承包经营权流转管理和服务,健全流转市场,在依法自愿有偿流转的基础上发展多种形式的适度规模经营"。土地承包经营权流转市场具有市场的一般共性,同时它也是一种要素市场,具有要素市场的特性。中国的土地承包经营权流转并不是以所有权为前提的土地交易,而是以承包经营权为交易对象的流转,这个过程涉及政府、村庄、村民等多方产权持有主体。研究表明,只有当人均国民生产总值超过 1000 美元时,才能形成土地流转的内在动力。此时,农村土地的市场价值开始体现,表现为土地经营者规模扩张需求和土地拥有者土地流转的意愿(王景新,2005)[①]。土地承包经营权流转市场的建立和完善离不开四个要件,它们是:市场交易规则、市场流转载体、市场流转组织和市场交易价格(邓大才,2009)[②]。

目前,从我国农地流转的客观形势来看:首先,农地流转交易规则尚不完善。主要表现为:一方面地方实际执行农地流转的程序不够规范;另一方面,

---

① 王景新:《村域经济转型和发展:国内调查及其与国外比较》,中国经济出版社 2005 年版。

② 邓大才:《农地流转市场何以形成——以红旗村、梨园屯村、湖村、小岗村为例》,《中国农村观察》2009 年第 3 期。

中央一系列土地政策不够具体,也过于原则化。对土地承包经营权流转的管理,农业行政主管部门没有具体的实施细则,在流转程序、流转手段、流转档案管理等方面缺乏统一规定。其次,市场流转载体和流转组织发展尚不完善。表现为部分地区尚无农地流转交易场所,农地流转大部分发生在农户之间的私下交易,没有权威的法规可遵循,缺乏相应的市场规则和监督机构的有效保障,交易缺乏透明度和公平性,造成交易费用过高,限制了土地产权交易的范围和规模,使土地交易局限在村落内部,无法在更大范围内实现土地资源的合理流动和优化配置。另外,流转中介组织的缺失导致农地流转供求信息的传递存在障碍,造成潜在的交易者之间不能及时有效地沟通,有效交易无法实现或交易带来过高的交易费用。最后,土地产权交易的定价机制尚未建立。主要表现为农地流转价格被扭曲,无法真实反映土地价值。当前我国农村土地尚未开展定级估价工作,由于缺乏科学合理的土地价格体系,农地流转交易价格的形成和确定存在明显的主观性和随意性。由于我国地域广阔,区域经济发展不平衡,农地流转的地域差异很大。随着我国经济的不断发展,农地流转也不断呈现出新的特征,同时也不可避免地会产生一些新的问题。

(二)农村雇工市场尚未成形

随着中央明确土地承包经营权流转的政策指向,土地流转进入了新阶段,大量农地逐渐流向专业大户、农业企业、农业产业基地、现代化大农场、家庭农场、农民专业合作社等新型经营主体。随着土地承包经营权流转的发展,我国出现了农村富余劳动力大规模转移的潮流,与此同时,我国第二、第三产业的迅猛发展吸收了大量的农村富余劳动力,促进了农村富余劳动力的多元化就业和城市经济、社会的发展,提高了农村富余劳动力的收入。然而现实情况是,农村富余劳动力在城市从事的主要是低技术劳动行业,缺乏发展空间,而且由于居高不下的房地产价格、中国人的乡土观念、户口壁垒、社会保障等一系列深层次因素,使大量农村进城务工人员即使获得了城市的就业机会,也无法获得城市的居留权。因此,农村富余劳动力向城市转移就业面临着非常大的生活和职业上的风险,于是很多人寻求就近在农村就业,而新型农业经营主体的大量涌现对于农业雇工的需求为这些非农就业能力低的农村富余劳动力提供了就业机会,这就为农业雇工的发展提供了人力基础。当前,我国农村雇工市场尚未成形,存在的问题较多,主要表现在以下方面。

1. 农业雇工的劳动技能不足

随着产业结构调整的不断升级,资本和技术对劳动力的替代效应不断增强,一方面第二、第三产业排挤"低技能"劳动力;另一方面又提高了对"高技能"劳动力的需求,而第一产业工作对技能水平要求低、对劳动力需求大,因此部分"低技能"劳动力选择回流到第一产业从事农业雇工,回流的"低技能"劳动力和农村留守富余劳动力成为农业雇工的有效供给主体。虽然从事农业雇工的农民多数具有农业生产经验,但在当前土地规模化经营的背景下,新型农业经营主体的经济利益不仅来自农业生产,部分农业经营主体掌握了种子、农药和化肥等生产上游环节以及收购、加工、运输和市场等生产下游环节,形成农产品产业链。在此规模化经营方式下工作的农业雇工不仅需要有长期经验做支撑,而且面临更多技术层面的考验。然而根据《中国农民工监测调查报告》显示,2020年接受过农业技能培训的农民工仅占9.5%,较上年提高0.2个百分点。多数农业雇工仅能从事整地、播种、田间管理、收割和仓储期间的机械劳作,劳动技能水平较低。基于此事实,迫切需要提高农业雇工的劳动技能,促进土地规模化经营的发展。

2. 农业雇工存在"断层"危机

与其他传统行业一样,农业雇工也存在断层危机。当前从事农业雇工的农民多为中老年人,有着丰富的农业生产经验,他们在不久的将来将退出农业生产,但他们的子女即新生代农民,通常缺乏农业生产经验,同时对农业雇工工作缺乏兴趣。一方面,农业雇工从事农业生产活动,农业生产本身具有劳动强度大、过程烦琐的特点,新生代农民受轻农思想影响,从小缺乏农业生产锻炼,往往不能胜任农业生产工作;另一方面,农业雇工劳动强度大且劳动时间界限模糊。大多数雇主与雇工之间的雇佣程序非常简单,只是就工作时间和工资进行口头协议,在此种情况下,雇工与雇主之间缺乏法律和信誉的约束,雇工的工作时间和休息时间界限相对模糊,雇工的劳动权益无法得到保障,在春耕秋收季节,雇工经常加班加点,超时劳动。与此同时,与第二、第三产业相比,农业雇工收入相对较低,且缺少发展空间,因此受教育水平较高且具有维权意识的新生代农民从事农业雇工的意愿较低,农业雇工断层已初步显现。

3. 劳动雇佣关系不规范性

现阶段,农业雇佣关系仍具有很大的不规范性。一方面,农业雇佣关系具有不确定性。除了少数的长期农业雇工会与雇主签订正式劳动合同,规定相应的工作时间、工作报酬和工作地点外,短期农业雇工会依据自己的空闲时间来安排受雇从事农业生产的时间,不会签订正式的书面合同,而农业生产活动明显的季节性问题会加剧农业雇佣关系的不确定性,增加一定的风险成本。另一方面,农业雇佣生产行为具有随意性和自发性。通常雇佣行为发生在农忙时期劳动力紧缺的情况下,劳动力市场主要由本村或者附近村庄闲散的劳动力自发构成,没有政府或者相应机构提供规范的农业劳动力供需市场。没有规范的中介组织存在,自发形成的劳动力供需市场存在信息不对称的情况,劳动力供求双方的需求不能及时满足,双方达成交易的效率较低。双方的雇佣关系很不稳定,双方有一方不满意就容易产生纠纷,出现毁约的情况。因为没有规范的合约约束,在雇佣关系进行期间,雇主只要有合理的原因就可以解雇雇佣的劳动力,雇工也可以在劳作过程中根据自身利益更换雇主。

4. 缺乏有效的信息中介平台

现阶段,我国农村劳动力市场不够完善,缺乏提供农业雇工信息的劳动力中介组织,此情况会对农业雇工和雇主均产生不利影响。一方面,农民从事农业雇工往往是通过熟人介绍、自主寻找,私人关系占据了农业雇工就业渠道的主流地位,这种方式获取就业信息的途径十分有限,所获信息也具有不可靠性,易增加务工机会成本,且寻找工作过程人身安全无保障;另一方面,调研发现,由于缺乏提供农业雇工信息的劳动力中介组织、雇佣信息不对称,大多数雇主为在农忙季节来临前雇佣到足够数量雇工,需提前在就近村镇雇工,若无法就近雇佣足够雇工,需自己或委托他人去其他地区雇工,常导致雇工效率低且成本高,甚至因此影响正常农业生产和经营,为雇主本身带来不必要的损失。

5. 雇工劳动权益保障问题严峻

我国相关法律制度明确劳动者享有平等就业、劳动报酬、休息休假、劳动安全卫生保护和社会保险等权利。农业雇工同样属于劳动者,但农业雇主与农业雇工间一般不签订书面劳动合同,多数为口头协议。一方面,由于现行劳动法律制度不完善,现行劳动法律制度排除了对农业雇工劳动关系的适用;另一方面,这种现象与农村重人情、轻规则氛围有关,也受农民文化素质和法律意识不高影响。此情况下,农业雇工劳动时间、休息时间和基本工资无保障,甚至雇主可无理由解雇雇工。另外,部分农民选择背井离乡去外地从事农业雇工,时常面临受伤、失业风险。通常情况下农业雇工参加农村医疗保险,但仅在户籍所在地定点医院方可享受医疗保险,这对外地务工者而言不仅增加医疗成本,且可能延误病情。现阶段农业雇工劳动权益保障问题仍十分突出。

(三)农村信贷业务市场不融通

伴随我国经济体制改革的不断深化和社会主义市场经济体制的确立,金融业的市场化趋势也逐渐明显,近年来无论是在金融体制还是金融产品上创新层出不穷。但与金融业市场化发展不协调的是城乡金融发展差距进一步拉大,金融业也逐渐显现出了城乡二元化的结构特征。农村金融发展的滞后已经成为制约农村经济发展的"瓶颈"因素,为了破解农村金融资源匮乏难题,农村小额信用贷款制度应运而生,作为一种具有扶贫性与市场性相结合的新型贷款模式,农村小额贷款对于满足低收入农户群体的资金需求,有效发挥金融激励与约束作用,促进农村贷款市场的繁荣,继而促进农村经济发展,缩小城乡收入差距,都发挥了重要作用,已经成为我国农村金融体系不可或缺的有益补充。农村小额信贷是我国农村经济发展的重要资金供给渠道,同时也是农业经营主体扩大规模、引入技术、升级管理的关键要素,是促成农业生产组织方式转型升级的重要保障。

1. 小额贷款服务产品供给不足

主要体现为:特殊农民群体、贫困型农户及小规模生产资金需求难以满足,温饱型农户所适用的小额贷款产品匮乏,而市场型农户的生产性资金难以得到有效满足。首先,贫困型农户由于经济基础薄弱,是农村中资金需求异常强烈的群体,他们的资金需求主要用来解决生活温饱问题及小规模的农业生产。对于解决生活温饱问题的农户,小额贷款机构是难以放款的,因为发放的贷款必须是用来发展创收活动进行再生产的,是要在取得收益的基础上偿还贷款和利息的。由于小规模农业生产收入的不稳定性和风险性,使得即便是从事生产贷款的农户也常常被严格的贷款机构拒之门外。其次,温饱型农户所适用的小额贷款产品匮乏。这类农户已经基本解决了生存的温饱问题,对资金的需求主要集中于农业与非农业的生产性贷款、扩大经营规模贷款及消费型贷款,资金需求数额不大,具有良好的信誉,是小额贷款金融机构主要放款对象。但由于农村经济结构的升级和转变,温饱型农户的贷款需求也发生了多样性的变化,出现了包括消费型需求、投资需求等多种需求,这些却是正规小额贷款金融没有适时开发的产品种类,故而,对此类贷款需求,温饱型农户要么转而向亲朋好友或民间金融机构借款,要么挪用正规金融机构的生产性贷款。最后,市场型农户的生产性资金难以满足。市场型农户的生产以市场为导向,初步形成专业化、规模化的商业经营,他们的生产性资金需求巨大,是小额贷款机构无法满足的,但他们又不具备向商业银行借贷的抵押担保条件,其资金需求只能通过小额贷款、民间借贷等多种途径组合,有的甚至是小额贷款"叠大户"的违规操作中得到。

2. 小额贷款业务程序复杂门槛高

主要表现为:第一,小额贷款办理手续复杂。"手续复杂"基本上是从事农村小额贷款业务的工作人员以及资金需求者所共同反映的问题,原因主要有两个方面:一是未坚持小额农贷"一次核定、随用随贷、余额控制、周转使用"的原则,每次贷款都当作一个新客户,重新评级授信做资料,而资料要求又较多。所以建议在做实授信工作的前提下,坚持小额农贷授信额度在一定时间内可循环使用。二是未简化相关手续。建议在非首次贷款时考虑只填申请和借据,并且这两样都可以是系统填写好,客户只管签字认可就行。第二,贷款期限过短。小额贷款期限不超过两年的期限过短,有些借款用于生产周期较长的养殖业,一两年可能难以归还;并且由于一般授信在前,贷款在后,有时授信与贷款时间差距较大,存在授信期限 2 年而实际贷款期限低于 2 年,贷款发放后贷款期限未到但由于授信期限到了,贷款自动转为不良。第三,贷款金额限额低。各地对小额农贷金额的需求不同,一些乡镇地区的小额贷款机构对小额农贷的最高限额一般是 3 万元,一些经济条件较好的乡镇则扩大到 5 万元,而一些客户经理认为情况非常优秀的农户的最高限额可以考虑放宽到 10 万元。

3. 金融机构风险保障机制不完善

目前,农村小额贷款业务面临的风险主要有两大类:一是自然风险。这是农业自身的特性所决定的,农业种植易遭受自然灾害的影响而造成减产绝产,养殖业则易遭受各种传染病、瘟疫的损害。二是市场风险。尤其是近几年来,由于遭受各路资金的炒作,多种农产品能够在短期内价格出现快速的上涨,之后由于政府的干预或是其他原因,资金撤离,农产品价格暴跌,这种类似资金炒作的模式看似仅仅是资金逐利的表现,但对种植农产品的农户造成了巨大损害,由于农民对市场上农产品价格波动不是非常敏感,不但难以从价格上涨中获利,反而是在价格快速下降过程中遭受最大的损失。此外,一些附加值较低的农产品一旦出现供过于求的市场环境,就会出现作物丰产但是农户不丰收的现象,农户的偿还能力就会大大降低。这些都是因为当前尚未建立起农业贷款风险保障措施以及农村小额贷款的担保机制。当前,对于金融机构的风险保障机制不健全。农村小额贷款开展过程中面对的基本上都是以从事传统农业生产或是从事中小规模农业经营的农户,这些农户所具有的共同特点就是财务脆弱,一旦遭受自然灾害或是农产品价格剧烈下滑的市场风险,其进行抵御或是化解风险的能力较低,客观上也就造成农村小额贷款业务的高风险性。部分地区金融体系建设处于落后状态,信用体系建设滞后。缺乏科学的信用等级评价系统,农村信息化水平不高,贷款农户的个人信息不完善,尤其是关于农户信用的资料难以收集,导致了给农户提供小额贷款的金融机构对贷款农户的信用评级缺乏依据。另外,我国宏观信用环境还不是足够良好,没有有关信用的法律法规,长期有效的信用管理机制还没形成。这些都制约着本地区农村小额贷款的健康有效地发展。

(四)农业社会化服务体系不健全

农业社会化服务体系是与农业生产各部门紧密相连,为从事农业生产经营主体提供产前、产中和产后的全过程综合配套服务的机制。它是按社会分工和协作的需要独立出来的,运用社会各方面力量,使经营规模相对狭小的农业生产经营单位,适应市场经济发展的需要,获得大规模生产效益的一种组织形式。其实质是农户小规模分散经营在市场机制引导下,把一部分不适合自己完成的生产环节交给专门的服务组织或个人去完成,以提高营运效率和经济效益,增强整体竞争力。农业社会化服务体系是促进传统农业向现代农业转型升级的重要力量。

1.农业社会化服务体系建设头重脚轻,在乡村一级形成断层

目前我国的农业社会化服务体系大部分是国家技术经济部门向下延伸形成的,因此往往重视县级以上的农业社会化服务体系建设,忽视区、乡、村级的

建设。如农技推广服务体系建设,投资的重点都放在县级,乡级服务站的人手较少,村级服务更是缺乏,远远不能满足农户对农技推广服务的需要。相当一部分服务到乡镇未到农村,到村组未到农户,到干部未到群众。服务组织和机构之间缺乏密切合作、有机联系;服务组织发展滞后,力量薄弱;服务层面过窄,服务触角短。出现了"忙在县级、停在乡级、空在村级"的被动局面。与此同时,现有的乡镇农技推广网络机制不活,新的农村社会化服务体系还没有完全建立起来,不能适应新阶段农业发展的新要求,技术服务、信息服务、法律服务等尚未取得全面突破,对农村、农民的服务能力和水平还比较低。乡镇农业服务中心管理体制不顺。乡镇农业服务中心目前由乡镇进行管理,业务则由县级业务主管局指导,因此大多数农业技术干部从事农业科技服务工作的时间、经费等难以保证,乡镇难以协调其力量,服务工作难以开展。

2.农业比较利益低,农民对农业社会化服务需求乏力

农民对社会化服务的需求是其市场经营的理性需求,但由于农产品价格低,农资价格不断上涨,成本高,农民从土地上获得的纯收入很少。就产业链条而言,无论是分散的小农户还是新型经营主体,对于产前的市场预警、产后的烘干晾晒、初加工以及销售等服务需求都很迫切,但就目前生产性服务供应而言,在产中阶段还相对充分,产前和产后环节则相对滞后。目前粮棉油大宗农产品、大片作物的耕种收等社会化服务发展较快,相对比较完备,但在经济作物、特色作物等方面则比较缺乏。农业社会化服务通过服务组织提供服务,能起到节约成本、提高营运效率和经济效益的作用。农民由于增加服务的投资并不能与从农业中得到的回报相匹配,因而农民对农业社会化服务的需求不是很迫切。与此同时,农业社会化服务组织没有与农民之间形成利益共同体,服务内容和需求脱节。目前农业社会化服务组织与农民之间一般是"提供服务,收取费用"的关系,有的服务机构存在过于追求经济利益的倾向,没有与农户的最终生产成果相联系,缺乏紧密的利益共享与风险共担机制约束。一些服务组织具有浓厚的行政色彩,服务意识淡薄,服务功能单一,质量不高,服务内容与农民的需求相差甚远。

3.财政支持农业社会化服务体系建设资金不足,管理体制不顺

一方面,财政对农业社会化服务体系建设资金投入不足;另一方面,已投入的资金条块分割、分散使用,上级下达的支农资金往往是主管部门分兵把口,下级不便统一调度,造成重复构建和损失浪费现象,进一步加剧了资金供需矛盾,农业科研、教育与技术推广是相互脱节的。与此同时,农业社会化服务体系的建设缺乏配套措施,缺少好的政策环境。例如,有的地方对科技服务人员的工资和福利没有落实兑现,人员经费太少。又如,农业专业合作组织有一定的公益性,需要政府的扶持和保护,而实际上信贷、税收等政策支持明显不到位。目前我国有关农业社会化服务的法律法规很少,而且规定过于宽泛,缺乏可操作性,这些都不利于农业社会化服务体系的发展。

四、 政策制度

(一)农村土地产权制度仍需明晰

产权明晰是市场机制有效配置资源的前提和必要条件。经济学的根本问题是经济效率,而产权的变动将影响经济效率,只要产权明确界定,交易各方将力求降低交易费用,使资源配置到产出最大、成本最小的地方,从而达到资源的最优配置。但在我国农村土地市场上,作为交易客体的土地,产权主体不清、界定模糊等因素制约着我国农村土地市场发育,而土地流转必然造成土地产权的分解,形成土地所有者、承包者、使用者等多元利益主体。各利益主体的责权利关系如何,怎样保证各利益主体权利的实现、利益的获得,并履行相应的责任和义务,避免各种侵权现象的发生而损害国家、集体和他人的利益,促进土地资源合理配置,都需要通过产权制度建设予以严格界定。因此,明确界定土地产权关系是首先要解决的问题,它是土地市场得以健康发展的前提条件。

1. 产权主体界定问题

集体所有权按基本含义来讲,应当是全体成员共同所有,也就是说"既不是个人所有权基础上的共有,也不是股份制基础上的法人所有",那么,农村集体土地所有权应当是归某一农村集体经济组织的全体农民集体共同共有。从中国立法角度,关于集体土地所有权的主体,中国《民法通则》第74条规定:"集体所有的土地依照法律属于村农民集体所有的,由村农业生产合作社等农业集体经济组织或村委会经营、管理,已经属于乡镇民集体经济组织所有的,可以属于乡镇农民集体所有";新《土地管理法》第十条规定:"已经分别属于村内两个以上农村集体经济组织的农民集体所有的,由村内各农村经济集体组织或者村民小组经营、管理。"按这些规定,现阶段集体土地所有权主体有以下几种:村农民集体、乡镇农民集体、村内多个农民集体如村民小组等。由于农民缺乏行使集体所有权的组织形式或程序,这样,就导致农民集体无法行使所有权,甚至缺乏行使所有权的动力。因此,客观上就由相对应的集体经济组织代表农民集体行使所有权。但是,现实的情况是,大多数地区的农民集体经济组织已经解体或名存实亡。当前的农地制度应坚持在集体所有制基础上进行制度修补和革新的改革思路,尤其在土地所有权关系的调整上,实行农民土地使用权长期化。在操作中应健全土地所有权的法律形式,通过县级人民政府登记造册,核发证书,确认其所有权并得到法律保护。这样做的原因是:首先,第一轮土地承包基本上是以生产队为单位进行的,经过几十年的实践,农民已经以生产队为基本单位结成了土地利益关系,如果改变这一结构,将付出极高的交易费用;其次,在村集体这个范围内,保存着土地制度历史变迁和现实状况包括农户对土地投入状况的最完全的信息,这对土地的经营和管理,尤其是对土地的投入状况的了解以及流转中的价值实现将有特别的意义;最后,村民小组这一级的行政职能已大大弱化,它最接近土地使用者,也是对农民要求反映最快的一级组织,最能代表农民利益,屏蔽形形色色对产权的侵犯。

2.产权权能实现问题

在产权所有关系确定的基础上,建立清晰的农地产权体系必须保证农地各项产权的权能有界和利益明确有界(樊万选、郭立义,2009)①。农地产权权能有界是指各项农地产权权能之间有明确的边界,不能"你中有我,我中有你",否则农地产权就不具有排他性,不能对其行为主体产生有效的约束。农地产权利益有界就是指在界定各项农地产权权能空间时,各项农地产权的利益要明确界定,否则,农地产权将丧失其对行为主体的激励功能。目前农村土地产权制度改革的基本取向是在坚持集体所有权不变的条件下,通过利益固化和成员固化的方式,从制度上让农民成为农村土地产权的实际占有者,然而界定清晰的农村土地产权并没有如预期那样在农村内部或城乡之间实现充分流转和优化配置,究其原因,主要存在两个方面的问题:一方面,农村土地产权的使用权、经营权和收益权的实现缺乏有利于尊重和保护农村土地产权的排他性、可交易性的配套制度的支持,诸如继承权、抵押贷款等权能在现实落实中存在较大困难;另一方面,受制于农民的自我发展能力、产权的分散性、农民获取信息的困难性等从根本上制约着产权的交易性和流动性,农民既缺乏相应的进入市场经济配置手中产权的能力,也缺乏相应的组织形态创新以实现产权交易成本的降低,在很大程度上制约了产权的流转和权能的实现。

3.产权关系调整问题

家庭联产承包责任制是党在农村的基本经济制度,应该长期坚持。在此前提下,应该给予农民长期而稳定的承包权。一方面,土地产权的流转总体上仍十分有限,这说明当前的政策设计与现实之间存在一定的脱钩现象。如果农户流转了承包地、宅基地等使用权,是否就等于放弃了他作为集体组织的成员资格;而非本集体组织成员购买或继承了本集体组织成员的承包地、宅基地和住房,是否也能够同时获取该集体组织成员的资格。如果不能,当涉及土地

---

① 樊万选、郭立义:《农地使用权流转的市场化配置研究》,《中州学刊》2009年第2期。

征用、收益分红等利益分配的时候,集体成员与非集体成员之间是否应该同等对待,这些问题都有可能导致集体成员与非集体成员之间的矛盾冲突,这些复杂的问题都有待进一步深入研究。另一方面,虽然目前实现了相对静止的利益和成员固化,但产权只有在流转中才能实现价值,如何构建开放度提高背景下可持续性的农村土地产权动态调整方式,有待于在深化改革过程中引起高度重视。例如,以发展休闲农业为例,经营主体取用土地过程中存在严重的资产物权难到位的问题。投资人租赁大片土地经营现代农庄,需要一定的农业用地转变为建设用地,虽然地方政府为发展规模农业给予政策上的支持,但由于法律的制约,建设用地很难到位,农庄建筑物很难物权化,导致农庄不能利用现有资产到银行申请抵押贷款。资产沉积影响农庄后续投入和可持续发展。

(二)农业补贴制度仍需强化落实

农业补贴是国家支持农业的一项重要的政策工具,农业补贴不仅可以对农民收益加以保障,而且对农产品价格保持在合理区间具有重要意义。当前,中国农业发展进入工业反哺农业的转轨期,而且多哈回合农业谈判也取得了一定的成果,中国关于农业补贴的制度改革亟待优化。

1. 补贴对象不能及时有效地调整,导致补贴效应递减

一方面,农业"三项补贴"按承包面积给予,这种普惠式补贴方式缺乏长期激励性。相当一部分已离开土地入城就业的土地承包者,给予他们补贴并不能引导他们返乡务农,补贴对他们从事农业生产的利益导向作用基本消失。另一方面,真正从事粮食生产的种植大户反而得不到这部分补贴,新型农业经营主体没有受到激励。在推进土地适度流转、逐步向规模化生产方式转变的形势下,现有的对种粮大户、家庭农场、农民专业合作社等新型农业生产经营主体激励作用很有限,部分地区并未建立起有效的流转补贴制度。比如,粮食专业合作社、种粮大户通过土地流转,粮食种植形成了规模,但却享受不到粮

食直接补贴资金;而相当一部分农田用于养殖业或高效农业,却仍然享受粮食直补。

2.农业补贴空间有限,补贴效益不高

当前,农业"三项补贴"空间有限,补贴效益不高。还需拓展实施农业科技服务补贴和农业生态补贴,提高农业科学化、规模化和专业化水平。一是强化对粮食生产的科技投入,完善科技服务补贴。比如,在为种粮大户测土施肥、节水灌溉、采用优良品种及先进技术等方面提供补贴。又如让种粮补贴资金与粮食高产创建示范方、农机、植保专业化服务合作社挂钩,真正把种粮补贴资金用于粮食生产。二是健全和完善农技服务体系。加大对农民的技术培训,重点提高农户的病虫防治能力,最大限度减轻农业自然风险对农户造成的损失。粮食补贴要与农田基本建设和提高装备水平相结合,加强农田的沟、路、渠、涵、桥、闸等基本建设。为抵御在收获季节遭遇阴雨天气的影响,加大粮食烘干设备的投入,让种粮农民种粮无忧,保障粮食安全。三是建立农业生态补贴制度。改良土壤,提高肥力,以粮食主产区的农业经营主体为补贴对象,对采用节约、环保农业生产方式的给予一定补贴,转变农民只盲目追求产量、不注重农产品质量的保守思想,同时改善地力和土壤结构,促进农业可持续发展。

3.现有补贴标准仍不能满足生产需要

一些发达国家农民收入中的40%左右来源于政府发放的各种农业补贴,相比而言,我国农业补贴不仅绝对数量相对较低,而且通过粮食补贴降低粮食生产成本的政策效应也被持续上涨的农业生产资料价格弱化。一是农业补贴标准较低。近年来,我国农业补贴虽然不断增长,但农业补贴标准较低,"三农"支出在财政支出中所占比重却一直在7%—9%,增长幅度较小,农业补贴总量占农业总产值的比重较低。二是农业生产中用工及农资价格的上涨一定程度上抵消了补贴效果。农业补贴上涨幅度远远低于农业生产成本上涨幅度,在粮食价格保持相对稳定的宏观背景下,仅依靠提高粮食价格增加种粮收益已不现实,在粮食收购价格不能大幅提高和农业补贴标准相对偏低以及农业生产成本持续上涨的情况下,农民获得的农业补贴所得收益非常有限。农业"三项补贴"应与生产成本增长挂钩。农产品具有自然和市场"双风险",要综合考虑城市物价和农民收入的因素,发挥市场在资源配置中的决定性作用。

(三)农村社会保障制度仍需完善

大力发展农村社会保障是解决"三农"问题、实现城乡协调发展及经济和社会协调发展的一个重要途径。同时也是促成传统农户脱离土地和乡村、改变农业经营主体结构、形成农业生产组织方式创新的有效保障和基础。农村社会保障制度在推广实施过程中存在的问题是多方面的,主要体现在以下方面:

1. 资金来源不尽合理

资金是推进农村社会保障体系建设的核心问题。民政部 1992 年印发的《县级农村社会养老保险基本方案》明文规定,在保险基金的筹集上,"坚持以个人缴纳为主,集体补助为辅,国家给予政策扶持的原则",这样的规定使国家和集体所体现的社会责任过小。我国政府用于社会保障的比例是世界最低的。中央财政用于社会保障的支出占中央财政总支出的比例,加拿大为39%,日本为37%,澳大利亚为35%,我国只有10%左右,而这10%的投入绝大部分给了城镇职工。由于长期以来国家对农村投入过低,农村社会保障资金的重要来源实际是依靠传统农村的集体补助和投入。但改革开放以来实施的土地家庭承包经营制使集体经济力量受到严重削弱,特别是贫困地区的财政能力和集体经济实力有限,已无力承担当地农民的社会保障资金。在这种情况下,原来由集体经济负担的农村军烈属优待、"五保户"供养变为农民直接负担,而国家干部、城市居民、工人不负担,这样一来既不利于增加统筹金额,也不利于标准统一。此外,农民个人的养老和医疗保险基金,集体补助也微乎其微,几乎完全由个人缴费。这样的社会保障不仅失去了它本来的意义,而且也影响了农民参加养老、医疗等保障项目的积极性,加大了农村社会保障工作的难度。

2.保障覆盖面较窄

目前,我国农村社会保障体系很不健全,保障形式主要是农村社会救济、社会优抚、农村"五保"和少数地方推广的农村社会养老保险及合作医疗保险,保障的对象基本上是"困难的人""光荣的人"和"富裕的人",农村大多数人还无法享受社会保障。更为严重的是,农村民政对象应保未保的现象普遍存在。此外,在农村剩余劳动力转移的过程中,一部分农民处于社会保障的"真空地带"。改革开放以来,农村大量的剩余劳动力纷纷涌向城市,对城市的经济建设作出了突出贡献。但他们却被排斥在城市的社会保障体系之外,可以说,他们没有任何保障可言。他们干的是最险、最苦、最累的活,而人身权利、经济权利,甚至生命都得不到保障。游离于城镇社会保障体系之外的农民工,成了城市中最脆弱的群体,这与他们为城市所作出的贡献极不相称。农民工的这种艰难处境彰显了社会公平机制的扭曲,亟须为其建立基本的社会保障制度。

3.管理不够规范

从管理体制来看,我国农村社会保障管理呈现出政出多门、各自为政的局面,城乡分割、条块分割、多头管理,条块之间既无统一的管理机构,也无统一的管理办法。管理体制的不顺,造成现有的农村社会保障项目虽然不多,但具体制定政策、掌握政策和执行政策的机构却不少。从表面上看,农村社会保障工作有多个部门负责,似乎易形成合力并共同解决问题,但实际上,由于这些部门所处地位和利益关系不同,看问题的角度不同,工作中经常发生摩擦和矛盾。有的项目谁都争着管,从中受益;有的项目又谁都不愿意管,相互扯皮。此外,农村社会保障管理水平的低下,还集中体现在保险基金的管理上。按照国际上通行的做法,社会保障基金的征缴、管理和使用三权分立、互相制衡,以保证基金的安全性、流动性与收益性。但是,我国农村社会保障基金在大多数地方是征缴、管理与使用三权集于一体,缺乏有效的监控监督,致使基金的使用及保值增值等面临诸多风险。有的将社会保障基金借给企业周转使用,有的用来搞投资、炒股票,更有甚者利用职权贪污农民缴来的"养命钱",从而造成基金大量流失,严重影响基金的正常运转,并在农民心中造成极坏的影响。因此,对农村社会保障进行科学规范的管理、监督,已成为当前一项刻不容缓的工作。

4.缺乏法制保障

社会保障制度需要有力的法律法规来支撑。从目前我国农村社会保障立法的状况来看,一个突出的表现是立法层次低、立法主体混乱、立法层级无序。我国政府自 1998 年开始设立劳动和社会保障部,但迄今还没有一部专门涉及农村社会保障工作的基本法律,在国务院已经制定的条例中,也极少涉及规范社会保障制度的法规。虽然我国过去在农村社会保障工作方面形成了一些法规、条例和规章,但多是单项的,功能单一,缺乏力度,没有形成有机的法规体系,而且地区不同,内容亦有所不同。由于农村社会保障尚未立法,更没有形成法律体系,使目前农村社会保障工作处于无法可依、无章可循的境地。

第三节 农业生产组织方式创新影响
因素的微观实证

一、 传统农户向新型农业经营主体转化的意愿及影响因素分析

发展多种形式适度规模经营,培育新型农业经营主体,是增加农民收入、提高农业竞争力的有效途径,是建设现代农业的前进方向和必由之路。由人多地少的基本国情、农业的资源禀赋条件差异和城镇化进程所决定,在家庭承包经营的基础上,多元并存的农业经营模式和农业经营主体将长期存在。小

农户家庭经营很长一段时间内是我国农业基本经营形态的国情农情。在这样的国情农情背景下,如何提高农业的产出率、劳动生产率和市场竞争力,实现农业的现代化,这是我们必须要应对的挑战。在小农户中,传统农户占多数。虽然随着时间的推移,传统农户的数量会逐步减少,但传统农户继续从事农业生产经营的活跃期可能还会有相当长时期;他们的利益诉求必须得到重视,他们的生产经营活动应纳入现代农业发展的轨道,使他们能分享到农业现代化进程带来的利益。2019 年 2 月中共中央办公厅、国务院办公厅《关于促进小农户和现代农业发展有机衔接的意见》提出,加快构建扶持小农户发展的政策体系,促进传统小农户向现代小农户转变。这一提法具有重大理论和现实意义。传统小农户家庭经营很长一段时间内是我国农业基本经营形态的国情农情。在这样国情农情背景下,如何提高传统农户向新型农业经营主体转变意愿,提升农业的产出率、劳动生产率和市场竞争力,实现农业的现代化,是当前必须要应对的挑战。

(一)研究方法及数据来源

1. 研究方法

本书选取传统农户向新型农业经营主体转化意愿为被解释变量,即当传统农户选择转为新型农业经营主体时取值为 1,当传统农户不选择转为新型农业经营主体时取值为 0,这是典型的二分类变量,选取二项 Logistic 回归模型对传统农户向新型农业经营主体转化意愿进行分析。其模型基本形式如下:

$$P_t = F\left(\alpha + \sum_{i=1}^{n} \beta_i X_i\right) = 1/\left(1 + \exp\left[-\left(\alpha + \sum_{i=1}^{n} \beta_i X_i\right)\right]\right) \quad (4\text{-}1)$$

其中,P_i 为传统农户 i 选择转为新型农业经营主体的概率,F 为逻辑分布函数,β_i 是估计参数,X_i 为自变量。

另外,传统农户 i 选择转为新型农业经营主体的概率为:

$$p_i = \frac{e^{\alpha + \sum\limits_{i=1}^{n} \beta_i X_i}}{1 + e^{\alpha + \sum\limits_{i=1}^{n} \beta_i X_i}} \qquad (4-2)$$

不选择转为新型农业经营主体的概率为：

$$1 - p_i = \frac{1}{1 + e^{\alpha + \sum\limits_{i=1}^{n} \beta_i X_i}} \qquad (4-3)$$

由此可得出传统农户转为新型农业经营主体的发生比率为：

$$\frac{p_i}{1 - p_i} = e^{\alpha + \sum\limits_{i=1}^{n} \beta_i X_i} \qquad (4-4)$$

将式(4-4)进行自然对数转换，得出下面的 Logistic 函数形式：

$$\ln\left(\frac{p}{1 - p}\right) = \alpha + \beta_1 x_1 + \beta_2 x_2 + \cdots + \beta_i x_i + \varepsilon \qquad (4-5)$$

其中，α 为回归截距，$x_1, x_2, \cdots, x_i$ 为自变量，$\beta_1, \beta_2, \cdots, \beta_i$ 是相对应自变量的系数，ε 为随机扰动项。

2. 变量选择

本书从 4 个维度来分析传统农户向新型农业经营主体转化的意愿及其影响因素：一是户主属性，包括户主年龄、性别和受教育水平；二是家庭属性，包括农户经营面积、家庭农业劳动力比重和农业经营收入占家庭总收入比重；三是生产条件，包括土地细碎化程度、机械化程度、交通情况和用水用电便利程度；四是外部环境，包括农产品销售渠道、市场信息的获取难度、农产品补贴政策执行情况、农业社会化服务组织。具体解释变量的定义、赋值及统计数据如表 4-1 所示。

表 4-1　解释变量的定义、赋值及统计数据

变量类型	变量名称	符号	含义及取值	均值	标准差	预期方向
被解释变量	传统农户向新型农业经营主体转化意愿	Y	无意愿=0,有意愿=1	0.67	0.47	

续表

变量类型	变量名称	符号	含义及取值	均值	标准差	预期方向
户主属性	年龄(岁)	X_1	连续变量	47.86	15.32	−
	性别	X_2	0—1,女=0,男=1	0.62	0.49	不确定
	受教育水平	X_3	1—5,小学以下=1,小学=2,初中=3,高中或中专=4,大学或大专及以上=5	2.94	1.01	+
家庭属性	农业经营面积(公顷)	X_4	连续变量	4.18	3.16	+
	家庭农业劳动力比重(%)	X_5	连续变量	65.13	16.14	+
	农业经营收入占家庭总收入比重(%)	X_6	连续变量	50.06	20.94	+
生产条件	土地细碎化程度	X_7	1—5,很差=1,较差=2,一般=3,较好=4,很好=5	2.71	1.00	+
	机械化程度	X_8	1—5,很低=1,较低=2,一般=3,较高=4,很高=5	3.04	0.96	+
	交通情况	X_9	1—5,很差=1,较差=2,一般=3,较好=4,很好=5	3.22	1.01	+
	用水用电便利程度	X_{10}	1—5,很低=1,较低=2,一般=3,较高=4,很高=5	3.31	1.02	+
外部环境	农产品销售渠道	X_{11}	1—5,很少=1,较少=2,一般=3,较多=4,很多=5	3.26	0.97	+
	市场信息的获取难度	X_{12}	1—5,很低=1,较低=2,一般=3,较高=4,很高=5	2.89	1.06	−
	农产品补贴政策执行情况	X_{13}	1—5,很差=1,较差=2,一般=3,较好=4,很好=5	2.78	0.99	+
	农业社会化服务组织	X_{14}	1—5,很少=1,较少=2,一般=3,较多=4,很多=5	2.85	1.18	+

3. 数据来源

本书所使用的数据来自 2015—2017 年对黑龙江省、吉林省、辽宁省、内蒙古自治区、河北省和山东省的部分县(市)的实地走访调查。根据相应的需求对调查数据进行了整理和筛选,选取部分的实地调研中发放的问卷 600 份,收回有效问卷 502 份,有效率为 83.67%。

（二）传统农户向新型农业经营主体转化的意愿

如表4-2所示，在被调查的样本农户中，户主的平均年龄为47.86岁，其中户主年龄为41岁到60岁的农户占主要部分，占比为46.21%，表明农村中农户以中老年人为主；样本农户中男性户主占比为61.75%，女性户主占比为38.25%，这是由于我国农村家庭中一般男性占主导地位，从统计数据来看，性别变量未对传统农户向新型农业经营主体转化的意愿产生影响；在被调查农户的受教育程度中，78.09%的农户具有初中及以下学历，具有高中及以上学历的农户仅为21.91%，表明传统农户的受教育程度相对较低，相应领域缺乏高素质的人才，从统计数据上看，受教育水平较高的传统农户明显有较高的转化意愿；样本农户的农业经营面积中超过2公顷以上的占82.07%，农业经营面积不足2公顷的农户占17.93%，其中经营规模超过2公顷的转化意愿更高；样本家庭农业劳动力比重超过50%的占56.97%，样本家庭农业劳动力比重低于50%的占43.03%，表明样本中的传统农户的劳动力比较充足；样本中的农户农业经营收入占家庭总收入比重超过四成的比例达到58.77%，这表明样本农户中以农业经营为主要收入手段的相对较多，且随着农业经营收入占比的增高，选择转化的意愿就越强。

表4-2 样本描述性统计及传统农户转化意愿比例

变量	类别	频数	比例（%）	传统农户选择转化的频数	传统农户选择转化的比例（%）
年龄（岁）	≤20	4	0.80	1	25.00
	20—40	139	27.69	86	61.87
	40—60	232	46.21	172	74.14
	>60	127	25.30	79	62.20
性别	男	310	61.75	202	65.16
	女	192	38.25	136	70.83

变量	类别	频数	比例(%)	传统农户选择转化的频数	传统农户选择转化的比例(%)
受教育水平	小学以下	39	7.77	17	43.59
	小学	108	21.51	47	43.52
	初中	245	48.81	181	73.88
	高中及中专	64	12.75	52	81.25
	大学或大专及以上	46	9.16	41	89.13
农业经营面积(公顷)	≤2	90	17.93	43	47.78
	2—5	237	47.21	157	66.24
	5—10	175	34.86	138	78.86
家庭农业劳动力比重(%)	≤50	216	43.03	149	68.98
	>50	286	56.97	189	66.08
农业经营收入占家庭总收入比重(%)	≤20	86	17.13	41	47.67
	20—40	121	24.10	79	65.29
	40—60	131	26.10	98	74.81
	>60	164	32.67	120	73.17

(三)传统农户向新型农业经营主体转化的意愿及影响因素分析

本书运用 SPSS22.0 统计软件进行 Logistic 回归分析,基于传统农户向新型农业经营主体转化意愿这一被解释变量,将解释变量均进入回归模型,运行结果如表 4-3、表 4-4 所示。模型回归结果显示,Cox 和 Snell R^2 值与 Nagelkerke R^2 值分别是 0.451 和 0.554,对数似然值为 326.258(见表 4-3)。说明模型的整体拟合和预测效果较好,可以通过回归结果来分析和判断自变量的作用方向和大小。

表 4-3　Logistic 回归模型总体检验

指标	数值
-2loglikehood	326. 258
Cox 和 Snell R^2	0. 451
Nagelkerke R^2	0. 554

表 4-4　Logistic 回归模型参数估计值

符号	回归系数（B）	标准误差（S.E）	沃尔德值（Wald）	发生比率 Exp（B）
X_1	-0. 014	0. 026	0. 290	0. 986
X_2	0. 067	0. 428	0. 025	1. 069
X_3	0. 168 **	0. 097	3. 000	1. 183
X_4	0. 317 *	0. 192	2. 726	1. 373
X_5	0. 094 **	0. 047	4. 000	1. 099
X_6	0. 051	0. 308	0. 027	1. 052
X_7	0. 136 ***	0. 051	7. 111	1. 146
X_8	0. 046 ***	0. 017	7. 322	1. 047
X_9	-0. 008	0. 088	0. 008	0. 992
X_{10}	0. 428	0. 377	1. 289	1. 534
X_{11}	-0. 029	0. 187	0. 024	0. 971
X_{12}	-0. 302 ***	0. 079	14. 614	0. 739
X_{13}	0. 346 *	0. 203	2. 905	1. 413
X_{14}	0. 374 ***	0. 136	7. 563	1. 454
常数项	3. 484	2. 074	2. 822	

注：*、**、***分别表示在10%、5%和1%的显著水平下通过假设检验。

　　模型总体估计结果显示:进入回归模型的14个变量中有8个通过了10%显著性水平检验(见表4-4),其他解释变量未通过显著性检验,表明它们并未对传统农户向新型农业经营主体转化意愿产生显著影响。受教育水平、农业经营面积、家庭农业劳动力比重、土地细碎化程度、机械化程度、农产品补贴政策执行情况和农业社会化服务组织对传统农户向新型农业经营主体转化意愿有正向影响;市场信息的获取难度对传统农户向新型农业经营主体转化意愿呈明显的负向效应。

第一,从户主属性方面看,受教育水平通过显著性检验,并且系数符号为正,说明其对传统农户向新型农业经营主体转化意愿有较显著的正向影响,与预期影响方向相同。这说明受教育水平越高的农户越愿意向新型农业经营主体转化。受到的教育水平较高的农户,对新型农业经营主体的了解程度较高,对市场信息、时讯动态的洞察能力也比较敏锐,更能够认识到向新型农业经营主体转化的积极作用,因此这些农户向新型农业经营主体转化意愿较高。受教育水平较低的农户对新型农业经营主体的认识不足,不能及时认识到新型农业经营模式的优势,导致他们对向新型农业经营主体转化产生排斥的现象。在调研中发现,传统农户的受教育水平普遍不高,这也是制约传统农户向新型农业经营主体转化的重要原因之一。

第二,从家庭属性方面看,(1)农业经营面积指标通过了显著性检验。样本农业经营面积的均值为4.18公顷,说明传统农户的规模化经营不明显。随着全国农业经营规模的扩大、农业投入成本的增加,农户也需要提高生产资料的利用率。例如,机械化、规模化等可进一步提高生产效率和生产质量。农业经营面积较大的农户会更愿意向新型农业经营主体转化,更能够节约单位生产成本、提高农产品的质量。因此,农业经营规模的扩大有助于农户向新型农业经营主体转化。(2)家庭农业劳动力比重指标通过了显著性检验,且影响方向为正向,与预期方向相同,表明家庭农业劳动力比重越大,选择向新型农业经营主体转化的概率越高。其原因是家庭农业劳动力比重较大的家庭的主要收入来自农业经营,他们对新型农业经营模式有更深的认知,因此,此类农户更愿意向新型农业经营主体转化。

第三,从生产条件方面看,(1)土地细碎化程度通过了显著性检验,对传统农户的转化意愿有正向影响,与预期影响方向相同。说明土地细碎化程度越不严重,传统农户转化为新型农业经营主体的意愿越高。在土地规模化流转的背景下,对大面连片性土地依赖程度较高,因此,具有较好土地连片性,较低的土地细碎化程度的农户转化意愿较高。(2)机械化程度通过了显著性检验。影响的方向为正向,与预期影响方向相同。一般来说,机械化程度较高的传统农户,对新型农业经营主体了解的程度较高,经营规模较大,资金也更充足,从而更愿意向新型农业经营主体转化。

第四,从外部环境方面看,(1)市场信息的获取难度指标通过了显著性检验,影响符号为负向,与预期影响方向相同,即市场信息的获取难度越低,传统农户向新型农业经营主体转化的意愿越强烈。市场信息主要包括生产资料的获取渠道、产品的销售渠道等方面的信息,新型农业经营主体由于其规模化、标准化而往往拥有前后双向的优质信息获取渠道,从而会取得更高的成本优惠和利润所得,因此,这一类的传统农户更倾向向新型农业经营主体转化。(2)农产品补贴政策执行情况对传统农户向新型农业经营主体转化意愿产生了正向的影响,与预期结果相同,并且通过了显著性检验。这说明农产品补贴政策执行情况越好,传统农户向新型农业经营主体转化意愿越高。其原因是较好的农产品补贴政策执行情况会有利于提高农户对新型农业经营主体的信赖度,农户就越会发现规模化经营的优点,并且还会帮助农户消除转化的各种阻碍,从而提高传统农户向新型农业经营主体转化意愿。(3)农业社会化服务组织通过了显著性检验。影响方向为正向,与预期影响方向相同。说明较好的农业社会化服务程度会提高传统农户向新型农业经营主体的转化意愿。

二、 新型农业经营主体转型升级发展过程中的效率评价及制约因素分析

(一)研究方法

本书拟运用以投入为导向的 DEA 模型对新型农业经营主体转型升级发

展过程进行效率评价,计划运用基于最大似然法估计原理的 Tobit 模型分析新型农业经营主体转型升级发展过程中的制约因素。

1. DEA 模型的构建

本书采用规模报酬可变假定的 DEA 模型,该模型中的综合效率(TE)可以由纯技术效率(PTE)和规模效率(SE)的乘积表示,如式(4-6)所示:

$$TE = PTE \times SE \tag{4-6}$$

因此,可以构建如下 DEA 模型,如式(4-7)所示:

$$\min_{\theta,\lambda} \theta - \varepsilon(e^t s^- + e^t s^+)$$

$$\text{s.t.} \sum_{i=1}^{n} \lambda_i y_{ir} - s^+ = y_{or}$$

$$\sum_{i=1}^{n} \lambda_i x_{ij} + s^- = \theta x_{oj}$$

$$\sum_{i=1}^{n} \lambda_i = 1, \lambda_i \geqslant 0, s^+ \geqslant 0, s^- \geqslant 0 \tag{4-7}$$

其中, $i=1,2,\cdots,n$; $j=1,2,\cdots,m$; $r=1,2,\cdots,s$ 。 n 为决策单元数, m 为投入变量数, s 为产出变量数, x_{ij} 为第 i 个决策单元的第 j 个投入变量的投入要素, y_{ir} 为第 i 个决策单元的第 r 个产出变量的产出要素。

2. Tobit 模型的构建

鉴于新型农业经营主体转型升级发展过程中的综合效率值的取值范围为 $[0,1]$,因此将 Tobit 模型的基本形式构建如式(4-8)所示:

$$Y_i = \begin{cases} \sum_{i=1}^{n} \beta_i X_i + \mu, \sum_{i=1}^{n} \beta_i X_i + \mu > 0 \\ 0, \sum_{i=1}^{n} \beta_i X_i + \mu \leqslant 0 \end{cases} \tag{4-8}$$

其中, Y_i 表示新型农业经营主体转型升级发展过程中的综合效率评价值,即 TE_i ; X_i 表示每一个制约因素所对应的解释变量; β_i 表示每一个解释变量的回归分析系数; μ 为系统随机扰动项,并服从于均值为 0 的正态分布。

3.指标及变量选择

(1)DEA 模型中投入产出指标。新型农业经营主体作为农业经营主体的重要组成之一,同传统的农业经营主体一样以土地、劳动力、资本为三大基本投入要素。因此,投入产出指标的选取如表 4-5 所示。在投入指标方面,本书考虑将新型农业经营主体的土地经营规模(N)、生产性资本投入(K)和生产性劳动力投入(L)三项作为投入衡量指标。其中,土地经营规模(N)是指实质性从事农业生产经营部分的土地面积,这部分土地包括通过农业经营主体承包、承租转入、合作入股等方式获得经营权的土地,因此,选择这部分的土地面积作为计量土地投入的衡量指标,并以公顷作为计量单位;生产性资本投入(K)是指农业经营主体为使农业生产经营活动顺利进行而必须投入的除土地和劳动力之外的资本,包括种子、化肥、农药等,因此,选择这部分资本作为计量指标,并以万元作为计量单位,并将资金统一以 2015 年的价格指数换算;生产性劳动力投入(L)按照天数计算,即每一个人的每 10 个小时记为 1 天。在产出指标方面,选择农产品年销售收入(统一以 2015 年的价格指数换算)来表示产出指标,以万元为计量单位(见表 4-5)。

表 4-5　投入产出指标的选择

变　量		衡量指标	单位
投入指标	土地经营规模(N)	农业生产经营土地面积	公顷
	生产性资本投入(K)	年农业经营投资金额	万元
	生产性劳动力投入(L)	年劳动力投入天数	天
产出指标	农业产出(y)	农产品年销售收入	万元

资料来源:笔者整理编制。

(2)Tobit 分析中解释变量的选择。根据新型农业经营主体转型升级发展过程中的特点,并结合笔者讨论需要,本书将以下因素作为讨论新型农业经营主体转型升级发展过程中综合效率制约因素的解释变量,如表 4-6 所示。户主属性方面,选择了年龄(岁)、性别、受教育程度三个变量来解释户主特征属性。一般来说,户主的受教育程度越高、年龄越低,就越能够接受新技术、新观念,就越有更高的资源配置效率,从而更能够在新型农业经营主体转型升级发展过程中获得更高的综合经营效率。因此,年龄的预期影响方向为负向,受教育程度的预期影响方向为正向。家庭属性方面,选取了农业生产经营土地面积(公顷)、家庭农业劳动力比重(%)和农业经营成本(万元/公顷)三个解释变量进行描述。一般来说,农业生产经营土地面积越大、家庭农业劳动力比重越高、农业经营成本越低,新型农业经营主体的资金周转能力、资源利用效率就会越高,从而导致新型农业经营主体能够在转型升级发展过程中有更高的综合经营效率。因此,农业生产经营土地面积和家庭农业劳动力比重的预期影响方向为正向,而农业经营成本的预期影响方向为负向。生产条件方面,选取了土壤肥力、机械化程度、交通情况和用水用电便利程度四个解释变量进行描述。农业有很强的自然属性,生产条件对农业生产经营效率具有很大的影响。一般来说,土壤肥力越好、机械化程度越高、交通情况越好、用水用电便利程度越高,新型农业经营主体的农业生产能力、要素转化效率就会越高,从而导致新型农业经营主体能够在转型升级发展过程中有更高的综合经营效率。因此,土壤肥力、机械化程度、交通情况和用水用电便利程度四个解释变量的预期影响方向均为正向。市场环境方面,选取了农产品的销售渠道、农产品价格的稳定程度、市场信息的获取难度三个解释变量来衡量。新型农业经营主体在转型升级发展过程中综合效率的提升,有赖于农产品销售渠道的打通、稳定的农产品价格和灵敏的市场信息获取能力。因此,农产品的销售渠道和农产品价格的稳定程度对农业综合经营效率的预期影响方向是正向,而市场信息的获取难度对农业综合经营效率的预期影响方向是负向。外部政策方面,选取农业补贴政策执行情况和农业技术推广培训情况作为解释变量来描述外部政策方面的制约因素。农业补贴和农业技术推广是外部政策的两个重点内容,积极的农业补贴执行和农业技术推广培训有利于提高新型农业经营主体的整体经营效率。因此,农业补贴政策执行情况和农业技术推广培训情况对新型农业经营主体综合经营效率的预期影响方向为正向。

表 4-6　新型农业经营主体综合经营效率的制约因素及部分统计数据

变量类型	变量名称	符号	含义及取值	均值	标准差	预期方向
被解释变量	农业主体综合效率	Y	连续变量	0.67	0.18	
户主属性	年龄(岁)	X_1	连续变量	49.62	11.31	-
	性别	X_2	0—1,女=0,男=1	0.73	0.64	不确定
	受教育程度	X_3	1—5,小学以下=1,小学=2,初中=3,高中或中专=4,大学或大专及以上=5	3.12	0.82	+
家庭属性	农业生产经营土地面积(公顷)	X_4	连续变量	13.24	23.35	+
	家庭农业劳动力比重(%)	X_5	连续变量	64.24	18.26	+
	农业经营成本(万元/公顷)	X_6	连续变量	3.14	0.96	-
生产条件	土壤肥力	X_7	1—5,很差=1,较差=2,一般=3,较好=4,很好=5	3.21	1.14	+
	机械化程度	X_8	1—5,很低=1,较低=2,一般=3,较高=4,很高=5	3.09	0.87	+
	交通情况	X_9	1—5,很差=1,较差=2,一般=3,较好=4,很好=5	3.27	0.92	+
	用水用电便利程度	X_{10}	1—5,很低=1,较低=2,一般=3,较高=4,很高=5	3.32	1.08	+
市场环境	农产品的销售渠道	X_{11}	1—5,很少=1,较少=2,一般=3,较多=4,很多=5	3.25	0.96	+
	农产品价格的稳定程度	X_{12}	1—5,很差=1,较差=2,一般=3,较好=4,很好=5	3.11	0.95	+
	市场信息的获取难度	X_{13}	1—5,很低=1,较低=2,一般=3,较高=4,很高=5	2.87	1.31	-
外部政策	农业补贴政策执行情况	X_{14}	1—5,很差=1,较差=2,一般=3,较好=4,很好=5	2.81	1.19	+
	农业技术推广培训情况	X_{15}	1—5,很差=1,较差=2,一般=3,较好=4,很好=5	2.62	0.98	+

资料来源:笔者整理编制。

（二）数据来源

本书所使用的数据来自 2015—2017 年对黑龙江省、吉林省、辽宁省、内蒙古自治区、河北省和山东省的部分县（市）的实地走访调查。笔者根据相应的需求对调查数据进行了整理和筛选，选取部分的实地调研中发放的问卷 800 份，收回有效问卷 652 份，有效率为 81.50%。

（三）新型农业经营主体转型升级发展过程中的效率评价

在对调研所得数据进行整理和归纳后，基于数据包络分析模型（DEA 模型），利用 DEAP2.1 软件，对新型农业经营主体的综合经营效率进行了分析和测算，并得出对应的纯技术效率和规模效率，结果如表 4-7 所示。

表4-7　新型农业经营主体综合经营效率 DEA 分析结果

效率值 E 的区间	综合效率			纯技术效率			规模效率		
	平均效率	观测数	比例(%)	平均效率	观测数	比例(%)	平均效率	观测数	比例(%)
严重无效率（$E<0.4$）	0.228	47	7.21	0.221	42	6.44	0.211	22	3.38
中等无效率（$0.4\leq E<0.7$）	0.539	336	51.53	0.576	305	46.78	0.626	59	9.05
轻微无效率（$0.7\leq E<0.99$）	0.825	205	31.44	0.802	221	33.90	0.879	374	57.36
有效率（$0.99\leq E$）	1.000	64	9.82	1.000	84	12.88	1.000	197	30.21
平均值	0.618			0.680			0.872		

资料来源：笔者计算整理可得。

农业经营主体的效率表示在给定投入的基础上，所能获得产出的高低。对新型农业经营主体的效率评价结果如表 4-7 所示，通过 DEA 模型的测算可知，样本中新型农业经营主体的综合效率平均值为 0.618，纯技术效率的平均值为 0.680，而规模效率的平均值为 0.872。总体来看，三种效率均大于

50%,表明样本农业经营主体的效率较高,并且新型农业经营主体在转型升级发展过程中,受规模效益的影响较大,这也强调了土地适度规模经营的重要意义。

综合效率测评中,达到有效率的新型农业经营主体仅有 64 个,占比 9.82%,由此可知,在新型农业经营主体转型升级发展过程中,综合效率有待得到进一步提高,这不仅包括资源利用量的提高,更需要提高资源配置率。严重无效率的新型农业经营主体有 47 个,占比 7.21%,中等无效的新型农业经营主体有 336 个,占比 51.53%,轻微无效的新型农业经营主体有 205 个,占比 31.44%。由此可知,存在无效率现象的新型农业经营主体占比较多,找出无效率产生原因,提高经营的综合效率至关重要。

再从纯技术效率和规模效率两方面来看,纯技术效率的严重无效率单位有 42 个,占比 6.44%,中等无效率单位有 305 个,占比 46.78%,轻微无效率单位有 221 个,占比 33.90%,有效率单位仅有 84 个,占比 12.88%;规模效率的严重无效率单位有 22 个,占比 3.38%,中等无效率单位有 59 个,占比 9.05%,轻微无效率单位有 374 个,占比 57.36%,有效率单位仅有 197 个,占比 30.21%。从整体上看,新型农业经营主体的纯技术效率偏低,而规模效率更加符合最优状态,因此,在选择合适的经营规模基础上,提高技术的使用效率,增强农药、化肥、农业机械、经营等管理水平是提高新型农业经营主体综合效率的关键。

(四)新型农业经营主体转型升级发展过程中的制约因素分析

基于上述利用 DEA 模型测算出的新型农业经营主体综合经营效率,并将其设定为被解释变量,利用 STATA15.0 软件对各个解释变量进行 Tobit 回归分析,并将全因素回归分析中的显著解释变量提取出来,进行稳健性回归分析,所得结果如表4-8 所示。

表 4-8　Tobit 回归分析结果

制约因素	全因素回归		稳健性回归	
	系数	P 值	系数	P 值
X_1	−0.011	0.524		
X_2	0.268	0.491		
X_3	0.008*	0.071	0.012**	0.046
X_4	0.193***	0.000	0.191***	0.000
X_5	0.077	0.716		
X_6	−0.082	0.181		
X_7	0.021	0.612		
X_8	0.182***	0.001	0.176***	0.000
X_9	−0.004	0.703		
X_{10}	0.062	0.296		
X_{11}	0.141**	0.042	0.149**	0.048
X_{12}	−0.107*	0.057	−0.102**	0.038
X_{13}	−0.014***	0.000	−0.021***	0.000
X_{14}	−0.007*	0.080	−0.011**	0.025
X_{15}	0.220	0.188		
常数	0.621		0.511	
R^2	0.328		0.308	
Adjusted R^2	0.281		0.269	

注：*、**、***分别表示在10%、5%和1%的显著水平下显著。

据 Tobit 回归分析结果显示：进入回归模型的 15 个变量有 7 个通过了 10%显著性水平检验（见表 4-8），其他解释变量未通过显著性检验，表明它们并未对新型农业经营主体综合效率产生显著影响。受教育程度、农业生产经营土地面积、机械化程度、农产品的销售渠道对新型农业经营主体综合效率产生正向影响，农产品价格的稳定程度、市场信息的获取难度、农业补贴政策的执行情况对新型农业经营主体综合效率产生负向影响。

第一，在户主属性方面，年龄和性别两个变量未通过显著性检验，而户主的受教育程度通过了显著性水平检验,且回归系数为正值,与预期影响方向相同,说明农户受教育水平越高越有利于提高新型农业经营主体的综合效率。样本中受教育程度变量的均值为 3.12,表明样本中户主的受教育程度不高,这是制约新型农业经营主体转型升级发展中的重要因素。

第二,在家庭属性方面,只有农业生产经营土地面积一项解释变量通过了显著性检验,并且其回归系数为正值,与预期影响方向相同。这表明农业生产经营土地面积越高的农户在新型农业经营主体转型升级发展中有着更高的综合效率。样本的农业生产经营土地面积均值约为 13.24 公顷,样本经营土地面积处于中等程度,可以通过鼓励土地流转等方式提升新型农业经营主体的综合效率。

第三,在生产条件方面,新型农业经营主体的机械化程度变量通过了显著性检验,该解释变量回归系数为正数,与预期影响方向相同,表明机械化程度越高的新型农业经营主体的综合效率越高,而样本中机械化程度解释变量的均值为 3.09,并未显现出明显的高机械程度优势,因此,机械化规模、机械工具的合理配置等均是制约新型农业经营主体提高综合效率的重要因素。

第四,在市场环境方面,农产品的销售渠道、农产品价格的稳定程度和市场信息的获取难度均通过了显著性检验。其中,农产品的销售渠道的回归系数为正值,与预期影响方向相同,说明农产品销售渠道会同方向制约新型农业经营主体的综合效率,样本农产品的销售渠道变量均值为 3.25,因此,合理挖掘有效农产品销售渠道有益于综合效率的提高;农产品价格的稳定程度的回归系数为负值,与预期影响方向不同,可能的原因是农产品价格的稳定程度受主观影响较大,加之调研所采集的各地区数据有限且情况各异,因此农产品价格的稳定程度对综合效益的影响并不明显;市场信息的获取难度为负值,与预期影响方向相同,说明市场信息的获取难度对新型农业经营主体转型升级发展中的综合效益有制约作用,样本市场信息的获取难度均值为 2.87,因此,建立市场信息传播平台、促进农业信息交流是提高综合效率的重要方式。

第五,在外部政策方面,农业补贴政策执行情况通过了显著性检验,回归系数为负值,与预期影响方向相反。可能的原因是农业补贴政策收到农产品的销售价格的一定影响,因此当农户认为农业补贴政策执行情况较好时,可能是同期的农产品销售价格较低,因此产生了这样的结果。

农业生产组织方式创新系统是一个由组织、企业、政府和个人构成的网络。本章首先对农业生产组织方式创新的系统性原理进行层次分析,包括创新主体、关系网络和创新环境三方面。研究发现,农业生产组织方式创新过程中遇到的宏中观障碍性因素包括:要素投入约束(包括新型农业经营主体数量不足质量不高、土地适度规模经营发展缓慢经营风险升高、农业机械化水平程度低结构不平衡、农村基础设施薄弱建设不足等)、科技因素制约(包括相关人才力量和成果供给不足、农业科研基础和推广人员配置薄弱、农业科技成果需求和转化动力不足、农业科技投入和科研基金不足、农业科技成果转化体制不完善等)、市场环境制约(包括土地流转市场不完善、农村雇工市场尚未成形、农村信贷业务市场不融通、农业社会化服务体系不健全等)、政策制度制约(包括农村土地产权制度仍需明晰、农业补贴制度仍需强化落实、农村社会保障制度仍需完善等)。农业生产组织方式创新影响因素的微观实证结果表明:传统农户向新型农业经营主体转化过程中受教育水平、农业经营面积、家庭农业劳动力比重、土地细碎化程度、机械化程度、农产品补贴政策执行情况和农业社会化服务组织对传统农户向新型农业经营主体转化意愿有正向影响;市场信息的获取难度对传统农户向新型农业经营主体转化意愿呈明显的负向效应。新型农业经营主体转型升级发展过程中受教育程度、农业生产经营土地面积、机械化程度、农产品的销售渠道对新型农业经营主体综合效率产生正向影响,农产品价格的稳定程度、市场信息的获取难度、农业补贴政策的执行情况对新型农业经营主体综合效率产生负向影响。

第五章　土地规模化流转背景下农业生产组织方式创新的典型实践

　　新中国成立以来,我国经历了由传统农业向现代农业的转变,实现农业农村现代化一直是我国一项长远的重要战略目标。我国农业经营模式也经历了几个不同时期的重要演变,农业经营模式变革始终围绕发展农业生产力和解决"三农"问题展开。新时期我国农业经营模式进一步创新不但是从根本上解决"三农"问题的客观需要,而且也是实施乡村振兴战略的一项重要任务。学界将现代农业划分为北美"节约劳动型"、日本"节约土地型"、西欧"中间类型"等典型模式。长期以来,在我国现代农业经营模式选择问题上,学者主张学习借鉴发达国家经验,但在借鉴基础上坚持走具有中国特色的农业现代化道路。近年来,随着我国农村土地制度改革和农地流转进程加快,为了提高农业经营效益和农户收入水平,一些学者提出通过推动农地规模经营和新型农业经营主体培育来构建新型农业经营体系问题。特别是党的十九大提出实施乡村振兴战略以来,重视加快推动农村一二三产业融合发展,促进小农户和现代农业发展有机衔接,加快发展新产业新业态,不断推动乡村产业振兴。创新农业经营模式是我国向农业农村现代化演进的客观要求。我国农业经营模式的变革始终伴随农业经营方式转变进行,并与土地和农业政策、农业经营

262

体制、农业经营主体、农业生产要素情况等密切相关。总体来看,新中国成立以来,我国农业经营模式演变的每个阶段具有其特定特征,并较上一阶段发展创新。随着农村土地流转速度加快和新型农业经营主体的不断发展壮大,不断涌现出多样化农业经营新模式,促进了农业规模经营和规模效益的提高,推动了现代农业经营体系的创新。

创新农业经营方式,构建新型农业经营体系,是当前我国农业发展面临的重大课题。自党的十八届三中全会以来,各地以合作与联合为主线,涌现出许多农业经营方式创新实践的典型,受到理论界和政策界的关注,如上海松江区的家庭农场、四川崇州的农业共营制、江苏苏州的土地股份合作社和合作农场以及以克山县仁发现代农机专业合作社等。

第一节　国外不同农业生产组织方式的创新实践

一、美国

美国农业生产组织方式得益于本国自身发达完善的市场体系,实现了高度成熟的农业产业化,并且较好地解决了农业生产、加工、流通、销售各方的市场化分配机制问题,美国农业产业化发展经验对我国农业产业化经营的借鉴意义体现在:打造坚实的科技教育基础为农业产业化经营提供科技人才支撑;积极引导和支持农民合作组织的发展,发挥其提高农民组织化程度的重要作用;在立法保护、政策支持和行政监管方面充分发挥政府的职能作用为农业产业化经营的健康发展提供保障。

(一)农业生产组织方式的演变

19世纪初,美国农业开始进入商品化经营阶段,美国的农业生产迫切需要来自工商业加工、流通、销售等环节的支持,才能顺利完成农业产业的良性发展。美国开始了农业与工商业合作的尝试,并以此推动农业的进一步发展。

1810年美国开始尝试农业合作组织模式,在康涅狄格州成立了第一个乳制品合作组织,并取得一定的发展,对美国农业组织的发展有一定启示及借鉴。1817年美国政府开始资助农业社团以及农产品展销会、交易会的发展,这种模式在一定程度上解决了农业经营中信息不对称导致的交易困难。是美国农业组织发展过程中新的尝试。在1820年至1830年,美国农产品出口额由4.2亿美元上升到7.4亿美元,占出口总额的65%上升到73%。基于此,为更好地组织与指导农业的发展,美国国会成立了众议院农业委员会和参议院农业委员会。1840年以后,美国农业组织模式更呈现多元化发展的趋势,农业各环节合作进一步加强。到1852年,美国农业社团作为全国性质的农业组织成立,美国对农业的重视进一步加强。

19世纪60年代,由于农业生产与需求的脱节,产生了第一次农产品过剩危机,农产品销售成了农业发展的一大难题。从而进一步刺激了农业合作组织的发展。1862年美国设立农业部,同时《宅地法》的颁布,使美国家庭农场经营的模式正式确立。19世纪末到20世纪初,美国农产品竞争日益激烈,同时其组织模式得到进一步发展。各种农业组织模式呈现繁荣发展的态势。其间产生了一系列行业协会及农业联合会。到1922年沃尔斯特法案确立了农业合作社的合法化。到1930年美国合作社已经达到11950个,成员达到300万之众,其中农产品销售合作社占主要地位。

20世纪50年代,美国农业开始进入农业产业化发展阶段。农业产业化发展对生产经营过程中的专业化、协调化、一体化、市场化、利益分配合理化等提出了更高的需求,从而进一步扩大市场规模,降低风险,减少交易费用,降低经营成本,提高综合效益。同时,美国农业产业化组织开始向专业化、综合化、国际化方向发展。20世纪80年代,美国率先提出"精确农业"的构想并在此后多年的实践中成为"精确农业"绩效最好的国家,这为"智慧农业"奠定了良好的发展基础。现阶段,美国利用物联网科技开展"智慧农业"生产的水平世界领先,带动农业产业链条实现了全新变革。美国的农业流通较早地采用了电子商务技术,农业流通模式不断创新升级。为提升产品安全溯源及定价能力,农产品电商与农资电商均构建了从生产者到需求者的网上直销渠道。其中,农产品电商通过企业对企业(B2B)与企业对消费者(B2C)双结合的模式对接种植、养殖主体;农资电商则采用 B2B 模式,对接种植、养殖主体及农资企业,从而在根本上颠覆了传统的农业流通渠道体系。

(二)农业生产组织方式类型及特征

农业产业化组织模式从微观视角可分为农工商综合体组织模式、合同制组织模式和合作制组织模式三种模式。

1.农工商综合体组织模式

该组织模式大多由非农业企业直接投资成立,是贯穿农业生产经营中的生产、加工、流通、销售等各个环节的农工商综合体。该模式大多由加工或营销等环节为主的优势企业主导,通过成立、并购等手段向农业生产等环节延伸而形成的纵向一体化的企业。从而使农工商综合体各个部分紧密联系,并形成专业化分工与合作,大大提升了各个环节的专业化与协调性。其主要经营特点是各个组成部分基于同一企业法人而形成的分工与协作。从而使综合体可以获得远高于农业生产的利润。"公司+基地+农场"模式便是其中最具代表性的模式之一。在这种农业产业化组织模式中,非农业资本集团直接进入农业领域,并通过自建或并购的方式直接控股基地和农场。从而将农业产业化生产经营过程中的"产前""产后"等环节直接纳入农业的产业化主体内,从而形成完整的闭环。在这种农业产业化组织模式中,由于企业集团资金实力、技术水平、市场化程度等都占据绝对优势,因此在农业产业化生产经营中能够与市场保持最密切的联系,获得一手的市场信息,最大化地降低各类交易成本,并快速占领市场,获取足够的经济效益。此类农业产业化组织模式对资金集团在财力、技术等方面要求极高,且农业生产经营过程中受自然气候等因素影响过大,因此相关投资较小,此种模式在美国并不普遍存在,并没有发展成为主要的农业产业化组织模式。

2.合同制组织模式

当农业生产企业在市场竞争过程中需要来自加工、流通、营销等环节企业的支持,但又没有形成农工商综合体的意愿或能力,便可采用合同制组织模式。这种模式下,当农业生产企业需要与具有加工、流通、营销等相关能力的企业或组织进行合作,便可通过签订相关合同的形式进行合作。明确双方的责任和义务,并确定合同的具体内容与形式,从而建立起一种相对稳定的关系。使农业生产环节与其他环节以合同制的形式紧密联系在一起,形成经济联合体,以便降低农业产业化经营过程中的各种市场风险和交易费用,同时提高农产品在整个产业链中的价值与获利水平。在该组织模式中,农业生产企业与其他各组织主体都是独立的经济实体,自主经营、自负盈亏,仅是通过合同形式存在的农业产业化组织模式。这种模式在美国农业中一直占有较大比重。"工商企业+农场"的组织模式便是其中最具代表型的模式之一。该种组织模式将农业产业化生产经营过程中各主体的优势通过合同的方式充分发挥出来,并使"产前""产中""产后"各环节形成统一的有机联系。这种农业产业化组织模式在美国广泛存在,并运用于各类生产经营部门。这种农业产业化组织模式与第一种组织模式相比,在对企业集团要求大幅降低的同时极大地调动了各农业生产经营主体的积极性,因此在美国发展较快。

3.合作制组织模式

该种组织模式主要是为应对中、小企业在市场中的竞争劣势,通过引进相关农业合作社,以提高中、小企业的竞争和议价能力而以合作形式存在的一种组织模式。这种组织模式的形成促进了中、小企业的发展,有效地避免了中、小企业被大公司吞并或破产的命运,极大地丰富了市场的多元化。美国的农业合作组织至今已经有一百多年的历史,其组织模式不断完善,规模实力不断壮大。随着市场竞争的日益激烈和社会化大生产的发展,合作类组织模式得到极大发展。这种组织模式中,除农业生产环节外,其余各环节均由农业合作组织完成。这种农业产业化组织模式中最具代表的便是"合作社+农场"的组织模式。在这种组织模式中,合作社扮演独立经营主体的职能与市场进行对接,从而使农产品供产销等各个环节有机联结,形成整体。这种农业组织模式在美国极为普遍,且发展迅速。主要是因为各农业生产经营主体通过联合增强了市场竞争力,提高了与政府及龙头企业的对话能力。此外,其快速发展也离不开政府立法、贷款、税收等相关政策的支持。这种组织模式在美国发展很快,并占据着很大的比重。

在大农业的基础上发展美国农业,处于主要地位的家庭农场和从属地位的合作农场、公司农场构成美国农业生产组织,以机械化为基础,形成了一个产前、产中、产后紧密联系的各个环节的有机体。四种组织形式构成农业经济的一体化,分别为:一是生产资料到农产品的农业公司;二是以市场经济为条件,考虑每个农户自身利益,把农户组织起来的农业合作组织;三是通过私营工商业主和农户合作,订立合同,把产前、产中和产后的若干个环节有效地结合在一起的工商企业;四是通过政策性的专门对农户进行借贷以及税收优惠产生的收入对农民进行扶持所形成的农业信贷合作社。一体化的银行主要有垂直式一体化的农业公司,大型企业与农场的所有者签订一体化组织,还有的农场主通过自己成立组织进行销售加工等。正是以上不同形式的联合体,使美国农业商品化高速发展。未来,美国农业产业组织正向跨国农业集团发展,更积极地参与国际贸易。

农业的发展不能完全由市场经济主导,像美国这样自由经济的国家,仍需政府进行主要的农业投入,并积极引导和推进农业发展。农业作为一个高风险产业,既受自然因素的影响,也受市场经济的影响。我国目前的土地政策和市场环境还无法像美国那样实行大规模的农业生产,但农业生产方式的多样性是有利的选择,在有条件的地区,实施土地流转,实行规模化生产,提高效率,增加农产品供给。政府应加大农业投入,农业部门应正确引导,鼓励农民发展专业合作社,并给予法律、政策以及贷款方面的支持,健全社会化农业服务体系,为农业生产提供全程服务。

二、 欧盟

欧盟各国对农业历来都很重视,并且将其视为国家经济发展的基础部门,农业产业化的发展在欧盟各国经济发展中长期占据重要地位。而在农业产业化过程中,欧盟各国普遍重视农业产业化组织模式的创新与发展,并以此来支撑农业产业化的发展。与美国相同,欧盟各国在农业产业化组织方面随着工业化生产经营的推进,逐渐形成了立体化的农业生产组织架构,即最终形成与美国农业产业组织体系类似的三个层级的互动关系。

(一)农业生产组织方式的演变

早期,欧盟各主要成员农业生产一直以家庭经营为主,但随着社会生产力的发展,这种以家庭为主形成的小而散的组织模式在一定程度上限制了农业的进一步发展,因此欧盟各国开始对农业组织模式进行创新与尝试。欧洲农业组织萌芽出现较早。早在 12 世纪,就由法国发起成立第一个合作社。但由于当时社会经济的限制,其功能并未得到很好开发,但为后来农业组织的发展提供了一定的思路。到 18 世纪,一系列农业协会开始在欧洲盛行。到 18 世纪 60 年代,农业协会开始取得较快的发展。在早期,由于当时条件的限制,农业协会成员主要通过刊登书面文章的方式进行农业方面的交流,这种模式在一定程度上降低了农民信息搜索的成本,并使农业经营中的各个环节开始形成一定联系。农业协会则主要依靠收取会员会费的方式存在。但当时的农业协会仍然存在小而散等问题,并且在经营方面也极不规范,在一定程度上限制了协会的壮大,并限制了协会更大作用的发挥。各个农业团体在意识到小社团发展的局限性,便开始推动成立国家公法承认的联合团体。最终第一个国家级协会在德国成立,并取名农民协会。农民协会开始总体组织农民、农产品加工者,以及各类贸易协会、营销协会等,并开始扮演联结政府和农民的中介角色,代表农民利益与政府对话。这种模式使农业生产经营中各个环节形成有机链接,极大地降低了农业生产经营中的交易费用,提高了农业生产经营的效率。1972年法国开始颁布《农业合作组织章程法》,这条法令大大促进了法国合作组织的发展。此后,法国在很短的时间成立了包括3100个农业信贷合作社、7200个供应和销售合作社、14000个服务合作社的合作社体系。

20世纪初,欧洲部分国家就开始将工业化生产中的管理方式、组织模式及技术等用于对传统农业的改造,并完成从传统农业向现代化农业的转化。其中农业产业组织模式的创新与转变是向现代农业转变的关键。

(二)农业生产组织方式类型及特征

由于社会化大生产的需要,欧盟各主要成员开始由家庭式生产经营模式走向全面的合作。并且直接连通农业生产经营中的"产前""产中""产后"各个环节,形成了比较完善的农业产业化组织模式。农业产业化组织模式的建立提高了农业生产经营的专业化与协调性,降低了农业生产经营中的交易成本,提高了农业生产经营的效率。

1.公司途径:用公司内部的组织体系实现一体化经营

以公司制方式经营农业现在已经十分普遍,但最初是从工商业公司直接经营大农业开始的。在农业现代化过程中,农业生产部门与有关农用生产资料生产供应公司的利益最为直接,20世纪50年代开始它们便直接插手经营农业领域,其中农用工业、农产品加工业和农产品流通领域的大型垄断公司占主导地位,如法国雷诺等三大公司控制了拖拉机产量的95%,国有矿化公司等三大集团在化肥供应方面处于垄断地位,它们在农业产业一体化经营中曾经起了带头作用。20世纪70年代开始,这种情况有所变化。许多经营领域离农业产业较远的垄断资本也大举进军农业产业。

2.合同途径:农业生产企业通过各种合同被纳入一体化经营体系

对于大多数农业企业来说,参与一体化经营最主要的途径是通过合同关系把供、产、销各环节稳定地联系在一起。在这种情况下,一般存在某个发挥龙头作用的核心企业,如大型农产品加工企业、流通企业或合作社,通过它们的辐射带动作用把大批农业生产企业组织起来。具体来说,在农业产业化的合同关系中包括销售农产品合同、购买农用生产资料合同和购买农用生产资料与销售农产品相结合的合同三种基本形式。积极参加合同制生产体系的首先是实行商业化经营的大规模农业企业。早在 20 世纪 60 年代中期,联邦德国经营规模 50—100 公顷的农户中就有 60% 订有供销合同;100公顷以上农户中则有 77% 订有这类合同。据估计,20 世纪 80 年代联邦德国纳入合同制生产的农产品占全部农业商品产值的 1/3 左右。其中畜产品较高,约占全部农业商品产值的 3/5;种植业稍低,约为 1/4。特别是那些可能用高度工业方法进行生产或加工的农业生产部门,依靠合同关系组织生产的比重更大,如种子、甜菜、牛奶、雏鸡可达 100%,肉鸡达 75%—85%。合同制对提高农场内部经营管理水平产生了重要意义,因为合同的工商业一方有权监督和参与改进农场的经营管理,促进农场高效率经营。合同中还包括向农场供应生产资料、物质技术装备和提供信贷服务等条款。在农场采用新技术设备、选用各种生产资料和饲养技术等各个方面都必须听取综合体内专家的建议。可见,这种合同制生产体系不仅为工商资本服务,同时也推动了农业产业化,加快了农业技术现代化的步伐。通过签订合同,工业不仅参与组织农业生产,参加调节农产品的价格活动,并且按照现代资本主义生产方式对农业企业从组织管理上进行根本改造,这是农业产业化的最主要成果之一。

3.合作社途径:联合起来的农民集体超越传统农业

农业一体化经营不仅表现为非农产业对农业的改造,而且也是传统农业超越历史和创新发展的过程。如上文所述,自 20 世纪 70 年代中期开始,欧盟国家的农业合作社发生了质的飞跃,它们不仅在农业生产领域把农民组织起来,而且向农业生产资料生产供应和农产品加工流通领域大举进军,通过一体化经营在很大程度上加入了非农产业的市场竞争。

4. 参股控股途径:农业与非农业通过资本市场交融一体

在建立以股份公司为主的现代企业制度的基础上,通过公司之间的参股控股实现农业与非农业之间的资本相互渗透,这是农业产业非农化基础上一体化经营的最新形式之一。从 1976 年起,法国把这种形式叫作"内容丰富的联合体",过去叫"关心农业利益者混合公司"或者"经济利益有关者联合组织"。通过这种互相参股控股的方式,实现了公司范围内法人财产统一经营管理,是财产所有权社会化基础上完全的一体化经营,对农业产业的资本集中、技术进步和经济效益都产生了深远影响。例如,由法国农业合作总联盟、法国国有矿化公司、银行集团和格尔底聂家族集团相互参股所组成的联合体共有工矿企业、商业运输公司、技术服务公司等 50 多家公司及 400 多个农业合作社。经营范围从农产品生产、加工、采购、贮运、销售、出口,直到矿山、化肥、农药、机器制造及科研服务等。目前,它已发展成跨国集团,在美国、比利时、加拿大、刚果(布)都有它的分公司。

三、 日本

第二次世界大战以后,日本国力受到严重削弱,再加上日本本来就人多地少,土地利用率不高,劳动生产力低下,与美国的经济发展相比存在严重的差距。但是日本政府针对这些情况,积极制定措施,发展现代农业,使农村走上了农业产业的道路,挽救了国家危机。对日本农业进行研究后可以发现,日本之所以能够迅速成为亚洲的发达国家,应该归因于政府对农业的大力支持,农村教育的发展和农业科技推广、农业法制的健全等方面。通过一套科学、有序、高效的服务体系,使日本的农业结构得到优化,农业机械化程度不断提高,农业技术进步加快,农业生产率得到提高。在自然条件和土地资源稀缺的日本,不能像欧美资本主义国家一样发展多种多样的经营模式,主要依靠政府对小农经济的支持,第二次世界大战后建立起了相当先进的农业产业模式,极富特色。

(一)农业生产组织方式的演变

日本是一个国土面积狭小的岛国,但其资源的匮乏没能阻挡其成为亚洲农业强国。第二次世界大战后,日本农业曾受到重创,但此后,日本结合自己区域、资源等现状,对农业产业化组织模式进行了创新发展,取得了令世人瞩目的成就,以此支撑了日本农业产业化的进程,最终成为农业强国。因此,日本为世界农业资源贫乏国家的农业产业化组织模式的发展提供了宝贵的借鉴经验。传统农业组织模式的发展最早可追溯到明治维新时期。明治维新期间所做土地方面的一系列改革,间接地促进了农业组织模式的创新与发展。此后,日本还通过制定农业组织法、成立农会等方式促进日本农业与社会化大生产相适应。到1915年,日本全国90%的农村没有农业合作组织。1920年日本修改后的《农业合作社法》使农业的合作组织法制化。第二次世界大战后,日本的农业产业濒临崩溃,甚至一度出现粮食危机。为解决日本农业发展的局限,日本在1947年颁布了《农业协同组织法》,开始以美国的农业产业化发展模式指导日本的农业生产经营,并开始在全国范围内大量建设农业协会。日本农协是农民自主管理且不以营利为目的的特殊法人,主要从事"产前""产中""产后"的一体化服务。

20世纪60年代以后,虽然日本通过农业协会、农业合作社等组织模式的建立实现了农业现代化组织模式发展的起步,但以家庭经营为主的生产经营模式仍在一定程度上制约着农业的进一步发展。随着社会化大生产对农业产业化组织模式发展的进一步需求,日本形成了农工商一体化的组织模式,这种组织模式进一步解决了日本传统农业生产经营过程中"小生产与大市场"的矛盾,一定程度上促进了日本农业产业化的进程。此后,随着日本国家经济高速发展的拉动及日本政府相关政策的支持,日本农业产业化组织模式得到进一步发展。

(二)农业生产组织方式类型及特征

1.农工商一体化组织模式

以非农业资本集团为主的企业集团,对农业相关领域进行大规模投资,并以现代化组织管理模式运营,使农业生产经营过程中"产前""产中""产后"各环节形成有机的联系,从而实现农业产业化的过程。这种模式需要大的资本集团投资,并由农业生产向加工、包装、流通、营销等环节延伸。与美国的农工商综合体的组织模式相同。工厂生产在国内,产品销往国内外。合同服务,带动基地建设。日本农业产业模式主要有两种:一种是工业和商业资本垂直整合的业户模式;另一种是农协与平行主体合作的综合性商业模式。这两种模式主要有以下特点:与农民签订生产合同,提供"一站式"服务;建立原料生产基地;通过县域经济链的形式与农协及农民建立合同关系,通过合同约定价格、种植面积、合作期限。工厂每年根据上一年度的销售、市场开拓能力,签订年度合同。比较典型的是日本的松散千叶公司,该公司拥有35个加工厂,每个加工厂生产的产品具有不同的功能,注重产品的互补和综合利用。它们的原料来源还是国际化的,如水果、蔬菜、肉类、面粉,来自世界各地。例如,啤酒酿造厂,其原料来自中国和其他国家,啤酒生产、储存的整个过程,由中央控制室自动进行,工厂只有130名员工,年加工能力27万升,每天的生产量相当于200万瓶的啤酒,每分钟生产1000瓶,每分钟灌装1500瓶。强势龙头企业的带动,促进了农产品加工经济的发展。

2."农协+农户"的组织模式

这种农业产业化组织模式中,以农协牵头发起,并进行统一农产品加工、销售的一体化的生产经营组织模式。日本农协是在日本政府支持下成立的半官方的农业组织形式,具有一定政治性是其与其他组织模式的最大区别。农协通过组织农户进行统一的生产经营,一定程度上促进了日本的规模化及专业化生产经营,进一步提升了农业生产经营过程中的效益。由农协组织农民合理调整产业结构,建立生产基地。比较典型的例子是,如某公司在东京发展蔬菜、肉、牛奶、鸡蛋等产品,所生产的产品由农民通过农业协会联系的批发市场,销售给消费者。它们建立了完善的市场服务体系,完善了运行机制,由于大量的商品集中在同一个地方,这种做法既可以节省资金流通,还可以节省运费。市场的辐射能力也促进了生产基地、农协和市场组织的整合,促进各类生产基地的发展,推进产业化进程。

3."龙头企业+基地"模式

这种组织模式充分利用了农业生产经营过程中的各种资源,使农业生产经营过程中的"产前""产中""产后"各环节通过契约的形成有机联系在一起,是农业产业化过程中的主要标志。在日本,"商社+农户"的组织模式是其最典型的代表之一。商社通过签订合约与农户达成各项合作,从而使农户与商社形成有机的利益整体。这种模式是以市场为导向,通过不断调整产品结构,扩大加工领域和加工规模。日本丘比公司始建于1919年,主要以加工沙拉酱为主,其销售量占生产总量的90%左右。随着龙头企业规模的扩大,现已经发展成为一个包括沙拉酱、麦茶、食品等品种,年加工能力达到22600吨的大型公司。

第二节　国内各地区农业生产组织
方式的创新模式

一、农机专业合作社模式——黑龙江"仁发"经验

(一)克山县概况

克山县位于小兴安岭南缘,松嫩平原腹地,隶属黑龙江省齐齐哈尔市,位于

齐齐哈尔东北方。地理坐标在东经 125°10′57″—126°08′18″,北纬 47°50′51″—48°33′47″。县境东至克东县,界长 54 公里;南邻拜泉县,界长 34.6 公里;西与依安县接壤,界长 62.9 公里;北隔讷谟尔河与讷河市境相望,界长 128.2 公里;东北同五大连池市毗邻,界长 50.5 公里。2008 年克山县面积为 3186.2 平方公里,林地面积 125.9 万亩,草地面积 17.9 万亩。克山县辖 6 个镇、9 个乡:克山镇、北兴镇、西城镇、古城镇、北联镇、西河镇,河南乡、双河乡、河北乡、古北乡、西联乡、发展乡、西建乡、向华乡、曙光乡等。克山县位于松嫩平原北部,地处小兴安岭南麓与松嫩平原的过渡地带,北部、中部为丘陵漫岗区,地形起伏变化大,南部是冲积平原,地势平坦。全县地势东北高西南低,分为低山丘陵、丘陵边缘岗地、漫岗平原、冲积平原、河滩地等地貌类型,丘陵漫岗地占80%,平原区占 14%,洼地占 6%,境内平均海拔高达 236.9 米,最高点 381.7 米,最低点 198.7 米。克山县属寒温带大陆季风气候,年平均气温 2.4℃,有效积温 2400℃,年降水量 499 毫米,无霜期 122 天左右,雨热同季,降雨集中在6、7、8 月,年平均降水量 500 毫米左右;年平均风速 4 米/秒。由于受蒙古低气压影响,每年 4 月上旬至 6 月上旬和 9 月下旬多大风天气,最大风力有时达8 级。

克山县是黑龙江省重点商品粮基地县、大豆基地县和马铃薯基地县,并被列为中国 500 个产粮大县之一,粮食作物以盛产"两豆一麦"而闻名。克山县是中国重点商品粮基地县、大豆出口基地县和马铃薯基地县,素有"北国粮仓""大豆之乡"之称。"帅哥"牌大豆和"全面"牌马铃薯被国家绿色食品中心认定为 A 级绿色食品,32 个绿色食品基地,77 万亩绿色种植面积,320 万头(只)绿色养殖,960 个绿色食品加工企业正在崛起,2000 年成为黑龙江省生态示范县。2013 年克山县粮食总产实现 24 亿斤,同比增长 14.2%。新型农业经营主体发展,新增合作社 270 个,争取到千万元现代农机合作社 2 个,飞机航化作业首次装备农业生产。规模经营土地达到 257 万亩。创新农村金融服务取得进展,土地经营权、收益权抵押贷款达到 3.5 亿元。落实"2513"工程 202 万亩,现代农业科技示范园区、高产创建区、科技包保地块示范效果突出。建设马铃薯基地 45 万亩,第二届种薯节成功举办,薯产业知名度提升。2016 年新增高效节水喷灌 2 万亩,人工造林 2 万亩。组建生猪养殖合作社 14 个,年出栏千头以上生猪养殖大户达到 35 个,生猪存栏 42.8 万头、出栏 76.7 万头。累计转移农村劳动力 15.2 万人,劳务收入 15.5 亿元。2016 年克山县城乡市场马铃薯大市场交易鲜薯 50 万吨,社会消费品零售总额预计实现 22.8 亿元,同比增长 16%。全省首家农村信用信息中心建成运行,金融机构累计发放各类贷款 20.1 亿元。

依托资源优势和基础优势,克山县确立了大力发展园区经济,打造食品加工、亚麻纺织、水泥建材三大主导产业。食品加工产业重点培育了薯、豆、米、乳、水、酒六条产业链,县域工业体系日趋完善。薯产业上,原料环节,省内唯一的国家马铃薯改良中心坐落在克山,全县先后建成马铃薯种薯企业 7 家、种薯基地 10 万亩、标准仓储窖 20 万平方米,原原种年生产能力达到 1 亿粒,"克"字号种薯在全国应用面积达 1/3 以上;每年马铃薯种植都在 50 万亩左右,最高亩产达 4.35 吨。加工环节,克山引进了沃华、嵩天、佐源 3 个马铃薯深加工企业,并与北大荒薯业集团建立了马铃薯主粮化战略合作关系,抢占国内马铃薯主粮化先机,下一步将重点开发马铃薯生物发酵饲料、汁水蛋白、膳食纤维、方便食品、紫薯饮料等产品,进一步延伸薯产业链条。销售环节,年集散能力 400 万吨、省内最大的马铃薯交易大市场建成运营,连续举办三届中国(克山)马铃薯种薯节,发出马铃薯专列 10 列,克山马铃薯远销广州、福建等地。2016 年依托齐齐哈尔绿色博览会上大力招商企业,中国的北京、山东、台湾,韩国的部分企业先后对克山县进行考察,依次落户克山县,目前所有企业厂房已经开工建设。2017 年上海交通大学与克山县人民政府签订关于成立上海交通大学克山教授站合作协议。克山成为上海马铃薯主食化项目唯一生产基地,黑土地上的小土豆真正走入了大都市,成为马铃薯主食化产业的最佳食品。

（二）合作社实践模式

克山县仁发现代农机专业合作社（以下简称仁发合作社）的组织创新过程是典型的能人带动型合作经济组织模式。村域能人领办型合作社在当前的农民专业合作社中占有重要地位，在农业增效、农民增收方面发挥了不可替代的作用。村域能人既是农民合作社示范社的发起者和倡导者，又是组织的管理者和决策者，在农民合作社示范社的发起与生成过程中都发挥了至关重要的作用。

第一阶段："代耕服务＋租地自营"模式。仁发合作社组建于2009年，由现任合作社理事长、仁发村村长李凤玉牵头创建。2009年10月，李凤玉与本村其他6名农民自筹资金850万元，组建了克山县仁发现代农业农机专业合作社。2010年合作社租赁土地1100亩开始种植大豆，另外，利用农机为周边农户提供代耕服务。但由于租赁的是一家一户的土地，不能连片种植，大机械没能发挥作用，没能实现盈利，按提取折旧亏损187万元（见表5-1）。导致许多入股成员对合作社发展前景失去了信心。刚起步就陷入困境，有几家要撤资，个别社员甚至提出退社要求。

表5-1　2010年仁发合作社"代耕服务＋租地自营"模式运营情况

年份	入社户数（户）	入社土地（万亩）	总收入（万元）	总支出（万元）	总盈余（万元）	
2010	7	0.1	100	87	−187	

年份	土地分配		成员权益（万元）	每元回报（元）	国投分红（万元/户）	土地分红（元/亩）
	元/亩	占比（%）				
2010	—	—	—	—	—	—

第二阶段："带地入社＋保底分红"模式。2011年合作社规范组建结构和运营模式，推出合作社"7条承诺"：以每亩350元作为保底分红，高出当地农户自行转包土地每亩110元；入社成员不分先后，年终盈余按入社资金同等比

例分红;国家补贴资金产生的盈余按成员平均分配;贫困社员可将本户入社土地保底金全额付息借回;入社成员仍享受国家发放的粮食综合补贴;重大决策事项实行一人一票;入社自愿,退社自由。不到一周时间,就有307户农民以土地入社,合作社自营土地一下就达到了1.5万亩,成员也达到了314户。经过一年的经营,合作社开始盈利(见表5-2)。2011年盈余1342.1万元,并采取了以入社土地分配为主。把入社土地等同于交易量,盈余分配向入社土地倾斜,入社农民真正得到了增收。

表5-2 2011—2012年仁发合作社"带地入社+保底分红"模式运营情况

年份	入社户数 (户)	入社土地 (万亩)	总收入 (万元)	总支出 (万元)	总盈余(万元)	
2011	314	1.5	2763.7	1421.5	1342.1	
2012	1222	3.0	5594.1	2835.4	2758.6	
年份	土地分配		成员权益 (万元)	每元回报 (元)	国投分红 (万元/户)	土地分红 (元/亩)
	元/亩	占比(%)				
2011	350	525	817.2	0.31	1.23	710
2012	350	1054	1704	0.43	0.56	730

第三阶段:"取消土地保底+按股分红"模式。"土地保底+二次分红"的利益联结机制弥补了仁发合作社土地要素的不足,激发了农机资本、技术的活力,取得了巨大成效,但仍存在两个主要缺陷:一是经营风险由7户原始股东承担,但没有相应补偿;二是管理人员的劳动贡献未能得到体现,这些劳动直接影响合作社的产出。对此,2013年仁发合作社修改了盈余分配方案,在新的分配方案中,一是将总盈余的3%作为管理人员的工资;二是根据《中华人民共和国农民专业合作社法》盈余分配办法,视土地为社员与合作社的交易量,合作社交易量与资金的盈余分配比例不低于6:4。2013年以后仁发合作社不再提取公积金。新的分配机制全面激发了土地、资本和劳动的活力(见表5-3)。

表5-3　2013—2016年仁发合作社"取消土地保底+按股分红"模式运营情况

年份	入社户数（户）	入社土地（万亩）	总收入（万元）	总支出（万元）	总盈余（万元）
2013	2436	5.0	10596.1	5267.2	5328.9
2014	2638	5.4	10748.1	5857.8	4890.2
2015	1014	5.4	9055.2	4858.9	4196.2
2016	1014	5.4	8662.3	5036.6	3625.7

年份	土地分配		成员权益（万元）	每元回报（元）	国投分红（万元/户）	土地分红（元/亩）
	元/亩	占比（%）				
2013	3942.5	74	1386.4	0.33	2813	922
2014	3667.7	75	1222.5	0.22	1486	854
2015	3273.1	78	923.2	0.35	6109	708
2016	2828.1	78	797.7	0.28	5481	602

　　2014年经多方论证和考察，合作社转变经营理念，在保持适度规模经营土地面积5.6万亩，全部达到科学精种高效基础上，在确保增强合作社发展后劲上做文章，有计划地新增了农产品加工项目。目前，仁发自行创办和牵头联办的企业，在克山大地上孕育而生。合作社所属沃龙薯业与黑龙江省农科院克山马铃薯研究所合作，从荷兰引进5个优质品种马铃薯，再加上现有的适合当地马铃薯生产的当家品种，年培育优质马铃薯原原种280万粒，烘干塔年烘干玉米3万吨，黄肉牛养殖场年出栏300头；绿色有机食品建立可追溯系统和网络营销平台，借助"仁发绿色庄园"等品牌走向市场。同时，由仁发合作社牵头与克山县内的7家合作社强强联合，成立了黑龙江仁发农业发展有限公司，现有生产车间7700平方米，标准化冷库11000平方米。其中两条糯玉米生产线，生产能力40万穗/日；5条甜玉米生产线，生产能力22吨/时；1条青豆和豌豆生产线，生产能力3吨/时；1条胡萝卜丁生产线，生产能力3吨/时。

　　第四阶段："合作社联合入股+产业化经营+辐射带动周边发展"模式。合作社自身与公司企业治理机制融合,延伸产业链,提高产品附加值,是"仁发"模式组织化转型的方向。2015 年以后仁发合作社经营范围由种植向加工延伸,"仁发"模式的经营组织形式也随之转变。2015 年仁发合作社联合当地其他 7 家千万元级农业合作社,包括向阳现代农业农机专业合作社、金原大豆农民专业合作社、新隆现代农业农机专业合作社、更好现代农业农机专业合作社、金丰现代农业农机专业合作社等共同出资 4000 万元,建立了仁发农业发展有限责任公司。其中,仁发合作社占股 51%农业公司围绕加工马铃薯、甜玉米等延伸产业链,以产业功能模块为基础,采用总分公司的组织架构成立了 4 家分公司,开展产业化经营(见图 5-1),主营业务覆盖谷物种植、收购批发、仓储;大豆油、玉米油、米糠油等食用植物油加工;蔬菜批发;豆浆粉加工;小麦粉、大米细粉、玉米、糯米及其他细粉加工,谷物加工制品加工,农业机械销售,化肥零售;农产品进出口等。2016 年仁发合作社主动承担起河南乡建档立卡贫困户的精准脱贫整乡带动责任。广德黄肉牛饲养场是仁发合作社的下属产业,合作社坚持"种植—养殖—加工—种植"扶贫脱困之路,截至 2017 年年末,两年累计向全乡建档立卡贫困户发放黄牛饲养场产业带动分红款 156 万元,户均增收 2800 元。同时,为全县 6553 个建档立卡贫困户发放扶贫产业项目利益链接金 567 万元,户均增收 850 元。

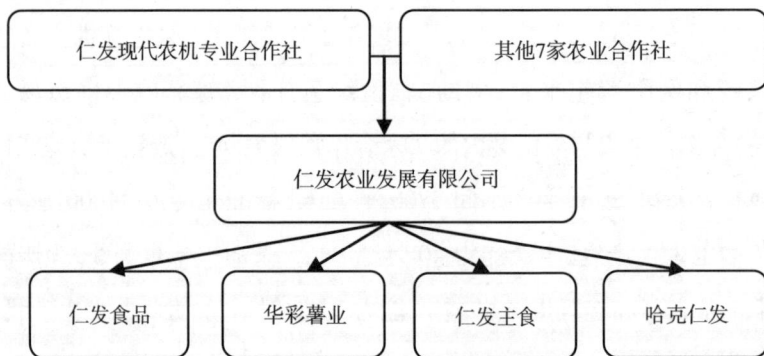

图 5-1 合作社企业化经营的基本组织架构

2018 年仁发现代农业农机专业合作社社员已发展到 1014 户,固定资产 5789 万元,规模经营土地 5.6 万亩,其中带地入社面积 2.5 万亩。拥有马铃薯组培楼 1800 平方米、阳光温室 3000 平方米、网棚 61 栋、仓储窖 3800 平方米、日烘干 500 吨和 1000 吨玉米烘干塔各 1 座,储存库 6200 平方米,大型农机设备 132 台套。公司种植糯玉米 10000 亩、甜玉米 40000 亩、豌豆 3500 亩、青刀豆 1500 亩。现在,已加工速冻豌豆 900 吨和青刀豆 750 吨,分别每吨以 5000—5600 元的价格直接销往河北和上海等地。可加工速冻糯玉米棒 1200 万棒,速冻甜玉米粒 13000 吨,实现销售收入 7135 万元,累计带动周边就业劳动力 340 人。同时,公司创办的彩色马铃薯加工项目,拥有了欧洲制造的符合美国 FDA 标准的智能彩色马铃薯全自动加工生产线 1 条。6200 平方米的薯条车间、原料库、成品库及相关附属设施,采用鲜薯切割、低温真空油炸等加工技术,年加工薯产品 0.5 万吨,产值可达 4300 万元,提供就业岗位 180 个。

(三)合作社转型升级途径

一方面,有效的外部要素市场是仁发合作社生产模式转型的主要压力来源。合作社外部要素市场对土地、资金和劳动力等要素的有效定价,决定着要素主体对参与联合生产要素的最低期望报酬,合作社对每单位生产要素的报酬支付大于或等于要素市场价格,是维持要素合作的最低条件。要素市场对仁发合作社生产模式发展的影响主要表现在两个方面(见图 5-2):第一,外部要素市场的有效定价,大大降低了入社土地、资本、劳动等要素所有者对合作社生产经营活动的监督计量费用,成为要素所有者对合作社经营主体监督的有效手段。若合作组织内部要素报酬低于外部市场交易报酬,合作经营就面临解体风险,这激励着以资本所有者为主的合作社管理层,调整升级产业结构延伸产业链,实施产业化经营等,不断增加土地、劳动等要素分红和报酬,将外部压力内部化,成为仁发合作社转型的核心动力。第二,外部要素市场定价也大大降低了合作社对劳动、资本、土地等要素经营活动效果的监督计量,为合作社实施各种形式的内部生产责任制提供了有效依据。外部要素市场的存在确保了合作社对各要素的合理定价,降低了其通过各种形式的"内部生产责任制"定价计量及监督的扭曲,提高了内部监督的有效性,成为仁发合作社生产模式内部机制转型的基本动力。通过以上分析可知,合作社外部要素市场的有效作用是仁发合作社生产模式体制机制转型的动因,这与阿尔奇安和德姆塞茨就交易费用对经济组织形式选择的作用机理相一致。

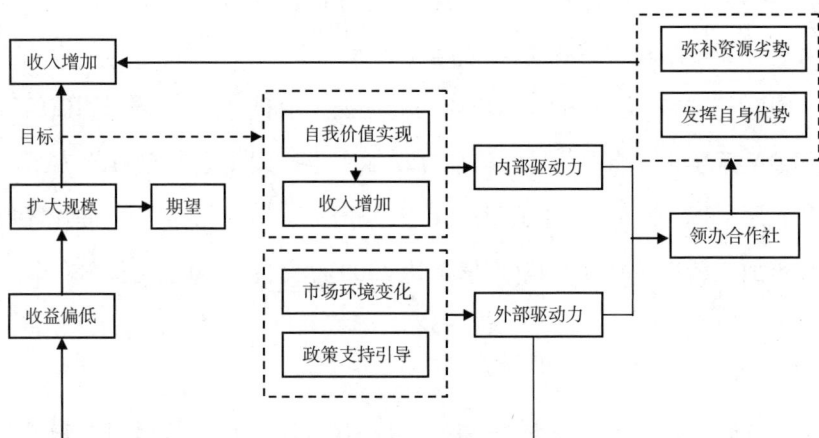

图 5-2 仁发合作社生成及转型机制

另一方面,"入社资源、退社自由"是外部压力传导的通道机制。仁发合作社生产模式转型发展及面临的挑战压力,主要是由于区域要素市场的有效作用,而区域要素市场的有效作用,在于要素主体拥有自由交易权,要素能在不同的生产主体间自由流动。因此,在仁发合作社没有形成对当地要素市场垄断的条件下,要素市场对合作社经营的有效性取决于土地入社成员、资本以及劳动力等拥有"入社自愿、退社自由"的自由选择权和退出权。"入社自愿、退社自由"的机制设计,使要素市场成为评价合作社发展的基础标杆,让要素主体获取市场报酬的期望成为合作社面临的现实压力,最终转化为合作社的经营机制创新和经营能力的提高,进而推动着合作社的转型发展。因此,保障要素主体自由交易权能,培育多元农业经营主体,确保要素市场有效运转,对于新型农业经营体系健康运转有重要政策意义。

二、 农业共营制模式——四川"崇州"经验

(一)崇州市概况

崇州市位于岷江中上游川西平原西部,坐落于东经 103°07′—103°49′、北纬 30°30′—30°53′之间。面积 1090.17 平方公里。东邻成都市温江区和双流区、南同新津县毗连、西与大邑县相接、北与都江堰市相依、西北部与汶川县接壤。东距成都市区(成温邛高速公路)25 公里,离成都双流国际机场约 30 公里。崇州市境内属山地、丘陵、平原兼有的地貌类型,海拔 1000 米以上的高中山区占崇州市总面积的 38.4%,低山和丘陵为 8.7%,平坝为 52.9%。地势从东南到西北逐渐升高。崇州属四川盆地亚热带湿润季风气候,四季分明,春秋短,冬夏长,雨量充沛,日照偏少,无霜期较长。年平均气温 15.9℃,最热月 7 月平均气温为 25℃,最冷月 1 月平均气温为 5.4℃,温差为 19.6℃。崇州市总土地面积为 1090.17 平方公里。其中,山地面积 471.52 平方公里,丘陵面积 54.95 平方公里,平原面积 563.7 平方公里。山、丘、坝内共有水域 10 万亩,崇州市大体形成"四山一水五分田"的土地结构。2017 年年末,全市户籍总户数 252624 户,总人口 663616 人,其中男性 331127 人,女性 332489 人。城镇人口 213481 人,乡村人口 450135 人。全市常住人口 66.48 万人。

崇州市是全国新增千亿斤粮食生产能力建设县、四川省粮食主要产区。2017 年年末,崇州市实现地区生产总值 3003972 万元,其中:第一产业实现增加值 361943 万元,较上一年度增长 5.2%;第二产业实现增加值 1487520 万元,较上一年度增长 12.3%;第三产业实现增加值 1154509 万元,较上一年度增长 9.9%。第一、第二、第三产业结构为 12.1∶49.5∶38.4,三次产业对经济增长的贡献率分别为 7.1%、56.9%、36.0%。按常住人口计算,人均地区生产总值 45193 元,较上一年度增长 10.4%。2017 年年末,崇州市全年农林牧渔

服务业总产值达到 622036 万元,较上一年度增长 4.4%。其中:农业总产值 272672 万元,较上一年度增长 4.5%;林业总产值 10778 万元,较上一年度增长 6.2%;牧业总产值 300323 万元,较上一年度增长 3.8%;渔业总产值 15907 万元,较上一年度增长 11.6%;农业服务业总产值 22356 万元,较上一年度增长 5.2%。全年粮食播种面积达到 613678 亩,粮食总产量 273950 吨,油料种植面积 166266 亩,总产量 25379 吨。蔬菜种植面积 117939 亩,产量 329134 吨。肉牛出栏 23305 头、肉羊出栏 22179 只,牛奶产量达到 6735 吨。全市生猪出栏 85.07 万头、生猪存栏 46.22 万头。全年肉类总产量 79748 吨,其中:猪肉产量 60146 吨。农业机械总动力达 41.5 万千瓦,拥有大中型拖拉机 1279 台,小型拖拉机 5048 台,联合收割机 911 台;全年机耕作业面积 48260 公顷,机电灌溉作业面积 8340 公顷,机播面积 33670 公顷,机收面积 41550 公顷,全市农机化率达 86.16%。统筹城乡改革继续深化,"农业共营制"上升为成都方案被中央改革办推广,探索形成"林业共营制";被四川省委、省政府评为 2017 年重大农村改革任务年度推进示范县(市、区)。南部 10 万亩粮食高产稳产高效综合示范基地被确定为四川省现代农业融合发展示范园,北部 10 万亩粮经旅综合示范基地初具规模。"稻虾藕遇·天府好米"入选"中国好粮油","土而奇"农产品公共电商形成联动效应,荣获成都市农村电商示范县称号。

(二)共营制的实践模式

随着我国工业化与城镇化深入推进、农村土地与劳动力的快速流动,我国农业经营格局发生重大变化,农业发展不仅要面对"谁来种田"的现实问题,更要应对"种怎样的田"和"怎样种田"的深层难题。四川崇州市经过近 4 年的探索实践,初步形成以家庭承包为基础,以农户为核心主体,农业职业经理人、土地股份合作社、社会化服务组织"三位一体"的"农业共营制"模式,极大地促进了我国农业生产组织方式的转型升级。农业共营制的基本实践流程可以简化为(见图5-3):引导农户以土地承包经营权入股,成立土地股份合作社;聘请懂技术、会经营的种田能手担任职业经理人,负责合作社土地的生产经营管理;建立适应规模化种植的专业化服务体系,打造"一站式"农业服务超市平台,形成"土地股份合作社+职业经理人+服务超市""三位一体"的农业经营模式。

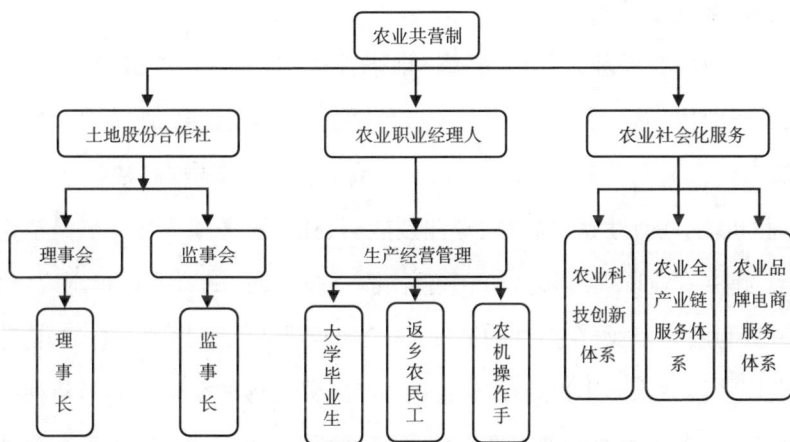

图5-3　农业共营制的基本组织架构

1. 农民自愿联合入股

一是以自愿为前提,确保农民自愿干。按照"入社自愿、退社自由和利益共享、风险共担"原则,引导农户以土地经营权折资入股,工商注册成立土地股份合作社,按照《土地股份合作社章程》选举理事会、监事会,产生理事长、监事长,建立健全各项规章制度。二是以社员为主体,确保农民说了算。借鉴现代企业治理机制,公开竞聘农业职业经理人,形成"理事会+职业经理人+监事会"监管模式。理事会代表入社社员决策"种什么",监事会负责监督合作社财务收支执行情况,农业职业经理人负责"怎样种""如何种"。三是以利益联结为保障,确保大家有钱赚。分红方面,土地股份合作社收益由农业职业经理人与社员共同协商,一般按经营纯收入1:2:7(10%作为公积金、20%作为农业职业经理人佣金、70%作为社员土地入股分红),辅以超产分成或二次分红等分配方式。全市组建土地股份合作社246个,入社面积31.6万亩,入社农户 9.2 万户,农户和土地入社率均达 61%。四是土地经营权再入股。探索土地经营权再入股农业产业化企业,分享农业产业化经营收益。全市开展试点农业产业化企业 4 家、土地股份合作社 23 家,试点土地面积 10946 亩。2016 年全市农村居民人均可支配收入达 17896 元。

2.聘请职业经理人

推进农业职业经理人种田,破解"谁来种地"难题。一是搭建培育平台。选择大学毕业生、返乡农民工、农机农技能手等为培育对象,通过建立专家学者、农技推广人员互为补充的教学师资队伍,整合培训资源,建立职业农民"双培训"机制,培训生产经营型、专业技能型、社会服务型人才。二是搭建服务团队。建立农业职业经理人初、中、高级"三级贯通"的晋升评定制度、管理制度、考核制度等,对符合条件的颁发证书,实行准入及退出动态管理,构建形成"农业职业经理人+职业农民"专业化生产经营管理团队。三是搭建扶持平台。制定出台农业职业经理人享受粮食规模种植补贴、城镇职工养老保险补贴、信用贷款贴息扶持等办法,健全产业、社保、金融等扶持政策体系,成为全国新型职业农民培育试点县。

3.完善农业社会化服务体系

推进农业综合服务社会化,破解"谁来服务"难题。一是建立农业科技创新体系。依托"一校两院"(包括四川农业大学、四川省农科院、成都市农林科学院),建立农业专家大院,组建科技推广人员 225 人,实施农业科技项目 63 项,推广农业科技成果 59 项,引进新品种 204 个,申报专利成果 3 个,成为国家级现代农业专家服务基地。二是健全农业全产业链服务体系。搭建农业社会化"一站式"农业服务超市平台,开展产前、产中、产后"一条龙"农业社会化服务,满足适度规模经营对耕、种、管、收、销等环节多样化服务需求。三是构建农业品牌电商服务。培育"崇耕"公共品牌引领企业自主品牌发展,搭建"土而奇"公共电商带动企业垂直电商平台,农业经营主体加盟农村电商 120 多家,优质粮油、肉蛋、蔬果等 20 多个农产品实现上线销售。四是建立农村金融服务体系。搭建"农贷通"融资综合服务平台,探索构建"一个平台""三级管理""七大体系"的"1+3+7"农村金融服务模式,推动"互联网+农村金融"服务,撬动金融资本和社会资本投放"三农"。累计实现农村产权抵押融资1086笔,金额达21.27亿元。

(三)共营制的实践成效

近年来,崇州市围绕解决农村土地细碎化、农业兼业化、劳动力弱质化等问题,推进承包土地"三权"分置,探索构建土地股份合作社+农业职业经理人+农业综合服务"三位一体""农业共营制"新型农业经营体系,有效破解农业"谁来经营"、农村"谁来种地"、生产"谁来服务"难题,转变农业发展方式,发展粮食适度规模经营,推动农业转型升级取得成效。近年来,农业共营制不断得以推广应用,农业职业经理人培养写入2018年中央"一号文件"。

1.培养一批职业农民

崇州市借助农业共营制发展思路,搭建了新型职业农民培育、管理和扶持平台,培养了一批新型职业农民、农业职业经理人(农业CEO),解决了农业"谁来种田"问题。并在搭建扶持平台方面制定了农业职业经理人享受粮食规模种植补贴、信用贷款贴息扶持等办法,健全产业、社保、金融等配套扶持政策,成为全国新型职业农民培育试点县。目前,已组建土地股份合作社246个,入社面积31.6万亩、入社农户9.2万户,均占全市耕地面积、总农户的61%。培育新型职业农民7329人,其中职业经理人1883人,农业职业经理人人均年收入10万元以上,让农民成为有吸引力的职业,成为全国新型职业农民培育工程示范县。

2.提升农业科技服务水平

通过建成农业专家大院,构建专业团队,形成了专家与新型职业农民上下互通的农业科技服务体系,并在农业专业化服务方面,整合公益性服务资源,引入社会资金参与,建成17个农业服务超市,实现了农业生产(技术咨询、全程机械、粮食银行等)"一条龙"服务。

3.完善农村金融服务体系

创新探索了农村产权评估、担保收储、流转交易、政策扶持等"六大体系",搭建"农贷通"平台和"互联网+农村金融"平台,初步形成"6+2"农村金融新模式。通过政府引导、市场参与、多元合作,构建了农业科技、品牌、金融和社会化相结合的现代农业服务体系,从而解决了"谁来服务"问题。目前,全市已建成农业服务超市 10 个、粮食烘储加工中心 20 个,培育各类专业化服务组织 78 个,成为全国首批主要农作物基本实现全程机械化示范县。

4.强化粮食产出和效益转化能力

全市土地规模经营率 71%,粮食规模经营率达 75%;2017 年水稻单产达 552 公斤、粮食生产能力达 28 万吨,分别比 2012 年增加 19 公斤、5200吨,连续 5 年被四川省政府表彰为"粮食生产先进县"。土地股份合作社的组建带动了以稻田综合种养为核心的立体循环农业发展,并形成了稻田综合种养的技术标准规范,推广稻田综合种养面积近 5 万亩,成功总结出"一水两用、一田双收、水土共治、粮渔共赢"的立体循环农业发展模式,培育出"稻虾藕遇·天府好米"品牌和"天君健"功能性大米品牌,获批"中国好粮油"示范县。入社农户从小规模分散经营中解脱出来,除参与分红外,既可在合作社打工挣钱,也可以安心外出务工增加收入,还可在产业链中实现增值收益。2013—2017 年,全市农村居民人均可支配收入年增长 17.6%,达到 19542 元。

三、 农业产业化联合体模式——黑龙江"东禾"经验

(一)庆安县概况

庆安县位于小兴安岭和松嫩平原交汇处,世界仅存的三大黑土地之一的松嫩平原核心区,幅员 5469 平方公里,辖 14 个乡镇,93 个行政村,766 个自然

屯,县城 4 个街道办事处,总人口 41.2 万,其中农业人口 30.4 万;鹤哈高速、鸡讷公路、哈佳铁路穿境而过,区位交通优势明显;境内三山环绕,九河汇流,耕地 285.7 万亩,森林 206 万亩,森林覆盖率 65%,生态环境得天独厚。庆安县属于低山丘陵平原区,属寒温带大陆性季风气候,适宜种植水稻、玉米、大豆等作物。属于低山丘陵平原区,海拔高度在 160—820 米,平均海拔 450 米左右,农业区平均海拔 200 米左右。气候特征属寒温带大陆性季风气候。一年四季分明,春季多风干旱;夏季温热多雨;秋季温凉适中;冬季寒冷干燥。庆安县年平均日照时数为 2599 小时;年平均气温为 1.69℃;无霜期 128 天左右;年平均降雨量 577 毫米。庆安县辖区面积 5469 平方公里,有耕地面积 223 万亩,林地面积 206 万亩,草原面积 27 万亩,宜渔水面 14 万亩,其他用地 10 万亩。土质肥沃,有机质含量为省标二级,速磷含量为省标三级,速钾含量为省标二级,速氮含量为省标一级,适宜种植水稻、玉米、大豆、高粱、谷糜、烤烟、甜菜、亚麻和瓜菜等作物。庆安县农村人均占有土地 7.96 亩。

　　庆安县以生产大豆和水稻闻名全国,是国家绿色食品 A 级水稻生产基地,同时也是国家级生态示范区、国家级现代农业示范区、首批国家现代农业产业园创建县、全国粮食生产先进县、"中国好粮油"示范县、全国农产品加工示范基地,享有中国绿色食品之乡、中国绿色名县等美誉。绿色有机产业是庆安的优势产业,全县水稻种植面积 155 万亩,全部通过绿色有机认证。绿色有机水稻加工企业 68 户,组建米企联盟,优化品种、提升品质、打造品牌,制定标准、分类定价、多渠道销售。与航天员培训中心合作,制定航天级庆安大米标准,推动恒大农牧集团制定航天级大豆油标准。建立水稻育种院士工作站、博士工作站各 1 处,自主培育的龙庆稻品种,全省年推广 500 万亩。通过连续举办绿色有机水稻文化节、积极参加各种大型展销博览订货会,庆安大米影响力不断提升,2016 年被评为"中国十大大米区域公用品牌""中国十大好吃米饭",并成为京西宾馆、中国航天员中心唯一指定用米,庆安大米品牌价值升值到 69 亿元。2017 年,中央电视台从水稻春种夏管到秋收,连续三次进行现场直播报道。医药开发产业,有福瑞邦药业、澳利达奈德等 6 家医药企业,带动中草药种植 9 万亩,生产 187 种 231 个规格药品,销售网络遍布全国各地。依托银泉秸秆造纸、国能生物发电、鑫利达油脂等企业,对农林废弃物和企业加工副产品实现了米糠制油、碎米酿酒、林下废弃物和稻壳发电,秸秆造纸、制肥等综合开发利用;在 9 个贫困村分别建设光伏扶贫电站,总装机容量 4312 千瓦,带动贫困户 638 户 1313 人,户可年均增收 3000 元。现代服务业,有绥化保税物流中心、中国供销庆安农商物流园等大型商贸流通企业 12 家,金融保险机构 14 家,望山龙、柳河、华龙山庄、秀水山庄等旅游景点 10 处,自建有庆安大米电子商务基地、农淘惠、乐村淘等电商平台 4 家,正在建设保税物流跨境电商平台和中农批农商物流园电商平台。2017 年地区生产总值实现 90.3 亿元,增长 7.8%;规模以上工业增加值 16.3 亿元,增长 10.4%;社会消费品零售总额 36.1 亿元,增长 9.7%,固定资产投资 56.9 亿元,增长 2.9%;公共财政预算收入 3.98 亿元,增长 12.3%;城镇居民收入 23470 元,增长 7.2%;农民人均纯收入 14773 元,增长 10.1%。

(二)演变历程

黑龙江东禾农业集团有限公司成立于 2012 年,位于黑龙江省庆安县,注册资本金 1 亿元,拥有固定资产近 5 亿元,是黑龙江省现代化科技农业项目重点扶持企业,绥化市农业产业化重点龙头企业,国家"北粮南运"工程示范企业。企业占地 23.5 万平方米,自建基地 50 万亩,建有 50 万吨仓储数字粮库,年加工稻谷能力 50 万吨,6 条全自动进口大米生产线,两条铁路专用线和日烘干水稻 2600 吨的烘干塔,其物联网技术已应用到粮食种植、仓储、加工、物流、运输、线上线下销售的每个环节,建立起了从田间到餐桌的全程食品安全可追溯体系。目前,旗下拥有"庆禾香""香禾林""食禾汇"三个大米品牌。

1. 从个体户到小企业

1994 年之前,杨晓萍是黑河市一家百货商店销售灯具的售货员,后被调到黑河市粮贸公司卖大米,开始与粮食产业结缘。1998 年她自主创业,在黑河市建立了大米销售实体店和批发店。富于经商头脑的她发现黑龙江省中部庆安县是块宝地,该地区产的稻子粒长、味香,市场反映特别好。于是在 2005 年 4 月,她到该县创办了丰林米业有限责任公司,专营庆安大米,实现了个体户到小企业的阶段性转变。

2. 从小企业到龙头企业

庆安县由于经济发展起步较晚,土壤仍然处于原始自然状态,腐殖层厚,有机质和微量元素含量丰富、虫害少、无污染。在这种经 4000 万年才能形成的寒地黑土层上生长的大米,呈玻璃体透明或半透明状,富含 8 种氨基酸和多种维生素及微量元素。煮熟之后,饭粒油光发亮,绵软而有弹性,微甜并清香适口,以其出类拔萃的品质,一直是国内大米市场的俏货。2012 年,企业收购一家濒临破产的占地 21 万平方米的国有粮库,并在粮库基础上,建立股份制的黑龙江东禾农业集团有限公司。改制之后,东禾农业集团与当地政府密切合作,迅速筹措资金,建成 10 万平方米的仓储库、日烘干能力 1000 吨的烘干塔以及拥有 3 条全自动生产线的现代化大米加工厂。企业的生产很快就红红火火开展起来,与产品上游与下游的联系迅速扩展。2015 年企业建起了容量达 50 万吨的低温储粮仓,快收快储,有效地解决了当地农民卖粮难的问题,被粮农赞誉为"贴心企业"。东禾农业集团还专门成立了庆收农业服务公司,并在全县陆续组建了 30 个水稻种植农民专业合作社,实行农企联合,订单生产。2014 年与合作社签订订单 3 万亩,2015 年订单增至 30 万亩,2016 年扩大到 50 万亩。2016 年,东禾农业集团受庆安县农业局的委托,对原经营不善的久宏现代农业园区进行投资升级改造,成为庆安县观光农业的一大亮点。园区除了接待参观、考察,建成高标准连体大棚,用于开展农业技术示范,并且建立农民培训之家,对农民进行各种农技培训。

（三）实践模式

1. 产业化联合体

农业产业化联合体是龙头企业、农民合作社和家庭农场等新型农业经营主体以分工协作为前提，以规模经营为依托，以利益连接为纽带的一体化农业经营组织联盟。黑龙江东禾农业集团有限公司是集水稻种植、粮食收储、大米加工销售、粮食贸易、物联网开发应用于一体的大型农业全产业链科技企业。集团下属7个分公司：庆安县东禾金谷粮食储备有限公司、庆安县丰林米业有限责任公司、庆安新港贸易有限公司、庆安县庆收农业服务有限公司、黑龙江东和亚星科技有限公司、黑龙江兴亿隆农业发展有限公司、北京东禾金润销售有限公司，分别涉及水稻种植与农业服务、粮食仓储、大米深加工、粮食销售与贸易、物联网科技等多个领域。

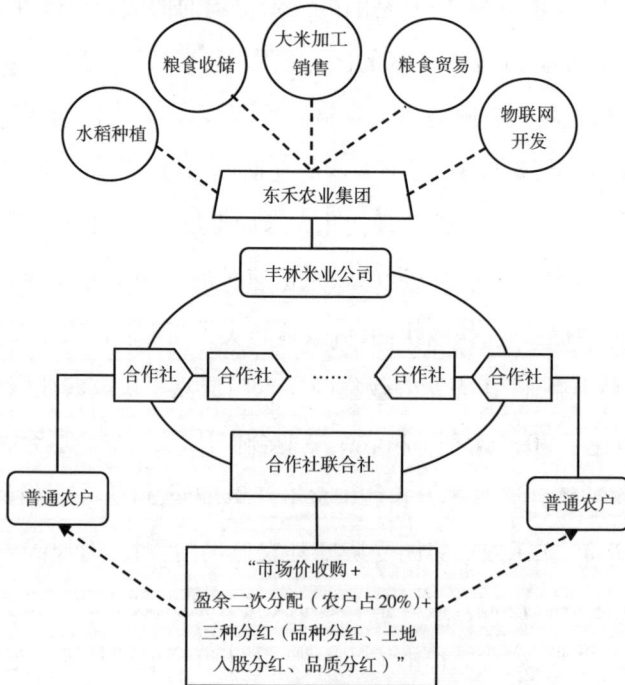

图 5-4　农业产业化联合体的基本组织架构

以东禾农业集团为中心的产业化联合体实施风险共担、三方共赢、"资产+资源"分红的利益联结机制(见图5-4)。其中,公司、合作社和农户以资产和资源入股,公司获得资产收益,农户获得订单收益、股份收益和品质、品种分红,这里包括三方面的利益关系:一是公司与合作社联社(合作社)。农民专业合作社联社由丰林米业公司和16家水稻种植专业合作社通过土地、固定资产和机械等入股组成,丰林米业有限公司资产占合作社联社总资产的80%,16家水稻种植专业合作社股金占20%;在分配上,首先由合作社联社对专业合作社社员提交的原粮按照品种和数量进行一次性支付价款,然后对合作社联社加工销售所产生的可分配盈余按照股份进行二次分配,丰林米业公司获得80%的分配盈余,剩余20%按照合作社社员与合作社联社发生的交易额进行分配。二是公司与农户。与公司有利益关系的农户包括土地承包户和土地实际种植经营大户两类。土地承包农户带地入社,公司按照土地质量、期限等支付高于当地平均水平的流转费用,承包户获得更高的地租收入。公司将流转的土地交由种植大户经营,按协议价格回收稻米。缴纳土地费用后,种植大户可获得三种方式分红收入:品种分红,农户种植公司规定的品种可享受高于市场价格的额外分红(种植龙稻18的农户每斤可以获得0.1元品种分红);土地入股分红,土地折价入股农户除享受土地保底价格收入外还享受二次股份分红收入;品质分红,种植绿色和有机水稻的农户可额外获得水稻交易额5%的品质分红。三是合作社与农户。合作社作为农户利益分配的中介组织,从合作社联社获得二次盈余分配额之后,对种植户交售给公司的稻米按交易额、品质和品种等进行惠顾返还。目前,已入社农户2858户、土地33万亩,根据效益进行分红,可让农民分享到一二三产业融合的收益。2017年给入社农户分红1016万元,2018年预计分红1300万元。在企业发展壮大的同时,促进农民致富增收。

该产业化联合体的基本特点是:第一,独立经营,联合发展。农业产业化联合体一般由一家龙头企业牵头、多个农民合作社和家庭农场等组成。各成员产权明晰,保持着运营的独立性和自主性,通过签订合同、协议或制定章程等形式,协同开展农业生产经营。第二,龙头带动,合理分工。联合体以龙头企业为引领、家庭农场为基础、农民合作社为纽带,各成员具有明确的功能定位。与家庭农场相比,龙头企业管理层级多,生产监督成本较高,不宜直接从事农业生产,但在人才、技术、信息、资金等方面优势明显,适宜负责研发、加工和市场开拓。与龙头企业相比,合作社作为农民的互助性服务组织,在动员和组织农民生产方面具有天然的制度优势,而且在产中服务环节可以形成规模优势,主要负责农业社会化服务。家庭农场、种养大户拥有土地、劳动力以及一定的农业技能,主要负责农业种养生产。第三,要素融通,稳定合作。长期稳定的合作关系和多元要素的相互融通,是联合体与传统的订单农业或"公司+农户"模式的重要区别。一方面,联合体各方不仅通过合同契约实现产品交易的联结,更重要的是通过资金、技术、品牌、信息等融合渗透,实现"一盘棋"配置各类资源要素。另一方面,尽管联合体不是独立法人,但联合体成员之间建立了共同章程,形成了对话机制,并且成员相对固定,实质上建立了一个长期稳定的联盟。这种制度安排增强了联合体成员的组织意识和合作意识,让各成员获得更高的身份认同感和归属感,有助于降低违约风险和交易成本。

2.品牌化战略

农业品牌化的发展之路,是当今农业现代化的必由之路。而拥有先进理念、尖端科技以及适度规模的农业核心企业,是打造农业品牌的最重要力量。丰林米业公司一成立,直至2012年在丰林公司基础上组建东禾农业集团一直注重品牌塑造,打造自主品牌。企业把国内大米市场细分为高端精品市场、中高端消费市场和中低端大宗市场,以"庆禾香""香禾林""食禾汇"三个品牌产品对应三大市场,满足不同消费层次人群需求。首先,针对高端精品米市场,主打"庆禾香"品牌。企业自建基地5000亩,严格按照有机米操作规程,建立可追溯体系,实现从"田间到餐桌"的全程可监控,二维码身份证识别,主要销往上海、北京等地超市。据调查,"庆禾香"大米在网络销售平台最高售价达到每斤 28 元。其次,面向中高端消费市场,推出"香禾林"品牌。企业订单种植面积 10 万亩,实施统一品种、统一育苗、统一肥药、统一收购、统一加工、统一销售"六统一"经营模式,严格按照绿色食品操作规程,选种大长粒、有香味的优质品种,以及富硒、富锌大米。与同档次大米相比,"香禾林"品牌米价格每斤要高 2—3 元。最后,面对中低端大宗市场,亮出"食禾汇"品牌。企业为此在呼兰河沿岸自然水灌溉区域建立了 40 万亩基地,实施统一品种、统一催芽、统一收购"三统一"经营模式,严格按照绿色食品操作规程,选择普通圆粒常规品种,以每斤高于市场 0.05 元的价格订单收购,使企业粮源丰足,实现满负荷生产。

为了及时回应消费者对于食品安全的关注,企业与中国科学院合作,对稻田基地土壤进行实时检测,并对每袋出厂的精品大米,出具土壤检测报告。依托物联网,建立了从田间到餐桌的全程可追溯体系。让消费者实实在在感受到,在重金属含量基本为零的黑土地上生长的大米,是一种难得的健康食品。也让食者与耕者双双获利,自身也得到了同步发展。目前,东禾农业集团已经集水稻种植、粮食收储、大米加工与销售、粮食贸易、农产品物流、物联网技术开发与应用于一体,成为全产业链大型农业产业化科技企业。集团先后被评为国家物联网应用重大示范工程、国家"北粮南运"工程示范企业、黑龙江现代化科技农业项目重点扶持企业、绥化市农业产业化龙头企业、全国大米加工企业 50 强、中国十大大米区域公用品牌庆安大米核心企业。农业品牌化的发展之路,是当今农业现代化的必由之路。而拥有先进理念、尖端科技以及适度规模的农业核心企业,是打造农业品牌的最重要力量。2014 年,在中国农产品区域公用品牌价值评估中,庆安大米以 40.97 亿元的品牌价值,被评为中国农产品区域公用品牌百强。东禾农业集团加强互联网营销,建立公众服务号,打造电商平台,先后建立了官网销售平台,以及京东、淘宝、微商三个网上销售平台。还在全国各大城市扶持壮大代理商队伍,开设有机大米体验店。这样既便于将东禾产品直接送达消费者,又借这些平台,进军连锁快餐行业,创造新的销售业绩,使年销售额迅速突破 10 亿元。从销得好延伸到种得好,又有意识地用销得好,倒逼种得好,促成品牌发展之路。为了立足长远发展优质高端品牌,企业选择在久胜、丰收、平安等环境优良、土质肥沃、农民种植技术高的乡镇,扩大高端品种种植面积,既增强企业销售附加值,又使种植优质水稻订单农户分享到企业加工收益中的更大红利。目前,企业总共建立种植基地 50 万亩,成为黑龙江大米行业的龙头企业之一。

3. 带农增收

联合体通过产业链条的延伸,提高了资源配置效率,从而具有了产业增值、农民受益的组织特征。各成员之间以及与普通农户之间必须建立稳定的利益联结机制,实现全产业链增值增效,使农民有更多获得感。该组织模式的促农增收效果显著:(1)普通流转土地农户通过较高的土地流转租金提高收入。通过合作联社将土地集中起来,统一标准耕种,其承包价格按照等级不同,大约为每公顷 10000 元、10500 元和 11000 元三个档次,而同时,农户间的土地流转价格为 9000 元左右,流转价格上流转土地农户可获得 11.1% 到 22.2% 的额外收益。(2)种植大户通过较高的粮食销售价格获得收益。企业为了鼓励种植大户种植较高品质的水稻,采取比市场价格高的方式收储大米。以 2016 年为例,种植大户种植的主要品种为稻花香,市场价格为每斤 2 元,但企业提供分红每斤 0.2 元,按照亩产 14000 斤/公顷计算,每亩地多收入 186.7 元。种植大户增收比例达到 10%。(3)加工企业通过设立奖励基金对种植大户进行直接奖励。东禾集团将这种奖励称为“三产融合分红”,实际上是通过大户与企业间的交易量进行奖励的一种让利模式。具体计算方式为每 1 万元的销售额,奖励给大户 500 元现金,奖励力度达到 5%。将奖励资金与销售价格合计之后,种植大户增收比例可以达到 15%。(4)流转土地农民务工收入。流转土地的农民除了土地流转金之外,还可以获得务工的收入。按照务工内容不同,可以分为非农务工和农业内部务工。其中,非农务工收入随职业不同,收入也不一样,本书不做详细计算。而农业内部务工主要是到企业和大户进行农业生产务工:一种类型为长工,每年收入大约 3 万元;另一种类型为短工,每年务工 100 天,收入为 2 万元。

按照上述标准进行计算,东禾农业集团的经营方式为不同农户类型带来较多收入。以普通农户为例,如个人种植土地,大约每公顷毛收入 18000 元,然后可从事长工工作;而将土地流转给合作联社的种粮大户之后,每公顷土地租金收入为 10500 元,然后可从事短工工作。按照庆安县人均占有耕地 6.4 亩、户均 4 口人(2 个劳动力)来算,流转土地的农户可获得的总收入为 77920 元,个人种植土地的农户可获得收入为 58000 元。粗略计算,加入合作联社,从事农业内部打工的农户可增收 30% 左右。按照上述分析,种植大户加入合作联社,通过种植高附加值的粮食作物,可实现增收比例为 15% 左右。

第三节　对比及经验总结

改革开放以来,面对利好的经济形势,农村有思想、有头脑的能人迅速发展起来,成为中国第一批的"先富"能人。他们不仅自发地引导农村产业结构调整,改变农村生产结构,对于整个村域经济的发展与转型起到了不可替代的引领示范作用,而且对当地其他农户也具有明显的带动效果,形成了"先富帮后富、共奔富裕路"的良好农村发展格局(薛继亮,2011)[1]。随着农村经济的不断发展,这些能人逐渐在农村拥有了越来越多的话语权,在物质资本、人力资本、社会资本方面比普通农户更具优势,使"自下而上"形成的合作经济组织更容易获得"自上而下"的政策支持与社会关注,促进了合作社的快速发展与规范运营(卢现祥,2016)[2]。在此背景下,为迎合中国农业市场化和产业化

---

[1]　薛继亮:《农村集体经济发展有效实现形式研究》,西北农林科技大学 2011 年博士学位论文。

[2]　卢现祥:《共享经济:交易成本最小化、制度变革与制度供给》,《社会科学战线》2016 年第 9 期。

的需要,为切实发挥其自身的资源禀赋优势,满足其实现自我价值的需求,能人积极整合农村资源,促进农村经济增长方式转变,创新农村经营体制组织和制度(杨龙等,2013)①。现实表明,农村原发性合作经济组织更容易得到农户的认可与支持,组织稳定性强,具有较强的发展潜力,不仅有效实现了农业产业链延伸,而且符合当前政策要求与市场现状,成为我国合作经济组织成长路径的有效选择。

总体而言,以上三类模式均属于广泛意义上的基于能人效应产生的合作型经济组织,但三者的生成模式和机理存在显著差异。基于动机理论,个体需要是引发动机的关键,在内外刺激作用下才会产生行为。由于能人的自我认知水平和资源禀赋条件各有不同,因此能人领办经济组织的方式、方向、效果和具备优势也不尽相同。根据各地农民实践效果,村域能人分为农村干部、种养大户、农民企业家三种类型。

农村种养大户是相对于普通小农户而言的,是指在农业生产过程中逐渐发展起来的生产规模较大、经济实力较强的农户。他们不仅有一定的农业生产基础,而且具备灵活的经营头脑和从事农业相关产业的经历。他们产生于农户之中,发展于农村之内,和农民群众的生产生活在同一空间,种植大户的发展不自觉地会对其他农户产生示范带动效应。相对普通农户,农村种植大户在土地经营规模上更具资源优势,而且种植大户通过切身实践有一定的经营经验,说服力更强,在其原有规模上继续扩大、组建形成合作社相对容易。农村大户对农村生产关系调整与生产结构优化起到了关键作用,是农村先进生产力的代表。

农村干部主要是指在村党组织和村民委员会及其配套组织担任一定职务、行使公共权力、管理公共事务、提供公共服务,并享受一定政治经济待遇的工作人员,是农民诉求的首选通道和依托对象,在农民心中扮演重要角色。农

---

① 杨龙、仝志辉、李萌:《农村精英对合作社非线性发展的影响机制研究——基于北京郊区四个农民专业合作社的案例分析》,《探索》2013年第6期。

村村干部领办合作社的优势条件是其既是政府的基层代理人,又是村民利益的代言人,村干部在领办合作社时,可以充当多种角色。在市场经济发展和政府职能转变的背景下,一方面,村干部能够发动村集体的力量,获得农民的信任,可以以集体名义去为广大农民群众谋福利,这是其他集体或个人难以拥有的人脉资源优势;另一方面,村干部能较好地掌握政策动态,较其他普通农户更清楚知晓形势需要与经济走向。

农民企业家主要指具备企业家精神与素质的农民,他们能够有效整合土地、资本、劳动等生产要素,具备进行组织和管理的能力。农民企业家领办合作社,能更加准确地把握市场动态,掌握行业详情,并且具备将农产品向横、纵延伸的能力,企业家雄厚的资金实力也能够为农村带来更多的技术、原料、人才等方面的帮助,能较好地完成对成本和风险的控制,提高农产品的产量与质量,更符合市场需求,带动合作社盈利。

为了更直观表示不同领办能人所拥有的资源禀赋条件,通过对上述案例有关人员的深入访谈,分别从土地、资金、技术、市场、政治和农村人脉六个方面,根据合作社发起时各项资源禀赋条件的重要性及作用程度进行排序,并根据排序位次进行赋值,排在第一位的,即对领办能人来说最重要的、作用程度最强的资源禀赋条件,将其赋值"6",排在第二位的赋值"5",以此类推,可得出不同能人的资源禀赋在其领办合作社时产生的作用程度。再将不同要素作用程度按照能人类型进行统计,可以发现在农村种植大户、农民企业家和农村村干部领办农民合作社示范社时,不同要素起到的推动程度不同(见图5-5)。

不同类型的村域能人具有不同的资源禀赋条件,前期积累也有所不同。农村种植大户在土地资源方面占有先天性优势,虽然农村人脉资源不如村干部广泛,但是对其自身来说,农村人脉和土地是其领办合作社的主要推动因素,农村大户产生动机的刺激来源往往来自扩大再生产的需求;农民企业家在资金、技术、市场方面占据明显优势,其入驻农村市场时不仅出于节本增效的

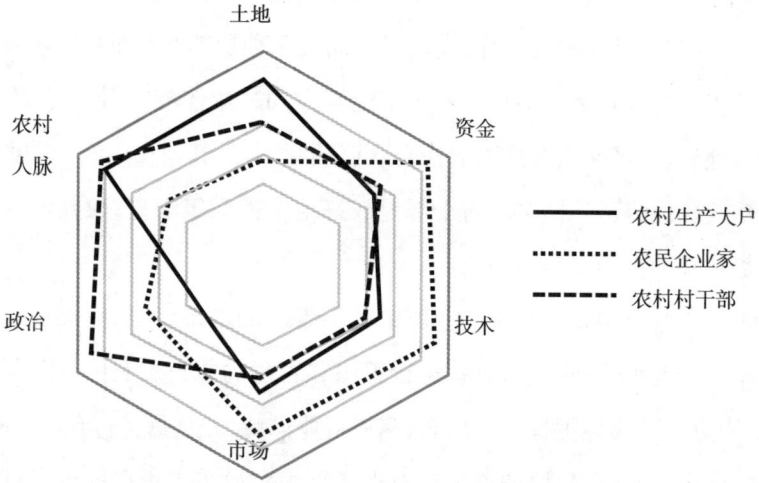

图 5-5　不同类型能人领办合作社资源优势对比

考虑,追求利益与利润最大化,而且在其物质层面富裕之后,往往产生更高的精神层面的追求;农村村干部在农村人脉和政治方面具有较大优势,尤其是政治资源,不仅是村干部具有的独特优势,而且是刺激村干部产生动机的关键因素,村干部出于自身责任与义务的考虑,有带领农村更好发展的需求。

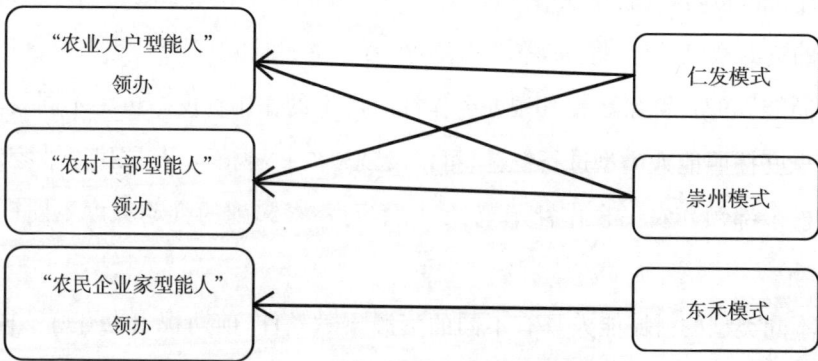

图 5-6　不同农业生产组织方式实践模式归类

　　上述三种典型的农业生产组织方式实践过程中,存在核心人物即能人带动效应,不同的组织模式核心人物类型不同且存在交叉现象(见图5-6)。

"仁发模式"的核心人物合作社理事长李凤玉既是仁发村村干部,同时也是该村的农业大户,因此该类实践模式是"农业大户型能人"领办型经济组织和"农村干部型能人"领办型经济组织的交叉。同样,在"崇州模式"中,基层农村干部和种田能手的共同组合形成独特的农业共营制。在"东禾模式"中,东禾集团和合作社实行资源联合、产业化经营,属于典型的"农业大户型能人"领办型经济组织和"农民企业家型能人"领办型经济组织的交叉。这里值得一提的是,随着家庭农场、农民合作社等各类新型农业经营主体的成长发展,农业产业化经营组织带动农民发展、共同致富的模式也在不断创新。安徽、河北等地探索形成了由一家龙头企业牵头、多个农民合作社和家庭农场参与、用服务和收益连成一体的联合体形态。这对于新形势下创新完善利益联结机制、构建农户参与并分享现代农业发展成果、促进乡村振兴开辟了一条新途径。近年来,我国农业产业化快速发展,龙头企业实力稳步增强,利益联结机制日益完善,带农惠农成效不断凸显,进入了推进农村一二三产业融合发展的新阶段。到2016年年底,全国各类农业产业化经营组织达41.7万个(其中龙头企业13万家),辐射带动农户1.27亿户,农户参与产业化经营年户均增收达3493元,对促进现代农业建设和农民增收发挥了重要作用。

在动机理论视角下,不同需求目标会产生不同的动机,进而引发不同行为。由于能人的身份与资源禀赋条件不同,因此,能人类型也有所不同:农村种植大户是在农业生产过程中逐渐发展起来的生产规模较大、经济实力较强的农户,往往具备更多的土地和农村人脉资源优势;农民企业家大多具备创新、冒险、合作、敬业、执着、学习、诚信等优秀精神,在资金、技术、市场方面有领先优势;农村村干部既是政府的基层代理人,又是村民利益的代言人,具有其他个体难以拥有的政治与人脉的资源优势。虽然不同类型能人领办合作社的方式、方向、效果不尽相同,但在内在驱动力与外在驱动力作用下,不同类型能人都具有促进农业规模化组织——农民合作社示范社产生的推动作用。在动机驱动作用下,农村大户领办型合作社以大户增加收入为目的,促进合作社生成;农民企业家领办型合作社受企业家自我价值实现的内部驱动力引导,带领村民共同富裕;农村村干部领办型合作社生成得益于村干部自身政治生涯引诱进而产生的行为选择。综上所述,农民专业合作组织的生成主要依托不同类型能人的动机来推动,凭借不同类型能人效应的发挥可促进合作社可持续发展。关于能人领办合作社的问题还有其他值得注意的方面:

一是村域能人虽然有一定的前期积淀和优势,但大多数能人也是生于农村、长于农村的传统农民。已有研究表明合作社领办能人的影响力、奉献精神、领导能力以及自身的资源禀赋特征等对示范社的产生、发展至关重要。所以,领办能人的文化素养、农业技术、运营理念等还需不断提升和完善,以此带动农民合作社整只队伍的素质提升,这对示范社可持续发展举足轻重。

二是村域能人领办示范社实质上是借助于能人的资源禀赋优势带动农业规模化、组织化、标准化经营,实现农业增效、农民增收的过程。这种能人领办下的合作社往往是走"先成立、后规范,在发展中规范"之路,那么如何在成立之后、发展之中对领办能人的行为给予规范,避免领办能人更多地把个人利益与合作社的整体利益绑定在一起,如何保证社员合理的利益诉求得到满足以及合作社的共同利益不被侵害,都是需要继续研究与关注的问题。

三是农民合作社与农业企业均为市场经营主体,尤其是与合作社相互依托的农业龙头企业,其打造品牌、开拓市场、延伸产业链的能力对能人领办合作社发展大有裨益。但合作社毕竟与企业不同,合作社领办人也非企业管理者,所以,在合作社生成及发展过程中,领办人要避免过度利益化而将合作社完全企业化,也要注意避免过多社会资本流入合作社。因此,后续研究还应多关注村域能人如何整合市场资源、延伸产业链条,与其他农业经营主体协同发展等问题,从而做强、做大农村合作经济。

本部分对近期国内外农业生产组织方式和经营方式的典型实践、发展趋势和共性特征进行梳理分析。研究发现:包括美国、日本和欧盟等国家地区组织在内的农业发展突出表现为农业企业发展壮大、更加注重合作经济组织的培育、关注绿色经营和可持续发展。对国内黑龙江克山仁发现代农机专业合作社、四川崇州共营制和黑龙江庆安东禾农业集团等农业经济组织进行研判分析发现:农业生产组织方式实践过程中,存在核心人物即能人带动效应,不同的组织模式核心人物类型不同且存在交叉现象。这是由于能人的自我认知水平和资源禀赋条件各有不同,因此能人领办经济组织的方式、方向、效果和具备优势也不尽相同。

第六章　土地规模化流转背景下农业生产组织方式创新的对策建议

根据熊彼特对创新的定义,创新是在原有生产关系的基础上建立一种新的生产关系,将完全崭新的生产要素和生产条件进行组合,并将这种新组合引入原有生产体系,从而产生一种新的生产体系。当前,中国农业微观经济组织变迁机遇与挑战并存,而且农业微观经济组织变迁的多元化趋势明显。因此,要根据走中国特色农业现代化道路对农业组织结构的要求,进一步引导农业微观经济组织创新的基本方向。

第一节　农业生产组织方式创新的基础和原则

农业生产组织方式创新是农村生产关系适应生产力发展要求的必然产物,是农户小生产与大市场、农业产业分割与市场经济矛盾运动的结果,是农业生产经营制度的一次重大变革。方向是必须符合集约经营的要求,走专业化、规模化、一体化、商品化和社会化的农业发展道路。对于一个国家和地区来说,究竟应该选择何种农业发展的道路,每个国家和地区基本情况都不一样,应该根据实际情况来进行选择。而且这两种性质的农业发展方式,没有好坏和高下之分,只要选择的道路适合本地实际,能够推动农业生产力的发展,国家经济进步和农民生活改善,应该说都是合适的选择。

新型农业经营体系是应对当前农业经营方式面临新挑战的有效举措。随着工业化与城镇化的深入推进和农村土地与劳动力的快速流动,中国农业经营格局正面临着土地细碎化、农户兼业化、劳动力弱质化、农业副业化、生产非粮化等问题(罗必良、李玉勤,2014)①。当前我国农村正在发生深刻变化,农业经营方式面临诸多新挑战,经营规模小、方式粗放、劳动力老龄化、组织化程度低、服务体系不健全是突出表现。根据第三次农业普查,全国从事农作物种植业的农户平均土地经营规模不足 10 亩,规模化耕地面积占比为 28.6%;全国农业从业人员中,35 岁及以下占比为 19.2%,女性占比为 47.5%。农业后继乏人问题日益凸显,农业兼业化、农民老龄化、农村"空心化"现象日益严重,今后谁来种地问题十分突出。构建集约化、专业化、组织化、社会化相结合的新型农业经营体系,大力培育专业大户、家庭农场、专业合作社等新型农业经营主体,发展多种形式的农业规模经营和社会化服务,有利于有效化解这些新问题和新挑战,保障我国农业健康发展。对于追求农业现代化的中国政府来说,如何通过创新农业经营方式改变现有局面,是当前农村工作的重要课题。对于如何创新农业经营方式,党的十八届三中全会指出,要坚持家庭经营在农业中的基础性地位,推进家庭经营、集体经营、合作经营、企业经营等共同发展的农业经营方式创新。在坚持家庭承包经营基础上,培育从事农业生产和服务的新型农业经营主体是关系我国农业现代化的重大战略。加快培育新型农业经营主体,加快形成以农户家庭经营为基础、合作与联合为纽带、社会化服务为支撑的立体式复合型现代农业经营体系,对推进农业供给侧结构性改革、引领农业适度规模经营发展、带动农民就业增收、增强农业农村发展新动能具有十分

①　罗必良、李玉勤:《农业经营制度:制度底线,性质辨识与创新空间——基于"农村家庭经营制度研讨会"的思考》,《农业经济问题》2014 年第 1 期。

重要的意义。党的十八大报告明确提出,在坚持和完善农村基本经营制度的基础上维护农民土地承包经营权、宅基地使用权、集体收益分配权,壮大集体经济实力,发展农民专业合作和股份合作,培育新型经营主体,发展多种形式规模经营,构建集约化、专业化、组织化和社会化相结合的新型农业经营体系。这为坚持和完善农村基本经营制度、创新农业生产组织方式指明了方向,同时也提出了新的要求。

第一,坚持家庭承包经营制度和市场导向原则。坚持农村土地集体所有,坚持家庭经营基础性地位。既支持新型农业经营主体发展,又不忽视普通农户,发挥新型农业经营主体对普通农户的辐射带动作用,推进家庭经营、集体经营、合作经营、企业经营共同发展。家庭承包经营通过肯定农户对土地使用权的占有,以农地"产权两级构造"为基础形成了"联产承包,双层经营"的农村基本经营制度,使农户生产行为与收益直接挂钩,恢复了农户生产行为的微观经济合理性,形成有效的激励机制。这种有效激励的形成,是因为作为农业中最重要的制度安排,家庭承包制"考虑到最广大人民的利益和最广大区域的适应性""农地采取集体所有、家庭经营的制度形态,理顺了中国农村最基本的生产关系,确定了农户的经营主体地位,并实现了制度变迁对经济发展的巨大推动作用。更重要的是,这种制度安排考虑到经济当事人各方面的利益关系,最大限度地实现决策对制度安排的需求,发挥市场在资源配置中的决定性作用和更好发挥政府作用"(张红宇,2002)[①]。运用市场的办法推进生产要素向新型农业经营主体优化配置,发挥政策引导作用,优化存量、倾斜增量,撬动更多社会资本投向农业,既扶优扶强又不"垒大户",既积极支持又不搞"大呼隆",为新型农业经营主体发展创造公平的市场环境。

第二,坚持生产关系随生产力发展变化原则。生产力代表了当时人们改造社会的能力,它们之间不同的关系会影响改造社会的程度。从我国农业

---

① 张红宇:《中国农地制度变迁的制度绩效:从实证到理论的分析》,《中国农村观察》2002年第2期。

经营方式演变的过程可以看出,适应农业发展阶段的生产方式能够极大地促进农业生产能力的提高,而盲目地推进跨越生产阶段的生产方式则会破坏农民的生产积极性。新中国成立后进行的土地改革,把土地分给农民耕种,广大无地、少地农民可以独立自主地经营自己的土地,满足自己的生活需要,劳动主动性大大提高,为新中国经济的重建提供了很大帮助。在社会主义建设时期,由于生产资料少,农村实行了合作社,互帮互助,共同使用生产资料,保证农业生产。但是人们忽略了经济发展阶段,只注重公有化程度高不高,一直强调集体规模,忽视了其他方面,破坏了人们的正常生产活动,认定集体所有集体经营是唯一模式,使农业生产和农民生活水平发展缓慢。党的十一届三中全会以后,在全国范围内把土地重新分配给农民使用,实行分户经营,对于农业的恢复发展起到了巨大的推动作用。随着生产力的发展,农业的经营方式出现了一些新的变化,农业合作社、农业产业化经营快速发展,适应当前科技和经济的发展,推动农业经营方式的变革。

第三,坚持政策制定和实施充分尊重农民自主权原则。农民是农业生产的主体,激发其生产积极性是激活农村经济,保持生产活力的根本。新中国成立以来我国农业经营方式演进的历程表明,农民的生产意愿对于农村地区有重要影响,如果他们都积极参与农业生产,产量会得到提高,农村发展的基础和活力都具备了,如果他们采取消极态度,产量就会下降,生产速度放缓。解放初期农民急于得到生产资料,为了满足其需求,把土地分配给农民,他们获得了土地所有权后成果归自己所有,基本解决温饱问题,支持了解放事业发展。人民公社时期,土地归集体所有,农民丧失了生产经营的自主权,粮食分配上的"平均主义"使劳动者不积极劳动也能得到一样的粮食,再加上监督成本高,农民偷懒带来的损失由集体承担,个人少出力就可以得到和大家一样的劳动成果,在生产热情冷却下来后偷懒现象普遍,农民生产主动性被打击,农产品产量大幅下降。实行家庭联产承包经营后,所有制形式、经营方式和分配方式都有了变化,农民的劳动成果在按照一定数量交给国家后,剩余的能够自已支配,劳动和收益挂钩,农民的生产主动性有了刺激因素。在制定农业规划时,要充分考虑到农民的自主权,在生产上支持他们自觉改进方法,听取他们的意见,这样在推行时也能够获得较好的效果。

第四,坚持因地制宜创新搞活农业生产实现形式原则。所有制形式是生产关系基本规定性的反映。新中国成立以来,我国农业经营方式演进规律也表明:仅靠单一公有制实现形式,企图在全国范围内推广一种农业经营方式,忽略不同地区农业不同发展水平和自然资源条件的做法是行不通的。土地的所有权和经营权要明确,劳动成果的分配机制要健全,充分尊重农民的意愿和历史现状,理顺农村的各种关系。我们要用开放的思维来思考问题,鼓励一些有特点且部分推行有效的形式发展,在合适的地区进行试验,验证其能否移植推广,如现阶段出现的各种股份制、合作制等,它们作为新型农业经营方式在生产规模、机械化水平方面有了很大程度的变化,农业投入产出比提高。在建设现代农业大省的进程中,我们不能仅仅局限于现有的农业经营方式,要充分利用各种资源,发掘农业增长潜力,努力探索能够促进生产力发展、推进公有制的形式,这是我国农业经营方式演进的基本经验。

第五,坚持优化资源配置作为创新农业经营体制核心原则。我国农业正处于由小农经营向规模经营转型的过渡阶段,推进农业生产经营方式的转变和农业经营体制的创新,俨然成为建设现代农业一项十分紧迫的任务。从发达国家经验来看,变革农业经营体系必然会带动农村产业结构、人口结构、经济结构的大幅调整,这一变化过程实质上就是对农业生产要素的重新配置。创新农业经营体制,作为一项全面性、系统性的工程,需要对土地、劳动力、科技、资金等基本生产要素进行科学规划与合理配置。而耕地和劳动力更是农业生产最基础和最稀缺的资源。如果以我国目前家庭农户细碎化的土地经营方式,加之低素质化、老龄化的经营主体,很难承担起现代农业的重任,更谈不上在国际市场中竞争。因此,创新农业经营体制从根本上来说,就是打破之前的土地和劳动力的配置方式,按照现代农业的发展要求,统筹土地、劳动力、资金、技术等农业资源,实现土地规模效益、劳动效率最大化、资本配置最优化。因此,坚持优化农业资源配置效率是创新农业经营体制的客观要求。

第二节 农业生产组织方式创新的目标模式

新制度经济学认为,在经济增长或发展的函数中,决定经济增长或发展的不仅有劳动力、资本和技术等外生变量,而且也包括组织、制度等内生变量,因此可视组织为一种内生要素。组织创新可分为组织内部创新和创造新组织两种形式,前者指原有组织内部进行的机制改革、流程再造等行为,后者指为适应新的制度环境而产生的新组织载体。同理,农业生产组织创新也可分为农业生产组织的内部创新和创造新的农业生产组织两种形式。

从创新目标来看,农业生产组织创新的最终目标是通过创造新的组织形态以激活组织这种内生变量的活力,改变农业增长或发展函数的自变量,并以此来建立一个高效的农业生产组织体系,最大限度挖掘农业潜在增长率并使农业更有质量、更有效率地发展。创新目标可如下具体分解:一是通过组织创新适度扩大生产经营规模、深化社会分工,促进农业增长从规模速度型向质量效率型转变;二是通过组织创新促进农业增长从依靠化肥、农药等传统要素投入转向依靠科技、人才支撑以及制度改革转变;三是通过组织创新使农业资源配置从政府主导、市场起基础性作用向农业生产要素自由流动和市场化配置方向转变;四是通过适当的新组织形式将个体农户及其他农业生产组织进行现代化改造,提高组织化程度、延伸产业链进而促进农业持续增效和农民持续增收。值得注意的是,从事农业生产是中国农民几千年来形成的生活方式,不能因创新农业生产组织就试图消灭传统农户。恰恰相反,农业生产组织创新的逻辑起点和重要目标正是农民利益保障和福利改进。综上所述,农业生产组织创新目标与经济发展新常态的内在要求具有高度的契合性。

从创新路径来看,中国农业生产组织创新的具体路径是通过股份制、合作化、建立业务联盟等路径把个体农户、种养大户、家庭农场、农民专业合作社、农业龙头企业和其他涉农生产组织中的一种或几种进行整合,形成新的农业生产组织(研究中将这种新组织称为创新主体)。从创新的具体模式来看,当前中国农业生产组织创新主要有工商资本带动模式、供应链核心企业带动模式、特色产业带动模式、科技带动模式等。如种养大户以土地和其他生产资料折股与下乡工商资本联合成立农产品加工销售综合型企业,以及家庭农场与旅游企业合作成立融合型新主体,都属工商资本带动的创新模式;个体农户围绕供应链核心企业(电商平台、大型批发市场、大型连锁超市等)进行农产品的规模化、标准化种养以及定点直供直销而成立的农民合作经济组织属于供应链核心企业带动模式;传统农户以合作社形式组织起来,结合本地资源禀赋进行特色农产品生产属于特色产业带动模式;旨在促进科学技术与园区产业结合、加速农业科技成果转化应用的农业科技园区模式属于科技带动模式。因中国幅员辽阔,不同地区自然条件和社会经济条件差异明显,其资源禀赋和政策环境也具有较强的异质性,在农业生产组织的创新实践中,不同地区可能演绎出多元化的不同形态,这事实上是特定自然和社会经济条件以及农业资源禀赋和制度环境共同作用的结果。因此,不同区域对农业生产组织创新都应遵循因地制宜、因时制宜、因势利导原则,尊重市场选择法则,没有必要为农业生产组织创新人为框定固定模式。

一、 农户家庭经营模式

农业家庭经营在各个历史阶段中多次改变其发展条件和经营内容,表现出不同的特点。在新的历史时期,我国的农业生产组织形式逐渐多元,但家庭经营始终存在并占有重要地位。主要原因在于:一方面,农村实行家庭经营是农业生产的特点所决定的。农业生产是"露天工厂",是经济再生产和自然再生产的交错结合。农作物生长的季节性、周期性和生产过程的有序性决定了农业生产要按季节束缚的生长过程依次进行各种作业。农业生产的自然再生产和经济再生产的统一性,农业劳动过程中显著的季节性和突击性,与家庭经营具有很大的共通性;农业生产的工具,从手工工具到现代化大机器几乎都由个人操作,这与农业家庭经营的普遍存在是直接相关的。农业自然环境的复杂多变性和不可控性决定了农业的经济管理决策要因时、因地、因条件制宜,要有灵活性、及时性和具体性。这只有将决策权分散到直接生产者才有可能实现,也只有这样,才能使生产者最有权威作出切合实际的决策。另一方面,农业劳动一般不形成中间产品,劳动者在生产过程各环节的劳动支出状况,只能在最终产品上集中表现出来。这决定了农业分配组织的规模不能超出由利益一致的劳动者构成的范围。以家庭作为生产、分配组织,适应了农业的特殊要求。家庭的生产和消费具有同一性,家庭成员的利益一致,动力机制健全,以血缘为纽带的家庭具有持久的稳定性,家庭成员之间可以实现合理分工。实行家庭经营,家庭劳动者及其全体成员合理分工,在时间和劳动力的充分利用方面都能达到最佳水平;决策和生产的统一使劳动者的经营自主权得到充分肯定,而家庭内部"有福同享,有祸同当"的利益关系也使家庭经营有较好的整体协调性。大规模的经济组织则无法具备家庭经营这些得天独厚的条件。新时期的家庭承包经营已有40年的历程,带来了农村和整个中国经济和社会的历史性变化,如今,农业家庭经营模式仍具有广泛的适应性。20世纪以来世界农业发展历史表明,农业家庭生产经营方式也可以适应农业现代化发展的要求,因此,有可能不通过"卡夫丁峡谷",而直接将传统的农业小农生产方式改造成现代农业家庭生产经营方式。目前,我国仍有7亿多农民、2亿多户农户家庭,改革开放以来形成了以小规模的家庭经营为特征的农业生产经营格局,这为传统的小农家庭经营改造成现代的农业家庭生产经营方式提供了基础。但现代农业家庭生产经营方式是以土地适度规模经营为前提的,要将如此众多的农户家庭全部改造成为现代家庭农场是不现实的,因此要在大力推进新型城镇化、促进农村劳动力有序转移的同时,大力发展家庭农场、合作社等新型农业经营主体。一方面要大力发展现代家庭农场,提高农户集约经营水平,解决农户单体规模过小、生产经营方式落后的问题;另一方面要以家庭农场为基本单元,组建农业合作社、家庭农场专业从事农业生产,农业合作社负责与市场对接,解决农业小生产与大市场的矛盾。同时,以政府为主导加快农业科技创新和农业技术推广,在农业产前、产中、产后环节建立完善的农业社会化服务体系,为家庭农场的发展提供有力的支撑。

二、 合作经济组织模式

合作经济组织模式是指一定数量的劳动者按照合作原则,以促进其成员的经济和社会进步为目标,以资金、实物、技术、土地使用权等入股,自愿组织起来,依法从事各种生产经营和服务活动,实行民主管理,并实行按劳分配和按股份分配相结合的经济实体。将合作经济组织作为现阶段农业生产组织结构创新的主要模式,是合作经济组织自身的性质所决定的。合作经济组织具有独特的经济关系,可以容纳多种所有制形式的产权主体,符合我国现在多种所有制形式并存的局面。合作经济组织是在劳动者自主自愿的基础上,以资金、实物、技术、劳力等生产要素入股而建立起来的。在产权关系上,参加者入股财产的所有权不变,但由合作经济组织共同使用和统一管理、支配,经济活动是按照自主劳动、独立经营和民主管理的方式进行的。因而其产权主体构成中,既可以是集体所有制占主导地位,也可以是个体、私有制占主导地位,还可以是混合所有制。首先,合作经济组织是农民在自愿、平等、互利的基础上结成的合作经济团体,其运营管理必须最充分地反映和代表参加者的全体利益,因而能充分表达农民团体的意愿,提高农民的组织化程度,起到组织和引导分散的农户进入市场的作用。其次,从合作经济组织的联合基础看,它充分体现了劳动联合,集资入股仅作为劳动联合的一个条件,股金份额大小不代表权利的大小,也不能决定对合作经济组织的支配权,与合作组织的决策和经营管理权无明确关系。这一点对于现阶段我国农业生产者之间联合与合作行为的产生和发展非常重要。因为合作经济组织的劳动联合性质既避免了资本雇佣劳动现象的出现，又能够将分散有限的资金集中使用，为联合与合作的运作和发展提供了经济基础。再次，合作经济组织兼有企业属性和社会团体属性，不仅可以满足农户对经济利益的追求，而且保障了农户的政治利益和社会利益的逐步实现。我国的农户大都是经济和社会地位上的弱者，他们渴望在经济和社会地位上获得改善，因而产生互助、合作、自救的愿望，这是形成组织结构创新的社会基础。合作经济组织是一种若干成员通过一项共同的产权委托契约，把自己拥有的资源同时交给一个权威机构去代理的产权代理制企业，具有企业的基本属性。同时，合作经济组织又是群众性的社会组织形式，即社会团体，因为它与社会的政治、思想、法律和文化生活相联系，常常需要充当国家与民众对话的桥梁，接受国家的有关任务，落实国家政策，参与社会改造，承担某些社会义务，推进参与者的自治管理和自我教育。合作经济组织自身这种两重性使其不仅有很强的经济功能，而且具有突出的社会功能，既满足了参与者的经济利益追求，也保障了他们的政治利益、社会利益的逐步实现。最后，合作经济组织的建立并不否定家庭经营。国际合作运动的经验表明，农民既保留个体农场主的地位，又参加合作组织是一种成功的经济组织形式。因为合作经济组织的构建在于为家庭经营的农民个体经济提供有效的服务，提高农民的自组织能力，而不是要剥夺农民的生产经营自主权，因而是符合我国国情的现实选择。

三、　农业企业组织模式

农业企业化即是以市场为导向、以现代企业制度为手段，从事农业经济活动的企业化管理模式。农业企业化是改革开放以来中国农村市场化、工业化和城市化发展进入新阶段的必然产物，是中国农业现代化在当代继续向前发展的必然要求。农业企业化是一个发展的过程，是根据市场经济运行的要求，以市场为导向，以经济效益为中心，以农业资源开发为基础，在保持家庭联产承包责任制稳定不变的前提下,在现有农村生产力水平和经济发展水平基础上,把分散经营的农民组织起来,从而聚集力量,装备和武装农业,既调整增量,扩大新经济增长点的生产规模,也调整存量,优化资源组合,全面提高农业生产力,从而解决农业生产过度分散化和非组织化这一当前我国农业问题的主要症结的过程。国内外的发展经验表明,农业企业化一般具有如下基本特征:第一,由传统农业逐渐向现代农业转化,农业经济由自然经济发展到商品经济(交换经济),实现管理对象的商品化。农业商品经济的发展,一方面促进了化肥、农药、农机具等生产资料各产业部门的发展;另一方面也促进了农产品加工、储藏、运输、销售等农业产业各部门的发展。从而为农业生产的专业化、社会化奠定了基础。更重要的是,农业的商品化把广大农业生产者直接推向市场,这就使他们必须按市场的要求来调整市场和品种结构,以实现农产品的商品化,获得净收益。这促使生产者主动了解市场信息,讲求生产经营之道,改进农业生产技术,也就开始了向现代农业转化的历程。高度的商品化既是农业现代化的起点,也是实现农业现代化管理的重要途径。第二,作为大多数生产经营主体的家庭农场的农场主(所有者)逐渐成为企业的管理经营者,家庭农场成为名副其实的高度商品化的企业,实现生产经营主体的企业化。它们自主经营、独立核算,以营利为根本目的,生产是为了销售,经营是为了获得利润。生产经营主体的企业化要求家庭农场内部实行企业化管理,也要求对农业企业的管理遵循价值规律,采用经济手段通过市场加以调控。第三,农业生产的专业化。包括三个层次的含义:一是从宏观上讲,农业作为一个产业部门,在全国范围内形成地区专业化;二是由于农业生产经营的集中化、商品化,扩大了农前、农中、农后各产业部门和各类农场的分工,从而促进了部门专业化和农场专业化;三是从微观来看,农业部门和农场专业化的发展,又把一种产品的不同部分或不同工艺阶段都分成了专项生产,推动了农业生产工艺专业化。农业生产专业化在这三个层次上的发展,使科学、高效的组织管理方式的运用成为可能,从而才有可能实现生产要素的合理配置,进一步降低生产成本,大大提高生产效率。第四,随着农业生产力的发展,社会分工越来越细,农业生产的商品化、专业化和社会化程度不断提高,农业同相关产业部门相互结合,彼此依存、日益密切,从而出现了供产销或农工商等农业经营的一体化。形成以农业为核心并与有关的经济部门密切结合的、产供销统一经营的有机经济系统。经营一体化中农业与相关经济部门的结合是互相依存、密不可分的关系。尽管农业是核心,但推动一体化发展的却是非农经济部门。发达国家的实践表明,这是农业经营管理的有效途径。由于各地区经济和资源禀赋条件的差异,农业经营一体化的组织形式也是不尽相同的。

新型农业经营体系是集约化家庭经营与产业化合作经营相结合的新型农业经营体制。其特征是:集约化、专业化、组织化、社会化。集约化指以较多的资金、科技或劳动的投入,获取较多的产出,并获取较高的社会效益、经济效益和环境效益。专业化指某一经济单位专门从事一种及与之相关品种的生产经营活动。它是社会分工加深和经济联系加强的客观历史过程。组织化是指相对于分散的农民从事农业生产的一种集中,是相对于有限的资源分散使用的一种整合,是相对于单个的农业生产经营者进入社会化大市场的一种拓展。社会化指在社会分工扩大和农业生产专业化的基础之上,转变农业的生产与发展方式,将原本孤立、封闭、自给型的体系转变为分工细密、协作广泛、开放型的商品性体系的过程。构建新型农业经营体系,集约化生产是目标,专业化管理是手段,组织化经营是路径,社会化服务是保障。农业集约化是发展现代农业、繁荣农村经济的必由之路。农业专业化是社会分工和商品经济发展的必然结果和重要标志。实现农业集约化和专业化需要提高农业生产经营组织化程度,需要大力发展农民专业合作社和农业产业化经营。在组织化经营的覆盖下,分散生产和经营的农户也能够得到健全良好的社会化服务。

第三节　农业生产组织方式创新的
诱导机制

　　根据制度与组织的辩证关系,相关农业制度与政策的变迁或创新是农业生产组织创新的催化剂和助推器,因此要促进农业生产组织创新,首先需要变迁或创新相关农业制度与政策。合理的制度选择和创新,首先应具备克服原制度安排缺陷的制度绩效,其次应避免在制度创新过程中产生过大的"摩擦成本"。诚如李克强总理所强调"改革是中国最大的红利",经济发展新常态下,中国农业农村发展面临许多新挑战和新机遇,唯有全面深化改革,才能促进农业农村战胜新挑战、抓住新机遇并尽快实现农业发展、农村繁荣和农民富裕的目标。而改革的实质是制度变迁和制度创新,改革的红利是由制度变迁或制度创新所产生的收益。因此,农业农村的全面深化改革必然要推动农村土地制度、公共品供给制度等一系列制度的变迁或创新,而相关制度的变迁或创新既营造了农业生产组织创新环境,又对农业生产组织创新产生了诱导力。

一、产权创新机制

　　产权明晰是市场机制有效配置资源的前提和必要条件。经济学的根本问题是有限资源的合理分配,核心是经济效率问题,而产权的变动将影响经济效率,只要产权明确界定,交易各方将力求降低交易费用,使资源配置到产出最大、成本最小的地方,从而达到资源的最优配置。但在我国农村土地市场上,作为交易客体的土地,产权主体不清、界定模糊等因素制约着我国农村土地市场发育,而土地流转必然造成土地产权的分解,形成土地所有者、承包者、使用者等多元利益主体。各利益主体的责权利关系如何,怎样保证各利益主体权利的实现、利益的获得,并履行相应的责任和义务,避免各种侵权现象的发生而损害国家、集体和他人的利益,促进土地资源合理配置,都需要通过产权制度建设予以严格界定。因此,明确界定土地产权关系是首先要解决的问题,它是土地市场得以健康发展的前提条件。实现所有权与使用权相分离、承包权与经营权相分离,是构建农地使用权流转机制的前提。

实现产权清晰需满足两个基本要求:一是财产的归属关系明确,财产的所有者到底是谁或谁拥有财产的所有权,即财产归谁所有是清晰的。二是在财产所有权主体明确的情况下,产权实现过程中不同权利主体之间的权、责、利关系是清楚的。在土地产权结构中,所有权是主要的,居于支配地位,其他权利都是所有权的派生权利,这些派生权利既可以集所有权统一于一体,又可以相对独立地存在。我国《宪法》和《土地管理法》明确规定,农村土地属集体所有,不能进行自由转让,因此,我国农地流转只能是与所有权相分离的农地使用权的转让和流通。而农地使用权中的承包权由于是一种优先权(具有准所有权性质),为保障农民的这种天然权利,同时有效促进土地流转,故在实践中流转的往往是农地经营权。因此,农村土地产权清晰,首先要明确产权的归属关系,即土地产权归谁所有,其次要界定清楚农村土地产权中不同权利主体之间的权、责、利关系。农村土地产权关系清晰了,产权主体就能够排他性地行使权利,形成激励机制;不遵守行为关系准则的责任损失的承担者也是明确的,从而形成约束机制。实践表明,只有土地产权关系清晰,才能使土地产权主体在市场经济活动中形成明确的经营预期,减少不确定性,避免非经济的外部性损失。相反,产权界定不清楚,关系模糊,就容易出现所有权主体和使用权主体相互间对彼此利益的侵蚀,就容易在交易和谈判过程中提高成本,造成效益降低和费用增大,经济运动中表现出相互扯皮、互相推诿的非经济行为。农村土地利用过程中出现的大量违反法律的农地流转中的侵权行为,发生在社区间、队(组)间的众多的矛盾和纠葛,就是产权主体不清或权责利界定不清造成的结果。

（一）土地产权的归属：基于农地集体所有制的制度革新

产权是所有制的核心和主要内容，建立现代产权制度是适应我国经济发展需要的一项重要任务。目前，关于农地所有权改革的几种思路集中表现为：农地的国有化、私有化、维持集体所有制和以上三种制度并存的混合所有制。笔者认为，要适应市场经济发展的要求，完善农村土地产权关系，确保农地能够自由而顺畅的流转，对集体所有的农地的归属应该按照现代产权制度的内在要求，建立归属清晰、权责明确、保护严格、流转顺畅的现代土地产权制度。当前的农地制度应坚持在集体所有制基础上进行制度修补和革新的改革思路，尤其在土地所有权关系的调整上，可以考虑以村民小组为单位重新界定农村集体土地的产权主体，实行农民土地使用权长期化。人民公社所有制关系最后过渡到"三级所有，以生产队所有为基础"有其深刻的原因。因此，应照顾这一体制的惯性，将村民小组（生产队）界定为农村集体土地的产权主体；已经属于村民委员会或村内两个以上集体经济组织的，其所有权也可以授予行政村（生产大队），并且在国家法律（如《中华人民共和国土地管理法》）中予以体现。在操作中应健全土地所有权的法律形式，通过县级人民政府登记造册，核发证书，确认其所有权并得到法律保护。这样做的原因是：首先，第一轮土地承包基本上是以生产队为单位进行的，经过二十余年的实践，农民已经以生产队为基本单位结成了土地利益关系，如果改变这一结构，将付出极高的交易费用；其次，在村民小组（生产队）这个范围内，保存着土地制度历史变迁和现实状况包括农户对土地投入状况的最完全的信息，这对土地的经营和管理，尤其是对土地的投入状况的了解以及流转中的价值实现将有特别的意义；最后，村民小组这一级的行政职能已大大弱化，它最接近土地使用者，也是对农民要求反应最快的一级组织，最能代表农民利益，屏蔽形形色色对产权的侵犯行为。

将村民小组定位成"集体所有土地"的产权主体的具体想法包括：首先，以村民小组作为"集体"的边界，保留村民小组对土地分配调整及其他处分权。同时承认村民小组作为集体土地所有者的排他占有权,并用法规予以规定,以有效抵制对土地的侵权行为。集体土地的收益权,比如农户承包土地交纳的地租(承包费)等,也应归还给产权主体,并且规定土地收益主要用于农田水利等基础设施建设投资。其次,按权利和义务对等的原则用制度和法律规定村民小组作为产权主体的义务。比如,在本社区内宣传国家和地方政府有关土地管理和利用的政策法规;为村民提供产前、产后、产中服务;保护村民的土地权益,保证国家和集体税费收益;对本区域内的土地资源进行长久规划、开发和利用;组织社区成员进行农田水利基础建设,改善生产、生活条件等。最后,保留国家和地方政府一定的权利,以便对土地所有者和使用者形成必要的限制和约束,对农村土地进行有效的管理。针对一些地方村民小组一时还无力承担土地所有者的职能的情况,可以实行托管制度,比如明确规定以村集体经济组织或者村民委员会代行"集体所有"产权组织的职能,负责对集体土地的经营管理,作为土地发包方对单位和个人使用集体土地进行登记造册,核发证书,并报乡镇人民政府备案。但必须明确村委会与村民小组的委托—代理关系,只有在村民小组授权的条件下才能代行所有者的职能。乡(镇)基层政权组织可以运用行政职能协助村集体经济组织和村民委员会加强对集体土地的经营管理。但必须用制度和政策对行政权力加以规范和约束,把"协助"的职能界定在公证、监督、执法保障(维护土地法规的严肃性)和土地纠纷的调解、仲裁方面。

(二)土地权能的界定:合理划定权利主体的权能范围

在产权所有关系确定的基础上,建立清晰的农地产权体系还需注意如下几点:第一,必须保证农地各项产权的权能有界和利益明确有界(樊万选、郭立义,2009)①。农地产权权能有界是指各项农地产权权能之间有明确的边

---

① 樊万选、郭立义:《农地使用权流转的市场化配置研究》,《中州学刊》2009 年第 2 期。

界,不能"你中有我,我中有你",否则农地产权就不具有排他性,不能对其行为主体产生有效的约束。农地产权利益有界就是指在界定各项农地产权权能空间时,各项农地产权的利益要明确界定,否则,农地产权将丧失其对行为主体的激励功能。明确界定土地产权的权能和职责包括:将土地使用权转让给其他农户的权利;将土地使用权转让给非本村集体成员的权利;将土地使用权转让给子女继承的权利;在户口性质变化之后保留土地使用权的权利;农村土地使用权的抵押权;将整个土地使用权期限转让的权利等。第二,要求各项农地产权必须有明确的主体,这是产权的行为属性的基本要求,其具体含义就是在一定的农地产权结构中,每一项农地产权(包括权能和利益)都对应一个特定的产权主体。农地产权的明晰化,有助于明确交易界区,有助于制定公平且有效率的交易规则,并有效地约束和规范行为人的交易行为,有助于行为人在同其他人的交易中形成稳定的预期,从而最大限度地节约交易费用,有助于强化产权制度的激励和约束功能。第三,农地产权的明晰化还要求必须对农地产权实施有效的保护。这包括合约各方可通过行使退出权保护自己的权益,以及法律制度能通过强制措施惩罚一切破坏现有农地产权关系的行为和由此产生的威慑力量来实现对农地产权的保护。有效的农地产权保护能够给当事人一方以稳定的预期,以便当事人能够对未来作出理性的成本与收益判断,有利于当事人的长期投资决策,促进土地的集约经营。

在成熟的市场条件下,土地所有权基础上的使用权是一项相对独立和完整的财产权利,任何组织和个人不得以任何方式非法进行侵蚀或破坏。农户或经济联合体通过承包、受让等方式获得土地使用权后,就相应拥有对土地的占有、使用、收益和部分处置的权利;而且还可以依法从事有偿转让、转包、入股、贷款、抵押等活动,实现土地资源的合理流动和优化配置。同时,土地使用权又是一项受到严格限制的权能,土地使用权主体要按照土地利用规划及基本农田保护区规划的要求,不得任意抛荒、撂荒和改变农地用途,对荒芜耕地者,或因粗放经营难以完成国家订购合同者,村委会有权终止承包(租)合同,收回土地使用权;若经批准确实需要改变农地用途的,必须先重新评估土地价格,并向集体组织补交由于农地用途改变而产生的土地增值额,使用年限为原承包年限减去已承包(租)年限的剩余,若需延长使用期限,需重新签订土地使用合同。

(三)土地产权关系的稳定:承包期限和土地调整的限制

当前,要稳定土地产权关系,确保承包经营制度的有效性,必须注意以下几点:(1)保证承包经营权的期限。家庭联产承包责任制是党在农村的基本经济制度,应该长期坚持。在此前提下,应该给予农民长期而稳定的承包权。(2)严格"小调整"的条件。确保农地产权的稳定性和有效性,必须对土地"小调整"的政策条件作出严格的限定,其一般原则是:第一,人地矛盾突出,现有土地已很难维持基本生存条件,符合人口政策的新增人口和守法农户。第二,对土地"小调整"的时间,最少应该规定10年。第三,严格限制和界定30年内可以调整的土地,承包期内,因自然灾害严重毁损承包地等特殊情形对个别农户之间承包的耕地和草地需要适当调整的,必须经本集体经济组织成员的村民会议2/3以上成员或者2/3以上村民代表的同意,并报乡(镇)人民政府和县级人民政府农业等行政主管部门批准。承包合同中约定不得调整的,按照其约定。第四,用于调整承包土地或者承包给新增人口的是下列土地:集体经济组织依法预留的机动地;通过依法开垦等方式增加的;承包方依法、自愿交回的。(3)其他稳定产权关系的方法。如采取土地预测分配方法,即在进行土地分配时,根据现在农户家庭人口的多少并考虑有效的承包期限内可能导致家庭人口变化的各种合理的因素,进行分配;留用机动地,在实行长期不变政策中,在村民大会集体决策和民主监督的前提下,应当允许某些地区留有不超过中央规定的5%的机动地,用来解决未来出现的人地问题,切实保障"机动地"必须用于解决村内的人地矛盾;"四荒地"的优先开发权,对那些在土地调整中家庭规模未得到充分发展的农户实行优先开发权,并对于农户的开发性生产实行更长期的政策。

二、 主体培育机制

伴随各类从事农业生产和服务的新型农业经营主体的蓬勃发展,其在引领农业供给侧结构性改革、优化农业要素组合、提升农业规模化经营水平、推进农业农村现代化等方面的积极作用也日益凸显。目前,中国农业微观经济组织创新的多元化格局已经初步形成,未来一个时期,这一趋势有望进一步强化,农业微观经济组织将持续分化和多元化。

(一)建立农业经营主体多元化、适度规模化发展机制

鼓励新型职业农民、农业职业经理人、高校毕业生、大学生村官、退役军人、返乡农民工以及农业科技人员从事农业、畜牧、林业、水产以及旅游、文化、创意创业,发展种养大户、家庭农场、农民合作社、农业企业等各类新型农业经营主体。支持发展规模适度的家庭农场和种养大户,引导符合条件的种养大户登记注册家庭农场。鼓励发展专业合作、股份合作、社区合作等多种形式的农民合作社,加强新型基层供销合作社建设,积极发展生产、供销、信用、消费"四位一体"综合合作,建设以农民合作社为主要载体的田园综合体。鼓励农业企业、供销社社属企业通过强强联合、兼并重组等方式,建立农业产业化企业集团,推动农业企业、供销社社属企业做大做强。大力培育服务型合作社、专业服务公司、供销社社属企业、专业技术协会、行业协会等农业经营性服务主体,支持新型农业经营主体开展农业生产托管服务,发展农业生产性服务业。大力推行农村土地"三权分置"并行,鼓励农民采取入股、转包、出租、互换、转让等方式依法自愿有偿流转土地经营权,发展土地流转型规模经营。支持新型农业经营主体和服务主体开展生产托管、专业服务等全程社会化服务,带动小农户连片种植、规模饲养,发展服务带动型规模经营。引导新型农业经营主体参与粮食生产功能区、重要农产品生产保护区、特色农产品优势区以及

现代农业产业园、农业科技园、农业产业化示范基地、乡村旅游产业园区、农田水利基本建设综合示范区建设,形成集群集聚发展。支持新型农业经营主体建设一村一品、一乡一业等特色优势产业、乡村旅游景区(景点)和田园综合体,提高产业整体规模效益。

(二)完善农业经营主体发展质量和利益联结机制

引导家庭农场建立农业生产记录、产品质量安全记录和财务收支记录,推进标准化生产,实施农产品质量安全追溯管理,提升经营管理水平。引导农民合作社完善章程和管理制度,强化民主决策管理与监督,规范组织行为,调动全体成员参与农民合作社建设与管理的积极性和主动性,共同推进农民合作社发展壮大。支持农业企业、供销社社属企业完善法人治理结构,建立现代企业制度,加大科技创新投入,优化产品结构。鼓励新型农业经营主体实施品牌发展战略,开展"三品一标"认证,提升农产品质量安全水平和市场竞争能力。鼓励农业公益性服务机构和农业经营性服务主体拓展服务领域,完善服务功能,提高服务质量水平。鼓励新型农业经营主体运用先进物质装备和技术,发展电子商务和智慧农业,提高生产经营效率。开展农民合作社规范化建设整县推进行动。深入推进家庭农场示范场、农民合作社示范社、农业产业化示范基地、农业社会化服务示范主体、一村一品示范村镇创建,以先进示范典型引领新型农业经营主体规范发展。引导和支持新型农业经营主体发展新产业新业态,扩大就业容量,促进农户增收致富。建立保底分红、订单带动、利润返还、股份合作等新型农业经营主体与农户的利益联结机制,让农民成为现代农业发展的建设者和受益者。总结土地经营权入股农业产业化经营经验,推广农业共营制、借羊还羊、托管寄养等经营模式。鼓励新型农业经营主体与农户开展互惠合作,建立标准化和规模化生产基地,联合农户参加农业保险。全面推行财政支农项目资金形成资产转交农民合作社、农村集体经济组织持有和管护,并量化为成员股份参与盈余分配,探索农户政策红利分享机制。允许将财政资金特别是扶贫资金量化到农村集体经济组织和农户后,以自愿入股方式投入新型农业经营主体,让农户共享发展收益。鼓励将新型农业经营主体带动农户数量和成效作为财政支农资金和项目审批、验收的重要参考依据。

(三)强化农业经营主体间、产业间融合发展机制

积极引导农民合作社将有志于农业生产经营的成员农户培育成为家庭农场主,鼓励以家庭农场为主组建农民合作社。支持农民合作社在自愿基础上依法组建农民合作社联合社,推动区域合作和同业联合发展。支持农民专业合作社、农业企业和供销社社属企业开展农产品加工流通和社会化服务,带动小农户进入现代农业发展轨道。探索建立集农技指导、信用评价、保险推广、产品营销于一体的公益性、综合性农业公共服务体系。培育发展以家庭农场为基础、农民合作社为纽带、农业企业为核心、服务主体为支撑,关联紧密、分工明确、链条完整、利益共享的农业产业化联合体,鼓励建立产业协会和产业联盟。发挥供销、农垦等系统的优势,强化为农民服务,供销社社属企业、基层供销合作社同等享受新型农业经营主体扶持政策和优惠政策。产业融合是当今世界产业发展的趋势,作为第一产业的农业与第二、第三产业之间相互融合和渗透,是近年来中国农业发展中所表现出来的重要特征。农业领域的产业融合,表征为农业生产与农产品加工业、农村服务业之间的边界日益模糊、产业不断一体化。从具体的实现路径看,既可表现为以第一产业为基础,从生产环节向加工环节、服务环节拓展,诸如兴办农产品加工企业、发展休闲农业等;也可以表现为从农产品销售、食品加工、餐饮服务等产业链或价值链的"顶端"向下拓展,与生产环节融合的逆向融合模式,比如农产品电商建立销售平台之后又从事加工、加工企业建立生产基地等。农业与第二、第三产业的融合和一体化,有利于延伸农业产业链条,让农业生产者参与到第二、第三产业价值增值的利益分配;也是外部经济主体进入农业生产环节的必然体现,有利于为农业引入新的生产要素,推进城乡一体化。农业与相关产业融合

和一体化的进程,是不断形成新技术、新业态、新模式的过程,也对农业产业组织创新不断提出新要求。

目前,中国以小规模兼业农户为主的农业微观经济组织,难以适应农业与第二、第三产业融合和一体化的需要,势必要求对农业微观经济组织进行改造和提升。若以来自产业链和价值链顶端的企业组织为主导来推进产业融合与一体化,由于这些组织所具有的优势地位,可能挤压以普通农户为基础的农业微观经济组织的利益空间。从日本推进农业"六次产业化"以及中国台湾发展"三生"农业等促进农村产业融合的实践看,均更加强调通过内生资源促进农业微观经济组织的创新,采取"由内到外",自第一产业向第二、第三产业融合的方式,将向第二、第三产业的就业、收入等内部化,让农业农村来分享产业融合的成果,以此实现城乡一体化的发展目标。从目前中国的相关政策导向看,同样强调坚持家庭经营在农业中的基础地位,通过新型农业经营主体的发展来让生产者分享加工、流通等环节的增值,而不是工商资本逆向融合,以工商资本等外部植入组织来实现产业融合与一体化的模式。这是未来中国农业与第二、第三产业融合过程中,农业微观经济组织创新的重要着力点。

三、 条件保障机制

农业微观经营组织与制度的创新,实质上是适应市场经济发展的要求,塑造市场化、专业化和社会化的现代农业发展主体,构筑更有效力的现代农业组织形式与制度体系。就组织创新而言是对虚化了的农业集体经济组织通过农户的联营、合作与农民的角色塑造,建立具有现代企业特征的农业微观经营组织,并将农民塑造成农业产业链条上具有共同利益的市场经济主体,核心是构筑促进农业产业发展的激励机制。就农业制度变革而言,则是对原有制度安排的调整或改变,是对农业生产关系与经营体制的改革完善,核心是创立一种协调人们利益关系的利益增进机制,创新后的农业制度体系必须是符合市场经济要求的、能更好保护农民利益的制度形式。

（一）完善的农业基础设施配套机制

农业生产组织方式转型升级有赖于现代化、完善的农业基础设施配套。农业基础设施是从事农业生产的全过程中必要的物质条件和社会条件，是在农业生产完成的各个环节所使用的劳动材料、劳动对象等生产力要素的总和，涉及领域包括供应生产资料的产前环节、生产农业初级产品的农业产中环节、加速农产品流通的农业产后环节、农业综合教育、农业科研、农业推广、农业政策及法规、农业信息等。无论是物质基础设施还是社会基础设施，其作用都是为了扩大和提高农业综合生产能力和生产水平，二者互为条件，互相补充，只有各方面基础建设综合发展，协调配套，相互促进，农业基础设施建设才可能有所发展、有所提高，保障农业生产，促进产业升级。在农业基础设施的建设中，由于对农村基础设施的性质和作用认识不清，没有明确的目标要求，缺乏统一科学的规划以及强有力的措施保证，没有在经济发展的同时保持农业基础设施建设的同步发展，致使农业基础设施建设远远落后于经济发展水平，农业基础设施不仅在存量上与新时期农业的发展不相适应，而且在增量上也不能满足新时期农业发展的要求。

加强农业基础设施建设，探索农业基础设施建设投资主体多元化的新路子，关键是要解决投入问题。在投资方式上，要改变过去由政府、村集体大包大揽的做法；要创新机制，充分发挥政策引导和市场机制"两只手"的作用，以优惠的政策吸引个人、集体、外资等各类经济主体投资农业基础设施建设。探索农业基础设施经营管理的新体制。国家和集体投资的基础设施，在确保安全、有效运行、发挥效能的前提下，有条件的可以采取承包、租赁、拍卖等形式，由当地企业或农民承包经营，改造成公司制，实行企业化管理和商业化运作，企业还可以收取服务费，并努力引入竞争机制，以克服垄断经营带来的低效率问题，其服务收费不宜过高，亏损由财政补贴；对一些投资主体是企业和个人的农村各类小型基础设施可改建成各种合作经济、股份经济、股份合作经济等形式。无论是全国性的农业基础设施,还是地方性、区域性的农业基础设施,也不论是经营性农业基础设施,还是非经营性农业基础设施,都要朝着与市场经营运行机制相一致、相适应的方向发展,最终成为市场经济体制的一个有机组成部分。目前,我国农村正在进行农业经济结构调整,这是农业基础设施建设的绝好机会。因此,进行农业基础设施建设,应抓住这一契机,努力与农业、农村经济结构调整相结合,开辟农业基础设施建设的新思路。

(二)健全的农业人才培养机制

培养和造就新型农民队伍,是农业发展的迫切要求。这些年来,随着农村劳动力不断向非农产业和城镇转移,留在农村务农的年轻人越来越少,农业生产人员老龄化、后继乏人问题日益严重,"谁来种地"已成为我国农业健康发展和农业现代化建设的一个重大问题,成为影响我国农业产业安全的一个突出问题。

健全我国农业人才培养机制主要着眼点为:一是完善农村人才培养体系。加快构建集技能培训、教育管理、规范指导、政策帮扶于一体的培养制度体系。开启能人培训计划,继续实行青年农场主培训项目,吸引更多返乡下乡青年务农创业。厘清农村人才对培训的需求,精确培训对象,分层次、分批次、分领域、分方向开展培训。制定农村人才评价标准,"因材施教"进行课程设定。建立农村人才培养标准,开展农村人才评价与认定工作。以移动互联网等信息化手段,创新与探索在线培训、手机客户端管理考核等新型服务方式。构建政府扶持、面向市场、多元化的农村人才培育体系。二是积极制订贫困地区人才培养方案。各级财政可设立贫困地区人才培养和下乡创业专项补贴资金,以用于农村人才技能培训,尤其是对生产经营型人才的技能培训。对贫困地区专业技能型人才给予补贴,增强其自我发展能力。加强贫困地区专业服务型人才培训,引导其开展新品种使用,推广新技术,并给予资金补贴。给予返乡下乡创业人才贷款贴息和保险补贴,强化农村创业投资环境。积极引导全国各类型人才帮扶贫困地区,促进人才培养项目、支持政策、补贴资金向贫困地区倾斜,表彰对贫困地区具有突出贡献的农村人才,增强示范带动作用,进一步强化人才支撑脱贫攻坚的作用。三是培养涉外农村人才。积极探索涉外农业企业经营型人才培养,结合"一带一路"发展战略,培育农业对外发展和合作机制,为农业"走出去"、农业企业"走出去"等提供人才支撑。提高涉外农村人才的国际竞争力,改善人才队伍素质结构,重点培育涉外农业企业经营型人才和农业科技人才,定期举办涉外农业企业经营型人才示范培训,带动贫困地区开展相关培训活动,积极推动建设项目、经营用地用水用电、金融保险、农业补贴、医疗社保等各方面扶持政策向涉外人才倾斜。四是完善农村人才配套支持政策。完善农村金融体系,创新融资模式。开展农村承包土地经营权、农民住房财产权抵押贷款试点,探索农村有效抵押物范围,将现有的"政府+银行+保险"等融资模式推广到返乡下乡创业企业。适度放宽农村人才、返乡下乡创业企业贷款不良率,农村金融机构和中小企业金融服务机构应重点服务与支持农村人才培养、返乡下乡创业企业。积极探索土地承包经营权、温室设备与大棚、农机具、存栏种畜禽等作为抵押质押物的贷款方式。鼓励农用地适度集中流转于农村人才,对土地流转进行适度补贴,并配套一定比例的建设用地。保障农村人才医疗、养老等社会福利。

(三)科学的农业成果创新与转化机制

农业科技创新是现代农业发展的基础和支持,是农业产业化经营的第一推动力,是提高农业产业化经营运行质量的重要支撑点,是促进农业经济生产发展的最佳途径。目前,我国农业科技创新成果的研究与推广虽然由单一的政府把控,转变为以政府为主导,企业、农民等其他组织机构积极参与的多元化主体投入,但前景广阔的状况下,成效并不显著。农业科技创新成果的推广运行机制虽然正在向多渠道的方向发展,但仍然存在许多问题。例如,农民整体素质较低,对农业科技创新成果的使用与支持力度较弱,企业与政府间的关系复杂,相应的农村基础设施配套不足,中介机构的发展不成熟,缺乏行之有效的投融资渠道、要素投入方式、合理的投入结构与强度等。从农业科技创新成果转化的源头上来看,体系与机制的不完善将使得创新成果转化的积极性与可行性大打折扣,使农业科技创新成果的实际应用与推广成效大大降低。

首先,建立完善的成果评价机制。要加快推进农业科技创新成果的转化,首先要确定什么才是合格、可应用、可推广的成果,以直接影响农业科技创新成果转化率的实现,这就需要建立完善的成果评价机制。在评价方法上,要运用定量与定性相结合的分析方法,全面而准确地考评一项成果转化的可能性与可行性,确定其推广应用后的实际收效与投入成正比,且具有相当可观的成效收益,包括能提高农业产出,增加农业生产收入,同时兼顾社会和生态效益。其次,配合有效的引导与激励制度。农业科技创新成果的转化要求与之相关的主体都要有强烈的意识,能够认识到农业科技创新成果转化的重要性与实际意义。对政府来讲,一定要明确以市场要求为主导的成果检验标准,引导农业科技创新向有切实用途的方向发展。同时要提高民间关注并参与到农业科技创新成果转化活动过程中的意愿和素质要求。单单依靠政府的力量是不足以完成推进其成果转化的重任的,必须要配合一定的行之有效的引导与激励制度,让企业和农民等民间组织体系参与进来,产学研相结合,多元化投入,全面推进其成果转化。最后,完善补贴制度以推广创新成果。在资金投入不足的现状下,必须要完善农业科技创新成果补贴制度,以鼓励创新与成果转化,确保国家粮食安全。补贴的直接对象是农业科技创新成果,可以是农业生产资料、农业生产机械或者优良品种,间接对象则可以是研究员、企业的创新研发机构甚至是农民。当然,补贴不是什么都补,对于这些科技创新成果要有一定的鉴定机制,基本要求是要能够有效提高农业经济效益并且其农业科技创新成果要具有可推广性。就补贴方式而言,可以采用推动型补贴或者后补贴的方式。推动型补贴,就是根据市场需求提供一定的成果要求,引导和激励创新活动,推动成果转化,以增产增收。后补贴就是指在一定的成果创造和发明出来并能够得到推广和应用后,给予一定的补贴。这就能充分调动各方的参与力量,对于成果的补贴虽然看似简单直接,却拥有极强的激励效应。

(四)全方位的农业社会化服务机制

建立健全完善的农业社会化服务体系是现代农业的突出特征和重要支撑,健全的农业社会化服务体系是实现小农户和现代农业发展有机衔接的保障。当前,我国社会化服务体系存在龙头企业带动性不足、社会化服务内容不新、主体利益联结不紧、管理水平不高和政策支持不到位等情况。首先,支持农业生产社会化服务是解决"谁来种地"问题的现实选择。随着我国工业化和城镇化的加快推进,农业发展中出现"有地的不种地""能种地的不种地""种地的用工难"的现象。通过发展农业生产社会化服务体系,以专业化、市场化的生产服务替代一家一户的个体劳动,能够大大提高劳动生产率,解放农村劳动力,有效解决"谁来种地"问题。同时,种田大户、生产合作组织等各类新型经营主体也迫切需要低成本、高效率的农业生产社会化服务。其次,支持农业生产社会化服务是提高农业现代化水平的迫切需要。随着工业化、城镇化和农业现代化的加快推进,发展农业的要素成本和要素使用的机会成本还将不断上升,推动农业生产的人工成本、用水成本和能源成本不断提高。最后,支持农业生产社会化服务是巩固农村基本经营制度的内在要求。随着农村经济形势的快速发展,一家一户的小规模生产与大市场脱节的问题逐步突出。发展农业生产社会化服务,可以在不改变土地承包关系的前提下,由各类社会服务组织对一家一户农民的土地实行代耕、代种、代管、代收的统一生产,实现农业生产经营规模化、组织化,有效放活农村生产关系、释放农业生产力。最后,支持农业生产社会化服务是健全财政支农政策的重要举措。发展现代农业除了加强农业"硬件"建设、提高生产力以外,必须同步加强"软件"建设,改善农业生产关系,特别是补齐农业生产社会化服务体系这个"短板"。通过政策引导,撬动社会化服务这个支点,推动农业现代化建设。

对此提出:一是充分发挥公益性农技推广机构主体作用。进一步强化基层农技推广机构的公益性职能,会同组织、人社等部门制定人才引进优惠政策,启动实施基层农技推广特岗计划,加大从高等农业院校选聘专业技术人员力度,充实基层农技人员队伍;切实加强知识更新培训,着力提高人员的服务能力和水平,发挥好在农技推广工作中的主导作用,不断提高农业科技推广服务效能,为现代农业发展提供强有力的科技支撑和人才保障。二是大力培育多元化市场主体。加大对合作社等新型农业经营主体的培育支持力度,继续推行和完善"公司+基地+农户"等运行模式;鼓励农技人员、大学生村官、返乡农民工、种养大户等领办创办种植、农技、植保、产品营销等专业化服务组织,逐步实现社会化服务组织全覆盖。三是创新农业社会化服务方式。大力推动公益性服务和经营性服务相结合、专业性服务和综合性服务相协调的服务机制落实,鼓励支持农业社会化服务组织从单一环节服务向综合性全程服务发展,开展一体化全程式服务。四是加大财政金融支持力度。制定出台相应的优惠政策措施,大力支持各类服务主体的发展;积极向上级争取项目资金,加大各类从事农业社会化服务组织的扶持力度;整合支农资金、涉农项目,重点支持农业社会化服务组织和龙头企业开展产业基础设施建设,新品种新技术引进和推广,市场营销体系、农产品质量安全和农业信息服务体系建设;通过以奖代补等方式,支持合作组织和龙头企业在产业发展过程中的生产环节、质量安全、产品销售、技术培训等,促进综合服务能力不断提升。

四、　产业扶持机制

党的十八大以来,中国经济进入新的发展阶段,经济增长效率下降,投资、要素驱动型的增长方式难以持续,创新对于经济发展的贡献不足,一些不利于经济发展的体制机制问题亟待改革完善,同时中国还面临着新一轮科技革命和产业变革带来的挑战和机遇。2013年党的十八届三中全会《中共中央关于全面深化改革若干重大问题的决定》提出:"建设统一开放、竞争有序的市场体系,是使市场在资源配置中起决定性作用的基础""建立公平开放透明的市场规则,清理和废除妨碍全国统一市场和公平竞争的各种规定和做法"。2017年在党的十九大报告中习近平总书记进一步指出:"清理废除妨碍统一市场和公平竞争的各种规定和做法。"这是建设统一、开放、竞争、有序的市场体系的内在要求,也是使市场在资源配置中起决定性作用、提高资源配置效率和公平性的重要举措。这段论述更加清晰地表明,政府尊重市场规律,保证市场在资源配置中起决定性作用,提高发展的公平性,具体路径是什么? 习近平总书记代表党中央给出的答案是,对政府制定实施的"妨碍统一市场和公平竞争的各种规定和做法"予以"清理废除",通过确立竞争政策基础性地位,政府自我限权控权,限制并优化产业政策,改善宏观调控,已然如箭在弦,不得不发。2018年党的十九届三中全会通过了《中共中央关于深化党和国家机构改革的决定》,特别强调需要"加强和优化政府反垄断、反不正当竞争职能,打破行政性垄断,防止市场垄断,清理废除妨碍统一市场和公平竞争的各种规定和做法"。这充分表明在继续推进和深化党和国家机构改革中,加强和优化政府的维护市场公平竞争和反垄断职能已然成为我国新时期深化改革的重要方向,尊重市场规律、回应市场需求、坚持公平竞争的新的竞争性发展模式跃然纸上,并正式登场。在民营企业座谈会上,习近平总书记强调,要营造公平竞争环境。2019年党的十九届四中全会通过了《中共中央关于坚持和完善中国特色社会主义制度、推进国家治理体系和治理能力现代化若干重大问题的决定》,系统总结了我们党在长期探索中关于市场经济与社会主义制度的认识,并且把社会主义市场经济体制与所有制和分配方式统一于社会主义基本经济制度体系,进一步深化了关于社会主义制度与市场经济之间的有机统一性,进一步明确了市场经济是社会主义基本经济制度的内在组成部分,并提出完善社会主义市场经济体制的重要方面是完善社会主义市场经济运行机制,这是在实践基础上的重大理论进展。中国产业政策的引进和发展,是在中国市场化改革、对外开放与经济快速发展的历史大进程背景下发生的。中国产业政策的演进沿着两条逻辑线索展开,一条逻辑线索是市场化改革进程中政府与市场关系的调整,它对于产业政策的取向、政策工具选择产生重要影响;另一条逻辑线索是经济快速发展中产业发展、产业结构转换所面临的主要问题的变化,它会对于产业政策重点的变化产生重要影响。中国的市场化改革经历了放权让利、有计划商品经济、社会主义市场经济体制、"在更大程度上发挥市场在资源配置中的基础性作用"到"使市场在资源配置中起决定性作用"的转变过程。与之相适应,中国的产业政策体系也经历了一个从计划管理与选择性政策混合的产业政策体系,到选择性产业政策体系再到以选择性产业政策体系为主体、以功能性产业政策为辅助的产业政策体系的转变过程。总体来看,在这个转变过程中,中国的产业政策越来越注重发挥市场机制的作用。

在我国过去几十年快速的工业化和城镇化进程中,农业的基础性地位和作用主要体现在稳定农产品供应上,农业政策支持的重点在于强化农业的生产功能。在中国特色社会主义进入新时代和全面推进党的十九大提出的乡村振兴战略的重要时期,供应链作为一个国家战略的地位日益凸显。面对我国大部分地区农业生产分散、基础设施落后、供应链主体间缺乏沟通"各自为政"的现状,加之农产品以生鲜为主,具有易腐性、季节性、区域性、周期性等特点,经济社会发展和人民群众的需求都对农产品供需提出了更高的要求,创建优质的农产品供应链、构建稳定的供应链关系,建立农产品供应链协调发展的长效合作机制是促进经济发展、推动乡村振兴的重要举措,更是解决我国新时代社会矛盾的重要一环。当前,我国城镇化进入提质发展阶段,工业化步入中后期,经济社会对农业发展提出新要求,人民群众不仅更加关注质量安全,而且对优质农产品有了更大需求,既要吃饱吃好,也要吃得安全、吃得营养、吃得健康;同时,也对清新美丽的田园风光、洁净良好的生态环境有了更多期待,对农业生活、生态功能拓展提出了更多要求。"实施乡村振兴战略"和"美丽中国建设"强调新时期满足人民对美好生活的根本追求。在农产品生产稳定供应、农业生产经营规模化显著、农民合作组织和合作社蓬勃发展、农业机械

化高水平和设施农业大发展的基础上,农业农村经济发展和生态环保优化相
协调发展、乡村振兴与建设美丽中国共鸣。与农业总量规模快速增长同样值
得关注的是,历经多年发展,我国农业经营主体、经营方式、组织模式、外部条
件等发生深刻变化,农业现代化有了新内涵、呈现出新特征。从经营主体结构
看,新型经营主体已成为现代农业的重要力量,与小农户共同发展的格局基本
形成;从经营方式看,农地"三权分置",租地农业占比不断提升,家庭经营、集
体经营、合作经营、企业经营等呈现共同发展态势;从外部环境看,国内外农产
品价格倒挂长期化、国际进口冲击压力不减。内外因的深刻变化,需要农业支
持政策、资源配置方式等随之进行调整,提高政策的精准性和有效性。

　　首先,农业产业政策调整应利于规模经营主体的培育。我国农业生产长
期受制于小规模的生产经营方式。2019 年我国农村人口为 5.52 亿人,占总
人口的 39.4%,该比例远远高于发达国家。第三次全国农业普查数据显示,
当前全国农业生产经营人员 31422 万人,而规模农业经营人员仅为 1289 万,
多数农户从事的仍为小规模分散经营。小规模的分散经营,不利于先进生产
技术和经营理念的快速推广与应用、农产品质量和竞争力的提高,在农村金融
服务供给、有效对接市场等问题上也将遇到较大困难,因此需要加大对粮食适
度规模经营的支持力度。其次,农业产业政策调整应利于提升农业竞争力。
农业补贴是一国政府对本国农业支持与保护体系中采用的最主要、最常用的
工具,是政府对农业的转移支付、实现支持本国农业发展的主要措施之一。近
年来我国政府为保证国家粮食安全、维护农产品价格稳定和保障农民收益,在
全面取消农业税的基础上,逐步构建起农业补贴制度体系,这对增加农民收
入、保证粮食安全和提高本国农业可持续发展能力具有非常重要的意义,也是
对农业、农村、农民实行"工业反哺农业、城市支持农村"的方针和"多予、少
取、放活"政策的具体体现。近几年,我国财政对农业生产与发展给予了越来
越多的关注,国家逐步加大了对农业特别是粮食主产区的扶持力度,这对保护
农民利益、促进粮食生产的发展起到了一定的积极作用,也促进了农业生产市

场化和农民收入的提高。最后,农业产业政策调整应利于农业绿色经营和可持续发展。近年来,我国农业现代化取得巨大成就,也付出了很大代价。来自非农产业和非农村区域所造成的外源性污染扩散到农业和农村,农业自身的内源性污染也较为严重,每公顷土地化肥施用量是世界平均水平的4倍,70%左右的农药未能发挥作用,农膜回收率不足2/3,秸秆焚烧现象严重。高强度、粗放式生产方式不仅使耕地质量下降,黑土层变薄、土壤酸化、耕作层变浅等问题凸显,而且还造成农田生态系统结构失衡和功能退化,生物多样性受威胁。既要金山银山,又要绿水青山,资源条件和生态环境两个"紧箍咒"提醒人们实现农业的可持续发展是我国未来经济社会发展的必由之路,正如习近平总书记所说,推进农业绿色发展是农业发展观的一场深刻革命。在乡村振兴战略背景下,农业绿色补贴作为一种强化绿色生态导向的政策工具,是基于现代农业生产中所产生的生态环境问题,为激励农户进行环境保护或者削减污染活动,通过弥补其环保成本或增加其市场竞争优势而给予的财政支持,还具有推动农业生产经营同生态农业相结合,促进形成农业发展与生态改观良性循环的社会综合效益。乡村振兴战略对我国农业补贴制度的合理性和科学化提出了新的要求,绿色农业补贴制度则以发展绿色农业为导向,能够很好地引导绿色农业的发展。通过构建绿色农业补贴制度,调整和优化农业生产中的利益结构,同时也体现了政府对发展绿色农业和生态农业的决心,是乡村振兴战略的必然要求。因此,有必要建立以绿色生态为导向的农业补贴制度。

第四节　农业生产组织方式创新的配套措施

农业是一个自然再生产和经济再生产相互交织的过程,各种自然条件特别是各种自然灾害直接会影响到农业的产量,因此农业生产的不确定性和风险远远高于其他产业,从而使农业在市场竞争中处于劣势。农业比较优势下降,无法吸引更多的资金流入,这就需要政府扮演积极的支持农业的角色,通过加大对农业的投入、向农民提供直接的补贴等措施调整中国农业产业结构,提高农产品的竞争力,缩小农民与非农从业者之间的收入差距,推动农业和农村经济的发展。乡村产业是现代化经济体系的重要组成部分,要将产业发展的一般规律和乡村产业的独特性相结合,构建具有中国乡村特色的产业体系,推动业态创新和模式创新,为乡村振兴注入动力。2021 年公布的《中华人民共和国乡村振兴促进法》提出要推动建立现代农业产业体系、生产体系和经营体系。当今社会转型和改革成为时代主题,要主动适应社会新需求,突破农业发展困局,推动乡村产业转型升级,跨界配置农业及现代产业要素,促进乡村产业深度交叉融合。现行农业微观经营组织与制度安排是否需要变革创新,关键是要看在现实的市场竞争环境下能否给作为农业经营主体的农民带来更多的"外部利润"。许多专家学者从不同维度对现行农业家庭承包制度的规模经济效益、外部性、抗风险能力以及市场交易成本做了分析研究,并达成共识,认为以农户家庭承包经营为主体的农业微观经营组织与制度安排在解决了人们的温饱后其组织效力与制度绩效已发挥殆尽,如果不通过"合"的方式将分散的个体农民组织起来,不仅不能实现农业增效、农民增收的预期目标,而且还会影响农业增长方式的转变和现代农业的建设进程。学者们认为,由于现代农业的制度环境是市场经济体制,因此,与此相适应的农业微观经营组织应该是面向市场配置资源,进行专业化生产,广泛参与社会分工协作的有效率的组织形式。然而,现实中占主流的农业微观经营组织却依旧是规模不经济、缺乏竞争力的分散的个体农户,其制度框架(包括农业产权制度、农业经营制度和农业管理制度等)也存在许多与市场经济体制相悖的地方,致使我国农业的发展因缺乏有效力的组织形式与制度安排而陷入低效能、低层次循环的困境,农业资源要素的配置难以通过市场机制来达到帕累托最优。

一、　切实保护农民土地财产权益

土地既是农民进行劳作的场所,也是保证农民基本生活的基础。在推进农业现代化的过程中,要重视对农民耕地所有权益的保护,这对于实现社会公平正义、缩短城乡居民收入差距具有十分重要的意义。在党的十八届三中全会上,中央政府提出要保证农村土地承包关系长久不变,坚持和完善耕地保护制度,在保证土地收益权的前提下允许农民对自己的土地进行流转,允许农民以承包经营权入股的方式来参与农村合作社的发展,实现农业产业化经营。鼓励农民将土地的承包权在公平公正的前提下向专业种养大户、农村合作社、农业企业进行转移,实现多种经营形式的出现。第一,要对农户土地进行经营权证的确认,向农户颁发法律认可的土地经营承包权证,保证农民的合法利益,坚决杜绝以村集体的名义将农民经营耕种的土地进行回收和转移。第二,要建立健全农村土地交易市场,为了实现农民土地的财产性收益,在市场价格机制的基础上实现土地承包经营权的流转或入股。第三,要确保农村土地承包经营权能够进行抵押或担保,达到农村土地承包经营权价值稳步增长。在构建新型农业体系的过程中,无论是何种经营方式,凡是牵扯到农村土地所有权的流转的情况,必须保证农民土地的财产权益,可以采取入股、抵押或者担保的形式。必须形成价格形成机制,在土地进行流转的过程中必须保证依法和公平,保证土地承包人员能够获得相应的土地赔偿金或者其他的财产权益。在对农村土地质押或者担保的过程中,相关机构要精简手续,提高服务质量,同时做好监督工作,确保在交易的过程中承包人员的权益不受损。

长期稳定土地承包关系,充分保障农民的土地承包权益,完善农村土地承包经营制度,既有利于增强农民发展生产的信心,给他们吃下"定心丸",又有利于促进农村土地流转,发展适度规模经营,还有利于保障农村的长治久安。众所周知,我国改革开放是从农村起步的,农村改革是从土地承包开始的。习近平总书记强调,深化农村改革,主线仍然是处理好农民与土地的关系。在中国特色社会主义进入新时代的关键时期,党中央提出保持土地承包关系稳定并长久不变,是对党的农村土地政策的继承和发展,有利于巩固和完善农村基本经营制度,有利于促进中国特色现代农业发展,有利于推动实施乡村振兴战略,有利于保持农村社会和谐稳定。

二、 科学引导工商资本下乡

虽然"资本雇佣劳动"的农业生产方式并未在 20 世纪取得统治地位,但世界农业中资本渗透和规模扩张仍然越来越大,表现为农业生产日趋专业化、商业化、社会化,这同样是与农业生产力发展水平相适应的。党的十九大报告提出"实施乡村振兴战略",在实施乡村振兴战略过程中,产业振兴是重中之重,产业的发展离不开资本的支持,农业产业的发展则离不开工商资本与农村各类生产要素的充分融合。农村土地、劳动力以及原始积累资本,是农村主要的生产要素,如何构建工商资本与农村生产要素之间的融合机制,实现农业生产规模化、效率化,促进农民真正成为乡村振兴的受益者成为当前热议的问题。近年来,工商资本进入我国农业领域的趋势正在加强,一方面工商资本进入农业领域后,实行农业的市场化、专业化和商品化生产,有利于农业集约化经营,推动我国现代农业的发展;但另一方面也出现了侵占农民利益违法"圈地"的现象和土地"非粮化""非农化"的趋势。有的人就提出了要用行政手段限制工商业进入农业领域特别是农业生产领域。这种做法固然能够在一定程度上消除工商企业进入农业领域带来的不利影响,但也势必挫伤工商企业进入农业领域的积极性,制约我国农业的现代化进程。应该认识到,西方发达国家的工业化和农业现代化基本上是同步进行的,工业化为农业现代化提供了强大的物质基础和技术支撑。而我国的农业现代化进程严重滞后于工业化,要实现农业现代化,必然要进行大规模的农业投资,这单靠我国数以亿计的小农是无法实现的,必然要依赖工商资本的进入,这也符合世界农业发展的趋势。关键是要正确处理好政府与市场的关系,充分发挥市场的作用,加快现代农业市场体系建设,让种田大户、家庭农场、合作社、农业企业等各类农业经营主体在市场中充分竞争与合作,充分迸发活力。政府主要起到支持、引导的作用,要加大农业技术推广增强农业公共服务能力,深化农村土地制度改革,建立产权明晰的农村土地产权制度,制定鼓励扶持家庭农场、合作社等新型农业经营主体发展的政策措施,特别要注重保护农民利益,坚决制止工商企业违法"圈地"和土地"非农化"的行为。

三、 强化农业组织监督管理

现阶段新的农业经营方式实践数目逐渐增多,各种新型经营组织发展迅速。这些组织有的依托企业发展,有的则是多个农户联合管理,有的则是农户一人经营。各种组织的发展缺乏明确的认定和规范,政府支持和优惠政策也难以区别实施。要保持这些组织的发展活力,政府必须制定相应的规则制度和法律规范,如组织类型认定制度、组织规模界定标准、组织登记管理制度等,形成较为完整的管理体系,为农业经营组织提供良好的市场发育成长环境。根据各地经济发展情况以及组织的规模和类型,制定不同的支持政策,切实解决组织发展过程中遇到的问题。首先,政府要加大支持力度,投入资金和技术,增强各种组织的力量。建立外部监督管理系统,防范风险。组织内部也要积极建立起完善的内部监督管理机制,加强内部的合作性,发挥示范带头作用。外部监督包括系统监督和社会监督,其中系统监督是指主管部门对新型农业经营组织的监督检查,社会监督是会计师事务所、审计机构等对财务经营状况的审查。内部监督主要是通过建立组织内部的监督机制,发挥其相互规范的作用,重大决策通知通告全体社员,资金收支透明化等方式规范组织运行。其次要建立利益保护机制。对于带头人的任免可以建立社员代表大会,投票表决,重大事项要由全体社员共同决定,并通过建立风险基金、利润返还等方式保护社员的经济利益。对于种养大户、家庭农场等类型的新型经营主体,政府在支持其发展壮大的同时规范其租地合同或雇工合同的签订执行,发挥好监督指导作用。在坚持农村基本经营制度基础上,大力培育发展新型农业经营组织和服务主体,不断增强其发展实力、经营活力和带动能力,是关系我国农业农村现代化的重大战略,对推进农业供给侧结构性改革、构建农业农村发展新动能、促进小农户和现代农业发展有机衔接、助力乡村全面振兴具有十分重要的意义。2020 年农业农村部印发的《新型农业经营主体和服务主体高质量发展规划(2020—2022 年)》指出,"要将带动小农户数量和与小农户利益联结程度,作为支持新型农业经营主体和服务主体的重要依据,更好促进小农户和现代农业发展有机衔接。将培育新型农业经营主体和服务主体政策落实情况纳入农业农村部门工作绩效考核,建立科学的绩效评估监督机制。进一步建立健全新型农业经营主体和服务主体统计调查、监测分析等制度"。

四、 完善农业财政税收政策

实施乡村振兴战略是党的十九大作出的重大决策部署,是解决中国城乡发展不均衡问题的重要途径,是中国全面建设社会主义现代化强国的历史任务。培育新型农业经营主体是完善新型农业经营体系的微观基础、中国现代农业加速发展的推动力量、实现乡村振兴战略的重要保障。加大新型农业经营主体发展支持力度,针对不同主体,综合采用直接补贴、政府购买服务、定向委托、以奖代补等方式,增强补贴政策的针对性、实效性。农机具购置补贴等政策要向新型农业经营主体倾斜。支持新型农业经营主体发展加工流通、直供直销、休闲农业等,实现农村一二三产业融合发展。扩大政府购买农业公益性服务机制创新试点,支持符合条件的经营性服务组织开展公益性服务,建立健全规范程序和监督管理机制。鼓励有条件的地方通过政府购买服务,支持社会化服务组织开展农林牧渔和水利等生产性服务。支持新型农业经营主体打造服务平台,为周边农户提供公共服务。鼓励龙头企业加大研发投入,支持符合条件的龙头企业创建农业高新技术企业。支持地方扩大农产品加工企业进项税额核定扣除试点行业范围,完善农产品初加工所得税优惠目录。

五、 改善农业金融信贷服务

支持产业兴旺,助力农业变强。产业兴旺是乡村振兴的基础,也是推进经济建设的首要任务。农村金融支持乡村振兴要按照供给侧结构性改革的要求,构建现代农业产业体系,大力培育新型农业经营主体,以信贷手段培育新型农业经营主体的作用。新型农业经营主体是乡村振兴战略实施质量和速度的重要推手,然而新型农业经营主体在实际经营中,面临市场风险、自然灾害风险、技术风险等不确定性因素,往往缺乏有效的抵押担保,银行针对新型农业经营主体融资需求表现出产品缺位、信心不足等,导致新型农业经营主体融资难的问题。2019 年中央五部门联合发布的《关于金融服务乡村振兴的指导意见》提出,金融资源的倾斜领域有对贫困户的扶持、新型农业经营主体和小农户的金融服务、农村产权制度改革金融服务等几个方面。由此来看,农村金融服务的涉及面较为广泛,不同地区、不同经营主体以及不同产业类型对金融服务的需求各不相同。乡村振兴战略背景下,更要充分发挥金融服务的有效性,注重加强金融体系制度化建设,完善金融服务体系。制度化的金融体系是农村金融高质量发展的基本前提,建立健全规范的市场准入、信用评估及风险管理制度,并把普惠金融融入乡村振兴的战略中去,进行金融服务模式的探索和创新,扩大农村金融服务覆盖范围和惠及力度,提升各地农村金融服务供给的配置效率,更好地满足农村不同主体多样化的金融需求。综合运用税收、奖补等政策,鼓励金融机构创新产品和服务,加大对新型农业经营主体、农村产业融合发展的信贷支持。建立健全全国农业信贷担保体系,确保对从事粮食生产和农业适度规模经营的新型农业经营主体的农业信贷担保余额不得低于总担保规模的 70%。支持龙头企业为其带动的农户、家庭农场和农民合作社提供贷款担保。有条件的地方可建立市场化林权收储机构,为林业生产贷款提供林权收储担保的机构给予风险补偿。稳步推进农村承包土地经营权和农民住房财产权抵押贷款试点,探索开展粮食生产规模经营主体营销贷款和大型农机具融资租赁试点,积极推动厂房、生产大棚、渔船、大型农机具、农田水利设施产权抵押贷款和生产订单、农业保单融资。鼓励发展新型农村合作金融,稳步扩大农民合作社内部信用合作试点。建立新型农业经营主体生产经营直报系统,点对点对接信贷、保险和补贴等服务,探索建立新型农业经营主体信用评价体系,对符合条件的灵活确定贷款期限,简化审批流程,对正常生产经营、信用等级高的可以实行贷款优先等措施。积极引导互联网金融、产业资本依法依规开展农村金融服务。

六、 提高农业保险保障水平

乡村振兴战略坚持农业农村优先发展。在此过程中,必须保障好、兼顾好两大农业经营主体阵营——传统小农户和以家庭农场为代表的新型农业经营主体的利益。随着农业现代化进程的发展与农户分化程度的加深,如何针对异质性农业经营主体的个性化需求,优化创新保险产品,做到对农业发展的精准服务,对于解决“三农”问题、实现农业农村现代化与“乡村振兴”具有极其重要的意义。建立健全农业保险保障体系,推动农业保险由保成本向保产量、保收入转变,开发适合新型农业经营主体的保险品种,探索建立政府相关部门与农业保险机构数据共享机制。完善农业再保险体系和大灾风险分散机制,落实农业保险保额覆盖直接物化成本,保险机构可开发“基本险+附加险”保险产品,在新型农业经营主体自愿参保的情况下,对“基本险”部分按规定落实保费补贴,主要粮油作物保障水平涵盖地租成本、物化成本和劳动力成本。鼓励保险机构开发设计覆盖农业生产全过程、多领域或适应特色优势产业发展的保险品种,推广农房、农机具、设施农业及畜牧业、渔业、制种等特色保险业务,鼓励开展农产品价格指数保险、收入保险、“保险+期货”、农田水利设施保险、贷款保证保险、农产品质量安全保证保险、畜禽水产活体保险等试点。落实特色农业保险奖补政策,鼓励各地开展以自然灾害、重大病虫害和意外事故等为保险责任的特色种养殖业保险。完善基层保险服务网点,建立专业化农业保险队伍,提高为农服务水平,简化业务流程,搞好理赔服务。支持保险机构对农业企业到海外投资农业提供投融资保险服务。鼓励有条件的地方开展农民合作社互助保险试点和土地流转履约保证保险。支持农业企业、农民合作社、供销社社属企业与农户共同设立风险保障金。在金融支持新型农业经营主体发展的过程中,农业保险服务能力不可或缺。且随着金融服务乡村振兴战略不断深入,农业保险的重要性凸显,对其服务质量和供给能力要求也越来越高。2021 年发布的《关于金融支持新型农业经营主体发展的意见》对做好新型农业经营主体金融服务提出了具体要求。《关于金融支持新型农业经营主体发展的意见》指出,探索构建涵盖财政补贴基本险、商业险和附加险等的农业保险产品体系,满足新型农业经营主体多层次、多元化风险保障需求;加快建立农业保险保障水平动态调整机制与保险费率拟订和动态调整机制;加强农业保险赔付资金与政府救灾资金的协同运用;发挥好中国农业再保险公司作用,健全农业再保险制度和大灾风险分散机制。鼓励保险机构建立健全农业保险基层服务网络。

七、 鼓励拓展农产品营销市场

加强农产品产地准出与市场准入有机衔接,建设农产品质量安全追溯体系,强化农产品质量安全管理。支持新型农业经营主体开展农超对接、农社对接、农企对接、农校对接活动,在城镇超市和社区设立直销店(点),建立健全农产品营销网络。实施农业品牌建设"孵化、提升、创新、整合、信息"五大工程,推进"区域品牌+产品(合作社)品牌"战略,鼓励有条件的地方对新型农业经营主体申请并获得专利、"三品一标"认证、品牌建设等给予适当奖励。大力实施"互联网+"现代农业行动和信息进村入户工程,支持新型农业经营主体发展农业物联网和电子商务、入驻农业知名电商平台以及应用微店、微信、手机 APP 等营销手段,降低入场费用和促销费用。鼓励农产品批发市场与新型农业经营主体和农户有效对接,减少流通环节,畅通流通渠道。支持新型农业经营主体融入"一带一路"倡议,扩大优势农产品出口,积极开拓海外市场。积极组织新型农业经营主体参加国(境)内外农产品展示展销活动。落实鲜活农产品运输绿色通道、免征蔬菜等鲜活农产品流通环节增值税和支持批发市场建设等政策。

　　本部分系统阐述了土地规模化流转背景下农业生产组织方式创新的基础、原则、目标模式、诱导机制和配套措施。研究认为,农业生产组织方式创新应坚持家庭承包经营制度和市场导向原则、生产关系随生产力发展变化原则、政策制定和实施充分尊重农民自主权原则、因地制宜创新搞活农业生产实现形式原则、优化资源配置作为创新农业经营体制核心五项原则。同时提出,在农业生产组织的创新实践中,不同地区可能演绎出多元化的不同形态,这事实上是特定自然和社会经济条件以及农业资源禀赋和制度环境共同作用的结果,农户家庭经营模式、合作经济组织模式和农业企业组织模式是现行农业生产组织方式演化创新的基础模式;农业生产组织方式创新应着重围绕产权创新机制、主体培育机制、条件保障机制和产业扶持机制展开,积极做好农民土地财产权益保护、工商资本下乡规范引导、农业组织监督管理等。

主要参考文献

[1]奥利弗・E.威廉姆森:《资本主义经济制度》,段毅才、王伟译,商务印书馆2002年版。

[2]卜范达、韩喜平:《"农户经营"内涵的探析》,《当代经济研究》2003年第9期。

[3]曹利群、张岸元:《"入世":风险化解与农业组织变革》,《改革》2001年第2期。

[4]曾福生:《中国现代农业经营模式及其创新的探讨》,《农业经济问题》2011年第10期。

[5]常明明:《主动上升与被动保持:土改后农民阶层的内部分化解析——以豫、鄂、湘、赣、粤五省为中心》,《中国农史》2013年第3期。

[6]陈飞、范庆泉、高铁梅:《农业政策、粮食产量与粮食生产调整能力》,《经济研究》2010年第11期。

[7]陈昭玖、胡雯:《农业规模经营的要素匹配:雇工经营抑或服务外包——基于赣粤两省农户问卷的实证分析》,《学术研究》2016年第8期。

[8]陈志兴、王云龙:《农业科技成果转化机制的症结分析及其对策研究》,《农业科技管理》2005年第1期。

[9]崔宁波、董晋:《新时代粮食安全观:挑战、内涵与政策导向》,《求是学刊》2020年第6期。

[10]党国英:《经营模式与农民出路》,《中国新闻周刊》2014年第3期。

[11]邓大才:《农地流转市场何以形成——以红旗村、梨园屯村、湖村、小岗村为例》,《中国农村观察》2009年第3期。

[12]邓久根:《农业经济组织化:非市场治理机制的视角》,《宁夏社会科学》2009

年第 3 期。

[13]董诗连:《推进农业集约经营加快现代农业发展——加快推进尤溪县现代农业集约化经营的几点思考》,《福建农业科技》2013 年第 8 期。

[14]董文可:《农村土地资产化与河南农业现代化的关系研究》,河南师范大学2012 年硕士学位论文。

[15]杜润生:《杜润生自述:中国农村体制变革重大决策纪实》,人民出版社 2005年版。

[16][德]卡尔·考茨基:《土地问题》(上卷),岑纪译,商务印书馆 1936 年版。

[17][俄]A.恰亚诺夫:《农民经济组织》,萧正洪译,中央编译出版社 1996 年版。

[18]樊万选、郭立义:《农地使用权流转的市场化配置研究》,《中州学刊》2009 年第 2 期。

[19]弗朗斯瓦·魁奈:《经济表》,华夏出版社 2006 年版。

[20]高飞:《"三元化社区"治理张力及其消解》,华中师范大学 2015 年博士学位论文。

[21]顾宏松、戚福康:《农业生产方式转变与农业现代化——基于苏州农业合作经济调查分析》,《唯实(现代管理)》2014 年第 4 期。

[22]管洪彦、孔祥智:《"三权分置"中的承包权边界与立法表达》,《改革》2017 年第 12 期。

[23]韩朝华:《个体农户和农业规模化经营:家庭农场理论评述》,《经济研究》2017 年第 7 期。

[24]何军、陈文婷、王恺:《农业经营方式选择的影响因素分析》,《农业经济》2015 年第 12 期。

[25]何立胜、郜翔:《农业产业组织创新与农村经济发展》,《当代经济研究》2001 年第 11 期。

[26]何秀荣:《公司农场:中国农业微观组织的未来选择?》,《中国农村经济》2009 年第 11 期。

[27]何颖:《日本、韩国和中国台湾现代农业发展对我国的经验启示》,《品牌(下半月)》2015 年第 3 期。

[28]洪君彦:《当代美国经济》,时事出版社 1985 年版。

[29]胡鞍钢、吴群刚:《农业企业化:中国农村现代化的重要途径》,《农业经济问题》2001 年第 1 期。

[30]胡剑锋:《中国农业组织的产生、演变及协调互动机制研究》,浙江大学 2006

年博士学位论文。

[31]黄少安:《制度经济学》,高等教育出版社 2008 年版。

[32]黄宗智:《中国的隐性农业革命》,法律出版社 2010 年版。

[33]黄祖辉、俞宁:《新型农业经营主体:现状、约束与发展思路——以浙江省为例的分析》,《中国农村经济》2010 年第 10 期。

[34]黄祖辉:《我国社会保障制度对经济增长、土地制度及城市化的影响》,《中共浙江省委党校学报》2010 年第 3 期。

[35]柯炳生:《关于加快推进现代农业建设的若干思考》,《农业经济问题》2007 年第 2 期。

[36]兰勇:《传统农户向现代家庭农场演变的机制分析》,《江西社会科学》2015 年第 11 期。

[37]李存贵:《河南省农业适度规模经营:现状、问题与对策探讨》,《当代经济管理》2013 年第 10 期。

[38]李文明、罗丹、陈洁、谢颜:《农业适度规模经营:规模效益、产出水平与生产成本——基于 1552 个水稻种植户的调查数据》,《中国农村经济》2015 年第 3 期。

[39]李文治:《论中国地主经济制与农业资本主义萌芽》,《中国社会科学》1981 年第 1 期。

[40]列宁:《列宁全集:1893—1894》,人民出版社 1955 年版。

[41]林毅夫、蔡昉、李周:《中国的奇迹:发展战略与经济改革》,人民出版社 1994 年版。

[42]林毅夫:《中国经济增长潜力还有多大》,《瞭望新闻周刊》1999 年第 15 期。

[43]刘洁:《浅论建立国家级农业技术转移中心的必要性》,《农业科研经济管理》2006 年第 4 期。

[44]刘奇:《构建新型农业经营体系必须以家庭经营为主体》,《中国发展观察》2013 年第 5 期。

[45]刘守英:《新时期农业发展的四个关键问题》,《时事报告》2014 年第 2 期。

[46]刘颖、唐麦:《中国农村土地产权"三权分置"法律问题研究》,《世界农业》2015 年第 7 期。

[47]龙登高:《地权市场与资源配置》,福建人民出版社 2012 年版。

[48]卢现祥:《共享经济:交易成本最小化、制度变革与制度供给》,《社会科学战线》2016 年第 9 期。

[49]罗必良、胡新艳:《农业经营方式转型:已有试验及努力方向》,《农村经济》

2016 年第 1 期。

[50]罗必良、李孔岳、吴忠培:《中国农业生产组织:生存、演进及发展》,《当代财经》2001 年第 1 期。

[51]罗必良、李玉勤:《农业经营制度:制度底线、性质辨识与创新空间——基于"农村家庭经营制度研讨会"的思考》,《农业经济问题》2014 年第 1 期。

[52]罗必良:《家庭经营仍是新型农业经营体系基础》,《中国合作经济》2014 年第 3 期。

[53]罗必良:《农地经营规模的效率决定》,《中国农村观察》2000 年第 5 期。

[54][美]舒尔茨:《改造传统农业》,商务印书馆 1999 年版。

[55]倪国华、蔡昉:《农户究竟需要多大的农地经营规模?——农地经营规模决策图谱研究》,《经济研究》2015 年第 3 期。

[56]邵明伟:《从生产方式到经营方式:农业经营方式内涵的重新分析》,《经济问题》2009 年第 11 期。

[57]速水佑次郎、弗农·拉坦:《农业发展:国际前景》,商务印书馆 2014 年版。

[58]陶自祥:《农业经营主体分化:价值取向及其效益分析》,《南京农业大学学报(社会科学版)》2016 年第 4 期。

[59]万江红、苏运勋:《村庄视角下家庭农场的嵌入性分析——基于山东省张村的考察》,《华中农业大学学报(社会科学版)》2016 年第 6 期。

[60]王景新:《村域经济转型和发展:国内调查及其与国外比较》,中国经济出版社 2005 年版。

[61]王瑞芳:《新中农的崛起:土改后农村社会结构的新变动》,《史学月刊》2003 年第 7 期。

[62]王旭荣:《以规模经营引领现代农业发展》,《农业技术与装备》2013 年 22 期。

[63]王贻术:《马克思农业生产方式理论及其现实反思》,《理论视野》2014 年第 6 期。

[64]王征兵:《中国农牧业经营方式的历史演变探析》,《西北农林科技大学学报(社会科学版)》2002 年第 6 期。

[65]王征兵:《中国农业发展方式应转向精细密集农业》,《农业经济与管理》2011 年第 1 期。

[66]武义青、刘孟山:《推进新型自耕制适度规模经营的思考》,《经济与管理》2009 年第 6 期。

[67]向东梅:《中国农业生产组织结构问题研究》,西南农业大学 2002 年博士学位论文。

[68]向倩雯:《农村空心化背景下的农业雇工现状与特征简析》,《中国农业资源与区划》2016年第11期。

[69]肖娥芳、祁春节:《目标、效率与农业经营方式选择——基于新制度经济学的理论分析》,《财经问题研究》2016年第4期。

[70]肖鹏:《农村土地"三权分置"下的土地承包权初探》,《中国农业大学学报(社会科学版)》2017年第1期。

[71]谢琳、罗必良:《技术进步、成本结构与农业经营方式变迁》,《中山大学学报(社会科学版)》2017年第1期。

[72]谢琳、钟文晶、罗必良:《"农业共营制":理论逻辑、实践价值与拓展空间——基于崇州实践的思考》,《农村经济》2014年第11期。

[73]薛继亮:《农村集体经济发展有效实现形式研究》,西北农林科技大学2011年博士学位论文。

[74]杨芳、张应良:《家庭农场与合作社比较分析及培育研究——基于重庆454个调研数据》,《农村经济》2014年第9期。

[75]杨龙、仝志辉、李萌:《农村精英对合作社非线性发展的影响机制研究——基于北京郊区四个农民专业合作社的案例分析》,《探索》2013年第6期。

[76]杨娜:《一九四九年至一九五六年的中国农民阶级分化》,《中共党史研究》2005年第2期。

[77]杨一介:《论"三权分置"背景下的家庭承包经营制度》,《中国农村观察》2018年第5期。

[78]于金富:《生产方式变革是建设社会主义新农村的基础工程》,《经济学家》2007年第4期。

[79]袁梦、陈章全、尹昌斌等:《德国家庭农场经营特征与制度实践:耕地可持续利用视角》,《世界农业》2017年第11期。

[80]张澄、杨立鹏:《关于转变经济发展方式问题的思考——以渭南市产业结构优化升级为例》,《陕西农业科学》2011年第3期。

[81]张红宇:《中国农地制度变迁的制度绩效:从实证到理论的分析》,《中国农村观察》2002年第2期。

[82]张丽丽、张丹、朱俊峰:《中国小麦主产区农地经营规模与效率的实证研究——基于山东、河南、河北三省的问卷调查》,《中国农学通报》2013年第17期。

[83]张林、冉光和:《经营型农户向家庭农场转化的意愿及影响因素研究——基于川渝地区876户农户的调查》,《财贸研究》2016年第4期。

［84］张佩国：《近代山东农村土地占有权分配的历史演变》，《齐鲁学刊》2000 年第 2 期。

［85］张云华：《家庭农场是农业经营方式的主流方向——发展家庭农场的国际经验及对我国的启示》，《农村工作通讯》2016 年第 20 期。

［86］赵佳、姜长云：《兼业小农抑或家庭农场——中国农业家庭经营组织变迁的路径选择》，《农业经济问题》2015 年第 3 期。

［87］赵佳、姜长云：《农民专业合作社的经营方式转变与组织制度创新：皖省例证》，《改革》2013 年第 1 期。

［88］赵入坤：《雇佣劳动与中国近代农业的发展》，《江海学刊》2007 年第 5 期。

［89］赵文、程杰：《农业生产方式转变与农户经济激励效应》，《中国农村经济》2014 年第 2 期。

［90］赵文、程杰：《中国农业全要素生产率的重新考察——对基础数据的修正和两种方法的比较》，《中国农村经济》2011 年第 10 期。

［91］赵晓峰、刘威：《"家庭农场+合作社"：农业生产经营组织体制创新的理想模式及其功能分析》，《当代农村财经》2014 年第 7 期。

［92］郑景骥：《不可否定农业的家庭经营》，《财经科学》2001 年第 1 期。

［93］钟真：《改革开放以来中国新型农业经营主体：成长、演化与走向》，《中国人民大学学报》2018 年第 4 期。

［94］朱广新：《土地承包权与经营权分离的政策意蕴与法制完善》，《法学》2015 年第 11 期。

［95］朱启臻、胡鹏辉、许汉泽：《论家庭农场：优势、条件与规模》，《农业经济问题》2014 年第 7 期。

［96］朱希刚：《试论农业科技产业化》，《中国农业科技导报》2002 年第 2 期。

［97］Adesina A. A., Djato K. K., "Relative Efficiency of Women as Farm Managers: Profit Function Analysis in Cote D'Ivoire", *Agricultural Economics*, Vol.16, No.1, 1996.

［98］Allen D., Lueck D., "Contract Choice in Modern Agriculture: Cash Rent Versus Cropshare", *Journal of Law & Economics*, Vol.35, No.2, 1998.

［99］Amartya K.Sen, Asher R.E., "Development of the Emerging Countries: An Agenda for Research", *The Economic Journal*, Vol.73, No.292, 1962.

［100］Battese G.E., Coelli T.J., "Frontier Production Functions, Technical Efficiency and Panel Data: With Application Topaddy Farmers in India", *Journal of Productivity Analysis*, Vol.3, No.1-2, 1992.

[101] Bignebat C., Bosc P.M., Perrier – Cornet P., " Exploring Structural Transformation:A Labour–based Analysis of the Evolution of French Agricultural Holdings 2000–2010", *Post–Print*, 2015.

[102] Bojnec S., Latruffe L., " Farm Size and Efficiency: The Case of Slovenia", *Post–Print*, 2007.

[103] Carletto C., Kilic T., Savastano S., et al., "Missing(ness) in Action:Selectivity Bias in GPS–based Land Area Measurements", *Policy Research Working Paper Series*, Vol. 92, 2013.

[104] Chaddad F.R., Cook M.L., "Conversions and Other Forms of Exit in U.S.Agricultural Cooperatives", *Springer Netherlands*, 2007.

[105] Chand R., Kumar P., Kumar S., "Total Factor Productivity and Contribution of Research Investment to Agricultural Growth in India", 2011.

[106] Dethier J.J., Effenberger A., "Agriculture and Development:A Brief Review of the Literature", *Economic Systems*, Vol.36, No.2, 2012.

[107] Eicher C.K., Staatz J.M., *International Agricultural Development*, Johns Hopkins University Press, 1998.

[108] Fan S., Chan–Kang C., Mukherjee A., "Rural and Urban Dynamics and Poverty: Evidence from China and India", *FCND Discussion Papers*, 2005.

[109] Fisher M., Holden S.T., Katengeza S.P., "Adoption of CA Technologies among Followers of Lead Farmers:How Strong is the Influence from Lead Farmers?", 2019.

[110] Gaurav S., Mishra S., "To Be or not to Be:Risk and Uncertainty Considerations in Technology Assessment", 2015.

[111] Graeme Reed, Gordon M. Hickey, " Contrasting Innovation Networks in Smallholder Agricultural Producer Cooperatives:Insights from theNiayes Region of Senegal", *Journal of Co–operative Organization and Management*, Vol.4, No.2, 2016.

[112] Hayami Y., Ruttan V.W., "Agricultural Development an International Perspective", *Economic Development & Cultural Change*, Vol.82, No.2, 1985.

[113] Heckman R., "The Appearance of Big Integers in Exact Real Arithmetic based on Linear Fractional Transformations", *Lecture Notes in Computer Science*, 1998.

[114] Heckman R., Huth M., "Quantitative Semantics, Topology, and Possibility Measures", *Topology and Its Applications*, Vol.89, No.1–2, 1998.

[115] Helfand S.M., Levine E.S., "The Impact of Policy Reforms on Rural Poverty in

Brazil:Evidence from Three States in the 1990s", *Chapters*, 2006.

[116] Herbel D., Rocchigiani M., Ferrier C., "The Role of the Social and Organisational Capital in Agricultural Co-operatives' Development Practical Lessons from the CUMA Movement", *Journal of Co-operative Organization and Management*, Vol.3, No.1, 2015.

[117] Masterson T., "Female Land Rights, Crop Specialization, and Productivity in Paraguayan Agriculture", *Economics Working Paper Archive*, 2007.

[118] Meulenberg M., "Marketing Organization, Innovation and Agricultural Cooperatives", *Physica-Verlag HD*, 1996.

[119] Milgrom P.R., Roberts J., "Economics, Organization and Management", *Industrial & Corporate Change*, Vol.48, No.1, 1992.

[120] Mishra P., "A MicroRNA Binding Site Polymorphism in Dihydrofolate Reductase Gene Leads to Methotrexate Resistance", *Cancer Research*, Vol.67, No.9, 2007.

[121] Mugera A., Langemeier M.R., Ojede A., "Contributions of Productivity and Relative Price Changes to Farm-level Profitability Change", *American Journal of Agricultural Economics*, Vol.98, No.4, 2016.

[122] Mutsvangwa-Sammie E.P., Manzungu E., Siziba S., "Profiles of Innovators in a Semi-arid Smallholder Agricultural Environment in South West Zimbabwe", *Physics and Chemistry of the Earth Parts A/B/C*, No.1-11, 2016.

[123] Nkonde C., Jayne T.S., Richardson R.B., et al., "Testing the Farm Size-Productivity Relationship over a Wide Range of Farm Sizes:Should the Relationship be a Decisive Factor in Guiding Agricultural Development and Land Policies in Zambia?", *World Bank Conference on Land & Poverty*, 2015.

[124] Poulton, Cadisch, Ndufa G., "Linking Soil Fertility and Improved Cropping Strategies to Development Interventions", 2005.

[125] Rajalahti R., Janssen W., Pehu E., "Agricultural Innovation Systems: From Diagnostics Toward Operational Practices", *Agriculture & Rural Development Department*, *World Bank*, 2008.

[126] Rudra A., Sen A., "Farm Size and Labour Use:Analysis and Policy", *Economic & Political Weekly*, Vol.15, No.5, 1980.

[127] Rylko D.N., Jolly R.W., Mosolkova M.A., "Organizational Innovation in Russian Agriculture:The Emergence of 'New Agricultural Operators' and Its Consequences", *General Information*, 2005.

[128] Saha D., Fakir O.A., Mondal S., et al., "Effects of Organic and Inorganic Fertilizers on Tomato Production in Saline Soil of Bangladesh", 2017.

[129] Schultz T.W., "The Allocative Efficiency of Traditional Agriculture", *International Economics Policies & Thr Theoretical Foundations*, 1982.

[130] Timmer C. P., "The Agricultural Transformation", *Handbook of Development Economics*, No.2, 1988.

[131] Townsenda R.F., Kirstena J., Vinkb N., "Farm Size, Productivity and Returns to Scale in Agriculture Revisited: A Case Study of Wine Producers in South Africa", *Agricultural Economics*, Vol.19, No.1-2, 1998.

[132] Tripp D., "Pesquisa-acao: Uma Introducao Metodologica", *Educacao E Pesquisa*, 2005.

[133] Valentinov V., "The Property Rights Approach to Nonprofit Organization: The Role of Intrinsic Motivation", *Public Organization Review*, Vol.7, No.1, 2007.

[134] Warman M., Kennedy T.L., States U., "Understanding Cooperatives: Agricultural Marketing Cooperatives", *United States Department of Agriculture Rural Development*, 2000.